Berlin-Brandenburgische Akademie der Wissenschaften

Berichte und Abhandlungen
Band 6

Berlin-Brandenburgische Akademie der Wissenschaften

(vormals Preußische Akademie der Wissenschaften)

Berichte und Abhandlungen

Band 6

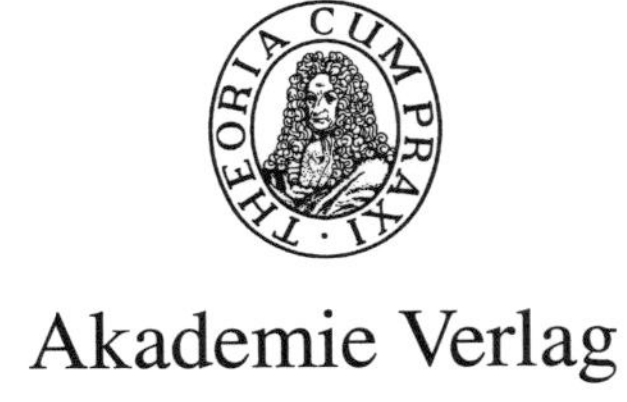

Akademie Verlag

Herausgeberin: Berlin-Brandenburgische Akademie der Wissenschaften
Redaktion: Sonja Ginnow
Redaktionsschluß: 26. November 1998

Die Deutsche Bibliothek – CIP-Einheitsaufnahme
Berlin-Brandenburgische Akademie der Wissenschaften :
Berichte und Abhandlungen / Berlin-Brandenburgische
Akademie der Wissenschaften (vormals Preußische Akademie
der Wissenschaften). – Berlin : Akademie Verl.
Aufnahme nach Bd. 1 (1995)

ISBN 3-05-003293-6

Der Akademie Verlag ist ein Unternehmen der R. Oldenbourg-Gruppe.

Das eingesetzte Papier ist alterungsbeständig nach DIN/ISO 9706.

Satzvorlage: Kathrin Künzel, BBAW
Druck und Bindung: Druckhaus „Thomas Müntzer“ GmbH, Bad Langensalza

Printed in the Federal Republic of Germany

Inhalt

Wissenschaftliche Vorträge in den Klassen

Theodor Hiepe

Coccidia, eine Gruppe eukaryotischer Einzeller – Erreger heterogener Krankheitsbilder

(Vortrag in der Sitzung der Biowissenschaftlich-medizinischen Klasse am 20. Oktober 1995)

Einleitung

In den letzten 35 Jahren gibt es auf dem Gebiet der pathogenen Protozoen einen ständigen, rapiden Erkenntniszuwachs, insbesondere aus biomedizinischer Sicht. Dies trifft vordergründig auf eine der drei Unterordnungen der *Coccidia* zu – die *Eimeriina*. Die beiden anderen Gruppen, Haemosporina (zu denen die Erreger der Malaria[*)], der Haemoproteus- und der Leukozytozoon-Infektionen) sowie die Adeleina (Erreger der Klossiella-, Hepatozoon- und Karyolysus-Infektionen) gehören, bleiben in diesem Vortrag unberücksichtigt. Hauptgegenstand sind Erreger aus der Unterordnung Eimeriina oder Kokzidien im engeren Sinne und die durch diese ausgelösten Infektionskrankheiten.

Den Ausführungen werden 4 Postulate vorangestellt:

- Unter Parasitismus – populationsbiologisch betrachtet – verstehen wir ein weitverbreitetes Gegeneinander im Leben, eine Auseinandersetzung artverschiedener Organismen, eine pathogene Somatoxenie, die tief in die Lebensprozesse einzugreifen vermag.
- Parasitismus ist nach unserer Auffassung ein Patho-Bio-Phänomen, dessen Wesen bisher noch nicht aufgedeckt worden ist.
- Parasitismus existiert in allen fünf Organismenreichen: Monera, Protoctista, Fungi, Animalia, Plantae. Wir schließen uns der Auffassung von Margulis und Schwartz (1981) und Margulis et al. (1989) an, die Protozoen dem Regnum Protoctista, eukaryotischer Einzeller und nicht – wie bisher üblich – dem Regnum Animalia zuzuordnen.

[*)] Die Malaria gehört auch gegenwärtig noch zu den bedeutendsten Infektionskrankheiten des Menschen. Die jährliche Inzidenz neuer Malariafälle wird auf 300 bis 500 Mio geschätzt. Die Todesfälle liegen bei 1,5 bis 2,7 Mio/Jahr.

– Jede parasitäre Infektion wird von Immunreaktionen, oftmals Immunpathoreaktionen, begleitet (Hiepe 1992). Es ist anzustreben, die Immunvorgänge für Pathogenese, Diagnostik, Epidemiologie sowie in der Bekämpfung von Parasitosen in zunehmendem Maße zu nutzen.

Die *Eimeriina-Coccidia*, die den Gegenstand des Vortrages bilden, sind eine Unterordnung des Stammes Apicomplexa, der Klasse Sporozoea und der Unterklasse Coccidia; zu ihr gehören nach neuer Systematik – von Levine et al. (1980) vorgeschlagen und vom Committee für Systematik und Evolution der Internationalen Gesellschaft der Protozoologen bestätigt – nunmehr vier Familien: Eimeriidae, Toxoplasmatiidae, Sarcocystidae, Cryptosporiidae mit mindestens neun parasitologisch aktuellen Gattungen – Eimeria, Isospora, Cystoisospora, Toxoplasma, Hammondia, Besnoitia, Sarcocystis, Frenkelia, Cryptosporidium.

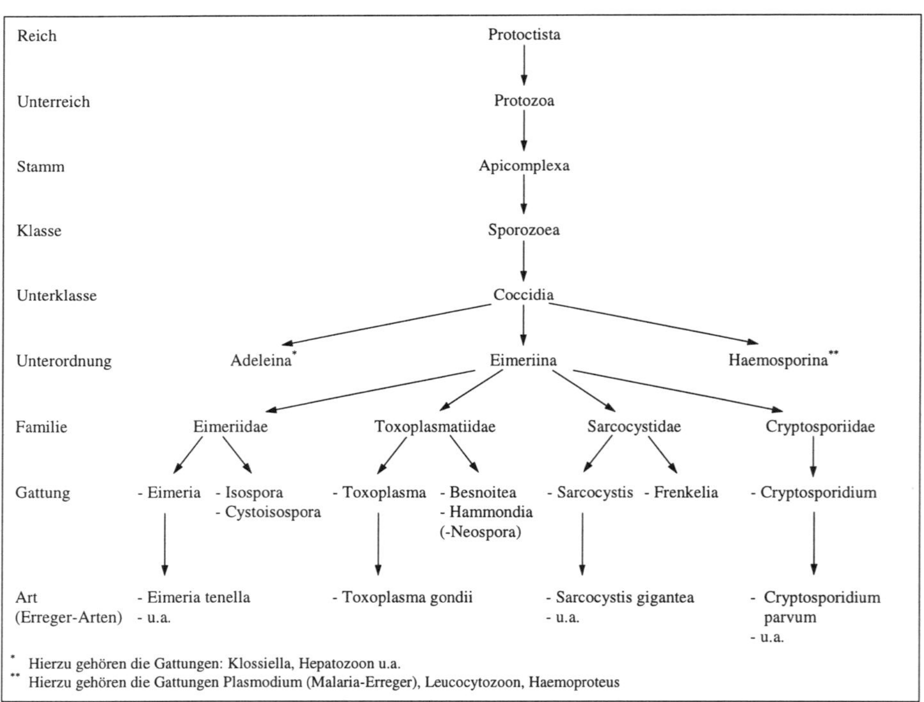

Abb. 1
Coccidia-Grobsystematik

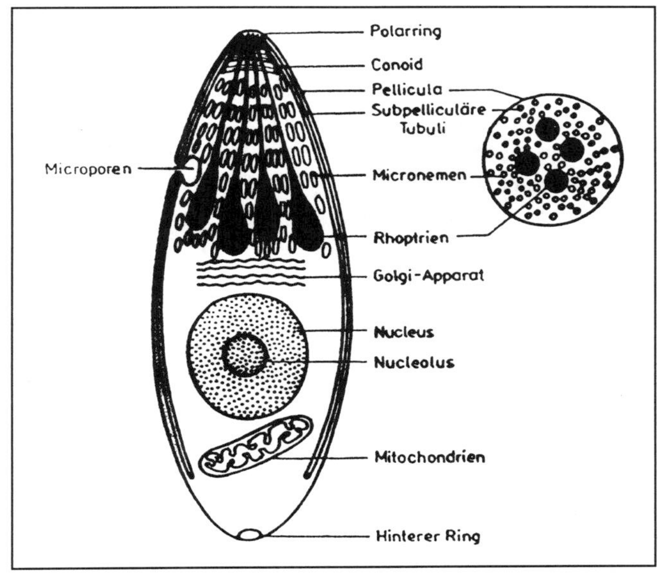

Abb. 2
Apicomplexa-Grundstruktur
(aus: Th. Hiepe, Parasitologie, Bd. 2, 1983)

Diese Neueinteilung und Zuordnung erfolgte nach Aufdeckung des Zweiwirte-Zyklus von Toxoplasma gondii durch Hutchison (1965), Frenkel (1970), Weiland und Kühn (1970) sowie der Gattung Sarcocystis durch Rommel et al. (1972) hier in Berlin an der Freien Universität. Eine weitere Gattung, Neospora (Erregerart: Neospora caninum), haben wir systematisch noch nicht definitiv eingeordnet. Sie steht den Toxoplasmen sehr nahe, ihr Lebenszyklus konnte bisher nicht aufgedeckt werden. Wie erst seit kurzem bekannt ist, verursacht Neospora caninum unter anderem endemisches Abortgeschehen bei Haustieren, vor allem beim Rind. Die Erreger-Nominierung erfolgte 1988 (Kaufmann et al. 1994).
Allen neun bzw. zehn erwähnten Gattungen ist gemeinsam, daß ihre Arten ausgesprochen parasitär leben; sie parasitieren durchweg intrazellulär. Ein Teil gehört zu den Zoonose-Erregern, d. h., diese vermögen wechselseitig aufzutreten und bei zahlreichen Vertebraten, sowohl Tierarten als auch Menschen, Störungen der Lebensfunktionen zu verursachen (Hiepe und Buchwalder 1991). Die Kokzidien-Arten sind weltweit verbreitet. Besonders dort, wo hohe Tier- und Menschen-Populationen auf engem Raum leben, besitzen sie beachtlichen Krankheitswert und ökonomische Bedeutung. Wir konnten sie bei Haus-, Wild- und Zootieren sowie beim

Menschen als Krankheitserreger studieren, die durch sie ausgelösten vielfältigen klinisch-manifesten Krankheitsbilder und subklinischen Verlaufsformen kennenlernen und eine Reihe offener Fragen wissenschaftlich bearbeiten.
Obwohl von der Systematik dieser Eimeriina-Coccidia her betrachtet eine nahe Verwandtschaft, insbesondere hinsichtlich Feinstruktur und Immunogenität, existiert, besitzen die verschiedenen Erreger-Spezies die Fähigkeit, heterogene Krankheitsbilder zu induzieren. Das Spektrum reicht von Störungen des Zentralnervensystems über Erkrankungen des Intestinaltraktes, der Leber, Nieren, Atmungsorgane, Reproduktionsorgane, Haut, Augen, Muskulatur, des hämatopoetischen, Herz-Kreislauf-, Lymph- und Immunsystems bis hin zur akuten Fleischvergiftung beim Menschen.
Auf vier dieser Erregerkomplexe und der durch sie ausgelösten Parasitosen haben wir unser besonderes Augenmerk gerichtet. Auf sie möchte ich näher eingehen: *Eimeria*, *Toxoplasma*, *Cryptosporidium* und *Sarcocystis*.

1 Eimeria-Kokzidiosen

Die Eimeria-Kokzidiosen gehören zu den wirtschaftlich bedeutsamen und verlustreichen Aufzuchtkrankheiten der Haustiere, insbesondere unter den Bedingungen der Intensivhaltung. Betroffen sind vor allem Haushuhn-Küken, Lämmer, Kälber, Kaninchen, auch Ferkel. Eimerien sind streng stenoxene und intrazelluläre Epithelzellschmarotzer, die meist den Intestinaltrakt befallen. Nur einige Arten, wie Eimeria stiedai im Gallengangsepithel des Kaninchens und Eimeria truncata im Nierenepithel der Hausgans, parasitieren extraintestinal.
Die Eimeria-Infektion erfolgt oral, wobei die versporten Oozysten (jede Oozyste enthält vier Sporozysten mit je zwei Sporozoiten, dem eigentlichen Infektionsstoff) aus der Umwelt bzw. mit der kontaminierten Nahrung – Infektionstyp: orale Schmutzinfektion – aufgenommen werden. Die Eimeria-Kokzidien sind monoxen, d. h. sie unterliegen dem einwirtigen Zyklus. Die Reproduktion erfolgt endogen im Wechsel von Schizogonie und Gamogonie sowie exogen durch Sporogonie. Die Sporogonie, bei der aus einer Zygote in der Oozyste jeweils vier Sporozysten mit je zwei Sporozoiten entstehen, vollzieht sich bei Temperaturen von über 18 °C; dies ist bei Stalltemperaturen gegeben. Eine Eimeria-Art des Rindes, Eimeria alabamensis, vermag diese Regel zu unterlaufen. Die Folge ist eine endemisch-seuchenhaft auftretende Weidekokzidiose in Jungrinder-Großbeständen zu Beginn der Weidesaison, die in den letzen Jahren auch unter einheimischen Bedingungen zunehmend vorkommt (Graubmann 1986, Graubmann et al. 1994).
Die hohe Vermehrungsquote durch Schizogonie, die unterschiedliche Pathogenität der weitverbreiteten Eimeria-Spezies und deren Fähigkeit zur Virulenzwandlung führen zu unberechenbaren Morbiditäts- und Letalitätsquoten. Beachtung verdienen die opportunistischen Eigenschaften der Eimeria-Kokzidien bei gleichzeitiger

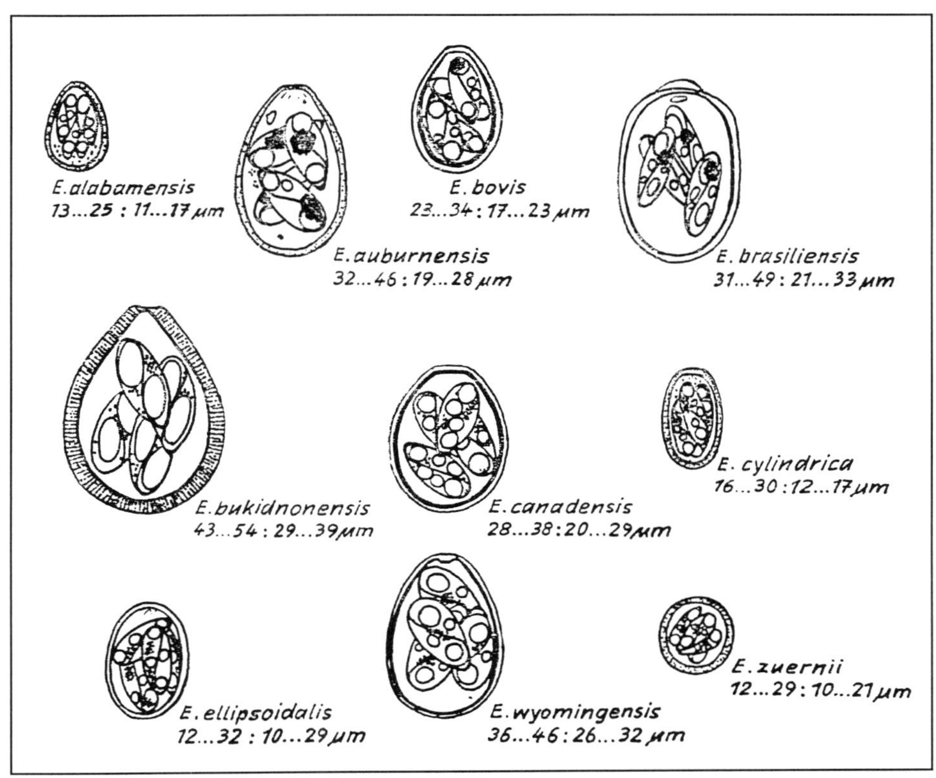

Abb. 3
Eimeria-Arten des Hausrindes

bakterieller Infektion, wie in unserem Labor nach Inokulation mit dem Anaerobier Clostridium perfringens nachgewiesen werden konnte (Balauca et al. 1976). Dies führte zu einem eigenen Krankheitsbild, der nekrotisch-diphtheroiden Enteritis, das bei Monoinfektionen und Polyinfektionen mit mehreren Erreger-Arten der gleichen Gattung ungleich milder unter dem Bild einer katarrhalischen, mitunter katharrhalisch-hämorrhagischen Enteritis verläuft (siehe Farbtafel Abb. 18-20).

Die vorerwähnten Pathogenitätsmechanismen haben zur Folge, daß in der Aufzuchtphase der Nutztier-Intensivhaltung eine ständige diagnostische und epidemiologische Kontrolle der Eimeria-Kokzidien unerläßlich ist. In der Geflügelproduktion werden weltweit durchweg während der Mast- und Aufzuchtperiode Antikokzidia wie Pyridinole (Clopidol), quartäre Pyridine (Amprolium), Piperidine (Halofuginon) und ionophore Antibiotika (Monensin, Lasalocid) und andere chemoprophylaktisch

	E.acervulina	E.mitis	E.maxima	E.necatrix	E.tenella	E.brunetti
Charakteristische Lokalisation	Dünndarm 	Dünndarm	Dünndarm	Dünndarm	Blinddarm	Enddarm
Oozysten						
Länge:Breite µm	18,3:14,6	16,2:16,0	30,5:20,7	20,4:17,2	22,0:19,0	24,6:18,8
Schizonten µm	10,3	11,3	9,4	65,9	54	30

Abb. 4
Eimeria-Kokzidien des Haushuhnes – diagnostische Merkmale

über das Trinkwasser oder das industriell gefertigte Futter eingesetzt und damit in großem Ausmaße in die Nahrungsketten eingeschleust. Bei klinisch-manifesten Ausbrüchen erweisen sich außerdem Sulfonamide (Sulfaquinoxalin, Sulfadimidin und andere) als kausalwirksam. Mit dem therapeutischen, mesophylaktischen und chemoprophylaktischen Antikokzidia-Einsatz ist es inzwischen zweifelsfrei gelungen, Eimeria-Kokzidiose klinisch zu beherrschen und die Eimeria-Populationen stark zu dezimieren. Andererseits entstanden zwei beachtliche Probleme: Antikokzidia-Resistenz und Antikokzidia-Rückstände!

Auf der Suche nach alternativen Bekämpfungsverfahren boten sich, unter Berücksichtigung der Eimera-Ontogenie, vordergründig zwei Lösungswege an: die Immunprophylaxe und die Desinfektion gegen die exogenen Erregerstadien, die unversporten und die versporten Oozysten. Nach aufwendigen Vorarbeiten (Rahman 1988) zur Bionomie von Eimeria-Spezies ist es uns gelungen, zunächst Details zur Ontogenie zu klären und den gesamten Lebenszyklus am Beispiel einer bedeutsamen Art, Eimeria tenella, in vitro auf Zellkulturen zu reproduzieren, d. h. unter Verzicht auf

den definitiven Wirt. Dies war gleichzeitig ein Beitrag zur Alternative von Tierversuchen (Hiepe et al. 1989) unter Umgehung des Kükentransfers.
Bereits 1988 konnte aus unserem Immunologischen Labor über die Entwicklung einer strahlenattenuierten Vakzine berichtet werden, die an mehr als 600.000 Küken der Hähnchen-Mast klinisch erprobt worden ist (Hiepe et al. 1988, Jungmann et al. 1989, Jungmann und Mielke 1989, Drößigk 1991, Hiepe et al. 1993). Die Ergebnisse flossen ein in das Europrojekt COST 89/820 „Basic Research on Coccidiosis ...“ und fanden Niederschlag in den „Guidelines on techniques in coccidiosis research“. Inzwischen gibt es weltweit sechs Lebendvakzinen gegen Geflügelkokzidiosen, die nadellos, über das Trinkwasser appliziert werden (Bedrnik et al. 1995). Des weiteren konnten wir über die erfolgreiche Entwicklung einer Vakzine zur Prophylaxe der Eimeria-Kokzidiose des Rindes (Mielke et al. 1993) berichten. Seit zehn Jahren sind intensive Forschungsarbeiten im Gange, Vakzinen auf molekularbiologischer Basis zur Prophylaxe von Eimeria-Kokzidiosen zu entwickeln.

2 Toxoplasmose

Toxoplasma gondii, die einzige Erregerart der Toxoplasmose, ist ein intrazellulärer, obligat-parasitischer, ausgesprochen euryxener, durch auffallend große Serovara-Breite gekennzeichneter, weltweit verbreiteter eukaryotischer Einzeller der Coccidea-Gruppe. Gegenwärtig sollen weltweit, jedoch regional unterschiedlich, schätzungsweise 1,1–1,7 Milliarden Menschen – vorrangig latent – mit Toxoplasma gondii infiziert sein. Obwohl Toxoplasma gondii bereits 1908 beim Gundi (Ctenodactylus gondi) im Pasteur-Institut in Tunis entdeckt worden ist, wurde der Krankheitswert dieser Parasitose erst 1939 postuliert und danach auf dessen Bedeutung bei Mensch und Tieren aufmerksam gemacht. Später erregte die T. gondii-Primoinfektion bei Schwangeren Aufsehen, die eine diaplazentare Passage und Infektion des Fötus zur Folge haben kann. Neuerdings sind die Rolle dieses Erregers im Krankheitsgeschehen bei Vorliegen von Immundefiziens (HIV, immunsuppressive Therapie) und die daraus resultierenden fatalen Folgen erkannt worden. Bedingt durch die lebenslange Persistenz der Zoiten in Toxoplasma-Zysten – vor allem in den Neuronen – entsteht eine Reaktivierungstoxoplasmose, die sich vorrangig als zerebrale Form manifestiert. 40 % der Patienten im AIDS-Stadium sind davon betroffen.
Die Ontogenie dieses zelladaptiven, zystenbildenden, vor allem fetale und juvenile Neuronen bevorzugenden, aber auch in Muskelzellen und Gefäßen auftretenden Erregers blieb bis 1970 unaufgeklärt. Mit der Aufdeckung des fakultativen Zweiwirte-Zyklus – Feliden als Endwirt, Mensch, Haus- und Wild-Säugetierarten, Vögel, auch poikilotherme Tierspezies als Zwischenwirte – waren die Voraussetzungen für gezielte epidemiologische Untersuchungen gegeben. Vorweg sei bemerkt,

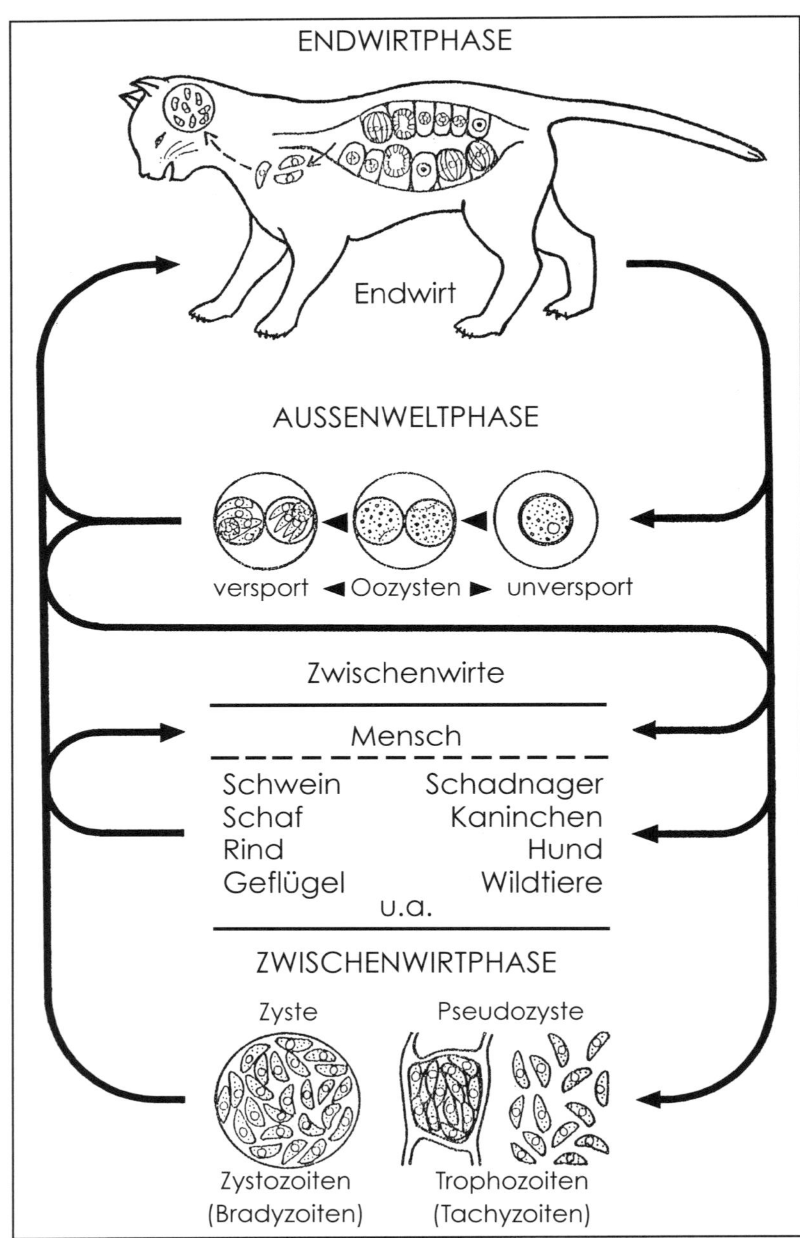

Abb. 5
Toxoplasma gondii – Ontogenie

die T. gondii-Ontogenie vermag sich aus entwicklungsbiologischer und epidemiologischer Sicht in drei Grundzyklen zu vollziehen: Endwirt – Zwischenwirt, Zwischenwirt – Zwischenwirt, Endwirt – Endwirt. Für Toxoplasma gondii sind als Endwirte neben der Hauskatze weitere Feliden-Spezies wie Luchs, Ozelot, Bengalkatze, Puma, Jaguarundi und als Zwischenwirte der Mensch sowie mehr als 300 Säugetierarten, außerdem 60 Vogelarten und Reptilien nachgewiesen worden.

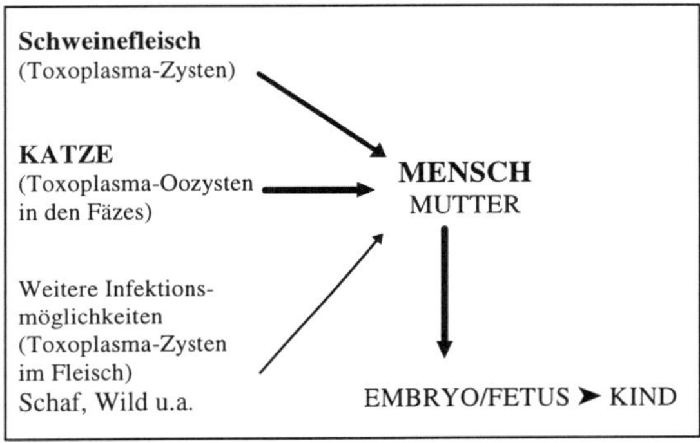

Abb. 6
Toxoplasma gondii – Infektionsquellen des Menschen

- Postnatal <u>erworbene</u> Toxoplasmose
  - generalisierte Toxoplasmose; Fieber, z.T. flüchtige Exantheme, pneumonische Alterationen, Myokarditis, Erscheinungen am ZNS; endet oft letal
  - zerebrale Toxoplasmose; Meningoenzephalitis
  - Augentoxoplasmose; Uveitis und Chorioretinitis
  - lymphadenopathische Toxoplasmose; fieberhaft oder fieberfrei verlaufende Lymphknotenschwellungen; häufigste Form der erworbenen Toxoplasmose
  - thorakale Toxoplasmose; Myokard- und Lungensymptomatik
  - abdominale Toxoplasmose; Alterationen an Darm, Leber, Milz
- Konnatal <u>angeborene</u> Toxoplasmose
  - Abort – Frühgeburt – Totgeburt
  - zerebrale Form → klassische Symptomentrias
    - ➤ Hydrocephalus internus
    - ➤ Chorioretinitis
    - ➤ intrazerebrale Verkalkungen

Abb. 7
Toxoplasmose – klinische Krankheitsbilder beim Menschen

Die T. gondii-Infektion erfolgt oral-alimentär durch Verzehr mit Zysten infizierten Fleisches i. w. S., als orale Schmutzinfektion nach Aufnahme der von Katzen ausgeschiedenen und in der Außenwelt versporten Oozysten durch direkten Kontakt oder indirekt (kontaminierter Boden, Pflanzen vor allem Gemüse) und schließlich konnatal (diaplazentar bei Mensch und vielen Säugetierarten sowie bei der Ziege vermutlich auch spermatogen).
Das häufige Toxoplasmose-Vorkommen unter einheimischen Bedingungen sowohl beim Menschen als auch bei Haustieren, insbesondere Hund, Katze, Schaf und Schwein, veranlaßte uns, epidemiologische und diagnostische Studien durchzufüh-

Schwein	bei Ferkeln und Läufern Fieber, pulmonale und zentralnervöse Affektionen; meist milder Verlauf
Rind	Fieber, pulmonale und zentralnervöse Affektionen; Totgeburten, Kälbersterblichkeit
Pferd	progressiv neurologische Symptomatik; Nachhandataxie → Parese, Degeneration der Retina; relativ selten
Schaf	pulmonales, zentralnervöses, gastrointestinales Syndrom, seuchenhaft, **ABORTE**
Kaninchen	Ataxien; seuchenhafter Verlauf Degeneration der Retina
Hund	vorwiegend ZNS-Beteiligung → Ataxie, Tremor, Paraplegien, Hemiparese
Katze	Jungkatzen → Lymphadenopathie, Enteritis, Pneumonie, Hepatitis Encephalitis, Myositis, Iritis Altkatzen → Anämie, Sterilität, Abort, Iritis ZNS-Beteiligung

Abb. 8
Toxoplasmose – klinische Krankheitsbilder bei Haustieren

ren, die Krankheitsbilder bei den verschiedenen Wirtsspezies aus vergleichend-medizinischer Sicht zusammenzustellen und den Zoonosecharakter dieses Erregers zu beleuchten (Jungmann und Hiepe 1991, unveröffentlicht).
Zur Erfassung des Durchseuchungsgrades stellten wir Studien bei Haustieren sowie der einheimischen Bevölkerung an. Bereits 1974 konnten wir mitteilen, daß bei etwa 2 % der einheimischen Hauskatzen Toxoplasma gondii-Oozysten mit den NaCl-Flotationsverfahren koproskopisch nachweisbar sind. Wenn man bedenkt, daß die Patenz mit 7–20 d und die Oozystenausscheidungsdauer mit maximal 17 d relativ kurz ist (die Toxoplasma gondii-Oozystenausscheidungsintensität liegt allerdings mit maximal ≈ 1 Mio/g Fäzes und ≈ 10^9 Oozysten während der gesamten Patenz sehr hoch) und darüber hinaus vorrangig Jungkatzen betroffen sind, so ist die diagnostische Aussagekraft dieses Verfahrens begrenzt. Deshalb haben wir sowohl für diagnostische Zwecke als auch für epidemiologische Erhebungen nach zuverlässigen diagnostischen Methoden gesucht. In der ehemaligen DDR lag 1965 die Seropositivität (Sabin-Feldman-Test) bei 64 % der Schlachtschweine. Dies entsprach auch dem Vorkommen in der BRD. Weitere Studien in Ostbrandenburg ergaben mit dem Indirekten-Fluoreszenz-Antikörper-Test (IFAT) beim Schwein (n=786) eine Befallsextensität von 52,6 % (1988). In einer Schweinegroßanlage mit einer Kapazität von 200.000 Tieren (Zuchtsauen, Eber, Ferkel, Läufer, Mastschweine) im Methodenvergleich (N=1.700) lag die Positiv-Rate unterschiedlich hoch: 39,8 % (IFAT), 23,8 % (SFT), 21,2 % (ELISA), wobei ein hierzu eigens entwickelter ELISA eine Spezifität von 99,2 % und Sensitivität von 100 % aufwies. Schließlich fanden wir in einer soeben (9/95) abgeschlossenen Untersuchungsreihe bei Zucht- und Mastschweinen konventioneller Haltungsform (n=786), mit dem IFAT durchgeführt, 52,6 % seropositiv; die Zuchtsauen reagierten signifikant häufiger. Im direkten IFT gelang es, Toxoplasmen aus Tonsillen und Mandibularlymphknoten bei 12,7 % von 118 untersuchten Schlachtschweinen festzustellen. Bei im gleichen Areal untersuchten Schadnagern (Hausratte, Brand-, Feld-, Spitz- und Hausmaus) waren 5,7 % (n=35) fluoreszenzmikroskopisch T. gondii-positiv. Schadnager (Haus- und Wanderratte; drei Mäusearten) aus anderen Arealen Ostbrandenburgs (1988, direkter IFT, n=114) waren zu 7,0 % Toxoplasmenträger. In Österreich konnte Edelhofer (1994) einen deutlichen Rückgang der T. gondii-Antikörper-Prävalenz bei Zuchtsauen von 43,4 % (1982) auf 4,3 % (1992) feststellen.
Serodiagnostische Untersuchungen unserer Arbeitsgruppe ergaben Prävalenzen beim Schaf (1968, SFT, n=101) von 64,4 % bzw. 48,1 % (1988, IFAT, n=663), beim Rind von 44,0 % (1988, IFAT, n=1.719), beim Hauskaninchen von 35,0 % (1988, IFAT, n=294), bei der Hauskatze von 59,9 % (1988, SFT, n=267) und schließlich detaillierte Befunde beim Menschen des damaligen Bezirkes Cottbus/Südostbrandenburg. Diese Langzeit- und Querschnittstudie basierte unter anderem auf der serologischen

Untersuchung von insgesamt 20.647 Blutproben. Die Infektionsrate der Bevölkerung lag durchschnittlich bei 35,6 % (1988, IFAT, n=3.665). Frauen waren mit 39,2 % häufiger infiziert als Männer (27,1 %). Die Infektionsrate stieg mit zunehmendem Alter an. Neben der Abhängigkeit von Alter und Geschlecht wurden die Beziehungen der Toxoplasma gondii-Positiven zu Wohnstandort (urbane und rurale Siedlungsgebiete), Kontakt zu Katzen und anderen Tieren sowie Rohfleischgenuß, die Häufigkeitsverteilung der Titerwerte und die Primoinfektionen während der Schwangerschaft (n=16.982) untersucht. Die Priomoinfektionsrate bei Schwangeren lag bei etwa 6 ‰, die pränatale Infektionsrate bei 2,6 ‰. Von 33 Kindern, deren Mütter im II. und III. Trimenon eine Primoinfektion durchliefen und nicht kausaltherapiert worden waren, wiesen 9 Kinder Symptome auf – wie Sehschwäche, Strabismus, Entwicklungs- und Sprachstörungen – die als mögliche Folge einer konnatalen Toxoplasmose gedeutet werden können. Eine Schwangeren-Dispensaire, die daraufhin inauguriert worden ist, vermag – neben hygienisch-prophylaktischen Maßnahmen (Meiden des Verzehrs rohen Schweinefleisches sowie direkten und indirekten Kontakts mit Katzen) – die Toxoplasma gondii-Primo-Infektion und deren fatale Folgen zurückzudrängen bzw. auszuschließen. Gegen das verlustreiche enzootische T. gondii-Abortgeschehen in Schafbeständen existiert inzwischen eine Vakzine zur aktiven Immunisierung im internationalen Arzneimittelverkehr.

3 Kryptosporidiose

Die Kryptosporidiose ist eine weltweit verbreitete protozoäre Infektionskrankheit des Menschen sowie zahlreicher Haus- und Wildtierarten; sie gehört zu den Zoonosen. Die Kryptosporidiose tritt vorrangig als Intestinalsydrom auf, besonders unter dem Bild der neonatalen Diarrhoe. In Korrespondenz mit HIV oder anderweitigen Störungen des Immunsystems werden unabhängig vom Alter der Wirtsorganismen Immunsuppressionen, mit fatalen Folgeerscheinungen ausgelöst. Obwohl die Gattung Cryptosporidium bereits 1907 in den Magendrüsen von Mäusen entdeckt worden ist und als pathogen ausgewiesen werden konnte, wurde diesem eukaryotischen Einzeller in den folgenden 65 Jahren wenig Aufmerksamkeit gewidmet. Erst 1971 wurde man in der Veterinärmedizin aufmerksam, als beim Kalb Kryptosporidienbefunde im Zusammenhang mit Diarrhoe erhoben wurden. Kurz danach (1976) konnten Kryptosporidien beim Menschen erstmalig nachgewiesen werden. Derzeit ist Kryptosporidiose bei 170 Wirtstierarten bekannt: Neben zahlreichen Säugetierarten incl. Mensch sowie allen Haus- und Nutztierarten konnte das Cryptosporidium-Auftreten weltweit bei über 30 Vogelarten, bei Reptilien (Schlangen, Echsen, Schildkröten) und auch bei 9 Fischarten aus dem Ozeanal und Fluvial festgestellt werden.

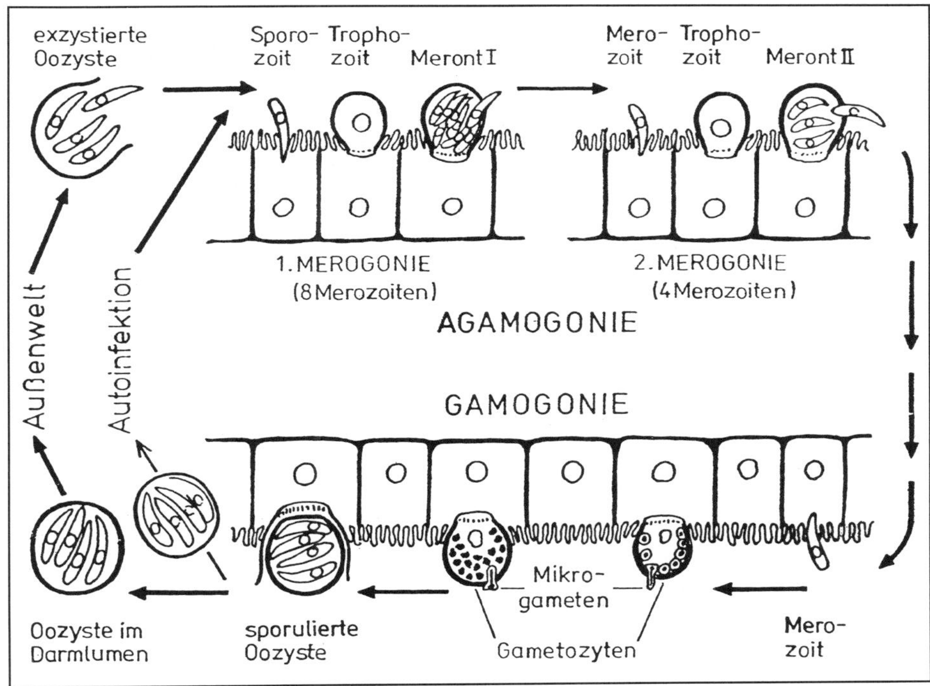

Abb. 9
Cryptosporidium – Ontogenie

Gegenwärtig sind sechs Cryptosporidium-Arten als valide einzustufen: C. parvum und C. muris bei Mammalia, C. baileyi und C. meleagridis bei Aves, C. nasorum bei Pisces und C. serpentis bei Reptilien. Der Artendeterminierung liegen morphologische und ultrastrukturelle Parameter, Unterschiede bezüglich ontogenetischer Details, der Lokalisation, Pathogenität und Antigenmuster zugrunde.

Wir haben das Thema Kryptosporidiose 1979 aufgegriffen und seit dieser Zeit unter den Aspekten von Vorkommen und Verbreitung, Epidemiologie, Krankheitswert, Diagnostik und Bekämpfung bei einigen Haustierarten, vor allem Schaf, Rind, Schwein, auch Pferd, Hund, Katze, bezüglich ihres Auftretens beim Menschen sowie als Zoonose unter autochthonen Bedingungen bearbeitet. Ihre Aufmerksamkeit möchte ich auf einige Arbeitsergebnisse lenken.

Bei der Erregersuche stießen wir ausschließlich auf Cryptosporidium parvum. Die C. parvum-Oozysten weisen eine runde bis leicht ovale Form auf und sind 5,0 × 4,5 µm groß. Der Formindex liegt bei 1,1 µm. Sie enthalten vier sogenannte nackte Sporozoiten, den eigentlichen Infektionsstoff. Die Kryptosporidien-Entwicklungsstadien sind intrazellulär extraplasmatisch lokalisiert; sie entwickeln sich in einer von den Mikrovilli des Darmepithels gebildeten parasitophoren Vakuole. Die Infektion erfolgt entweder oral über kontaminierte Nahrung und Trinkwasser oder als Autoinfektion unter Umgehung der exogenen Phase. Die Cryptosporidium-Ontogenie verläuft jedoch, im Gegensatz zu Toxoplasma und Sarcocystis, als obligater Einwirtezyklus mit den drei Phasen Agamogonie, Gamogonie, Sporogonie ab. Im Unterschied zur Gattung Eimeria liegt die Reproduktionsquote relativ niedrig. Die endogene Phase vollzieht sich innerhalb von zwei bis drei Tagen; die rasche Generationsfolge im neonatalen Epithel führt zu einer hohen Oozysten-Ausscheidungsintensität. Die Sporogonie erfolgt bereits endogen, und es entstehen zwei Formen von Oozysten: dickschalige für die Außenwelt geeignete und dünnwandige, wenig widerstandsfähige Oozysten, deren Zoiten bereits während der Darmpassage frei werden, Darmzotten befallen (Phänomen der Autoinfektion) und Ausgangspunkt für eine neue Generation sind. Die dickwandigen Oozysten weisen eine hohe Tenazität auf; sie sind bis zu fünf Monate infektionsfähig. Hitze über 50 °C bei einer Expositionszeit von 15 Minuten und Kälte mit -18 °C über 24 Stunden führen zur Abtötung.

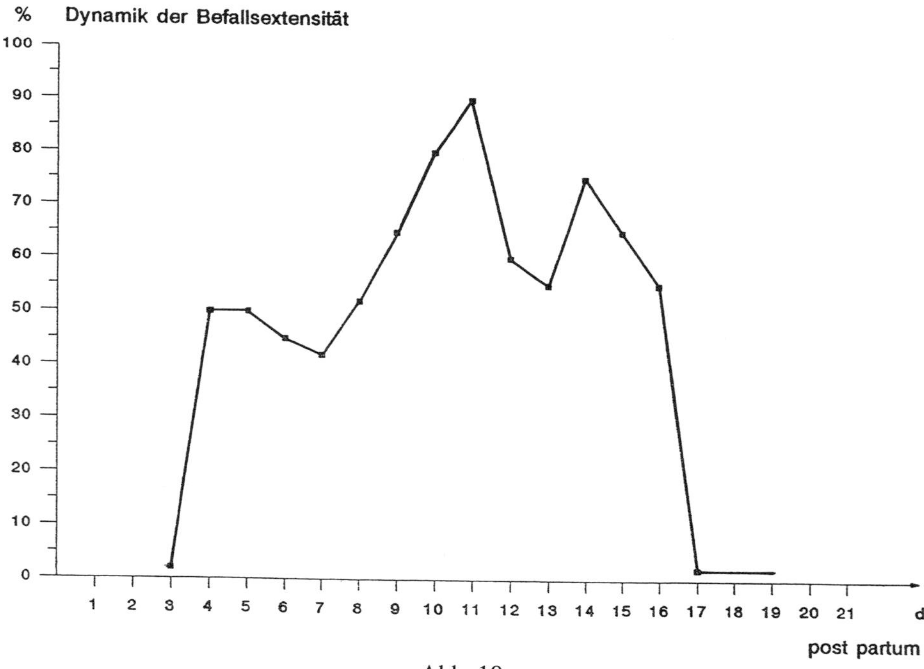

Abb. 10
Cryptosporidium parvum – Befallsextensität bei Sauglämmern

Auf Anhieb fanden wir regelmäßig C. parvum als Erreger der enzootisch auftretenden neonatalen Diarrhoe bei Kälbern und Schaflämmern in der Intensivhaltung. Betroffen waren mehr als die Hälfte der Neugeborenen im Alter von 4 bis 23 Tagen, wobei die Ausscheidungsextensität zwischen 8. und 16. d p.p. am höchsten lag. Durch Inokulation von je 80.000 Oozysten konnten wir akutes Diarrhoe-Geschehen bereits 1981 bei Kälbern, Lämmern und 1988 bei Babymäusen reproduzieren sowie klinisch und pathomorphologisch studieren. Bereits am 2.–3. d post inoculationem trat bei 45 % der Inokulierten Diarrhoe auf; es wurden gelbgrau- bis lehmfarbene, rahmige, übelriechende Faeces über einen Zeitraum von vier bis sieben Tagen abgesetzt. Das Allgemeinbefinden blieb bei nahezu 4/5 der befallenen Tiere ungestört. Fast 20 % der befallenen Neugeborenen wies eine Exsikkose auf. Das Krankheitsbild war, neben der Diarrhoe, geprägt von Störungen im Elektrolythaushalt; letaler Ausgang wurde nicht beobachtet. Ab dritten bis vierten Tag waren Oozysten regelmäßig auffindbar, allerdings bei 55 % der Inokulierten verlief die Infektion symptomlos bzw. subklinisch. Die postmortalen Untersuchungen (makroskopisch, licht- und elektronenmikroskopisch) ergaben vorwiegend eine Besiedlung und Alterationen des kaudalen Jejunums, des Ileums, mitunter des Anfangsteils des Colons. Die Kryptosporidien sind über eine dem Metabolismus dienende vakuolisierte, elektronendichte Organelle, sogenannte feeder-organelle, mit der Wirtszellmembran verbunden und ragen mit dem anderen Ende frei in das Darmlumen. Die Adhärenz an das Darmepithel führt zu einer Verdrängung des Mikrovillisaumes mit Malabsorption verbunden mit Epithelstoffwechselstörungen, insbesondere Enzymimbalancen und Maldigestion als Folgeerscheinungen. Die Mikrovilli erscheinen abgeflacht, in ihrer Länge reduziert, die Darmdrüsen gekrümmt und mit Detritus angefüllt. Die Lamina propria war häufig mit eosinophilen und neutrophilen Granulozyten sowie Makrophagen infiltriert; die Lieberkühnschen Krypten blieben weitgehend verschont. Inzwischen sind Kryptosporidien als Opportunisten zu anderen enteropathogenen Erregern wie Rota- und Corona-Viren, Escherichia coli und Salmonella-Spezies sowie zu HIV erkannt worden.

Über das Vorkommen von Kryptosporidien-Infektionen des Menschen lagen in der DDR bis 1986 Untersuchungen nicht vor. In einer Querschnittstudie über einen Zeitraum von zwei Jahren (2/1986–2/1987 und 4–12/1987) wurden deshalb Stuhlproben bei insgesamt 4.399 ambulanten Patienten im Alter zwischen 1 und 80 Jahren, die vorwiegend an Diarrhoe erkrankt waren, mit der Karbolfuchsin-Nativ-Technik nach Heine (1982) untersucht. Die Erfassung der Ausscheidungsintensität erfolgte semiquantitativ durch Auszählen der Oozysten in 30 Blickfeldern bei 400facher Vergrößerung. Kryptosporidien-positive Proben wurden zusätzlich nach der Kissyon-Färbung beurteilt. Die Befallsextensität betrug durchschnittlich 1,6 %. Davon entfielen 60,6 % auf Kinder bis zu 6 Jahren; ein zweiter Peak lag mit 25,4 % Anteil in der Altersgruppe 17–20 Jahre. Bei Patienten von über 20 Jahren

konnten Kryptosporidien-Oozysten nur selten nachgewiesen werden, wobei immundefekte Personen betroffen waren. Eine saisonale Dominanz der Kryptosporidien-Vorkommen war in den Sommer- und Frühjahrsmonaten zu verzeichnen. Die Ausscheidungsintensität betrug durchschnittlich 5,6 (0,1–75) Oozysten/Blickfeld (siehe Farbtafel Abb. 21).
In eine zweite Prävalenzstudie wurden anschließend 657 Kinder im Alter von ½ bis 1 Jahr einbezogen. Davon erwiesen sich 38 Durchfall-Probanden (5,8 %) als Kryptosporidien-Oozysten-Ausscheider; klinisch gesunde Kinder hingegen hatten negative Befunde. Auf der Suche nach Leitsymptomen fanden wir von 27 ausgewählten Probanden 25 mit den oben beschriebenen Diarrhoe-Typen mit einer Durchfall-Dauer von durchschnittlich 10 d und einer Stuhlfrequenz von 5/d, 14 mit Vomitus und kurzzeitigem Brechdurchfall, je 10 mit Abdominalschmerz und Fieber, 9 mit Inappetenz über mehrere Tage und 6 Probanden, bei denen eine zusätzliche Infektion des Respirationstraktes zu beobachten war.
In einer dritten Studie stellten wir uns eine zweifache Aufgabe: Erfassung der Kryptosporidien-Prävalenz-Rate unter verschiedenen Bedingungen und die Optimierung der intravitalen Kausaldiagnostik. Von insgesamt 3.111 Stuhlproben – von denen 988 auf immundefekte Patienten (davon 4,7 % mit Autoimmunerkrankungen und 95,3 % HIV-Infizierte) und 2.123 auf Immunkompetente, jedoch an Diarrhoe erkrankte Probanden entfielen – erwiesen sich in der „Diarrhoe"-Gruppe im ELISA 1,3 % positiv, in der immundefekten Gruppe hingegen 10,7 % als positiv. Diese Befunde weisen das signifikant häufigere Kryptosporidienvorkommen bei immungestörten Patienten aus.

Klinische Symptome	**n**	**%**
Diarrhoe	25	92,6
Dauer der Diarrhoe	durchschnittlich 10 Tage	
Frequenz	durchschnittlich 5 Stühle/Tag	
Erbrechen	14	51,0
Abdominalschmerz	10	37,0
Fieber	10	37,0
Inappetenz	9	33,3
zusätzliche Infektion des Respirationstraktes	6	22,2

Abb. 11
Kryptosporidiose – klinische Symptome – Mensch

Um methodische Unzulänglichkeiten und Grenzen bei den verschiedenen Kryptosporidien-Nachweisverfahren aufzudecken, stellten wir einen Methodenvergleich mit drei verschiedenen Tests an: Konventionelle Koproskopie mittels Karbolfuchsinfärbung nach Heine (1982) sowie zwei koproimmundiagnostische Methoden – Immunfluoreszenztest (IFT) zum kombinierten Nachweis von Kryptosporidien und Giardien und ELISA. Die Ergebnisse sind in Abbildung 22 (Farbtafel) dargestellt. Der Methodenvergleich weist aus, daß mit keinem der eingesetzten Verfahren sämtliche positive Proben erfaßt werden können. Die günstigsten Ergebnisse erbrachte der ELISA mit 84 %, es folgte der IFT mit 76 %. Konventionell-koproskopisch gelang es, nur 65 % der positiven Proben zu erfassen. Bis zum Auffinden eines hinsichtlich Sensitivität absolut zuverlässigen diagnostischen Systems ist es empfehlenswert, im Zweifelsfalle die Aussagekraft durch den Einsatz mehrerer Methoden zu erhöhen. Ähnliche Befunde konnten wir in einer noch nicht abgeschlossenen Studie hinsichtlich Befallsextensität und diagnostischer Aussage im Methodenvergleich bei Hund und Katze erheben.

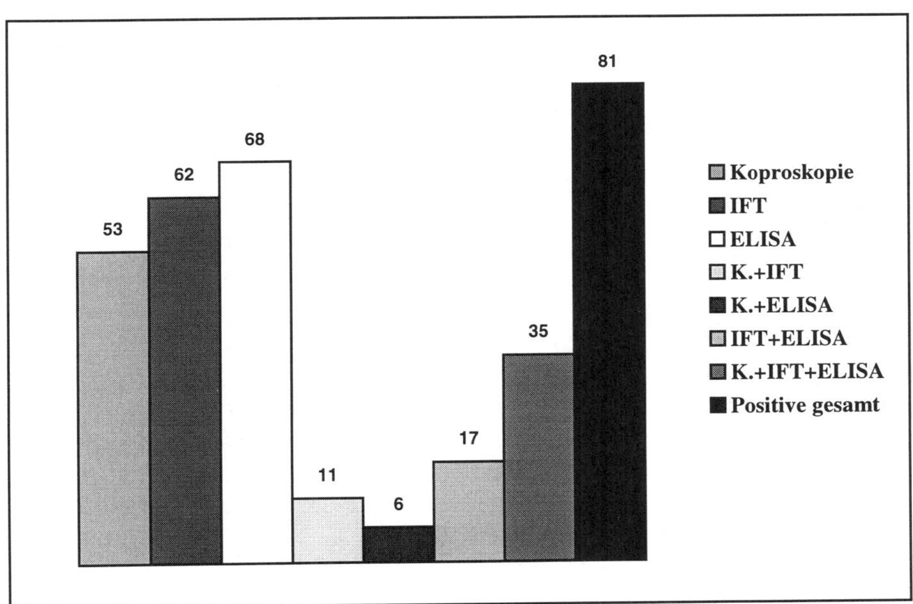

Abb. 12
Cryptosporidium – positive Befunde im Methodenvergleich

Bisher ist es nicht gelungen, eine zuverlässige Kausaltherapie gegen Kryptosporidien-Infektionen zu entwickeln. Aus diesem Grunde haben wir die als Desinfektionsmittel zugelassenen chemischen Agentien sowohl im Suspensions- als auch Keimträgerversuch geprüft. Die Ergebnisse waren unbefriedigend; lediglich mit Neopredisan (p-Chlor-m-kresol; 3%ig, 60 Minuten Einwirkung) sowie auf thermischem Weg vermochten wir eine zuverlässige Devitalisierung der Kryptosporidien-Oozysten zu erreichen.

4 Sarcocystiose

Die Sarcocystiose (Sarkosporidiose) war aus veterinärmedizinischer Sicht von jeher – seit dem Nachweis der Sarkozysten im Fleisch schlachtbarer Haustiere, vor allem beim Schwein gegen Ende des 19. Jahrhunderts – ausschließlich ein fleischhygienisches Problem. Über den Krankheitswert von Mensch und Tieren, auch über die systematische Einordnung der Erreger bestand weitestgehend Unklarheit.
Erst mit der Aufdeckung des Lebenszyklus' der Gattung Sarcocystis durch Rommel et al. (1972) in Berlin am Institut für Parasitologie der FU setzte eine intensive Forschung ein, die bis heute anhält und zu grundsätzlich neuen Erkenntnissen geführt hat. Seit etwa 25 Jahren haben wir uns an der Suche nach mehr Wissen auf diesem Gebiet beteiligt – vordergründig mit dem Ziel, ein Bild über den Krankheitswert von Sarcosystis-Species zu erhalten. Dabei gingen wir von gesichertem Wissen über den Zweiwirtezyklus und die systematische Einordnung der Gattung Sarcocystis aus.
Aus heutiger Sicht kann folgendes zusammenfassend festgestellt werden:

1. Die Gattung Sarcocystis umfaßt etwa 188 valide Species.
2. Die Gattung Sarcocystis ist artspezifisch unterschiedlich, aber stets pathogen sowohl für die Endwirte als auch die Zwischenwirte. Die Agamogonie läuft – verbunden mit einer unvorstellbar hohen Reproduktionsquote – über zwei Endopolygenie- und zwei Endodyogenie-Phasen im Zwischenwirt ab und endet nach einer vom Wirt überstandenen Sarcocystämie (vergleichbar mit einer Septikämie!) als Sarkozystenstadium in der Muskulatur.
3. Die Gattung Sarcocystis weist Zoonose-Erreger auf – S. bovihominis (Rind–Mensch), S. suihominis (Schwein–Mensch); aber auch für Homo sapiens nichtwirtsspezifische Arten vermögen humanpathogene Wirkungen zu entfalten.
4. Die Sarcocystis-Arten vom Schwein (2), Rind (3) und Schaf (4) sind diagnostisch im Fleisch deutlich unterscheidbar.
5. Unter ost- und mitteldeutschen Verhältnissen ist die Sarcocystiose weitverbreitet. Eigene Studien von 1977 und 1990 sind nahezu kongruent. Haustier- und Wildtierpopulationen sind zu einem hohen Prozentsatz betroffen. Über die Hälfte der Bevölkerung reagiert seropositv!

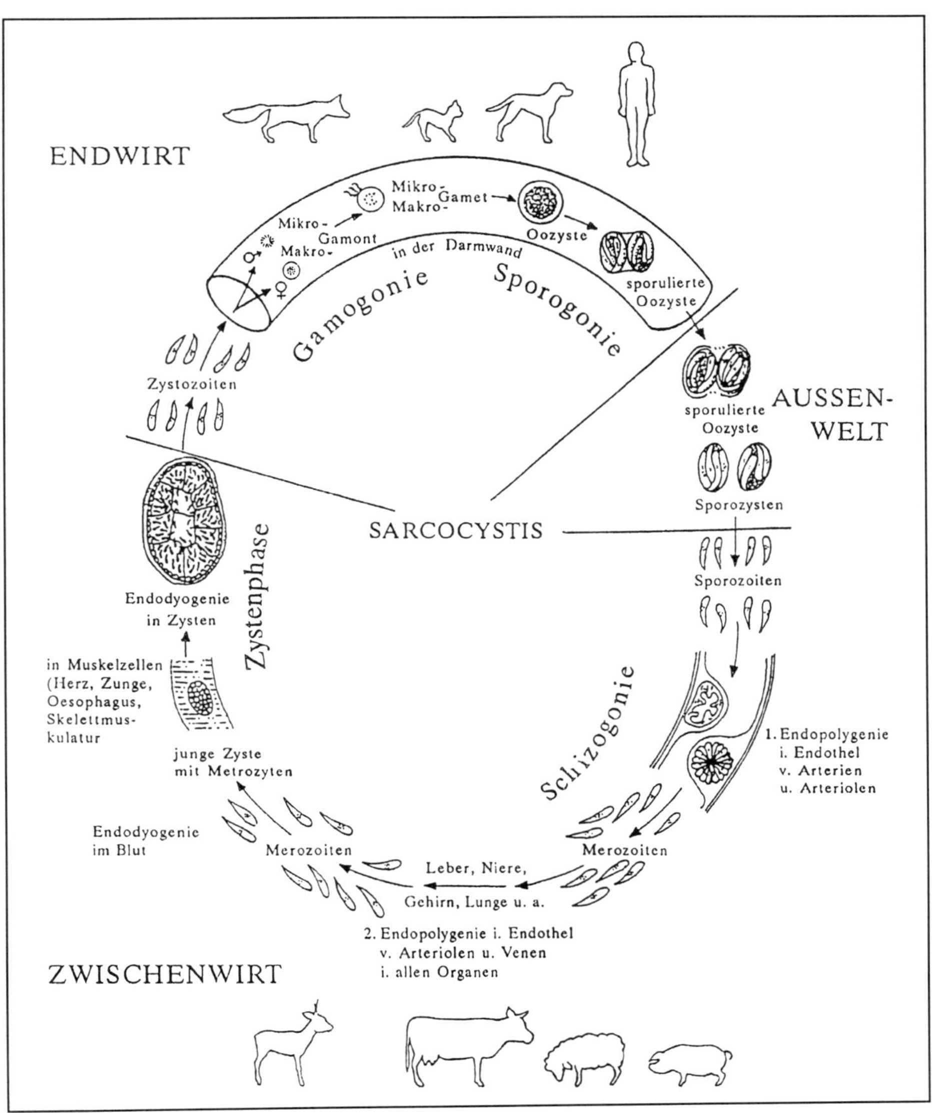

Abb. 13
Sarcocystis – Ontogenie

Sarcocystis-Art / Morphologie	S.bovicanis dünnwandig	S.bovihominis dickwandig	S.bovifelis dickwandig
Vorwölbungen der Zystenwand (µm)	0,5-1,0 : 0,2-0,3	5 : 0,7	6,7 : 1,5
Form der Vorwölbung	liegen der Zystenoberfläche an, einzeln gut erkennbar, haarartig	senkrecht zur Zystenoberfläche, liegen dicht beieinander, nicht mehr deutlich einzeln erkennbar; feine Streifung der Zystenwand	senkrecht zur Zystenoberfläche, palisadenartiger Wall
Zystenwandstrukturen (Artmerkmal)	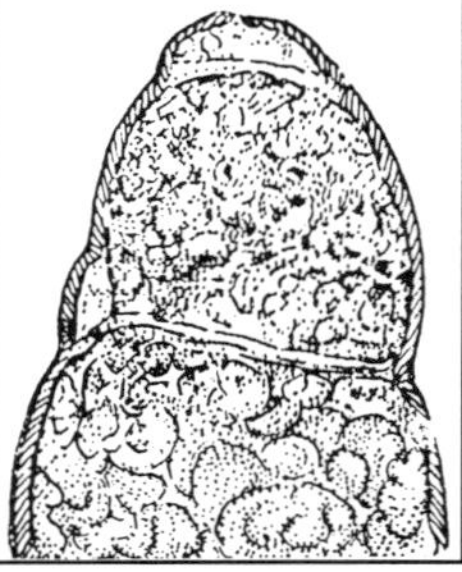	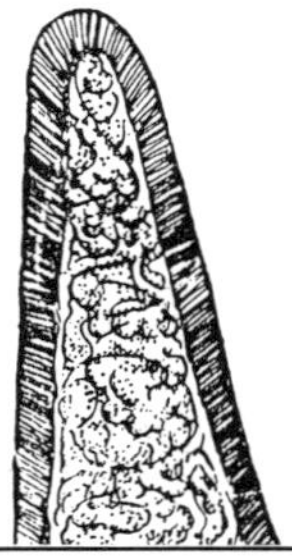	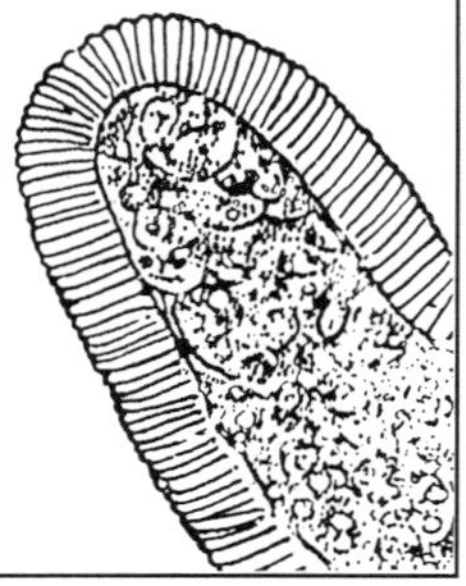

—— humanpathogen

Abb. 14
Sarcocystis-Arten beim Hausrind/Muskelzysten – diagnostische Merkmale

6. Sarcocysten – sowohl Muskelzysten als auch Sporozysten in der Außenwelt – beide Entwicklungsstadien weisen eine hohe Tenazität auf (siehe Farbtafel Abb. 23).
7. Sarcocystis-Infektionen können beim Zwischenwirt letal enden (i. d. R. zwischen 27. und 32. post infectionem). Die Krankheitsbilder reichen vom subklinisch-chronisch-leistungsmindernden bis zum akut-seuchenhaften Verlauf. Ich mache auf sarcocystisbedingtes enzootisches Abortgeschehen aufmerksam.
8. Studien in Selbstversuchen und an Tieraffen, der Grünen Meerkatze, Cercopithecus callitrichus, ergaben, daß bei Endwirten neben patenten Infektionen, das Bild der akuten Fleischvergiftung sowohl durch homologes als auch heterologes Antigen ausgelöst werden kann.

	Wirts-Arten	Befallsextensität (%)	
ENDWIRT	Mensch	1,6 (koprosk.) 58,5 (serol.)	
	Hund	3,2 (″) ...25,6	
	Katze	8,3 (″)	
	Fuchs	6,2 (″)	
ZWISCHENWIRT	Schwein	≈ 70,0	Muskulatur
	Schaf – konv. Haltung	≈ 92,0	
	– intens. Haltung	≈ 66,5	
	Rind	≈ 57,0	
	Schwarzwild	≈ 69,5	
	Rehwild	≈ 96,0	
	Rotwild	≈ 15,0	

Abb. 15
Sarcocystis-Infektionen – Verbreitung bei Mensch, Haus- und Wildtieren

Physikalische und chemische Einwirkung	**Zeitdauer**	**Infektionsstoff** **Sarcocystis – Zysten in der Muskulatur**
+2 °C Lagerungstemperatur	18 Tage	infektionsfähig
-20 °C Lagerungstemperatur	3 Tage	abgetötet
+65 bis 75 °C Kerntemperatur	10 Minuten	abgetötet (Dicke der Fleischprobe: 0,5–1,0 cm)
Räuchern +20 °C 80 % Luftfeuchtigkeit	3 Tage	infektionsfähig
Pökeln 25%iges Nitritpökelsalz	3 Wochen	infektionsfähig
Freiland -8 °C bis + 36 °C	> 13 Monate	infektionsfähig **Sarcocystis – Sporozysten**

Abb. 16
Sarcocystis-Tenazität

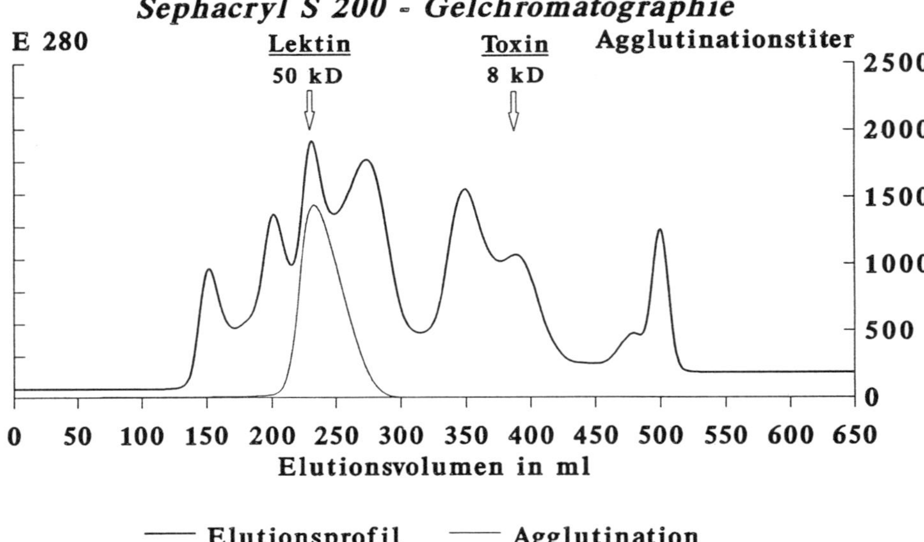

Abb. 17
Sarcocystis – Determinierung eines Lektins und Toxins
(Vet.Med.Dis. A, E. Brose, 1991, HU)

Dies alles war der Anlaß nachzuschauen, ob ein Toxin zu identifizieren ist. Wir unternahmen den Versuch, in die Feinmechanismen der Parasit-Wirt-Auseinandersetzung auf molekularer Ebene und auf der Ebene spezifischer Immunzellen vorzudringen.

Was wurde gefunden? Aus der Fülle der erhobenen Befunde seien einige Ergebnisse, die m. E. Beachtung verdienen, vorgestellt:

– Ein Lektin mit einer Molmasse von etwa 50 kD, ein Mitogen, vergleichbar mit dem Pokeweed-Mitogen. Dieses Lektin regt spezifisch T-Helfer- und T-Suppressorzellen zur Proliferation an. Das Lektin ist für Kaninchen nicht toxisch.

– Das Toxin hingegen, mit einer Molmasse von 8 kD, erwies sich als hochtoxisch, es vermag in Spuren zu töten. Dies dürfte gerichtsmedizinisch durchaus relevant sein.

– SGE (Sarcocystis gigantea-Lektin und -Toxin) induziert gegen den Wirt gerichtete Autoantikörper und polyklonale Antikörper. Eine Modulation der Wirtsabwehr durch SGE ist möglich.

Schließlich prüften wir die Koinzidenz von SGE und HIV (Drößigk et al. 1996) auf molekularer Ebene mit folgenden Ergebnissen:

– Sarcocystis gigantea-Extrakt kann permanent HIV-infizierte Zellen zu einer vermehrten Virusproduktion anregen.

– Eine SGE-Vorbehandlung von T-Lymphozyten und Monozyten und die darauffolgende HIV-Infektion führten ebenfalls zu einer Virusvermehrung. Die Inkubation von SGE- und HIV-susceptiblen Zellen verursacht deren Apoptose. Es gibt somit Hinweise, daß eine Sarcocystis-Infektion einen Kofaktor im AIDS-Pathogenesemechanismus darstellt.

Die immundiagnostischen Verfahren – IFAT, ELISA – weisen eine hohe Sensitivität auf; sie sind sowohl für die Intravitaldiagnostik als auch für die Erfassung der Sarcocystis-Befallsextensität von End- und Zwischenwirten nutzbar.

Substanzen	Protein in mg	Symptome ja/nein	Exitus ja/nein	Eintritt des Exitus h nach Applikation
SGE	2,06	j	j	7,5
	1,57	j	j	10,0
	1,42	j	j	11,5
	0,17	j	j	72,0
	0,16	j	n	
SGTF	0,85	j	j	3,5
	0,45	j	j	5,0
	0,18	j	j	11,0
SGL	0,15	n	n	n
	0,18	n	n	n
	0,55	n	n	n
	4,15	n	n	n

Tab. 1
Toxizität von *S. gigantea*-Extrakt (SGE), lectinfreiem Eluat (SGTF) und lectinhaltigem Eluat (*S. gigantea*-Lectin, SGL)

Schlußbemerkungen

Anliegen dieses Vortrages war es, die Coccidia als Vertreter pathogen-eukaryotischer Einzeller sowie als Kausalagentien beachtenswerter protozoärer Infektionskrankheiten bei Mensch und Tieren, auch unter dem Aspekt der Zoonosenforschung, aus der Sicht des eigenen Arbeitsfeldes vorzustellen. Das breitangelegte Thema konnte dabei nicht in extenso sondern nur miszellenhaft, vorrangig durch Interpretation von Untersuchungsergebnissen und in der Praxis Erlebtem, dargelegt werden. Abschließend sei noch auf die außergewöhnliche Fähigkeit dieser Erreger hingewiesen, Wandlungen in den Erscheinungsbildern der durch sie ausgelösten Parasitosen zu induzieren. Die Bekämpfungsstrategien sollten auf eine Regulierung der Eimeriina-Coccidea-Populationen nach dem Prinzip der Erregerverdünnung ausgerichtet sein mit dem Ziel, die pathogenen Komponenten dieser eukaryotischen Einzeller weitestgehend zu neutralisieren. Eine Sterilisatio magna erscheint zumindest bei den euryxenen Zoonoseerregern, wie Toxoplasma gondii und Cryptosporidium parvum, in überschaubarem Zeitraum nicht realisierbar. Durch molekulargenetische, biochemische, mikroökologische und immunparasitologische, an Hochtechnologie gebundene Forschungen in engem Zusammenwirken mit klinischen und pathomorphologischen Untersuchungen könnten relativ kurzzeitig die ungelösten Hauptprobleme auf diesem Gebiet aufgedeckt werden. Die artspezifische Identifizierung und damit endgültige systematische Zuordnung der zahlreichen Infektionserreger der Unterordnung Eimeriina durch Amplifikation von r PNA-Genfragmenten mittels PCR und die detaillierte Aufdeckung ihrer Antigeneigenschaften werden hierbei wesentliche Vorleistungen sein.

Danksagung

Die Arbeitsergebnisse zu den Themenkreisen Eimeria, Cryptosporidium, Toxoplasma und Sarcocystis wurden über einen Zeitraum von 1961 bis 1995 über zahlreiche Forschungsprojekte gewonnen, unter Mitarbeit von Parasitologen, Pathologen, Mikrobiologen, Immunologen, Lebensmittelhygienikern und Gynäkologen. Erwähnung und Dank verdienen die insgesamt 98 Graduierungsarbeiten – Fachparasitologen (8), Fachtierarzt (16), Abschlußarbeiten, Diplomarbeiten (31), Dissertationen (41), Habilitationen (2) – der Fachrichtungen Veterinärmedizin, Medizin, Biologie, die im Literaturverzeichnis bei weitem nicht alle berücksichtigt werden konnten.

Von dem großen Mitarbeiterkreis gebührt besonderer Dank: Prof. Ruth Jungmann, Prof. V. Bergmann, Dr. E. Brose, Dr. U. Drößigk, Prof. P. Hengst, Prof. F. Hiepe, Dr. habil. B.-U. Knaus, Dr. D. Mielke, Dr. Th. Montag, Dr. F. Pötzsch, Prof. O. Prokop, Prof. G. Scheibner, Dr. H. J. Tietz, Med.-techn. Ass. Brigitte Weidauer.

Addendum

Die Aufdeckung des Lebenszyklus' von Neospora caninum ist unmittelbar vor Redaktionsschluß gelungen. Siehe MacAllister, Milton M. et al. (1998): Dogs are definitive hosts of Neospora caninum. In: Int. J. Parasitology 28, S. 1473-1478.

Abb. 18
Eimeria tenella-Kokzidiose bei Kücken – Krankheitsbilder (klinisch)

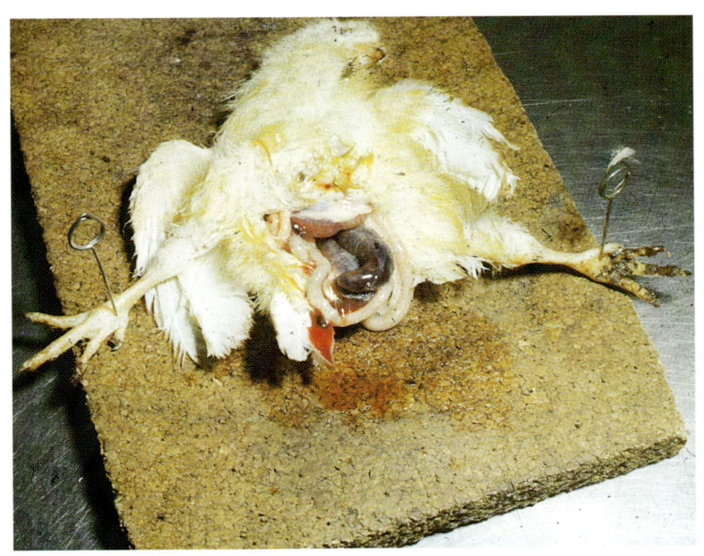

Abb. 19
Eimeria tenella-Kokzidiose bei Kücken

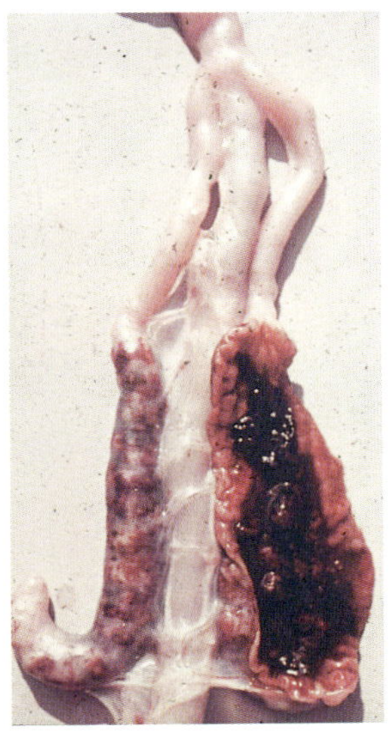

Abb. 20
Thyphlitis
(pathologisch-anatomisch)

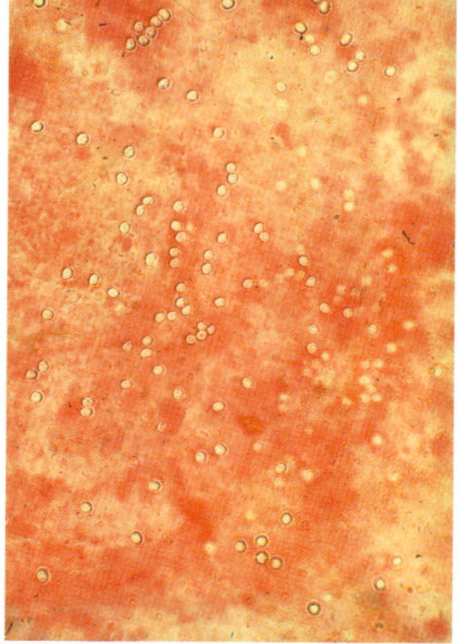

Abb. 21
Cryptosporidium-Oozysten,
Karbolfuchsinfärbung nach Heine (1982)

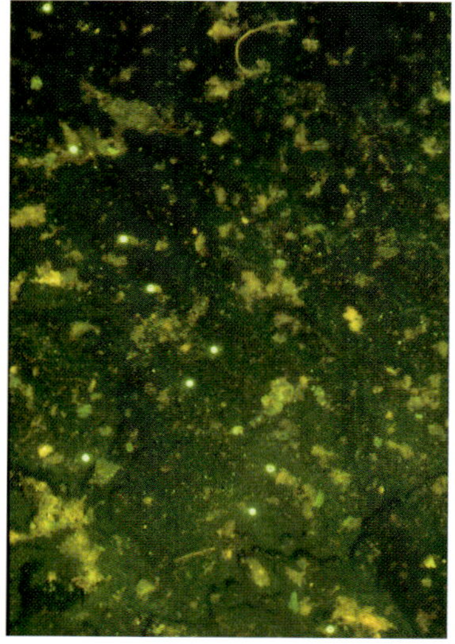

Abb. 22
Cryptosporidium –
Kopro-Immunfluoreszenz-Test

Abb. 23
Sarcocystis gegantea – Muskelzyste

Literatur

Balauca, N., Köhler, B., Horsch, F., Jungmann, R. & E. Prusas (1976): Experimentelle Reproduktion der nekrotischen Enteritis des Huhnes. 2. Mitteilung: Weitere Mono- und Polyinfektionen mit Cl. perfringens und Kokzidien unter besonderer Berücksichtigung der Bodenhaltung. In: Arch. exper. Vet.med. 30, S. 913-923.

Bedrnik, P., Hiepe, Th., Mielke, D. & U. Drößigk (1995): Antigens and immunisation procedures in the development of vaccines against poultry coccidiosis. In: Eckert, J., Braun, R., Shirley, M. W. & P. Coudert (eds.), Biotechnology. Guidelines on techniques in coccidiosis research, COST 89/820, EUR 16602 EN.

Bedrnik, P., Yvorè, P., Hiepe, Th., Mielke, D. & U. Drößigk (1995): Guidelines for evaluating the efficacy and safety in chickens of live vaccines against coccidiosis and recommendations for registration. In: Eckert, J., Braun, R., Shirley, M. W. & P. Coudert (eds.), Biotechnology. Guidelines on techniques in coccidiosis research, COST 89/820, EUR 16602 EN.

Bergmann, V., Heidrich, R. & H. Kiupel (1980): Akute Toxoplasmose-Ausbrüche in Kaninchenbeständen. In: Angew. Parasitol. 21, S. 1-6.

Boch, J. (1980): Die Toxoplasmose der Haustiere – Vorkommen, Diagnose und hygienische Bedeutung. In: Berl.Münch. tierärztl. Wschr. 93, S. 385-391.

Drößigk, U. (1991): Experimentelle Untersuchungen zur Morphologie und Bionomie von virulenten und avirulenten Eimeria tenella-Antigenen. – Ein Beitrag zum Wirkungsmechanismus bei der Immunprophylaxe der Eimeria-Kokzidiose des Haushuhnes. Vet. Diss. Berlin (HU).

Drößigk, U. (1996): Einflüsse von Sarcocystis gigantea-Extrakt (SGE) auf die Replikation des Humanen Immundefiziens Virus (HIV). In: Berl.Münch. tierärztl. Wschr. 109, S. 41-45.

Edelhofer, R. (1994): Prevalence of antibodies against Toxoplasma gondii in pigs in Austria – an evaluation of data from 1982 and 1992. In: Parasitol. Res. 80, S. 642-644.

Eliewsky, U. (1988): Vorkommen und Bedeutung von Kryptosporidien-Infektionen beim Menschen. Vet. Dipl.Arbeit Berlin (HU).

Flentje, B., Jungmann, R. & Th. Hiepe (1975): Vorkommen von Isospora hominis-Sporozysten beim Menschen. In: Dt. Gesundhwes. 30, S. 523-525.

Frenkel, J. K. (1990): Toxoplasmosis in human beings. In: J. Amer. vet.med. Ass. 196, S. 240-248.

Frenkel, J. K., Dubey, J. P. & N. L. Miller (1970): Toxoplasma gondii: a coccidian of cats, with a wide range of mammalian and avian intermediate hosts. In: Science 167, S. 893.

Gaedicke, C. (1997): Untersuchungen humaner Stuhlproben (prädisponierter Patienten) auf das Vorkommen protozoärer Erreger (Giardien und Kryptosporidien) – epidemiologische Studie und Vergleich von drei verschiedenen Methoden. Vet. Diss. Berlin (HU).

Graubmann, H.-D. (1986): Untersuchungen zu Verbreitung, Epizootiologie und Schadwirkung der durch Eimeria alabamensis CHRISTENSEN 1941 (Sporozoea; Eimeriidae) hervorgerufenen Weidekokzidiose der Rinder unter besonderer Berücksichtigung der Prophylaxe in der Jungrinderaufzucht. Diss. B (Habil.Schrift) Berlin (HU).

Graubmann, H.-D., Gräfner, G., Hiepe, Th. & H.-H. Daetz (1994): Weidekokzidiose der Jungrinder – Untersuchungen zur Pathomorphologie und Pathogenese der Eimeria alabamensis-Infektion. In: Wien. tierärztl. Mschr. 81, S. 7-11.

Heine, J. (1982): Eine einfache Nachweismethode für Kryptosporidien im Kot. In: Zbl. Vet. Med. B 29, S. 324-327.

Hengst, P. (1978): Toxoplasma gondii-Infektion und Schwangerschaft – Untersuchungen zu Fragen der Klinik, Diagnostik und Therapie. Diss. B (Habil.Schrift) Berlin (HU).

Hering, L., Jungmann, R., Eliewsky, U. & B. Marchlewitz (1989): Querschnittsuntersuchungen zum Vorkommen von Kryptosporidien-Infektionen – eine 2-Jahresstudie. In: Zschr. Klin. Med. 44, S. 1535-1538.

Hiepe, F. (1977): Untersuchungen zur Sarkosporidien-Infektion des Menschen unter besonderer Berücksichtigung des Nachweises mittels Indirekter Fluoreszenz-Antikörper-Reaktion (IFAR). Med. Diss. Berlin (HU).

Hiepe, F., Apostoloff, E., Jungmann, R. & Th. Hiepe (1979): Vorkommen von Sarcocystis-Antikörpern beim Menschen. In: Dt. Gesundhwes. 34, S. 804-810.

Hiepe, F., Hiepe, Th., Hlinak, P., Jungmann, R., Horsch, R. & B. Weidauer (1979): Experimentelle Infektion des Menschen und von Tieraffen (Cercopithecus callitrichus) mit Sarkosporidien-Zysten von Rind und Schwein. In: Arch. exper. Vet.med. 33, S. 819-830.

Hiepe, F., Litzke, L.-F., Scheibner, G., Jungmann, R., Hiepe, Th. & Th. Montag (1981): Untersuchungen zur toxischen Wirkung von Extrakten aus Sarcocystis ovifelis-Makrozysten auf Kanichen. In: Mh. Vet.Med. 36, S. 908-910.

Hiepe, Th. (1991): Zur Bedeutung der Toxinkomponente in der Pathogenese von Sarcocystis-Infektionen. In: Nova Acta Leopoldina, NF Nr. 279, Bd. 66, S. 237-246.

Hiepe, Th. (1992): Parasitismus – Immunreaktionen bei Parasitosen. In: Eckert, J. & Th. Hiepe (Hg.), Leopoldina Meeting, Nova Acta Leopoldina NF 283, Bd. 68.

Hiepe, Th. & R. Buchwalder (1991): Autochthone parasitäre Zoonosen – eine aktuelle Problematik. Teil I: Allgemeine Aspekte und protozoär bedingte Zoonosen. In: Z. ärztl. Fortbild. 85, S. 1179-1184.

Hiepe, Th. & F. Hiepe (1980): Sarkosporidien-Infektionen des Menschen. In: Medizin aktuell, S. 122-123.

Hiepe, Th. & R. Jungmann (1973): Gegenwärtiger Stand der Toxoplasmose-Epidemiologie. In: Mh. Vet.Med. 28, S. 873-878.

Hiepe, Th., Jungmann, R., Bergmann, V., Hiepe, F., Prokop, O. & G. Scheibner (1979): Neue Erkenntnisse über die Sarkosporidien-Infektion bei Mensch und Tieren. In: DDR-Med. Rep. 8, S. 283-338.

Hiepe, Th., Jungmann, R. & L. Hoffmann (1983): Untersuchungen zur Züchtung von Eimeria tenella im bebrüteten Hühnerei. In: Mh. Vet.Med. 38, S. 909-911.

Hiepe, Th., Jungmann, R. & D. Mielke (1988): Verfahren zur Antigenherstellung für die Bekämpfung der Geflügelkokzidiose. Patentschrift Nr. DD 252973 A1.

Hiepe, Th., Jungmann, R. & R. P. Roffeis (1988): Vorkommen, Verlauf, Nachweis und Bekämpfung der Kryptosporidiose unter den Bedingungen der intensiven Kälberhaltung. In: Mh. Vet.Med. 43, S. 470-472.

Hiepe, Th., Jungmann, R., Schuster, R. & H. Plath (1985): Untersuchungen über Vorkommen, Nachweis und Krankheitsbild der Kryptosporidieninfektion neugeborener Schaflämmer. In: Mh. Vet.Med. 40, S. 524-527.

Hiepe, Th., Mielke, D. & R. Jungmann (1991): Immunprophylaxe der Kokzidiose des Hühnergeflügels. Einsatz einer strahlenattenuierten Eimeria tenella-Vakzine in der intensiven Broilermast. In: Mh. Vet.Med. 46, S. 469-470.

Hiepe, Th., Nickel, S., Jungmann, R., Hansel, U. & Ch. Unger (1980): Untersuchungen zur Ausscheidung von Sporozoen-Fäkalformen bei Jagdhunden, Rotfüchsen und streunenden Hauskatzen sowie zum Vorkommen von Muskelsarkosporidien bei Wildtieren. In: Mh. Vet.Med. 35, S. 335-338.

Hilgenfeld, M. & Th. Hiepe (1975): Die Toxoplasmose beim Tier. In: Wildführ, G. & W. Wildführ, Toxoplasmose, Ratgeber für Ärzte und Tierärzte, Jena: VEB Gustav Fischer Verlag.

Hoffmann, M. (1988): Untersuchung zur Feststellung des Durchseuchungsgrades mit Toxoplasma gondii bei Schafen im Kreis Forst. Abschlußarbeit Fachtierarzt Schafproduktion, Berlin (HU).

Hoffmann, M. (1996): Untersuchungen zum Vorkommen von Toxoplasma gondii-Infektionen bei Hausschweinen und deren Bedeutung für die Epidemiologie der Toxoplasmose. Vet. Diss. Berlin (FU).

Hutchison, W. M. (1965): Experimental transmission of Toxoplasma gondii. In: Nature (London) 206, S. 961.

Jungmann, R. & L. Hering (1986): Kryptosporidiose – bisher unbekannte Zoonose. In: Med. akt. 12, S. 344-346.

Jungmann, R. & Th. Hiepe (1983): Vorkommen und Intravitaldiagnostik der Kryptosporidiose bei neugeborenen Kälbern. In: Mh. Vet.Med. 37, S. 392-393.

Jungmann, R. & Th. Hiepe (1991): Toxoplasmose bei Tieren. In: Hengst, P., Toxoplasmose, Heidelberg/Berlin: Spektrum Akademie-Verlag (unveröffentlicht).

Jungmann, R. & D. Mielke (1989): Immunprophylaxe der Kokzidiose des Hühnergeflügels durch Einsatz einer strahlenattenuierten Eimeria tenella-Vakzine. In: Mh. Vet.Med. 44, S. 464-466.

Jungmann, R., Mielke, D. & U. Drößigk (1989): Immunprophylaktische Möglichkeiten bei der Bekämpfung der Geflügelkokzidiose. In: Angew. Parasit. 30, S. 79-85.

Kaufmann, H., Yamage, M., Flechtner, O. & B. Gottstein (1994): Parasitologische, immunologische und molekulare Diagnose von Neospora-Infektionen. In: Tagung der Fachgruppe Parasitologie und parasitäre Krankheiten, „Molekulare und immunologische Diagnose sowie Immunologie von Parasitosen der Haustiere“, Festschrift zum 65. Geburtstag von Prof. Dr. Dr. h.c. Th. Hiepe, Dtsch. Vet.Ges. Gießen, S. 78-80.

Knaus, B.-U. (1988): Untersuchungen zum Vorkommen und zur Verbreitung von Toxoplasma gondii (Nicolle und Manceaux, 1908) bei einheimischen Haus- und Nutztieren sowie Schadnagern unter besonderer Berücksichtigung der Toxoplasma gondii-Infektion des Menschen. Diss. B (Habil.Schrift) Berlin (HU).

Knaus, B.-U. & K. Fehler (1989): Toxoplasma gondii-Infektionen und Oozystenausscheidung bei Hauskatzen und ihre Bedeutung für die Epidemiologie und Epizootiologie der Toxoplasmose. In: Angew. Parasitol. 30, S. 155-160.

Knoch, W., Jungmann, R. & Th. Hiepe (1974): Zum koprologischen Nachweis von Toxoplasma gondii-Oozysten bei der Hauskatze.

Kubsch, H. J. (1967): Untersuchungen über Verbreitung und Epidemiologie der Toxoplasmose des Schweines. Vet. Diss. Berlin (HU).

Levine, N. D. (1984): Taxonomie and review of the coccidian genus Cryptosporidium (Protozoa, Apicomplexa). In: J. Protozool. 31, S. 94-98.

Levine, N. D., Corliss, J. O., Cox, F. E. G., Deroux, G., Grain, J., Honigberg, B. M., Leedale, G. F., Löblich, A. R., III, Lom, J., Lynn, D., Meringfeld, E. G., Page, F. C., Poljanski, G., Spague, V., Vavra, J. & F. G. Wallace (1980): A newly revised classification of the protozoa. In: J. Protozool. 27, S. 37-58.

Long, P. L. (1990): Coccidiosis of Man and Domestic Animals. CRC-Press, Inc. Boca Raton/USA.

Margulis, L. & K. Schwartz (1981, 1989): Five kingdoms: An illustrated guide to the phyla of life on Earth, 1st and 2nd edition, New York: W. H. Freeman Co.

Margulis, L., Corliss, J. O., Melkonian, M. & D. J. Chapman (1989): Handbook of Protoctista, Boston: Jones and Bartlett Publishers.

Mielke, D., Rudnick, J. & Th. Hiepe (1993): Untersuchungen zur Immunprophylaxe bei der Kokzidiose des Rindes. In: Mh. Vet.Med. 48, S. 426-429.

Narbe, R. (1996): Immunologische Untersuchungen zu Sarcocystis-Infektionen des Menschen unter Berücksichtigung von Autoimmunerkrankungen. Vet. Diss. Berlin (FU).

Possardt, C. (1992): Untersuchungen zur Toxoplasma gondii-Infektion in einer Schweinegroßanlage mit verschiedenen serodiagnostischen Verfahren – ein Beitrag zur Toxoplasmose-Epidemiologie. Vet. Diss. Berlin (HU).

Punke, G. (1968): Untersuchungen zum Vorkommen der Toxoplasma-Infektion beim Schaf. Vet. Diss. Berlin (HU).

Rahman Alabdul, G. (1989): Experimentelle Untersuchungen zur Morphologie, Bionomie und Immunologie verschiedener Eimeria-Spezies des Haushuhnes unter besonderer Berücksichtigung von Eimeria tenella – Ein Beitrag zur Immunparasitologie. Math.nat. Diss. Berlin (HU).

Rex, M. (1990): Serologische Untersuchungen mittels indirektem Immunfluoreszenztest (IFAT) auf das Vorhandensein von Toxoplasma gondii-Antikörpern in einigen Schafbeständen des Bezirkes Rostock. Abschlußarbeit Fachtierarzt Labordiagnostik, Berlin (HU).

Rommel, M. & A.-O. Heydorn (1972): Beiträge zum Lebenszyklus der Sarkosporidien. III. Isospora hominis (Railliet u. Lucet, 1891) Wenyon, 1923, eine Dauerform der Sarkosporidien des Rindes und des Schweines. In: Berl.Münch. tierärztl. Wschr. 85, S. 143-145.

Rommel, M., Heydorn, A.-O. & F. Gruber (1972): Beiträge zum Lebenszyklus der Sarkosporidien. I. Die Sporozyste von S. tenella in den Fäzes der Katze. In: Berl.Münch. tierärztl. Wschr. 85, S. 101-105.

Tenter, A. M. (1994): Artspezifische Identifizierung von Toxoplasma gondii und Sarcocystis-Arten des Schafes durch Amplifikation von rRNA-Genfragmenten mittels PCR. In: Tagung der Fachgruppe Parasitologie und parasitäre Krankheiten, „Molekulare und immunologische Diagnose sowie Immunologie von Parasitosen der Haustiere", Festschrift zum 65. Geburtstag von Prof. Dr. Dr. h.c. Th. Hiepe, Dtsch. Vet.Ges. Gießen, S. 46-62.

Weiland, G. & D. Kühn (1970): Experimentelle Toxoplasma-Infektionen bei der Katze. II. Entwicklungsstadien des Parasiten im Darm. In: Berl.Münch. tierärztl. Wschr. 83, S. 128.

Konrad Seppelt

Kleine Moleküle, große Probleme

(Vortrag in der Sitzung der Mathematisch-naturwissenschaftlichen Klasse am 12. Februar 1998)

In ihrer dominierenden Ausprägung ist Chemie immer noch präparative Chemie, d. h., diese Wissenschaft beschäftigt sich mit der Herstellung neuer Verbindungen oder bekannter Verbindungen auf neuem Wege. Zur Verfügung stehen etwas über 100 chemische Elemente. Da fast jedes Element mit jedem anderen kombinieren kann, ist die Menge der binären Verbindungen, d. h. Verbindungen bestehend aus zwei Atomen, gerade noch übersehbar. Die Zahl der Kombinationen steigt mit zunehmender Atomzahl schnell ins Unüberschaubare an. Diese Mannigfaltigkeit wird aber begrenzt durch die Tatsache, daß alle Materie unter nicht zu extremen Bedingungen immer aus Atomen aufgebaut ist. Die Mannigfaltigkeit der Chemie ist – mathematisch gesehen – abzählbar unendlich, aber begrenzt.
Die präparative Chemie hat heute einen solchen Entwicklungsstand erreicht, daß schon gelegentlich gesagt wird, daß jede Atomkombination, d. h. jede denkbare chemische Verbindung, herstellbar ist, wenn nur genügend „Mannjahre“ Forschung und sonstige finanzielle Ressourcen zur Verfügung stünden. Machbar ist somit fast alles, wünschenswert wäre sehr vieles. Wissenschaftlich oder technisch bedeutsam ist zwar immer noch viel, aber die Auswahl eines Projektes in der präparativen Chemie läßt bereits Qualität erkennen, oder eben nicht.
Es ist die Erfahrung aller synthetisch arbeitenden Chemiker, daß die oben erwähnte Mannigfaltigkeit immer noch Raum für Überraschungen läßt, obwohl heutzutage viele Vorhersagen mit den raffinierten Methoden der theoretischen Chemie, also völlig ohne Experimente, möglich sind. Diese Überraschungen, z. B. also Moleküle, deren Existenz oder Struktur man so gar nicht erwartet hat, reihen sich regelmäßig nach wenigen Jahren in die Normalität der schon bekannten Verbindungen ein, und die dahinterstehende Leistung der ersten Darstellung wird oft schnell vergessen.
Eine besondere Herausforderung bleiben Verbindungen mit einer kleinen Anzahl von Atomen: *Kleine Moleküle*. Wenn eine bestimmte Atomkombination aus 2, 3 oder 4 Atomen bis heute noch nicht nachgewiesen wurde, so hat das triftige Gründe:

Das Molekül ist wahrscheinlich instabil unter den Bedingungen, die standardmäßig für den präparativen Chemiker zugänglich sind. Der Weg zum Erfolg ist dann das Arbeiten unter extremen Bedingungen, sei es bei tiefen Temperaturen bis hin zur Matrix-Isolationstechnik, sei es in hochverdünntem Gaszustand, und vielfach unter rigorosem Ausschluß von Sauerstoff und Wasser.
In folgendem soll an Beispielen gezeigt werden, wie die Grenzen unseres Wissensstandes über kleine Moleküle erweitert wurden.

Ozon

Ozon ist seit 1840 bekannt [1], und es dauerte einige Jahre, bis es als ein Allotrop des Sauerstoffs erkannt wurde. Seine Bedeutung hat es unter anderem durch sein natürliches Vorkommen in der oberen Atmosphäre, wobei in der modernen Zeit hinzukommt, daß die natürliche Ozonkonzentration eventuell als Folge des Eintragens von Spurengasen in die Atmosphäre durch menschliche Aktivitäten abnimmt [2]. Chemisch ist es bedeutsam wegen seiner Struktur und besonderen Reaktivität. Es ist seit 100 Jahren leicht im sogenannten Siemens-Ozonisator herstellbar. Was also kann es noch Neues geben?
Zahlreiche theoretische Berechnungen stimmen darin überein, daß Ozon in zwei Strukturen existieren sollte [3]: *1.* im Grundzustand mit der bekannten gewinkelten Struktur (116.8°) und O-O Bindungslängen von 127.8 pm, *2.* mit einer Struktur eines gleichseitigen Dreiecks mit O-O-Bindungslängen von 148 pm. Letzterer Zustand hat einen etwa 30 kcal/Mol höheren Energieinhalt, ist aber vom Grundzustand durch eine ca. 50 kcal/Mol hohe Barriere getrennt. Es gibt bislang keinerlei experimentelle Befunde, die auf die Existenz dieses Dreiring-Ozons hindeuten.
Kann man vielleicht einen indirekten Existenznachweis führen? Zu diesem Zweck entwickelten wir eine chemische Ozonsynthese gemäß der Gleichung $2O_2^+SbF_6^- + 3H_2O \rightarrow O_2 + O_3 + 2\ H_3O^+SbF_6$. Diese Reaktion ist praktisch quantitativ. Sie erlaubt die Herstellung von isotopenmarkiertem Ozon, wenn man von isotopenmarkierten Ausgangsstoffen $O_2^+SbF_6^-$ oder H_2O ausgeht. So gelang die Herstellung von ^{17}O-^{16}O-^{16}O und ^{18}O-^{16}O-^{16}O, und die Isotopomere ^{16}O-^{17}O-^{17}O, ^{16}O-^{18}O-^{18}O, ^{17}O-^{18}O-^{18}O und ^{18}O-^{17}O-^{17}O sind auch herstellbar. Mittels der ^{17}O-Kernresonanz und der IR-Matrixspektroskopie können wir zeigen, daß unter bestimmten Bedingungen z. B. ^{18}O-^{16}O-^{16}O in ^{16}O-^{18}O-^{16}O umlagert. Am klarsten war dieser Befund bei der Bestrahlung von ^{18}O-^{16}O-^{16}O in Argonmatrix bei 15K mit Licht $\lambda \geq 450$ nm [4]. Für diese Umlagerung kommen zwei Mechanismen in Frage:

$^{18}O-O-O \rightarrow$ ^{18}O (Dreiring) $\rightarrow$ $^{18}O(-O)-O$

$^{18}O-O-O \rightarrow$ $^{18}O-O$ - - - - O $\rightarrow$ $O-^{18}O$ - - O

Wiewohl der zweite Weg, die Dissoziation in einem 'matrix cage' complex mit anschließender Rekombination, Berechnungen zufolge der weitaus wahrscheinlichere ist, kann die intermediäre Existenz des Dreiring-Ozons nicht gänzlich ausgeschlossen werden. Diese Frage bleibt also offen und stellt eine ganz besondere Herausforderung an den präparativen Chemiker dar.

$Cl_2O_2^+$

Das bei der Ozonsynthese verwendete Oxidationsmittel ist von besonderer Art: es ist oxidierter Sauerstoff. Seine Oxidationskraft ist sehr hoch einzustufen, aber noch wenig untersucht. Der Grund liegt in der mangelnden Löslichkeit. Wir haben nun mit wasserfreiem Fluorwasserstoff ein geeignetes, wenn auch schwer handhabbares Lösungsmittel gefunden. Im folgenden wird eine zweite Synthese beginnend mit O_2^+ präsentiert, nämlich die Oxidation von Chlor. Dieses führt zu einem violetten Produkt, dessen Natur erst durch die Einkristallstrukturanalyse geklärt werden konnte. Dazu muß gesagt werden, daß bestimmte Lösungen in wasserfreiem HF (magische Säuren) hochviskos sind, so daß es Kristallisationsprobleme gibt, die vielleicht am ehesten mit den Problemen der Proteinkristallisation vergleichbar sind. Die tiefe Farbe des Produktes ist aber der Leitfaden bei der Züchtung und Suche nach geeigneten Kristallen. In der Abb. 1 ist das Kation $Cl_2O_2^+$ dargestellt. Das Kation hat eine trapezförmige Atomanordnung.

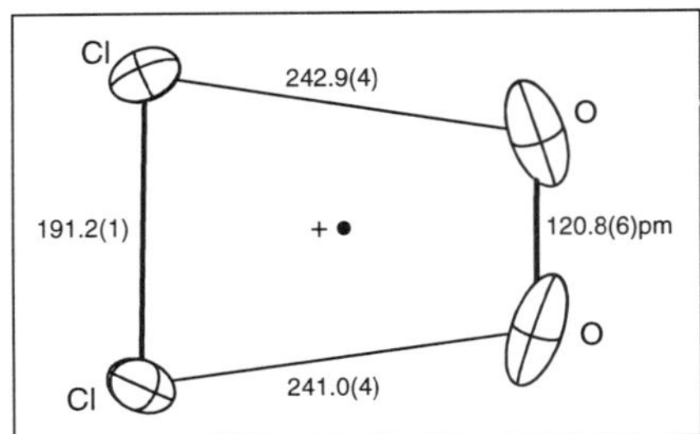

Abb. 1
Das Kation $Cl_2O_2^+$, Kristallstrukturanalyse von $Cl_2O_2^+Sb_2F_{11}^-$

Seine Entstehung ist denkbar einfach:

$Cl_2 + O_2^+ \rightarrow Cl_2O_2^+$

Es kann am ehesten als ein Cl_2^+ Radikalkation beschrieben werden, welches durch ein O_2 (Singulett) Molekül seitlich komplexiert ist. Dafür spricht der etwas verkürzte Cl-Cl Abstand von 191 pm gegenüber molekularem Chlor, sowie der nahezu unveränderte O-O Abstand im Vergleich mit freiem O_2. Das Ion ist paramagnetisch mit einem ungepaarten Elektron pro Einheit, und es zeigt ein hochaufgelöstes Elektronenpaar-Resonanzspektrum mit einer Hyperfeinstruktur, die vom Kernspinmoment 3/2 zweier äquivalenter Chloratome herrührt. Unklar bleibt bislang die Art der mit 242 pm sehr langen Cl....O-Bindung. Eine *ab initio* Rechnung ergab eine Bindungsenergie von 12.8 kcal/Mol zwischen den beiden Molekülteilen. Es wäre also eine schwache Bindung, aber auch nicht so schwach, daß eine reversible Abgabe von Sauerstoff möglich wäre. Für diese Annahme gibt es bislang keine Hinweise. Sie wird zur Zeit mit Hilfe der Isotopenmarkierung nachgeprüft.

Xe_2^+

Als letztes Beispiel soll die Darstellung einer niederwertigen Xenonverbindung dienen. Es mag paradox klingen, von einer niederwertigen Xenonverbindung zu sprechen, weil jegliche Oxidationsstufe eines Edelgases als eine hohe angesehen wird, da die Oxidation entsprechend schwierig ist und, historisch gesehen, erstmals 1962 überhaupt gelang [5]. Xenon kommt normalerweise in den Oxidationsstufen +2 (z. B. XeF_2), +4 (XeF_4), +6 (XeF_6) und +8 (XeO_4) vor. Als niedrig seien somit Oxidationsstufen unter +2 definiert. Es kann auf zwei historische Parallelen hingewiesen werden: Bei der ersten Darstellung einer Xenonverbindung gemäß der Reaktionsgleichung $Xe + PtF_6 \rightarrow$ "$XePtF_6$" wurde möglicherweise, und sei es auch nur intermediär, niederwertiges Xenon erhalten [5]. Allerdings konnte der ganze Sachverhalt bis heute nicht aufgeklärt werden. Überhaupt wurde obengenannte Reaktion vorgenommen, weil eine parallele Reaktion von O_2 und PtF_6 zu dem ersten Dioxygenylsalz $O_2^+\ PtF_6^-$ geführt hat.

Es war schon beobachtet worden, daß XeF_2 in Form seines Kations XeF^+ durch zahlreiche Reduktionsmittel, aber überraschenderweise auch durch elementares Xenon selbst, zu einer grünen Lösung reduziert werden konnte, die nach dem Elektronenspin-Resonanzspektrum bei 5K möglicherweise das Kation Xe_2^+ enthält. Faszinierend war, daß diese Reaktion mit Xenon reversibel, d. h. abhängig vom Xenondruck, ist [6]. Wir haben nun zunächst zeigen können, daß diese grüne Verbindung nur in Gegenwart von HF auftritt, d. h., das Medium muß HF/SbF_5 sein. Dieses Lösungsmittelgemisch wird allgemein als die stärkste denkbare Säure

Abb. 2
Das Kation Xe_2^+, Kristallstrukturanalyse von $Xe_2^+Sb_4F_{21}^-$

betrachtet und wird auch oft als eine der „magischen Säuren" bezeichnet. Bei der reversiblen Redoxreaktion müssen also Protonen eine Rolle spielen. Nachdem dies klar war, d. h., nachdem die Reaktion verläßlich reproduzierbar wurde, bedurfte es nur noch der geschickten Kristallisation. Leitfaden war wieder, daß grüne Kristalle neben farblosen oder gelben Kristallen in den hochviskosen Lösungen oder Kristallkonglomeraten gut beobachtet werden können [7].
Die Kristallstrukturanalyse zeigte in der Tat die Existenz des Xe_2^+ Kation, wobei das Anion tetrameres $Sb_4F_{21}^-$ ist. Damit konnte erstmals eine Xenon-Xenon Bindung nachgewiesen werden, die sich allerdings mit 308 pm als recht lang (und schwach) herausstellt. Nun ist es aber ein leichtes, solche Edelgaskationen in Massenspektrometern zu erzeugen und nachzuweisen. Dabei beobachtet man, daß Xe_2^+, verglichen mit Kr_2^+ , Ar_2^+ und Ne_2^+ erwartungsgemäß die schwächste Bindung hat [8]. Wenn dennoch Xe_2^+ nicht nur das erste Di-Edelgaskation ist, welches als Salz in Substanz isoliert wurde, es möglicherweise sogar für lange oder immer das einzige bleiben wird, so liegt dies an den berechenbaren hohen Elektronen- und Fluoridionenaffinitäten der anderen Di-Edelgaskationen.
Es verbleibt noch die Frage nach der Protonenkatalyse dieser reversiblen Redoxreaktion mit elementarem Xenon. Nur auf den ersten Blick naheliegend wäre eine Protonierungsreaktion des Xenon als erstem Schritt der Reaktion.

$Xe + H^+ \rightarrow XeH^+$

Die bekannte Protonenaffinität des Xenon ist außerordentlich gering [9]. Schließlich kann man sogar vermuten, daß ein protoniertes Xenon ein schlechteres Reduktionsmittel sein sollte als freies Xenon.
Wir nehmen daher an, daß nicht die Reduktionskraft des Reduktionsmittels durch Protonierung gesteigert wird, sondern vielmehr die Oxidationskraft des Oxidationsmittels. XeF_2 liegt bei Anwesenheit von SbF_5 als XeF^+ SbF_6^- bzw. $XeF^+Sb_2F_{11}^-$ vor. Dies ist kristallographisch belegt [10]. In HF-Lösung beobachtet man den vollständigen Austausch der xenongebundenen Fluoratome mit dem Lösungsmittel, während die Fluoratome der Anionen nicht austauschen, wie mit der

^{19}Fluorkernresonanz gezeigt werden kann. Daraus folgt ein Solvatisierungs- oder Protonierungsgleichgewicht der Art

$$H^+....F{-}Xe^+....F{-}H \rightleftharpoons H^+....F{-}Xe{-}F....H^+ \rightleftharpoons$$
$$H{-}F....{+}Xe{-}F....H^+ \rightleftharpoons H{-}F....Xe^{2+}...\ F{-}H.$$

Plausibel wird dieses Gleichgewicht, weil die Isolierung und Kristallstrukturanalyse einer einfach solvatisierten Verbindung aus der Reaktionsmischung in Form von $F{-}Xe^+$ .... F-H .... $Sb_2F_{11}^-$ gelang. Ein protoniertes XeF_2, oder je nach Betrachtungsweise, ein solvatisiertes Xe^{2+} ist also das extreme Oxidationsmittel, welches elementares Xenon reversibel zu oxidieren vermag.

Literatur

[1] C. F. Schönbein, *Pogg. Am.* 1840, *50*, 616; M. J. Molina, F. S. Rowland, *Nature* 1974, *249*, 810.

[2] M. J. Molina, F. S. Rowland, *Nature* 1974, *249*, 810; P. J. Crutzen, M. J. Molina, F. S. Rowland, Nobelpreis 1995.

[3] S. S. Xantheas, G. J. Atakity, S. T. Ellert, K. J. Ruedenberg, *J. Chem. Phys.* 1991, *94*, 8054.

[4] A. Dimitrov, K. Seppelt, D. Scheffler, H. Willner, *J. Amer. Chem. Soc.* 1998 120, 8711.

[5] N. Bartlett, *Proc. Chem. Soc.* 1962, 218.

[6] C. Stein, I. R. Norris, A. J. Downs, A. R. Minihan, *J. Chem. Soc. Chem. Comm.* 1978, *502*; L. Stein, W. W. Henderson, *J. Amer. Chem. Soc.* 1980, *102*, 2856.

[7] T. Drews, K. Seppelt, *Angew. Chem.* 1997, *109*, 264; *Angew. Chem. Int. Ed. Engl.* 1997, 36, 273.

[8] R. I. Hall, Y. Lu, Y. Morioka, T. Matsui, T. Tanaka, H. Yoshii, T. Hayaishi, K. Ito, *J. Phys.* B.: *At. Mol Opt. Phys.* 1995, *28*, 2435; Y. Lu, Y. Noriaky, T. Matsui, T. Tanaka, H. Yoshii, R. I. Hall, T. Hayaishi, K. Ito, *J. Chem. Phys.* 1995, *102*, 1553

[9] R. Walder, J. L. Franklin, *Int. J. Mass. Ion Phys.* 1980, *36*, 85.

[10] V. M. McRae, R. D. Peacock, D. R. Russell, *J. Chem. Soc. Chem. Commun.* 1969, 62.

Akademievorlesungen

Herfried Münkler

Die Herausforderung durch das Fremde

(Öffentliche Vorlesung anläßlich der Vorstellung des Abschlußberichts der Interdisziplinären Arbeitsgruppe „Die Herausforderung durch das Fremde" am 12. Februar 1998)

Wer sich durch die Frage nach dem Fremden wissenschaftlich herausgefordert fühlt, scheint ein klar umrissenes Thema zu haben: eindeutig im alltagssprachlichen Sinn, klar aber auch als möglicher Gegenstand wissenschaftlicher Untersuchungen. Davon, was fremd ist und was Fremde sind, haben wir ein intuitives Vorverständnis, zu dem selbstverständlich auch das Wissen darum gehört, daß dies gleichermaßen faszinierend wie furchteinflößend, anziehend wie abstoßend sein kann. Dieses Pendeln zwischen Faszinosum und Tremendum ist ebensowenig geeignet wie der bereits angedeutete Umstand, daß wir mit dem Fremden gleichermaßen *das* Fremde, *die* Fremde und *den* Fremden bezeichnen können, unser Vorverständnis davon, was das Fremde und was das Herausfordernde daran sei, zu erschüttern und in Frage zu stellen. Die Fähigkeit, zwischen dem Eigenen und dem Fremden sicher und zuverlässig unterscheiden zu können, ist ganz offenkundig ein unabdingbarer Bestandteil unseres In-der-Welt-Seins, eine Voraussetzung des Sich-Zurecht-Findens, der gesellschaftlichen und moralischen Orientierung ebenso wie der politischen Handlungsfähigkeit. Die Frage unserer Arbeitsgruppe zielte also nicht auf die Berechtigung, zwischen eigen und fremd zu unterscheiden, sondern es sollten das Zustandekommen dieser Unterscheidung, ihre Veränderbarkeit im Laufe der Zeit sowie schließlich auch ihre sozialen und politischen Folgen untersucht werden.

Ich möchte die Darstellung unserer Ergebnisse damit beginnen, daß ich zwei Eckpunkte der gesellschaftlich-moralischen Landkarten in unseren Köpfen skizziere, auf denen die Eigen-Fremd-Unterscheidung in unterschiedlicher Form eingetragen ist. Paradigmatisch dargestellt ist der eine dieser Eckpunkte in Richard Wagners *Ring der Nibelungen*, und zwar in jener Szene aus der *Walküre*, in der Siegmund auf der Flucht vor seinen zahlenmäßig weit überlegenen Verfolgern in Hundings Haus ankommt, wo ihn in Abwesenheit des Hausherrn dessen Frau aufnimmt und mit Speise und Trank versorgt. Dann kehrt Hunding, der Hausherr, zurück; er ist in

Waffen, denn man hatte ihn gerufen, die Ehre der Sippe gegen einen zu verteidigen, der sie zutiefst verletzt hatte. „Heilig ist mein Herd:/ heilig sei dir mein Haus", begrüßt Hunding den Fremden und fragt ihn sodann nach seinem Namen. Aber der Fremde hat keinen Namen, er hat keine Identität, er ist sich selbst fremd:

„Friedmund darf ich nicht heißen;
Frohwalt möchte ich wohl sein:
doch Wehwalt – muß ich mich nennen",[1]

gibt er zur Antwort. Er kann nicht der sein, der er sein möchte, und der er ist, möchte er nicht sein. Siegmund ist somit doppelt fremd: Fremd ist er in Hundings Haus, fremd aber ist er auch sich selbst – er, der bei einem Überfall auf das Elternhaus früh schon Mutter und Schwester verlor, dann in einem Kampf auch den Vater und der so ausgeschlossen blieb von einer Gesellschaft, in der die identitätskonstitutive Unterscheidung zwischen Eigen und Fremd gezogen wurde durch die Zugehörigkeit zu Sippe und Sippenverband. Nur wer zu einer Sippe gehört, hat sein Eigen und weiß dadurch, wer er ist. Wer dagegen sippenlos ist, ist schlechterdings fremd: Er hat kein Heim und keine Bleibe, aber auch keinen Namen und keine Identität. Indem dieser Fremde dem Hausherrn Hunding nunmehr sein Geschick erzählt, wird klar, wer er ist: der, den zu jagen und zu töten Hunding ausgezogen war. Der Fremde entpuppt sich als der Feind im eigenen Haus. Hunding weiß Bescheid:

„Zur Rache ward ich gerufen,
Sühne zu nehmen
für Sippenblut:
zu spät kam ich,
und kehre nun heim,
des flücht'gen Frevlers Spur
im eig'nen Haus zu erspähn."[2]

Aber der Fremde, der sich so plötzlich als der gejagte Feind entpuppt hat, genießt den Schutz des Gastrechts; solange er sich in dessen Haus aufhält, ist er für Hunding unantastbar; erst wenn er das Haus verlassen haben wird, darf Hunding ihn angreifen, um ihn zu töten:

„Mein Haus hütet,
Wölfing, dich heut:
für die Nacht nahm ich dich auf.
Mit starker Waffe
doch wehre dich morgen;
zum Kampfe kies ich den Tag:
für Tote zahlst du mir Zoll."[3]

---

[1] Walküre, 1. Aufzug (= Richard Wagner, Die Musikdramen, München 1978, S. 590).
[2] Walküre, 1. Aufzug (S. 593).

Die Doppelgestalt des Fremden, der Gast und Feind gleichzeitig ist, wird separiert durch die räumlichen Demarkationen, die den Raum *im* Haus von dem *außerhalb* des Hauses unterscheiden, sowie durch die zeitliche Trennlinie von Tag und Nacht. Im eigenen Haus und während der Nacht ist der Fremde als *Gast* zu respektieren, außerhalb dessen darf er am nächsten Tag als *Feind* bekämpft werden. Die komplexe Situation, die durch Siegmunds Auftauchen in Hundings Haus entstanden ist, wird durch das Institut des Gastrechts geklärt.

Ungeklärt freilich bleibt zunächst die Fremdheit des Fremden gegenüber sich selbst. Durch sie bzw. durch die Aufklärung der Herkunft und Verwandtschaft des Fremden kommt im Verlaufe der Nacht eine Entwicklung in Gang, in der der Fremde das Gastrecht bricht und so dessen Schutz verwirkt: Siegmund findet nämlich in Hundings Haus, eingerammt in den das Gebälk des Dachs tragenden Stamm und für niemanden außer ihn herauszuziehen, nicht nur das Schwert, das ihm sein Vater einst für den Fall höchster Not verhieß[4] und das ihm, dem Waffenlosen, die Möglichkeit geben soll, den Kampf des nächsten Tages zu bestehen, sondern er findet in Hundings Frau auch die verlorene Schwester wieder, die ihm in dieser Nacht noch zur 'bräutlichen Schwester', also zur Frau, wird. Sieglinde nämlich, die im Eigenen zu sein schien, offenbart sich dem Fremden selbst als Fremde in Hundings Haus:

„Fremdes nur sah ich von je,
freundlos war mir das Nahe;
als hätt ich nie es gekannt,
war, was immer mir kam."

Aber dann erzählt sie weiter, wie bei Siegmunds Eintritt ins Haus sogleich sie im Fremden das Eigene, das Vertraute erkannt habe:

---

3 Ebenda.

4 Auch im Zusammenhang mit dem Schwert wird das Thema des Fremden immer wieder ins Spiel gebracht: Während der Hochzeit Hundings mit Sieglinde, so berichtet diese, habe ein Fremder die Halle betreten und das Schwert bis zum Schaft in den Stamm der Esche gerammt. Dem werde das Schwert gehören, so erklärte er dazu, der es aus dem Stamm herauszuziehen vermöge:
„Der Männer alle,
so kühn sie sich mühten,
der Wehr sich keiner gewann;
Gäste kamen,
und Gäste gingen,
die stärksten zogen den Stahl –
keinen Zoll entwich er dem Stamm:
dort haftet schweigend das Schwert." Walküre, 1. Aufzug (S. 597).

„Doch dich kannt ich
deutlich und klar;
als mein Auge dich sah,
warst du mein Eigen.
Was im Busen ich barg,
was ich bin,
hell wie der Tag
taucht es mir auf:
wie tönender Schall
schlug's an mein Ohr,
als in frostig öder Fremde
zuerst ich den Freund ersah.“[5]

Außer Schwester und Schwert, Weib und Waffe, findet der Fremde in Hundings Haus aber noch ein drittes, und das ist sein Name:

„So laß mich dich heißen
wie ich dich liebe:
Siegmund –
so nenn ich dich!“,

erklärt Sieglinde, und darauf der Fremde, diesen Namen als Identitätsbezeichnung nicht bloß im konventionellen Sinne annehmend:

„Siegmund heiß ich
und Siegmund bin ich!“[6]

Ich will hier abbrechen, so anregend es für die Fremdheitsthematik auch wäre, den Gang des Geschehens im Hinblick auf die Verschlingung von Eigenem und Fremdem weiterzuverfolgen. Wichtig an der Betrachtung der kleinen Szene für das hier zur Debatte stehende Thema der Herausforderung durch das Fremde war die Beobachtung der mit Siegmunds Eintritt in Hundings Haus entstandenen Gemengelage von Eigenem und Fremdem, Freund und Feind sowie die Formen ihrer Separierung durch das Institut des Gastrechts und schließlich die Verletzung des Gastrechts durch den Fremden, als dieser in der Fremde das Eigene findet und, indem er das Schwert an sich und Hundings Weib mit sich nimmt, auf der Suche nach dem Eigenen das niederreißt, was ihn als Fremden geschützt hat.

Nun zu dem anderen Eckpunkt unserer moralischen Landkarte, den ich hier im Anschluß an Zygmunt Baumans Beschreibung des Fremden in der sogenannten postmodernen Gesellschaft skizzieren will. Ich wähle dazu ein Kapitel aus Baumans Buch *Flaneure, Spieler und Touristen*, das überschrieben ist „Ein Wieder-

---

[5] Walküre, 1. Aufzug (S. 599).
[6] Walküre, 1. Aufzug (S. 601).

sehen mit dem Fremden".[7] Bauman nimmt dabei das eingangs erwähnte Pendeln des Fremden zwischen Faszinosum und Tremendum auf und spricht von der Ambivalenz bzw. Janusköpfigkeit des Fremden. „Er hat zwei Gesichter", so Bauman, „das eine wirkt verlockend, weil es mysteriös ist (sexy, wie Bech sagen würde), es ist einladend, verspricht zukünftige Freuden, ohne einen Treueschwur zu verlangen; ein Gesicht unendlicher Möglichkeiten, noch nie erprobter Lust und immer neuen Abenteuers. Das andere Gesicht wirkt ebenfalls geheimnisvoll – doch es ist ein finsteres, drohendes und einschüchterndes Mysterium, das darin geschrieben steht."[8] Welche Strategien nun werden in modernen bzw. – präziser – postmodernen Gesellschaften angewandt, um diese Janusköpfigkeit des Fremden, der wir bereits in Hundings Haus in der Gleichzeitigkeit von Gast und Feind begegnet sind, zu klären, eindeutig zu machen und sie so sozialverträglich zu gestalten. Bauman benutzt einen konfessionspolitischen Begriff Melanchthons, um die Verhältnisse der Großstadt – sie stellt gewissermaßen den Gegenpol zu Hundings Haus dar – zu beschreiben; er spricht von einer postmodernen Version der *Adiaphorisierung*, die darin bestehe, menschliche Beziehungen ihrer moralischen Bedeutsamkeit zu entkleiden, also den Fremden moralisch irrelevant zu machen, indem an ihm nur noch die passende, nützliche oder interessante Facette des Anderen wahrgenommen werde.[9] Die Großstadt als die Routinewelt der Fremdheit und des Zusammentreffens von Fremden folge dem Imperativ moralischer Verarmung, durch den die Indifferenz als Modus der Begegnung gesichert werde. „Wenn in der Erfahrung der Stadt das Vergnügen die Oberhand über ihre andere Begleiterscheinung – die Furcht – gewann (oder besser gewinnt – manchmal), dann dank einer Bewahrung der Fremdheit der Fremden, dank eines Einfrierens der Distanz und der Verhinderung von Nähe; Lustgewinn wird genau aus der gegenseitigen Fremdheit gezogen, das heißt, aus dem Fehlen von Verantwortung und aus der Gewißheit, daß, was immer zwischen Fremden geschehen mag, es ihnen keine dauerhafte Verpflichtung auferlegt und in seinem Gefolge keine (notorisch schwer zu bestimmenden) Konsequenzen hinterläßt, die möglicherweise noch den Genuß des (trügerisch

---

7 Zygmund Bauman, Flaneure, Spieler und Touristen. Essays zu postmodernen Lebensformen. Aus dem Engl. von Martin Suhr, Hamburg 1997, S. 205-225. Bauman hat sich verschiedentlich mit der Gestalt des Fremden beschäftigt; vgl. auch die Kapitel „Der Fremde nebenan" und „Die Aporie des Fremden" in seinem Buch Postmoderne Ethik. Aus dem Engl. von Ulrich Bielefeld und Edith Boxberger, Hamburg 1995, S. 224ff. und 237ff. sowie den Aufsatz „Moderne und Ambivalenz"; in: Uli Bielefeld (Hg.), Das Eigene und das Fremde, Hamburg 1998, S. 23-49.

8 Baumann, Flaneure, S. 224; Baumann bezieht sich hier auf Henning Bechs Vortrag „Citysex", den dieser auf der Konferenz „Geographics of Desire: Sexual Preferences, Spatial Differences" 1993 an der Universität Amsterdam gehalten hat.

9 Baumann, Flaneure, S. 215.

leicht zu kontrollierenden) Moments überdauern."[10] So betrachtet ist die Großstadt – oder sollten wir lieber gleich von der Weltgesellschaft sprechen, als deren räumlich verkleinertes Abbild die Metropolen hier fungieren? – die Ermöglichung der Koexistenz von Fremdheiten durch ihre Vergleichgültigung. Indem weder starke Ansprüche noch Wertungen gegeneinander erhoben bzw. geltend gemacht werden, kann das Fremde als Fremdes fortbestehen, ohne bedrohlich zu sein.

Aber das metropolitane Ordnungsmodell der Entschärfung von Fremdheit durch Vergleichgültigung kann, so Bauman weiter, unvermittelt in sein Gegenteil umschlagen, und zwar immer dann, wenn die Vorstellung des sicheren Zuhauses als sinngebende Metapher menschlichen Lebens – also das, was ich hier das Eigene genannt habe – ins Spiel kommt und die Oberhand gewinnt. Von nun an ist alles, was außerhalb des Zuhauses ist, ein Gelände voller Gefahren, und dessen Bewohner werden nur noch im Modus der Bedrohung wahrgenommen. Also müssen sie eingepfercht oder ferngehalten oder verjagt werden. „Es ist der Traum von einem 'wehrhaften Raum', von einem Ort mit sicheren und wirksam bewachten Grenzen, einem Territorium, das semantisch transparent und semiotisch lesbar ist, einem Gelände frei von Gefahren und besonders der unberechenbaren – wo lediglich 'unvertraute Menschen' (jene unter den normalen Umständen des Stadtspaziergangs obskuren Gegenstände der Begierde) in regelrechte Feinde verwandelt werden. Und das Stadtleben mit all seinen komplizierten Geschicken, den Strapazen und der unermüdlichen Wachsamkeit, die es verlangt, kann diese Träume vom Zuhause nur intensivieren."[11] Die Großstadt, so können wir Baumans Überlegungen resümieren, die die Koexistenz der Fremdheiten im Modus der Indifferenz ermöglicht, bringt auf der Grundlage derselben Bedingungen eine intensivierte Ablehnung des Fremden hervor, bei der Indifferenz unmittelbar umschlägt in Feindseligkeit. Der Stadtflaneur und der Verteidiger des sicheren Zuhauses stellen dabei die beiden Extreme der möglichen Modi des Umgangs mit dem Fremden dar, die Reaktion der Philie und die Reaktion der Phobie, aber in der großstädtischen Realität dürften wir eher Mischungen aus beidem als den reinen Typen begegnen. Am Ende unterscheiden sich die großstädtischen Verhältnisse trotz einer gänzlich anderen Modulation von Fremdheit keineswegs grundsätzlich von den berichteten Ereignissen in Hundings Haus: Der Fremde bleibt eine janusköpfige Gestalt, und was das Institut des Gastrechts nicht zuverlässig vermochte, gelingt auch nicht dem Verfahren der Vergleichgültigung: der zuverlässige Schutz des Fremden durch die Trennung des Faszinierenden vom Bedrohlichen.

Wenn Richard Wagner und Zygmunt Bauman Recht haben – und das zu untersuchen war eine der Herausforderungen, die das Fremde für unsere Arbeitsgruppe

10 Baumann, Flaneure, S. 214.
11 Baumann, Flaneure, S. 220.

dargestellt hat – dann bleiben die zum Schutz der Fremden getroffenen Regelungen also stets prekär: Freundlichkeit, ja sogar Freundschaft kann jederzeit umschlagen in Ablehnung, Zurückweisung und Feindseligkeit.[12] So wenig wir uns des Fremden sicher sein können, so wenig können wir unser selbst in Bezug auf den Fremden sicher sein. Das aber heißt, daß der Fremde für uns bedrohlich sein kann, auch wenn er uns gar nicht bedroht, nämlich durch unsere Reaktion auf ihn als Fremden. Diese komplexe Situation war es, die die Herausforderung durch das Fremde für die Arbeitsgruppe dargestellt hat.

Ich will deswegen nunmehr damit fortfahren, daß ich zunächst einiges zur formalen Struktur der Gruppe innerhalb der Akademie sagen werde, um danach die Ergebnisse der Arbeitsgruppe im Hinblick auf die soeben umrissenen Konstellationen unserer moralischen Landkarten vorzustellen. Bei Beginn der Projektlaufzeit im Frühjahr 1994 bestand die Arbeitsgruppe aus folgenden sechs Teilprojekten: dem Projekt 'Sozialanthropologie', das von Professor Dr. Georg Elwert unter Mitarbeit von Dr. Artur Bogner geleitet wurde; dem Projekt 'Okzidentalismus als japanische Tradition der Moderne', das von Professor Dr. Irmela Hijiya-Kirschnereit unter Mitarbeit von Richmod Bollinger durchgeführt wurde; dem Projekt „Die Konstruktion nationaler Identität in den Schriften der italienischen Humanisten des 14. bis 16. Jahrhunderts", das ich selbst zusammen mit Kathrin Mayer bearbeitet habe; dem Projekt „Nationalgeist im 18. Jahrhundert", das von Professor Dr. Conrad Wiedemann in Zusammenarbeit mit Robert Charlier bearbeitet worden ist; dem Projekt „Abwehr und Vereinnahmung der fremden Sprache", das Professor Dr. Jürgen Trabant zusammen mit Dirk Naguschewski durchgeführt hat; dem Projekt „Die Konstruktion fremder Wissenschaft", das sich mit den Fremdheitserfahrungen ostdeutscher Wissenschaftler im akademischen Betrieb des vereinigten Deutschlands beschäftigt hat und von Privatdozent Dr. Horst Stenger unter Mitarbeit von Annemarie Lüchauer durchgeführt wurde. Mitte 1995 hat sich das Teilprojekt „Krieg, Fehde und Genozid in Nordghana", das zunächst Bestandteil des Projekts „Sozialanthropologie" gewesen ist, von diesem emanzipiert; es ist von Dr. Bogner bearbeitet worden. Das Projekt „Sozialanthropologie" hat sich auf die Durchführung mehrerer Tagungen konzentriert, die als Werkstattberichte gesondert ver-

[12] Es geht hier um den prekären Schutz des Fremden durch das Institut des Gastrechts bzw. den Modus der Indifferenz (vgl. dazu Stichweh, Der Fremde – zur Soziologie der Indifferenz; in: Furcht und Faszination. Facetten der Fremdheit. Hg. von Herfried Münkler, Berlin 1997, S. 45-64), nicht um etwaige Veränderungen des Gastrechts, wie sie beispielsweise Hans Dieter Bahr (Die Sprache des Gastes. Eine Metaethik, Leipzig 1994) untersucht hat. Bahr zeigt darin, wie zu Beginn der Neuzeit mit der Ausbildung des modernen Staates das Gastrecht durch das Fremdenrecht abgelöst und der Fremde unter polizeiliche Kontrolle gestellt worden ist.

öffentlicht worden sind.[13] Die Abschlußberichte der anderen Projekte, sechs an der Zahl, liegen nunmehr in dem heute vorzustellenden Abschlußbericht unserer Arbeitsgruppe gedruckt vor.[14]

Nun wird Ihnen, während ich die Projekte und ihre Bearbeiter vorgestellt habe, sicherlich nicht verborgen geblieben sein, daß es sich hier, wie es so schön heißt, um einen recht bunten Strauß wissenschaftlicher Untersuchungen handelt, miteinander verbunden durch das lose Band der Interdisziplinarität und natürlich den Umstand, daß alle Projekte irgendwie, die einen mehr, die anderen weniger, die Arbeitsgruppenthematik der Herausforderung durch das Fremde im Titel führen. Das mochte für den Anfang genügen, war aber für eine auf die Dauer von drei Jahren angelegte fruchtbare Kooperation zwischen Geistes- und Sozialwissenschaftlern mit jeweils sehr spezifischen Fachsprachen und Forschungshorizonten als Klammer der Interdisziplinarität zu wenig. Die Arbeitsgruppe hat sich also sehr bald mit dem Problem konfrontiert gesehen, der Herausforderung durch das Fremde mit der Suche nach eigenen Gemeinsamkeiten zu begegnen. Wir haben dies getan auf regelmäßigen gemeinsamen Sitzungen, in deren Verlauf erste Ergebnisse der Teilprojekte vorgestellt und diskutiert wurden und in deren Rahmen auswärtige Wissenschaftler, durchweg Spezialisten für die Eigen-Fremd-Thematik, ihre Thesen und Forschungsergebnisse vorgetragen und mit uns diskutiert haben. Aus diesen Vorträgen sowie einigen Beiträgen der Arbeitsgruppe ist der Band *Furcht und Faszination. Facetten der Fremdheit* entstanden, von dem man – ohne gar zu sehr zu übertreiben – sagen kann, daß er in theoretisch-methodischer Hinsicht die wichtigsten Ansätze der einschlägigen Forschung versammelt.[15] Unter den deutschsprachigen Publikationen werden Sie, trotz eines inzwischen geradezu inflationären Angebots von Veröffentlichungen zur Eigen-Fremd-Thematik,[16] kaum

---

13 Zum Fortgang der Arbeiten vgl. die Berichte der Arbeitsgruppe in den Jahrbüchern der Akademie: Jahrbuch 1994, S. 389-399; Jahrbuch 1995, S. 387-395; Jahrbuch 1996, S. 227-233 sowie die beiden Zwischenberichte der Arbeitsgruppe zur Vorlage für den Konvent vom Juni 1995 (162 Maschinenseiten) und Mai 1996 (158 Maschinenseiten).

14 Die Herausforderung durch das Fremde. Hg. von Herfried Münkler unter Mitarbeit von Karin Meßlinger und Bernd Ladwig (= Forschungsberichte der Interdisziplinären Arbeitsgruppen der Berlin-Brandenburgischen Akademie der Wissenschaften, Bd. 5), Berlin 1998.

15 Furcht und Faszination. Facetten der Fremdheit. Hg. von Herfried Münkler unter Mitarbeit von Bernd Ladwig (= Studien und Materialien der Interdisziplinären Arbeitsgruppe 'Die Herausforderung durch das Fremde' der Berlin-Brandenburgischen Akademie der Wissenschaften), Berlin 1997.

16 Aus der Fülle einschlägiger Publikationen seien hier genannt: Alois Wierlacher (Hg.), Das Fremde und das Eigene. Prolegomena zu einer interkulturellen Germanistik, München 1985; Uli Bielefeld (Hg.), Das Eigene und das Fremde. Neuer Rassismus

etwas Vergleichbares finden. Bei den in diesem Band zusammengefaßten Aufsätzen handelt es sich, von zwei Beiträgen abgesehen, freilich nicht um originäre Erträge der Arbeitsgruppe, sondern um ausgearbeitete Vorträge, die wir von außen eingeworben und die wir nicht zuletzt darum bekommen haben, weil die Berlin-Brandenburgische Akademie offenbar ein überaus attraktiver Ort für die Präsentation dieser Überlegungen gewesen ist. Wer mit dem wissenschaftlichen Einladungsbetrieb ein wenig vertraut ist, weiß, was es bedeutet, daß alle, die wir angeschrieben und eingeladen haben, auch gekommen sind.[17]

Wir haben weiterhin, um mit dem Bericht über unsere Suche nach Gemeinsamkeiten und Verbindungsgliedern zwischen den Teilprojekten fortzufahren, mehrere Tagungen durchgeführt, unter denen die zwei sprachwissenschaftlich ausgerichteten Tagungen, die Jürgen Trabant und Dirk Naguschewski organisiert haben, besonders herauszustellen sind. Aus diesen Tagungen sind zwei weitere Bände hervorgegangen, nämlich der Band *Die Herausforderung durch die fremde Sprache* sowie der Band *Was heißt hier 'fremd'?*[18]. Dabei will ich den letztgenannten Band besonders hervorheben, da an seinem Zustandekommen Mitglieder und Mitarbeiter fast aller Projekte der Arbeitsgruppe mitgewirkt haben, indem sie ihre spezifische Problematik unter dem Aspekt der Fremdheit der Sprache thematisiert haben. Das war der zweite Strang der Ermittlung von Gemeinsamkeiten und Verbindungsgliedern zwischen den einzelnen Projekten, bei dem noch gemeinsame Diskussionen über die soziologischen Klassiker der Fremdheitsforschung zu erwähnen sind.[19]

---

in der Alten Welt? Hamburg 1991; Neuausgabe Hamburg 1998; Helga Egner (Hg.), Das Eigene und das Fremde. Angst und Faszination, Solothurn und Düsseldorf 1994; Wolfgang Müller-Funk (Hg.), Neue Heimaten – Neue Fremden. Beiträge zur kontinentalen Spannungslage, Wien 1992.

17 Als weiterer Vortrag vor der Arbeitsgruppe, der infolge der zuvor bereits erfolgten Publikation nicht in den Sammelband 'Furcht und Faszination' aufgenommen wurde, ist hier zu nennen: Hermann Bausinger, 'Fremde' als Problem der empirischen Kulturwissenschaft, in: Berlin-Brandenburgische Akademie der Wissenschaften, Berichte und Abhandlungen, Bd. 1, Berlin 1995, S. 275-296.

18 Die Herausforderung durch die fremde Sprache. Das Beispiel der Verteidigung des Französischen. Hg. von Jürgen Trabant unter Mitarbeit von Dirk Naguschewski (= Forschungsberichte der Interdisziplinären Arbeitsgruppen der Berlin-Brandenburgischen Akademie der Wissenschaften, Bd. 1), Berlin 1995. Was heißt hier „fremd"? Studien zu Sprache und Fremdheit. Hg. von Dirk Naguschewski und Jürgen Trabant (= Studien und Materialien der Interdisziplinären Arbeitsgruppe 'Die Herausforderung durch das Fremde' der Berlin-Brandenburgischen Akademie der Wissenschaften), Berlin 1997.

19 Als die 'klassischen Texte' der Thematisierung des Fremden können gelten: Georg Simmel, Exkurs über den Fremden (1908); in: ders., Soziologie. Untersuchungen über die Formen der Vergesellschaftung (= Gesamtausgabe, Bd. 11), Frankfurt/M. 1992,

Es kommt schließlich noch ein dritter Strang hinzu, der in der Vergabe von Werkverträgen an Wissenschaftler außerhalb der Arbeitsgruppe bestand, die aus ihrer spezifischen Kompetenz heraus bestimmte Probleme der Eigen-Fremd-Thematik, die in der Arbeitsgruppe selbst nicht eingehender behandelt werden konnten, untersuchen und darstellen sollten. Diese zusätzlichen Stücke beschäftigen sich mit der Thematisierung von Inklusion und Exklusion in soziologischen Theorien, bearbeitet von Dr. Kai-Uwe Hellmann, mit der Rolle von Fremdheit in der phänomenologischen Philosophie, eine Untersuchung, die von Dr. Iris Därmann durchgeführt wurde, mit der Etymologie von Fremd in den Sprachen Deutsch, Englisch und Französisch – dafür zeichnete Brigitte Jostes verantwortlich – und schließlich mit dem *ordo*-Gedanken in der Hermeneutik des Fremden im Mittelalter. Diese Untersuchung, die sich vor allem mit den Vorstellungen von den monströsen Völkern des Erdrandes beschäftigte – gleichsam der mittelalterlichen Vorläuferschaft heutiger Fremdheitsphantasien im Einbruch extraterrestrischer Wesen –, wurde von Professor Dr. Werner Röcke und Frau Dr. Marina Münkler durchgeführt.[20] Mit Ausnahme des Beitrags von Frau Jostes, der in dem bereits erwähnten Sammelband *Was heißt hier „fremd"?* erschienen ist,[21] haben alle Werkvertragsergebnisse in den nunmehr vorgelegten Abschlußbericht der Arbeitsgruppe Eingang gefunden.

Nachdem ich die organisatorische Struktur und die Einzelthematiken unserer Arbeitsgruppe kurz vorgestellt habe, will ich nun wieder zu den inhaltlichen Fragen der Arbeitsgruppe zurückkehren, und zwar zunächst zu der im Anschluß an Zygmunt Bauman aufgeworfenen Frage nach dem Umschlag einer im Modus der Indifferenz gestalteten Koexistenz von Fremdheiten in radikal xenophobe Reaktionen, denn diese für die sozio-politischen Ordnungen Westeuropas wie Nordamerikas inzwischen so zentrale Problematik hat natürlich auch unsere Arbeitsgruppe immer wieder beschäftigt. So hat etwa Artur Bogner in seiner Studie über die Kriege zwischen den ethnischen Gruppen der Dagomba, Nanumba und Konkomba, die

---

S. 764-771; Robert Michels, Materialien zu einer Soziologie des Fremden; in: Jahrbuch für Soziologie, Bd. 1, Karlsruhe 1925, S. 296-319; Alfred Schütz, Der Fremde. Ein sozialpsychologischer Versuch (1944); in: ders., Gesammelte Aufsätze, Bd. 2, Den Haag 1972, S. 53-69. Zu den 'klassischen Texten' kann weiterhin Werner Sombarts Behandlung der Fremden in wirtschaftshistorischer und wirtschaftspsychologischer Hinsicht gerechnet werden: Werner Sombart, Der moderne Kapitalismus. Historisch-systematische Darstellung des gesamteuropäischen Wirtschaftslebens von seinen Anfängen bis zur Gegenwart, Bd. I, 2, Berlin 1962, S. 883-895.

20 Marina Münkler, Werner Röcke, Der *ordo*-Gedanke und die Hermeneutik der Fremde im Mittelalter: Die Auseinandersetzung mit den monströsen Völkern des Erdrandes; in: Die Herausforderung durch das Fremde [Anm. 14], S. 701-766.

21 Brigitte Jostes, Was heißt hier fremd? Eine kleine semantische Studie; in: Was heißt hier „fremd"? [Anm. 18], S. 11-76.

in der Zeit von 1983 bis 1996 im nördlichen Ghana stattgefunden haben, festgehalten, daß die Verringerung der Raum-Zeit-Distanzen zwischen lokalen Gruppen keineswegs eo ipso zur Reduzierung kultureller Fremdheit im Sinne einer Unvertrautheit mit den Lebenswelten anderer führen muß, wie dies eine aufklärerisch-optimistische politische Pädagogik in der Regel annimmt, sondern ganz im Gegenteil aus dieser Distanzreduzierung neue Formen sozialer Ausschließung oder verschärfter Konkurrenz entstehen können. Diese Reduzierung von Raum-Zeit-Distanzen nun, die Bogner für ethnische Konflikte im Norden Ghanas beschrieben hat, sind zugleich eines der zentralen Charakteristika jener politischen wie sozio-ökonomischen Prozesse, die wir gewöhnlich unter dem Begriff der Globalisierung zusammenfassen und bei denen grenzüberschreitende Migrationsbewegungen ebenso eine Rolle spielen wie der Massentourismus.[22] Wenn nun in dem von Bogner untersuchten Fall die Entstehung eines Wir-Gruppen-Gefühls bei den Konkomba infolge nachholender Modernisierung, etwa durch Entwicklung einer eigenen Sprache, in diesem Fall im Zusammenhang mit der Übersetzung der Bibel, oder auch die Aneignung neuer, bislang unvertrauter kultureller Techniken, dazu führt, daß eine in die Position des sozialen Außenseiters gedrängte Gruppe Organisationsfähigkeit und politisch-militärische Handlungsmächtigkeit erlangt – Bogner spricht von der Geburt eines kollektiven Akteurs –, so handelt es sich hier keineswegs um für die Dritte Welt spezifische Prozesse, sondern diese können sich auch in unserer unmittelbaren Umgebung abspielen. Das wird vielleicht noch deutlicher, wenn man sich die Reaktion der seit Jahrzehnten die Machtverhältnisse und gesellschaftlichen Strukturen in Nordghana dominierenden Nanumba auf das neue politische wie kulturelle Selbstbewußtsein der Konkomba vor Augen führt: Großzügigerweise, so der Nanumbakönig bzw. sein Sprecher, hätten sie Fremde als Gäste in ihr Haus gelassen, aber die hätten sich darin vermehrt und breitgemacht, und nunmehr beanspruchten sie auch noch die Herrschaft über das Haus. – Das hätte Hunding von seinem Gast Siegmund wohl auch sagen können, und das ist zugleich die Reaktion, mit der hierzulande Viele auf das Bleiben der als „Gastarbeiter" ins Land geholten Menschen aus Süd- und Südosteuropa wie der Türkei reagieren. Der Fremde, so lautet Simmels berühmte Formel, sei der Gast, „der heute kommt und morgen bleibt". Aber indem er bleibt und länger bleibt, eignet er sich die kulturellen Techniken des Gastlandes an und verliert zunehmend an Fremdheit im Sinne von Unterlegenheit, und gerade dieser Fremdheitsverlust ist es, der ihn für manche seiner 'Gastgeber' bedrohlich erscheinen läßt: Er wird zum Konkurrenten um knappe Ressourcen – seien dies nun Arbeitsplätze, Sozialleistungen, Frauen (wie bei Siegmund) oder Einfluß und Macht. Nicht die Fremdheit als solche, sondern ihr rudimentärer

[22] Unter den Veröffentlichungen der Arbeitsgruppe vgl. hierzu Rainer Münz, Europa und die großen Wanderungen des 20. Jahrhunderts; in: Furcht und Faszination [Anm. 15], S. 255-315.

Fortbestand unter Aneignung von „Eigenem" des Gastlandes erodiert seiner Akzeptanz als Gast.[23] Man könnte dies auch die Dialektik der 'Ent-Fremdung' nennen. Zu einer ähnlich skeptischen Beurteilung optimistischen Vertrauens in die Kapazität von Gesellschaften zur tatsächlichen Inklusion von Fremden bei gleichzeitig steigendem Inklusionserfordernis infolge der systemischen Imperative der Gesellschaften ist auch Kai-Uwe Hellmann gelangt. Dabei hat er zwischen einer primären und einer sekundären Form von Fremdheit unterschieden, wobei die primäre Form nur die basale Unterscheidung zwischen eigen und fremd, zugehörig und nicht zugehörig kennt, während mit der sekundären Form die für jede Gesellschaft spezifischen Arten des Umgangs mit dem Fremden, die auf eine gewisse Vertrautheit mit ihm schließen lassen, bezeichnet werden. Erst auf der Ebene der sekundären Inklusion kommen also jene „Grade der Fremdheit"[24] ins Spiel, die nicht den Regeln der binären Codierung folgen, wie sie auf der Ebene der primären Inklusion Geltung haben.[25] Wenn man nun unterscheidet zwischen archaischen, hochkulturellen und modernen Gesellschaften, so ist die spezifische Form sekundärer Inklusion in archaischen Gesellschaften das Institut des Gastrechts. In hochkulturellen Gesellschaften ist es das Institut der Statuslücke, in die der Fremde eintritt und die ihm Platz gibt. In modernen Gesellschaften tritt an deren Stelle die Generalisierung von Fremdheit, so daß keine spezifische Form institutionalisierter Semiinklusion, wie im Falle von Gastrecht und Statuslücke, mehr *notwendig*, aber auch nicht mehr *möglich* ist.[26]
Bemerkenswert an diesem – für Historiker sicherlich unterkomplexen – dreigliedrigen Schema ist zunächst, daß darin neben Hundings Haus, das für die Verhältnisse in archaischen Gesellschaften steht, und Baumans Metropolis, mit der wir uns in

[23] Demgegenüber hat Alfred Schütz in der reinen Fremdheit des Fremden dessen Bedrohlichkeit gesehen, insofern sie die Fraglosigkeit der aufnehmenden Gruppe in Frage stellt. Schütz hat das Zusammentreffen freilich weniger aus der Perspektive des Gastgebers als vielmehr aus der des Gastes untersucht: „Er (der Fremde, H.M.) ist wesentlich der Mensch, der fast alles, das den Mitgliedern der Gruppe, der er sich nähert, unfraglich erscheint, in Frage stellt. Für ihn haben die Zivilisations- und Kulturmuster der Gruppe, welcher er sich annähert, nicht die Autorität eines erprobten Systems von Rezepten, und nur deshalb, und sonst aus keinem anderen Grund, weil er nicht an der lebendigen geschichtlichen Tradition teilnimmt, durch die diese Muster gebildet wurden" (Schütz, Der Fremde [Anm. 19]), S. 59).

[24] Vgl. dazu Justin Stagl, Grade der Fremdheit, in: Furcht und Faszination [Anm. 14], S. 85-114.

[25] Ähnlich auch Rudolf Stichweh, Der Fremde – Zur Soziologie der Indifferenz; in: Furcht und Faszination [Anm. 15], S. 48f.

[26] Vgl. auch Herfried Münkler, Bernd Ladwig, Das Verschwinden des Fremden und die Pluralisierung der Fremdheit; in: Die Herausforderung durch das Fremde [Anm. 15], S. 11-25.

unserer Gegenwart befinden, ein dritter Modus des Umgangs mit dem Fremden auftaucht, mit dem wir uns bislang noch nicht beschäftigt haben: die Statuslücke. Was haben wir darunter zu verstehen? Hochkulturelle Gesellschaften sind Gesellschaften, in die Menschen durch ihre Zugehörigkeit zu einer bestimmten Familie oder Schicht inkludiert werden, in denen die Zugangschancen zu gesellschaftlichen Rollen und Funktionen also von der sozialen Stellung des Einzelnen abhängig sind. Es existiert demnach eine Rollendifferenzierung sowie eine Unterscheidung von Funktionsbereichen, aber diese Rollen werden weitgehend noch als „naturgegeben" wahrgenommen. Ihre Innehabung wird also nur selten thematisiert und problematisiert. Dementsprechend treten mit gesellschaftlichen Veränderungen immer wieder Lücken und Leerstellen auf, in die Fremde eintreten können, um spezifische gesellschaftliche oder auch politische Funktionen zu übernehmen, etwa als Händler oder auch neutrale Schiedsleute in klientilistischen Konflikten.[27]

[27] In der Wirtschaftsgeschichtsschreibung ist immer wieder die Funktion des Fremden für die Entfaltung eines kapitalistischen Geistes betont worden: In der Geschichte des kapitalistischen Unternehmers, so Sombart (Der moderne Kapitalismus [Anm. 19], S. 883), spiele „der Fremde eine überragend große Rolle". Sombart begründet dies damit, daß – erstens – diejenigen, die ihre Heimat verlassen und in der Fremde ihr Glück suchen, „die tatkräftigsten, willensstärksten, wagemutigsten, kühlsten, am meisten berechnenden, am wenigsten sentimentalen Naturen" seien (S. 885), daß sich – zweitens – in ihnen der kapitalistische Geist „durch den Abbruch aller alten Lebensgewohnheiten und Lebensbeziehungen" (ebd.) gut entwickeln könne und daß – drittens – die unsentimentale Beziehung zum neuen Aufenthaltsort dem Erwerbsinteresse den Primat im Seelenhaushalt verleihe: „Auch alles behagliche Sichausleben verbietet sich in der Fremde: die Fremde ist öde. Sie hat gleichsam für den Ankömmling keine Seele. Die Umgebung bedeutet ihm nichts. Höchstens kann er sie als Mittel zum Zweck – des Erwerbs nützen" (S. 886). Viertens spiele schließlich auch der Umstand eine Rolle, daß die Fremden nicht durch verwandtschaftliche oder persönliche Bindungen an ihre Umgebung an der „Ausbildung des ökonomisch-technischen Rationalismus" gehindert würden (S. 887). Was Sombart damit beschreibt, ist also nicht so sehr die privilegierte Position des Fremden als Händler, der als Vermittler unterschiedlicher Wirtschaftskreise auftritt und aus dieser Vermittlung profitiert, sondern sein Aufstieg als kapitalistischer Unternehmer, der mit der Zeit zur beherrschenden Figur der neuen Wirtschaftsform wird.

Georg Simmel hat dem Fremden und der Fremdheit eine ähnlich herausgehobene Bedeutung bei der Entwicklung der kapitalistischen Wirtschaftsweise zugewiesen wie Sombart, nur hat er die Fremdheitsqualität nicht mit einer Person, sondern mit dem Transaktionsmedium des Geldes verbunden, das für bei der die Entstehung des Kapitalismus fundamentalen Trennung zwischen Haben und Sein verantwortlich sei. Das beginnt damit, daß spätmittelalterliche Kaufleute nicht mit eigenem, sondern mit fremdem, geborgtem Geld Wucher getrieben hätten, daß das Geld das Band zwischen

Dies hat sich mit dem Übergang in eine funktional differenzierte Gesellschaft fundamental geändert; in ihr ist es nicht länger möglich, dem Individuum einen festen gesellschaftlichen Standort zuzuweisen. Im Gefolge dessen tritt an die Stelle der vormodernen Inklusionsindividualität die moderne Exklusionsindividualität, was heißt, daß die Einheit des Individuums nicht mehr *innerhalb* der als Netz von Rollen- und Funktionszuweisungen verstandenen Gesellschaft realisiert werden kann, sondern nur noch jenseits ihrer. Demgemäß läuft die Kommunikation in der modernen Gesellschaft auch überwiegend anonym ab, nämlich rollenbezogen und ohne weitergehende Kenntnisse der Person, mit der man es jeweils zu tun hat. Hellmann nennt dies die Generalisierung von Fremdheit. Die moderne Gesellschaft ist eine Gesellschaft von einander Fremden, und ihr reibungsloses Funktionieren beruht, zur Paradoxie zugespitzt, auf einer generalisierten Vertrautheit mit Fremdheit. Paradox ist dies deswegen, weil Fremdheit mithin zu definieren ist als Unvertrautheit, so daß Generalisierung von Fremdheit als Charakteristikum moderner Gesellschaften zunächst nur besagt, daß in ihnen Zuverlässigkeit auch dann erwartet bzw. unterstellt wird, wenn sie durch keinerlei persönliche Vertrautheit garantiert und gesichert ist. Dies ist gegenüber den lebensweltlichen Routinen eine erhebliche Abstraktionszumutung, die viele nicht mehr oder nicht immer zu erbringen vermögen. Hier aber, und darin berührt sich Hellmanns Skepsis mit Baumans Befürchtungen, stellt sich die Frage nach der Fähigkeit des Individuums, das tagtäglich erlebte Fremde mit entsprechenden Vertrautheitsfiktionen zu umkleiden bzw. mit Vertrauensvorschüssen auszustatten. Oder anders formuliert: Wieviel Indifferenzreserve kann eine Gesellschaft ihren Mitgliedern abverlangen, ohne daß diese gegen diese Zumutung revoltieren? Hellmann formuliert vorsichtig, es habe „den Anschein, als ob die moderne Gesellschaft an Grenzen ihrer Lernfähigkeit stößt, sofern es um den Umgang mit Fremdheit geht".[28] Damit sind wir mitten im Problem der Fremdenfeindlichkeit unserer Zeit. Wie ist zu erklären, daß in einer auf Lernen, also auf der Aneignung von Fremdem, beruhenden Gesellschaft, die im Prinzip selbstzerstörerische Neigung zur Exklusion des Fremden fortbesteht, wenn nicht zunimmt: Haben wir es dabei mit Regressionen zu tun, also zeitweiligen Rückschlägen, die die allgemeine Entwicklungsrichtung der Generalisierung des Fremden nicht wirklich unter- oder abbrechen? Oder aber stoßen wir hier auf eine Selbstüberforderung der Gesellschaft bzw. ihrer Mitglieder, bei denen die

---

Haben und Sein von allen qualitativen Dimensionen befreit und auf eine rein quantitative Beziehung reduziert habe und daß schließlich „die geldmäßige Fremdheit zwischen dem Besitz und dem Kern der Persönlichkeit doch einer neuen Bedeutung des einen für das andere Raum gibt" (Simmel, Philosophie des Geldes [= Gesamtausgabe, Bd. 6], Frankfurt/M. 1989, S. 410ff., Zitat S. 416).

28 Kai-Uwe Hellmann, Fremdheit als soziale Konstruktion. Eine Studie zur Systemtheorie des Fremden; in: Die Herausforderung durch das Fremde [Anm. 14], S. 448.

Grenzen ihrer Lernfähigkeit oder Lernbereitschaft erreicht sind – sicherlich nicht bei allen gleichermaßen, aber doch in wachsendem Maße bei denen, die aufgrund ihrer gesellschaftlichen Marginalisierung keine gesellschaftlichen Gratifikationen für weiteres Lernen bzw. die Aufrechterhaltung der erlernten Indifferenzreserve erwarten dürfen? Fremdenfeindlichkeit in modernen Gesellschaften läßt sich im Lichte dieser Überlegungen, die gerade pointierte Alternative zwischen zeitweiliger Regression und systematischer Überforderung zuspitzend, definieren als regressive Konzentration von Aggressionen gegen unmittelbar sinnfällige Fremde infolge des Versagens im produktiven Umgang mit dem alltäglichen Fremden, mit der notorischen Unvertrautheit im Eigenen, die moderne Gesellschaften ihren Mitgliedern permanent zumuten. Das könnte auch erklären, warum die mit sozialwissenschaftlichen Methoden meßbare Fremdenfeindlichkeit in den ostdeutschen Ländern um so viel größer ist als in Westdeutschland: Die Zumutungen an Vertrautheit mit Unvertrautem im alltäglichen Leben sind hier im Gefolge der 'Wende' und der sich daran anschließenden tiefgreifenden Veränderungen viel größer, als dies im Westen der Fall ist:[29] Während man dort „nur" mit den Folgen der Globalisierung konfrontiert ist,[30] muß man im Osten etwas lernen, was als Lernerfolg sogleich wieder entwertet wird: die Funktionsmechanismen eines sozialstaatlich gezähmten Kapitalismus.

Die Arbeitsgruppe hat all diese Fragen sicherlich nicht abschließend zu beantworten vermocht, aber wir glauben doch, einiges an Überlegungen zu ihrer Klärung beitragen zu können. Situationen der Überforderung von Gesellschaften hinsichtlich ihrer Verarbeitungskapazität von Fremdheit sind uns nämlich im Verlauf der

---

[29] Eine beiläufige Beobachtung mag dies illustrieren: Während Jürgen Kuczynski in seinem letzten Memoirenband immer wieder die sich ausbreitende Fremdenfeindlichkeit im vereinigten Deutschland kritisch notiert und verurteilt, ereilen ihn die alltäglichen Folgen des Globalisierungsprozesses selbst, wenn er erkennbar unwillig über die Sprache einer Reklame notiert: „4 Worte an einer deutschen Litfaßsäule, davon nur 1 Wort deutsch, 2 englisch und 1 Wort französisch!" Oder kurz zuvor: „Habe kürzlich Marguerite, die das mit ihren schlechten Augen nicht sehen kann, darauf aufmerksam gemacht, wie amerikanisiert die Reklame an unseren Läden ist. Da liest man Paper Shop, Containers, Fitness, Jeans and Books usw. Am erstaunlichsten ist das Wort Service im Sinne von Dienstleistung. Genau das gleich geschriebene Wort gibt es seit Jahrhunderten mit anderer Betonung aus dem Französischen im Sinne von Tafelgeschirr. Das gleiche Wort aus zwei Fremdsprachen in ganz verschiedener Bedeutung! Unsinnig!" (Jürgen Kuczynski, Ein treuer Rebell. Memoiren 1994-1997, Berlin 1998, S. 204).

[30] Die freilich sind für sich genommen schon hoch genug und stellen erhebliche Anforderungen an die Lernfähigkeit und Lernbereitschaft der Menschen; zur Entwertung von Routinen und der durch sie ermöglichten Sicherheiten vgl. jetzt Richard Sennett, Der flexible Mensch. Die Kultur des neuen Kapitalismus, Berlin 1988, passim.

Geschichte immer wieder begegnet, und wir glauben recht unterschiedliche Strategien der Bewältigung von Fremdheitserfahrungen beschreiben zu können. Es ist wohl sinnvoll, wenn ich an diesem Punkt meiner Darstellung unserer Arbeitsergebnisse zunächst kurz die Leitdifferenz vorstelle, mit der wir an die Fragen der Einzelprojekte herangegangen sind: Es ist dies die Unterscheidung zwischen *Nichtzugehörigkeit* und *Unvertrautheit* bzw. zwischen sozialer und kultureller Fremdheit, die wir als zwei deutlich unterschiedene, aber doch eng miteinander verbundene Dimensionen von Fremdheit begriffen haben.[31] Im Falle der *sozialen* Fremdheit bezeichnet fremd *Nichtzugehörigkeit*; es wird eine Distanz zwischen sozialen Einheiten oder Angehörigen dieser Einheiten hervorgehoben, die in der Unterscheidung von zugehörig – nicht zugehörig markiert wird, und die in der Regel in hohem Maße formalisiert und standartisiert ist: Ausweise und Pässe, Visa und Chip-Karten zeugen davon. Dabei ist es naheliegend, Fremdheit in einer räumlichen Dimension zu denken: Fremde befinden sich an anderen Orten oder kommen von jenseits der Grenzen. Aber die Verräumlichung der Ordnung von eigen und fremd kann jederzeit metaphorisiert und auf zeitliche, soziale, kulturelle und moralische Unterschiede übertragen und ausgedehnt werden. Von der Nichtzugehörigkeit zu unterscheiden ist jene andere Dimension von Fremdheit, die wir als *kulturelle* Fremdheit im Sinne von kognitiv-kultureller *Unvertrautheit*, also im weiteren Sinn als lebensweltliche Fremdheit zu fassen versucht haben. Dabei sind wir davon ausgegangen, daß beide Dimensionen unabhängig voneinander auftreten können: Das Nichtzugehörige kann vertraut, das Unvertraute kann zugehörig sein. Die Konstatierung von Nichtzugehörigkeit ist nicht an das Vorliegen von Unvertrautheit gebunden, wie sich an der Einbürgerungsdebatte hierzulande leicht zeigen läßt; umgekehrt gilt aber auch, daß die Konstatierung von Unvertrautheit nicht eo ipso auf eine im Sinne sozialer Fremdheit exkludierende Grenzziehung hinauslaufen muß. Das kann in Anbetracht des gerade über die Generalisierung von Fremdheit in modernen Gesellschaften Gesagten auch gar nicht anders sein. Dennoch gibt es natürlich eine immer wieder feststellbare Tendenz zur Bündelung von Grenzziehungen zum Zwecke ihrer Befestigung und Bestärkung: Soziale Exklusion, also die Verweigerung von Mitgliedschaft, wird legitimiert mit dem Hinweis auf kulturelle Unvertrautheit, wie dies etwa bei der jüngsten durch den Unterschied zwischen (lateinischem) Christentum und Islam munitionierten Debatte um den Beitritt der Türkei zur Europäischen Union beobachtet werden kann.[32]

---

[31] Vgl. hierzu insbesondere Herfried Münkler, Bernd Ladwig, Dimensionen der Fremdheit; in: Furcht und Faszination [Anm. 15], S. 11-44.

[32] Zur Legitimation politischer Grenzziehungen durch zivilisatorisch-kulturelle Identitäten, also zur Begründung sozialer Fremdheit mit Hilfe kognitiv-kultureller Unvertrautheit, im Zusammenhang der Europadebatte vgl. Herfried Münkler, Reich – Nation –

Wir sind in unserer Arbeitsgruppe auf diese Bündelungen von sozialer und kultureller Fremdheit bzw., korrespondierend dazu, sozialer Zugehörigkeit und kultureller Identität in nahezu jedem Teilprojekt gestoßen: sei es – das betrifft das Projekt über die Bürgerkriege in Nordghana –, daß die Geburt eines kollektiven Akteurs von der Entwicklung eines kulturell fundierten Wir-Bewußtseins getragen wurde, wie bei den Konkomba im Gefolge der Übersetzung der Bibel in ihre eigene Sprache;[33] sei es – das betrifft das Projekt über die Verteidigung der eigenen Sprache am Beispiel der in Frankreich seit dem 16. Jahrhundert betriebenen Sprachpolitik –, daß durch die kulturelle Vereinheitlichung des Staates mit den Mitteln einer gemeinsamen Sprache bzw. der Schaffung von Gemeinsamkeit mit sprachpolitischen Mitteln politische Grenzziehungen kulturalistisch unterfüttert worden sind;[34] sei es aber auch – und das betrifft das Projekt der Konstruktion nationaler Identität in den Schriften der italienischen Humanisten –, daß politische Intellektuelle durch ihre Insistenz auf kulturellen Verbindungen bestehende politische Grenzziehungen (auf der Ebene der italienischen Stadtrepubliken etwa) oder Inklusionen (auf der Ebene der Zugehörigkeit zum Heiligen Römischen Reich) konterkariert und delegitimiert haben.[35] Wir sprechen hier von der Konstruktion sekundärer Fremdheit, womit gemeint ist, daß es gerade nicht alltägliche Fremdheitserfahrungen sind, die zu Zwecken sozialer Exklusion herangezogen werden, sondern daß dafür Geschichtserzählungen, die Entwicklung von Grammatiken, Interpretationen geographischer Beschreibungen und dergleichen mehr herhalten müssen.

Europa. Modelle politischer Ordnung, Weinheim 1996, S. 102ff. sowie ders., Europäische Identifikation und bürgerschaftliche Kompetenz. Vorbedingungen einer europäischen Staatsbürgerschaft; in: Internationale Zeitschrift für Philosophie 2/1997, S. 202-217.

[33] Artur Bogner, Gewaltkonflikte und der Wandel sozialer Fremdheit in Nordghana; in: Die Herausforderung durch das Fremde [Anm. 14], S. 201-303.

[34] Jürgen Trabant, Dirk Naguschewski, Die Herausforderung durch die fremde Sprache: Der Fall des Französischen; in: Die Herausforderung durch das Fremde [Anm. 14], S. 131-200; vgl. auch: Die Herausforderung durch die fremde Sprache [Anm. 18] sowie Naguschewski, Von der fremden Sprache zur eigenen?; in: Was heißt hier „fremd"? [Anm. 18], S. 229-242. Vgl. weiterhin, freilich auf Deutschland und Italien bezogen, Herfried Münkler, Sprache als konstitutives Element nationaler Identität im Europa des späten Mittelalters; in: ebd., S. 115-135 sowie Kathrin Mayer, Die *questione della lingua*. Auf der Suche nach der einen Sprache für die Nation; in: ebd., S. 137-149.

[35] Herfried Münkler, Kathrin Mayer: Die Konstruktion sekundärer Fremdheit. Zur Stiftung nationaler Identität in den Schriften italienischer Humanisten von Dante bis Machiavelli; in: Die Herausforderung durch das Fremde [Anm. 14], S. 27-129; dazu auch: Nationenbildung. Hg. von Herfried Münkler, Berlin 1998.

Ich möchte diese Intervention von Intellektuellen in das Feld politischer und sozialer Grenzziehungen etwas ausführlicher darstellen: Zunächst wird man unterscheiden müssen zwischen *direkten* und *indirekten* Interventionen, also solchen, die unmittelbaren Zugriff nehmen auf politische Sanktionsmittel und mit deren Hilfe der Konstruktion sozialer Zugehörigkeit bzw. Nichtzugehörigkeit Geltung verschaffen, und solchen, die Einfluß auf die gesellschaftliche Selbstbeschreibung nehmen, also Diskursinterventionen, bei denen es um die Erringung kultureller Hegemonie geht. Der erste Interventionstyp findet sich vor allem in den Untersuchungen von Trabant und Naguschewski zur französischen Sprachpolitik, wo wir es zumeist mit staatsnahen Intellektuellen zu tun haben, solchen also, die – um eine Formel Carl Schmitts zu verwenden – unmittelbaren Zugang zum Machthaber haben;[36] der zweite Interventionstyp dagegen findet sich vor allem in den von Kathrin Mayer und mir durchgeführten Untersuchungen zur Konstruktion nationaler Identität in Italien, wo es einen entsprechenden Machthaber als Interventionsadressaten nicht gab und die Vorstellungen von Vertrautheit und Fremdheit statt dessen über eine wie auch immer geartete Öffentlichkeit lanciert werden mußten. Hier handelt es sich also eher um Intellektuelle im Sinne Antonio Gramscis.[37] Oder anders formuliert: Fremdheit wird zu Zwecken politischer Einflußnahme auf unterschiedlichen Ebenen kommuniziert, wobei die eine Öffentlichkeit meiden kann, während die andere auf sie angewiesen ist.

Ich sollte an dieser Stelle aber doch auch darauf hinweisen, daß Intellektuelle nicht immer und nicht grundsätzlich in der Rolle von Grenzziehern agieren, sondern daß sie ebenso auch als Grenzverwischer auftreten können, und das nicht einmal bloß in der Rolle des Kosmopoliten, wie man vielleicht vermuten möchte. Am Beispiel von experimenteller Literatur im Japan der 20er Jahre haben Irmela Hijiya-Kirschnereit und Richmod Bollinger 'Textstrategien' nachgezeichnet, die insgesamt auf eine Verwischung der Grenzen zwischen Altem und Neuem, Vertrautem und Unvertrautem, Eigenem und Fremdem abzielen.[38] Dabei ging es darum, die im Gefolge des Kulturkontakts mit Europa und Amerika empfangenen Impulse mit indigenen Wertvorstellungen und Traditionen zu verbinden. Das inkorporierte Fremde sollte im traditionell Eigenen ausfindig gemacht werden, um so Auswege aus einer

---

36 Carl Schmitt, Gespräch über die Macht und den Zugang zum Machthaber. Gespräch über den Neuen Raum, Berlin 1994, S. 17ff.

37 Antonio Gramsci, Philosophie der Praxis. Eine Auswahl. Hg. und übersetzt von C. Riechers, Frankfurt/M. 1967, S. 405-432.

38 Irmela Hijiya-Kirschnereit, Richmod Bollinger, Literatur als Instrument zur Bewältigung kultureller Unvertrautheit – Textstrategien am Beispiel von Kawabata Yasunaris *Asakusa Kurenaidan*; in: Die Herausforderung durch das Fremde [Anm. 14], S. 611-700; grundsätzlich dazu Hijiya-Kirschnereit, Okzidentalismus. Eine Problemskizze; in: Was heißt hier „fremd"? [Anm. 18], S. 243-251.

Selbstbeschreibung zu finden, in der Japan bis in alle Ewigkeit hinter dem 'fortschrittlicheren' und weiterhin unaufhaltsam fortschreitenden Westen hinterherjagte – und das ohne jede Aussicht darauf, ihn einzuholen und zu überholen. Auch hier sind es Intellektuelle, denen die Aufgabe einer Neukonturierung der eigenen Selbstbeschreibung zufällt. Anhand einer Erzählung des Nobelpreisträgers Kawabata Yasunari zeigen Hijiya-Kirschnereit und Bollinger den Kunstgriff, der darin besteht, die Fähigkeit zur Assimilation von Neuem und Ungewohntem als ein konstantes Merkmal der japanischen Tradition auszugeben. Dabei werden die rasanten Veränderungen des städtischen Lebens durch Verankerung in einer mythischen Konzeption des Eigenen gleichsam stillgestellt. Das 'von außen' Gekommene wird so nicht als Fremdes markiert und dementsprechend auch nicht zur polemischen Zurückweisung freigegeben, sondern es wird für eine Verschiebung des kulturellen Selbstverständnisses benutzt. Das Fremde wird als ein Bestandteil des Eigenen narrativiert.

Die genau umgekehrte Rolle von Intellektuellen haben Jürgen Trabant und Dirk Naguschewski sowie Kathrin Mayer und ich in unseren Projekten beschrieben. Hier werden kulturelle, sozio-ökonomische und politische Entwicklungen der Grenzaufweichungen konterkariert und bekämpft: seien dies nun der wachsende Einfluß des Englischen auf die Weiterentwicklung des Französischen, die Dominanz des Lateinischen als internationale Gelehrtensprache oder der zeitweilig über den Hof vermittelte Einfluß des Italienischen aufs Französische oder seien dies zunehmende ökonomische Verflechtungen durch den wachsenden Fernhandel im Spätmittelalter, politisch-kulturelle Vorstellungen von der Einheit der lateinischen Christenheit oder aber die Idee von der Einheit des Reichs als einer Schutz nach außen und Frieden im Innern gewährleistenden Institution. Was dagegengesetzt wird, ist die Vorstellung von der Einheit der Nation, die durch die Behauptung ihrer moralischen wie kulturellen Exzellenz als allen anderen übergeordneter Wert ins Spiel gebracht wird.[39] Bevor wir aber nun – am Ende des 20. Jahrhunderts – unserem moralischen Mißfallen darüber die Zügel schießen lassen und diese Intellektuellen für den von Katastrophen durchzogenen Verlauf der europäischen Geschichte in Haftung nehmen, möchte ich doch auch darauf hinweisen, daß, funktionalistisch betrachtet, die japanischen Grenzverwischer wie die italienischen oder französischen Grenzmarkierer ähnliche, wenn nicht identische Effekte bewirkt haben: die Herstellung bzw. Stärkung der politischen Handlungsfähigkeit eines kollektiven, fast immer nationalstaatlichen Akteurs. Das mag als Warnung vor jener kurzschlüssigen Betrachtung dienen, in der jede Grenz*verwischung* eine moralisch hochstehende und jede Grenz*markierung* eine moralisch zu verurteilende Handlung ist.

---

[39] Vgl. dazu auch Bernd Giesen, Die Intellektuellen und die Nation. Eine deutsche Achsenzeit, Frankfurt/M. 1993, insbes. S. 86ff.

Gerade dieser Aspekt der Herstellung von Handlungsfähigkeit eines kollektiven Akteurs ist im Kontext der Eigen-Fremd-Unterscheidung von erheblicher Bedeutung, und wir sind ihm ja bereits im Zusammenhang mit den Bürgerkriegen in Nordghana begegnet. Die Handlungsfähigkeit kollektiver Akteure – oder genauer: die Transformation einer Aggregation von Menschen in einen kollektiven Akteur – ist die Voraussetzung dafür, daß Außenseiter gegenüber Etablierten ihre Rechte einklagen und gegebenenfalls auch durchsetzen können. Sie gewinnen diese Handlungsfähigkeit, indem sie ihre Stellung als Außenseiter innerhalb eines größeren Ganzen dahingehend umdefinieren, daß sie die Etablierten als Fremde exkludieren und sich selbst nicht länger im Hinblick auf sie in einer Vertikalen beschreiben, sondern mit ihnen auf einer horizontalen Ebene, also mit gleichen Ansprüchen, um knappe Ressourcen konkurrieren. Dieses Konfliktmuster ist im Falle ethnischer Konflikte ebenso zu beobachten wie im Falle von Klassenkämpfen und am eindrucksvollsten vielleicht in den Befreiungskämpfen der Dritten Welt.
Dabei läßt sich sicherlich in der Bewertung der jeweils geltend gemachten Ansprüche zwischen defensiven und offensiven Aktionen unterscheiden, und Trabant/Naguschewski haben dies im Falle der französischen Sprachpolitik auch getan. Aber nicht immer sind die Konturen so klar, wie in dem von ihnen behandelten Fall, und oftmals agieren die Betreffenden aus einer Situation heraus, in der sie nicht nur das *kollektiv* Eigene, sondern auch die *personale* Identität durch die Dominanz des Fremden bedroht wähnen. Kathrin Mayer und ich haben im Falle der italienischen Humanisten von Petrarca bis Machiavelli und Guicciardini darum von kognitiven Dissonanzen gesprochen, die die Grundlage für die massiven Fremdheitserklärungen waren, mit denen zahlreiche Humanisten in die öffentlichen Debatten interveniert haben. Das Schlüsselereignis ist dabei die in der Frührenaissance einsetzende Neu- bzw. Wiederentdeckung der historiographischen und ethnographischen Literatur der klassischen Antike, wodurch die sich an der Vorbildlichkeit der antiken Welt orientierenden Denker und Autoren eine Vorstellung von der einstigen Weltgeltung Roms erlangten, der die gegenwärtigen und unmittelbar vergangenen Konstellationen in keiner Weise mehr entsprachen. Eine auf der Grundlage veränderter Deutungsmuster ins Eigene inkorporierte historische Konstellation, bei der die bisherige Grenzziehung zwischen heidnisch und christlich durch die Kontinuitätslinie Romani-Italiani ersetzt wurde, wurde zum Imperativ bei dem Versuch der Wiederherstellung der einstigen Verhältnisse – ein Vorgang, der sich im Diskurs der deutschen Humanisten mit einer Verschiebung von eineinhalb Jahrhunderten dann übrigens wiederholt hat.[40] Hier war es die Lektüre der

[40] Vgl. dazu Herfried Münkler, Hans Grünberger, Nationale Identität im Diskurs der Deutschen Humanisten; in: Nationales Bewußtsein und kollektive Identität. Studien zur Entwicklung des kollektiven Bewußtseins in der Neuzeit 2. Hg. von Helmut Berding, Frankfurt/M. 1994, S. 211-248.

Germanien betreffenden Schriften des Cornelius Tacitus, die die kognitiven Dissonanzen als Ausgangspunkt neuer Eigen-Fremd-Erklärungen provoziert hat. Überhaupt kognitive Dissonanzen:[41] Am ausführlichsten haben dies Conrad Wiedemann und Robert Charlier unter dem Stichwort 'Fremdling im eignen Land' untersucht, wobei sie diese Formel als Element der „selbsttherapeutischen Grundausstattung deutscher Intellektueller" begriffen haben.[42] Die Position des Außenseiters bekommt dadurch eine radikal veränderte Bedeutung. Insofern ist es hier nicht mehr der gesellschaftlich Marginalisierte, der um Anerkennung und Aufnahme nachsucht, sondern die Position der gesellschaftlichen Marginalisierung wird durch ihre Überführung in die Fremdheitssemantik umgewandelt in die einer elitären Überordnung: Von hier aus hat man den scharfen Blick auf die 'Etablierten', der erlaubt, sie in ihrer Verkommenheit und ihrem Versagen kritisieren und verurteilen zu können. Robert Charlier hat darum vorgeschlagen, vom polemischen Fremden zu sprechen, von dem, der das 'Erkenne-Dich-selbst' in ein 'Entfremde-Dich-selbst' verwandelt hat und danach gegen Borniertheit, Gottvergessenheit und Philistertum der etablierten Normalgesellschaft zu Felde zieht. Die Propheten des Alten Testaments sind eine der Präfigurationen dieser vorzugsweise deutschen Intellektuellen, für die Friedrich Hölderlin paradigmatisch untersucht wird; eine andere ist der heimkehrende Odysseus, der sich in der Doppelmaske des Fremden und des Bettlers, also gleichsam in der Doppelmarginalisierung von Fremdheit und Außenseitertum, davon Kenntnis verschafft, was sich in der Zeit seiner Abwesenheit in seinem Land und seinem Hause zugetragen hat. Odysseus wird bald darauf in seinem Heim und Land Ordnung schaffen. Er ist, wenn ich auf die oben eingeführte Unterscheidung noch einmal zurückkommen darf, der Intellektuelle, der nicht nur Zugang zum Machthaber hat, sondern selber Machthaber ist, der nicht nur über die Orientierungsmittel, sondern auch – mit freundlicher Unterstützung der Göttin Athene – über die Gewaltmittel verfügt. Das ist anders bei den Propheten des Alten Testaments, die ohne Gewaltmittel dastehen und also den Weg über die Öffentlichkeit gehen müssen. In Deutschland, wo der Staat am Ende des 18. Jahrhunderts, wie Wiedemann schreibt, „das schlechthinnige Haßobjekt einer bildungseschatologisch gesinnten Kaste von Dichterpriestern" geworden ist,[43] orientiert man sich in der

---

41 Unter kognitiver Dissonanz werden hier konfligierende Bedeutungsrahmen verstanden, durch die gegensätzliche Deutungen identischer Ereignisse und Entwicklungen hervorgerufen werden.

42 Vgl. Conrad Wiedemann, Robert Charlier, 'Fremdling im eigenen Land' – Zur Genealogie eines Intellektuellen-Attributs; in: Die Herausforderung durch das Fremde [Anm. 14], S. 545-610, sowie Robert Charlier, Der Jargon des Fremdlings. Fiktive Sprechweisen als Mittel der Gesellschaftskritik im 18. Jahrhundert; in: Was heißt hier „fremd"? [Anm. 18], S. 163-180.

43 Wiedemann/Charlier, Fremdling, S. 599.

Fremdheitsstilisierung eher am Vorbild der Propheten, ohne freilich ausschließen zu können, daß Gewaltphantasien nach dem Vorbild der Heimkehr des Odysseus auftauchen[44] – aber derlei findet sich schließlich auch bei den Propheten des Alten Testaments.

Von der Fiktionalisierung der Fremdheit bei den deutschen Intellektuellen des späten 18. und frühen 19. Jahrhunderts komme ich damit abschließend zu den realen Fremdheitserfahrungen ostdeutscher Wissenschaftler im akademischen Betrieb des vereinigten Deutschland, dem Projekt, das von Horst Stenger im Rahmen unserer Arbeitsgruppe durchgeführt worden ist.[45] Ost- und Westdeutsche, so die Ausgangsüberlegung, sind in einer Fremdheitsbeziehung miteinander verbunden, die im Kernbereich asymmetrisch ist. Das beginnt damit, daß man vor 1989 im Osten sehr viel mehr über den Westen wußte als umgekehrt, sich auch sehr viel mehr für das Geschehen im Westen interessierte, während aus westlicher Sicht der andere Teil Deutschlands viel stärker als fremd und unvertraut wahrgenommen worden ist. Das hat sich Anfang der 90er Jahre dann dramatisch geändert: Die Fremdheitserfahrungen der Westdeutschen den Ostdeutschen gegenüber sind, soweit sozialwissenschaftliche Meßverfahren uns darüber Aufschluß geben können, geringer als umgekehrt. Das hat nicht zuletzt mit dem Management des Vereinigungsprozesses zu tun, durch den Fremdheit und Vertrautheit als Positionen von Außenseitern und Etablierten bzw. Statusdifferenzen in Fremdheitserfahrungen transformiert und fortgeschrieben worden sind. Stenger hat dies an der Selbstwahrnehmung der sogenannten WIPianer untersucht, also jener der Akademie der Wissenschaften der DDR entstammenden Wissenschaftlergruppe, die vom 1. Januar 1992 bis zum 31. Dezember 1996 in Form eines Sonderprogramms in den Universitätsbetrieb integriert werden sollte. Qualitative Interviews sowie quantifizierend ausgewertete

---

44 Die Schlußbemerkungen Heines über Kantianer, Fichteaner und Naturphilosophen in seiner Schrift 'Zur Geschichte der Religion und Philosophie in Deutschland', können in Ergänzung dieser Überlegungen gelesen werden: „Es werden bewaffnete Fichteaner auf den Schauplatz treten, die in ihrem Willensfanatismus weder durch Furcht noch durch Eigennutz zu bändigen sind; denn sie leben im Geiste, sie trotzen der Materie gleich den ersten Christen, die man ebenfalls weder durch leibliche Qualen noch durch leibliche Genüsse bezwingen konnte; ja, solche Transzendental-Idealisten wären bei einer gesellschaftlichen Umwälzung sogar noch unbeugsamer als die ersten Christen, da diese die irdische Marter ertrugen, um dadurch zur himmlischen Seligkeit zu gelangen, der Transzendental-Idealist aber die Marter selbst für eitel Schein hält und unerreichbar ist in der Verschanzung des eigenen Gedankens" (Heinrich Heine, Sämtliche Schriften. Hg. von Klaus Briegleb, München 1976, Bd. 5, S. 638).

45 Horst Stenger, „Deshalb müssen wir uns doch fremd bleiben..." – Fremdheitserfahrungen ostdeutscher Wissenschaftler; in: Die Herausforderung durch das Fremde [Anm. 14], S. 305-400.

Fragebögen sind die Methoden, mit denen er die Selbstwahrnehmung ostdeutscher Wissenschaftler, aber auch ihr Wahrgenommen-Werden durch die Kollegen aus dem Westen zu erfassen versucht hat. Es ist die spezifische Fremdheitserfahrung des Immigranten, wie sie von Alfred Schütz analysiert worden ist,[46] die Stenger als Schlüssel für die Selbstwahrnehmung ostdeutscher Wissenschaftler nutzt. Dabei ist es der Verlust der Lesbarkeit der kleinen Zeichen, durch den die eingelebte routinemäßige Vertrautheit mit Wissenschaft problematisch wird.[47] Beispielhaft zum Ausdruck gekommen ist dies in den folgenden Bemerkungen eines Interviewpartners aus dem Bereich der Kultur- und Sozialwissenschaften:

„... vorher war das klar, da hat die Partei eine Sprachregelung rausgegeben. Aber das war dann eben wirklich auch klar. Da wußte man: Aha, das wollen die nicht, und wenn du es jetzt trotzdem benutzt, dann weißt du, daß du dich sozusagen in die gefährdete Zone begibst und dafür in irgendeiner Weise sanktioniert werden kannst. Insofern war das – verstehen Sie das Wort richtig – ein 'faires' Spiel, sozusagen zwischen Macht und Ohnmacht. Dieses Spiel läuft hier irgendwie anders. Ich habe das wirklich versucht, auch mit den westdeutschen Kollegen, Bekannten zu diskutieren, zu sagen: Wie steuert sich das, Euch sagt das doch keiner, aber Ihr wißt es trotzdem. Ich habe es bis heute nicht rausgekriegt, wie sich's steuert. Aber das hängt offensichtlich mit dieser Sozialisation zusammen: Man kann die kleinen Zeichen lesen".[48]

---

46 Schütz, Der Fremde [Anm. 19].

47 Vgl. hierzu auch Horst Stenger, Gleiche Sprache, fremder Sinn. Zum Konzept kultureller Fremdheit im Ost-West-Kontext; in: Was heißt hier „fremd"? [Anm. 18], S. 181-195, sowie Horst Dieter Schlosser, Fremdheit in einer scheinbar vertrauten Sprache. Sprachliche Folgen der Teilung Deutschlands; in: ebd., S. 197-206.

48 Stenger, „Deshalb müssen wir uns doch fremd bleiben", S. 349.

Einführung zur Akademievorlesung von Eberhard Schmidt-Aßmann am 16. April 1998

Dieter Simon
Präsident der Berlin-Brandenburgischen Akademie der Wissenschaften

Am Anfang der Wissenschaft stand früher in der Regel das Staunen und der von diesem Staunen ausgelöste Erklärungsversuch. Das galt für Geistes- und Naturwissenschaften in gleicher Weise. Wenn Aristoteles fragte, was denn das 'Pferdige' am Pferd sei, waren die Gründe seiner Überlegungen letztlich keine anderen als bei der Frage des Kopernikus, wer sich um wen drehe – nämlich: Staunen und Vermutungen, die dem Staunen abhelfen sollten. Der Erkärungsversuch führt zu Hypothesen, die der Wissenschaftler gerne bestätigt sähe, damit er sie anderen als des Rätsels Lösung präsentieren kann. Glück des Begreifens, der Wunsch nach Anerkennung, die Sehnsucht nach Ruhm und materiellem Erfolg gingen ununterscheidbar ineinander über. Deshalb war es schon immer schwer für einen Wissenschaftler, sich von seinen Hypothesen, wenn er sie denn einmal hatte, wieder zu trennen. Beugten sich die Fakten nicht den Hypothesen, lag es näher, die Fakten zu beugen, als die Verbeugung vor der Hypothese aufzugeben. Also wurden die Fakten poliert, redigiert, präpariert, kondensiert, konvertiert – notfalls prognostiziert und in sehr großer Not auch schon einmal inveniert. Von Galilei bis Einstein sind solche Prozeduren bis hin zur Manipulation bekannt. All diesen Forschern ging es in der Regel um das Interesse am wissenschaftlichen Fortschritt. Es ging um die Bestätigung der Wahrheit der Wissenschaft und der Richtigkeit ihrer Resultate.

Heute haben sich jenem anfänglichen Staunen und dem daraus folgenden Interesse Motivlagen anderer Art zugesellt, oder vielleicht sollte man sagen: sie haben die Oberhand gewonnen. Es ist das *Interesse* an der gut gefüllten eigenen Kasse und das *Staunen* darüber, wie leicht sich dieser Wunsch mit Hilfe der Leichtgläubigkeit der Umwelt erzielen läßt. Das soll heißen: Wissenschaftler betrügen heute überwiegend aus sozio-ökonomischen Motiven. Sie sind – wie Federico Di Trocchio es formulierte – zu „Söldnern der Wissenschaft“ geworden. Zur Erhöhung der wissenschaftlichen Reputation und zur Steigerung ihrer persönlichen 'Marktfähigkeit' greifen sie zum Mittel der Manipulation und des Betrugs. Die „Wissenschaft der Fälscher“ (Tullio De Mauro) scheint eine Disziplin zu sein, die – so die Pessimisten – mittlerweile zum „festen Bestandteil der Ausrüstung junger Wissenschaftler“ gehört.

Das Problem der Differenzierung zwischen Wahr und Falsch hat sich nicht nur aufgrund von epistemologischen Fortschritten zugespitzt, sondern auch deshalb, weil manche Wissenschaften – die Biowissenschaften sind insoweit sicher in einer schwierigeren Lage als die Theologie – in einem hochkompetitiven, um Forschungsgelder konkurrierenden Ambiente leben müssen und ihre Vertreter von Verwertungsinteressenten geradezu umstellt sind. Mit den jüngsten Fällen von Datenmanipulation hat Deutschland auch auf diesem Gebiet den Anschluß an die USA geschafft und ein bis dato unbekanntes, möglicherweise sogar ungeahntes Ausmaß von Täuschungen bzw. Täuschungsversuchen erzielt. Das Vertrauen in die Kräfte und Fähigkeiten der Selbstkontrolle der Wissenschaft, vor allem auch in die Kontrollpotenz ihrer Organisationen ist erschüttert. Die Deutsche Forschungsgemeinschaft (DFG) hatte bereits unter ihrem Präsidenten Hubert Markl zu Beginn der 90er Jahre eine Regelung erarbeitet, nach der in Verdachtsfällen vorzugehen sei. Unter Wolfgang Frühwald hat sie Ende vergangenen Jahres mit einem *Ehrenkodex* noch einmal nachgelegt. Die Max-Planck-Gesellschaft hat, etwas nüchterner und realistischer, eine Verfahrensordnung bei Betrug oder Fehlverhalten vorgelegt. Wie der Presse zu entnehmen war, beabsichtigen jetzt auch die deutschen Akademien der Wissenschaften, auf das Thema Fehlverhalten in der Wissenschaft einzugehen. Ziel soll die Erarbeitung eines in Europa allgemein verbindlichen Ehrenkodexes für Forscher durch die ALLEA, die Vereinigung der europäischen Akademien, sein. Auf die Wirkung solcher Ethik-Imperative und Ehren-Aufklärungen darf man gespannt sein. An sich sollte es ja auch einem nicht weiter aufgeklärten Wissenschaftler eigentlich nicht entgangen sein, daß Fälschung, Diebstahl und Betrug nicht seines Amtes sind. Viele Fragen auf diesem Gebiet sind schwer faßbar und noch ungeklärt; fraglich ist auch, ob die Wissenschaft allein diese – ohne Zweifel auch strukturell und nicht nur in der Zunahme des allgemeinen Bösen begründeten – Probleme bewältigen kann. Bei der Einmischung anderer Systeme mag ihr freilich nicht nur Gutes blühen, z. B. könnte ihr durchaus – wie in den USA – ein „bürokratischer Overkill“ von einer deutschen Parallele zum *Office of Research Integrity* drohen.

Nicht alle, aber manche dieser Fragen wird uns Eberhard Schmidt-Aßmann beantworten können. Er ist darauf besser vorbereitet, als ein bloß flüchtiger Blick auf seine Biographie vermuten läßt. Schmidt-Aßmann ist Professor für Öffentliches Recht an der Universität Heidelberg und ordentliches Mitglied der Berlin-Brandenburgischen Akademie der Wissenschaften.

Er wurde 1938 in Celle geboren und wandte sich nach dem Abitur zunächst den Geisteswissenschaften, und zwar dem Studium der Klassischen Philologie und

der Ägyptologie zu. Von 1959–63 studierte er an den Universitäten Göttingen und Genf Rechtswissenschaften. Da der Weg vieler Rechtsstudenten häufig umgekehrt verläuft, ist er also bestimmt jemand, der das spröde Fach überlegt und mit Leidenschaft ergriffen hat oder von ihm ergriffen wurde. 1963 legte er die Erste, 1968 die Zweite Juristische Staatsprüfung ab.
1967 wurde er an der Rechtswissenschaftlichen Fakultät der Universität Göttingen mit einer Arbeit zum Thema *Der Verfassungsbegriff in der deutschen Staatslehre der Aufklärung und des Historismus. Untersuchungen zu den Vorstufen eines hermeneutischen Verfassungsdenkens* zum Dr. iur. promoviert. Es ist eine äußerst bemerkenswerte Arbeit gewesen. Bemerkenswert deshalb, weil ihr Verfasser als einer der ersten, entschieden an praktischen Fragen interessierten Juristen die damals viel diskutierte Hermeneutik von Gadamer (*Wahrheit und Methode* war 1960 erschienen) rezipierte und sich in aller Schärfe die Frage stellte, was es denn für Rechtswissenschaft bedeuten könne, wenn zuträfe, was Heidegger und – ihn pointierend Gadamer – behaupteten. Nämlich, daß das Verständnis eines Textes – und das ist das, womit sich Juristen (jedenfalls während ihrer Ausbildung) am meisten beschäftigen – von der vorgreifenden Bewegung des Vorverständnisses *dauerhaft* bestimmt bleibe. Schmidt-Aßmann verwarf den Ausweg, den der italienische Rechtstheoretiker Betti, aber auch der große Romanist Wieacker anboten, wenn sie die Lehre der neuen Hermeneutik zu ihrer eigenen Beruhigung umdeuteten, umbogen – fast ist man versucht zu sagen 'umlogen' – indem sie aus dem Vorverständnis eine Arbeitshypothese, eine „heuristische Arbeitsvorstellung" machten und damit den Subjekt-Objekt-Gegensatz, den die Neo-Hermeneutik überwinden wollte, klammheimlich wieder durch die Hintertür hereinließen. Wenn die Autonomie des historischen Materials aufgehoben wird und jedes historische Denken seine eigene Geschichtlichkeit mitdenken muß, dann stellt sich für den Juristen, der eine – ja immer schon historische – Verfassung interpretieren will, die beklemmende Frage, wie er denn seinen Auftrag erfüllen könne, die Rechtsverwirklichung in einem wissenschaftlichen Verfahren zu gewährleisten. Die Antwort, die man heute auf diese Frage geben könnte, würde – auch bei ihm – vielleicht anders ausfallen, als sie bei Schmidt-Aßmann seinerzeit aussah. Das soll uns nicht beschäftigen. Für seine Vorstellung scheint es mir wesentlich, darauf hinzuweisen, daß unser Redner schon in seiner ersten akademischen Arbeit Grundfragen seines Fachs so pointiert herausgearbeitet hat, daß auch heute noch ganz andere Lösungen mühelos als Antworten auf seine Fragen interpretiert werden können.
An der Schärfe der Problemfassung aber, nicht an den jeweiligen konkreten Antworten, erkennt man meines Erachtens den herausragenden Juristen. Relativ kurze Zeit nach dieser Dissertation, nämlich vier Jahre später – 1971 – habilitierte sich Schmidt-Aßmann ebenfalls in Göttingen mit einer Untersuchung über *Grundfragen*

des Städtebaurechts und erhielt die Venia legendi für Öffentliches Recht. Seine Beschäftigung mit diesem Thema fiel in eine Zeit, in der das Interesse an den Aufgaben des Städtebaus und an den mit ihm verbundenen rechtlichen Fragen über die Fachkreise hinaus auch in der breiteren Öffentlichkeit zugenommen hatte (als Beleg und zur Erinnerung: 1971 trat das Städtebauförderungsgesetz in Kraft). Das Muster der präzisen Problemformulierung im aktuellen Stadium der Problemgenese ist auch hier erkennbar. Schmidt-Aßmann wandte sich mit dem Städtebaurecht einem Gebiet zu, das mit seiner Verbindung von Rechtsfragen, Architektur und Bautechnik, Wirtschaftswissenschaften, Medizin und Soziologie nicht nur interdisziplinär, sondern im heute erst voll erfaßten Sinne transdisziplinär ausgerichtet ist. Wie die genaue Erfassung Relevanz für die spätere Bearbeitung des Problems entfalten kann, hat er gerade auf diesem Gebiet in vielfacher Weise gezeigt. Seine Wahl in die Akademie für Raumforschung und Landesplanung in Hannover – einer von Bund und Ländern gemeinsam getragenen Einrichtung zur Erarbeitung wissenschaftlicher Grundlagen und Erkenntnisse für Raumordnung und Landesplanung – im Jahre 1980 gehört hierher. Aber auch die spezifischen Forschungsaufträge des Bundesministeriums für Raumordnung, Bauwesen und Städtebau, die ihm Veranlassung gaben, sich zu Schwerpunkten der *Fortentwicklung des Rechts im Grenzbereich zwischen Raumordnung und Städtebau* (1977) oder zur *Regelung von Gemeinschaftsrechtsverhältnissen für Gemeinschaftsanlagen im Rahmen der Bebauungsplanung* (1979) zu äußern.

Hinzukommt eine lange Reihe von Einzelpublikationen, Aufsätzen, Gutachten und Kommentaren zum Verwaltungsverfahrens- und Verwaltungsprozeßrecht sowie zum Planungsrecht.

1972 wurde er als Ordentlicher Professor an die Ruhr-Universität Bochum berufen, wo er bis 1979 lehrte. 1979 ging er als Ordinarius für Öffentliches Recht an die Universität Heidelberg, die seitdem sein zentraler Wirkungsbereich ist. Die für einen Juristen lebensnotwendige Verbindung zur Praxis hat er als Richter am Oberverwaltungsgericht Münster und am Verwaltungsgerichtshof Mannheim aufrechterhalten. Einer anderen Form von Praxis, nämlich der Wissenschaftspolitik, widmete sich Schmidt-Aßmann in diversen Gremien der Wissenschaftsorganisationen. Von 1988–92 war er gewählter Fachgutachter der DFG, von 1992–96 stand er dem Fachgutachterausschuß „Rechtswissenschaft" der DFG als Vorsitzender vor. Seit 1993 ist er, jetzt in der zweiten Amtsperiode, Mitglied des Wissenschaftsrates. Ich hatte ihn dort schon einige Zeit vorher im Zusammenhang mit den Wende-Evaluationen kennengelernt.

Ein weiterer Schwerpunkt der Querschnittsbegabung von Schmidt-Aßmann zeigt sich im Umweltrecht. Hier gehört er zu den führenden Experten. Er befaßte sich schon frühzeitig mit den Problemen der Umwelt, als dieses Thema noch keine öffentliche Resonanz fand. Gemeinsam mit Kloepfer, Rehbinder und Kunig war er im Auftrag des Umweltbundesamtes am Entwurf für ein Umweltgesetzbuch beteiligt, dessen Ziel es ist, die allgemeinen Grundsätze, Institute und Verfahren des deutschen Umweltrechts, das den Charakter eines „Normenlabyrinths" hatte, zu harmonisieren und weiterzuentwickeln. Damit wurde eine Diskussionsgrundlage für eine künftige umfassende Kodifikation des gesamten deutschen Umweltrechts geschaffen, eine der großen rechtspolitischen Aufgaben der Gegenwart.

Eine letzte Forschungsthematik, die ihn derzeit besonders beschäftigt und die zugleich die Überleitung zu unserem heutigen Thema darstellt, ist das Wissenschaftsrecht. 1989 legte er einen Aufsatz zum *„Wissenschaftsrecht im Ordnungsrahmen des öffentlichen Rechts"* vor; ein Beitrag von 1993 ist der *„Wissenschaftsfreiheit nach Art. 5 Abs. 3 GG als Organisationsgrundrecht"* gewidmet.

Die Fälschung in der Wissenschaft ist ein Gegenstand, der ihn jetzt, da er sich als *Fellow* am Wissenschaftskolleg zu Berlin aufhält, beschäftigt. Was er dort ersonnen, werden wir jetzt genießen.

Eberhard Schmidt-Aßmann

Fehlverhalten in der Forschung – Reaktionen des Rechts*

(Akademievorlesung am 16. April 1998)

Es gibt Lebensbereiche, die mehr miteinander zu tun haben als *Forschung* und *Recht.* Der Forscher soll forschen. Die dazu wichtigen Methoden haben mit rechtlichen Verfahren wenig gemeinsam. Recht und Wissenschaft sind deutlich getrennte Lebensbereiche. Schließlich gilt „Forschungsfreiheit“. Ist diese Freiheit, sind Flexibilität und Kreativität heute nicht durch Bürokratisierung und staatliche Übernormierung genug und übergenug eingeschränkt, um nun auch noch die für die Wissenschaft schmerzlichen, aber wohl keineswegs symptomatischen Vorgänge forscherischen Fehlverhaltens zu einem Thema des Rechts zu machen?

So lauten viele Einwände, und so richtig sie im einzelnen sind – es wird sich zeigen, daß das Verhältnis der Wissenschaft zum Recht erheblich differenzierter als nach einer These möglichster Trennung beider Bereiche zu bestimmen ist. Die Wissenschaft steht nicht außerhalb von Gesellschaft und Staat und folglich auch nicht außerhalb des Rechts[1]. Das gilt bekanntermaßen für Situationen, in denen forscherisches Handeln auf Rechtsgüter Dritter, z. B. Rechtsgüter von Patienten oder Probanden, zugreift. Es gilt aber auch dort, wo Konflikte im Forschungsprozeß selbst, d. h. in der Kommunikation zwischen Forschern, auftreten. Entgegen landläufiger Meinung sind es dabei keineswegs die Juristen, die sich in Fragen der Forschung hineindrängen. Analysiert man die bisherigen Reaktionen des Rechts auf Fehlverhalten in der Forschung, so werden eher Vorbehalte der Gerichte deutlich, sich in den Streit um wissenschaftliche Vorgänge hineinziehen zu lassen. Gleichwohl: Selbststeuerung und Selbstkontrolle der Wissenschaft erfolgen nicht

---

* *In etwas gekürzter Fassung auch veröffentlicht in: Neue Zeitschrift für Verwaltungsrecht, 1998, Heft 11.*

1 Dazu *Hans-Heinrich Trute*, Die Forschung zwischen grundrechtlicher Freiheit und staatlicher Institutionalisierung, 1994, bes. S. 173ff.; *Ralf Kleindiek*, Wissenschaft und Freiheit in der Risikogesellschaft, 1998, bes. S. 137ff.; auch *Helmuth Schulze-Fielitz*, in: Handbuch des Verfassungsrechts, 2. Aufl., 1994, § 27 Rn. 11.

in einem rechtsfreien Raum. Schon um ihnen die notwendige Regelhaftigkeit und Stabilität zu geben und um einen fairen Ausgleich der in ihnen wirksamen Interessen zu ermöglichen, bedarf es gewisser rechtlicher Vorkehrungen. Forschungsfreiheit meint nicht Rechtsfreiheit.
Der Gang der nachfolgenden Überlegungen, die dieses näher darlegen sollen, ist in drei Abschnitte gegliedert:

– Zunächst geht es um die Erscheinungsformen von Fehlverhalten, um seine Gründe und um die involvierten Interessen (1. Abschnitt).

– Sodann sind einige konkrete Reaktionen des Rechts und der durch Fehlverhalten Geschädigten zu besprechen; dabei sind u. a. das Straf- und das Urheberrecht in den Blick zu nehmen (2. Abschnitt).

– In einem dritten Untersuchungsschritt soll dann der rechtliche Rahmen für wissenschaftliche Selbstkontrollen, d. h. für Vorkehrungen und Verfahren, mit denen vor allem die Wissenschaftsorganisationen Fehlverhalten präventiv zu begegnen oder es mit eigenen Sanktionen zu belegen trachten, entfaltet werden (3. Abschnitt).

1. Abschnitt
Erscheinungsformen und Gründe

A. Wie ist Fehlverhalten zu definieren?

Fehlverhalten ist ein Verstoß gegen Normen. Diese können staatlicher, allgemeingesellschaftlicher oder wissenschafts-eigener Herkunft sein. Teilweise sind es textlich genau formulierte, geschriebene Normen. Aber auch dauerhaft praktizierte Übung und Überzeugung können zur Normbildung führen (Gewohnheitsrecht, Konventionen). Ein eigenes Thema wird das Fehlverhalten in der Forschung nur, wenn es sich um Normen handelt, die einen spezifischen Bezug zur Wissenschaft haben. Idealtypisch lassen sich zwei Schutzrichtungen solcher Normen unterscheiden:

– Normen, die den *internen Vorgang* wissenschaftlicher Erkenntnisgewinnung und Kommunikation betreffen;

– Normen, die die *externen Grenzen* der Wissenschaft zu anderen Interessen und Rechtsgütern in der Gesellschaft festlegen.

Verstöße gegen beide Arten von Normen zerstören das Vertrauen, auf das Wissenschaftler in ihrem Verhältnis zueinander und im Verhältnis zur Gesellschaft angewiesen sind. Zwischen beiden Arten gibt es Übergänge. Wir heben gleichwohl hier allein auf die erste Art ab[2]. Auch *nach* dieser Eingrenzung des Themas bleibt die genaue Bestimmung des Schlüsselbegriffs „Fehlverhalten" schwierig. Es zeigt sich nämlich sogleich eine *zweifache Unbestimmtheit.* Sie betrifft – erstens – die Begriffsstruktur und – zweitens – die Tatsachengrundlage.

I. Unsicherheiten der Begriffsstruktur

Was zum Fehlverhalten gezählt werden muß, ist schon vom Sprachgebrauch her mit Unsicherheiten belastet. Das liegt daran, daß die meisten der oben genannten Normen die Tatbestände nicht so exakt formulieren, wie das z. B. Strafgesetze tun müssen. Diese Fragen der Definition spielen in allen Ländern, die sich mit dem Problem beschäftigen, eine wichtige Rolle[3]. Einigermaßen verläßliche Kriterien haben sich dabei aber nur zum Teil finden lassen[4]. Man sollte für eine erste Verdeutlichung einen Begriffskern und einige weiter gefaßte Begriffsschalen unterscheiden.

Zum *Begriffskern* ist zum einen die *Fälschung* von Forschungsergebnissen zu rechnen. Von einer Fälschung ist zu sprechen, wenn Versuchsreihen angegeben werden, die es so nicht gegeben hat, Daten erfunden oder verändert oder Informationen unvollständig mitgeteilt werden. Zum zweiten gehören Fälle des sogenannten *Ideendiebstahls* zum Kern. Solche Fälle liegen dann vor, wenn der Eindruck vermittelt wird, Forschungsergebnisse stammten von einem bestimmten Autor, obwohl sie von einem anderen Autor übernommen worden sind. Ferner ist die *Sabotage* von Forschungen anderer zum Kern zu rechnen. Freilich liegen die Fälle nicht einmal in diesem Bereich stets eindeutig. Liegt Fehlverhalten schon dann vor, wenn ein einziges aus der Reihe fallendes Meßergebnis nicht mitgeteilt wird, weil es sich unter Umständen aus atypischen Laborbedingungen erklären läßt?

Die Unsicherheiten erhöhen sich, wenn man vom Kern zu den *Begriffsschalen* fortschreitet. In einem ganz weiten Sinne liegt Fehlverhalten immer dann vor, wenn Regeln guter wissenschaftlicher Praxis verletzt sind. Damit ist ein großer Kreis von Normen aufgerufen. Man denke etwa an die Regeln über die Dokumentation des

---

2 Zur wissenschaftspolitischen Diskussion in Deutschland vgl. die Denkschrift der Deutschen Forschungsgemeinschaft „Sicherung guter wissenschaftlicher Praxis", Empfehlungen der Kommission „Selbstkontrolle in der Wissenschaft", 1998 (zitiert: DFG-Denkschrift). Der Verf. war Mitglied dieser Kommission.

3 Rechtsvergleichende Hinweise mit weiterführenden Angaben in der DFG-Denkschrift (Fn. 2), S. 36ff.; ferner die Beiträge in: *Stephen Lock, Frank Wells* (eds.), Fraud and Misconduct in Medical Research, 2. ed., 1996.

4 Anschaulich am Vergleich der Diskussionen in den USA und Deutschland *Stefanie Stegemann-Boehl*, Fehlverhalten von Forschern, 1994, S. 11ff.

Forschungsprozesses, über die Pflicht zur Aufbewahrung von Originalunterlagen und zur Zugangsgewährung zu diesen Unterlagen! Besonders deutlich wird es bei den Pflichten von Gutachtern zur Objektivität, Neutralität und Verschwiegenheit. Schwere Verstöße gegen diese Regeln stellen einen Vertrauensbruch und damit ein dem Kern zuzurechnendes Fehlverhalten dar. Zwingt die verlangte Objektivität aber z. B. auch dazu, sich für befangen zu erklären, wenn an dem zu begutachtenden Projekt ein früherer Doktorand, ein früherer Fakultätskollege oder ein Mitautor eines gemeinschaftlichen Werkes beteiligt ist? Darüber gibt es in Deutschland bisher so gut wie keine verläßlichen Vorschriften. Zu beobachten sind auch unterschiedliche Fächerkulturen zwischen Sozialwissenschaften und Naturwissenschaften, zwischen Biologie und Physik, ja selbst zwischen einzelnen Forschungseinrichtungen, die auf demselben Gebiet tätig sind. Jedenfalls trennt eine breite *Grauzone* die Fälle klar zu definierenden Fehlverhaltens von Praxen, die in diesem oder jenem Sinne anstößig, zweifelhaft oder nicht unbedenklich erscheinen mögen, ohne jedoch verläßlich als Fehlverhalten gewertet werden zu können[5]. Eine ausgreifend breite Definition erscheint jedenfalls ungeeignet, um zum Gegenstand harter Sanktionen des Rechts oder disziplinarrechtsähnlicher Verfahren wissenschaftsinterner Selbstkontrollen gemacht zu werden. Die meisten Regelungen tragen diesem Umstand dadurch Rechnung, daß sie in Form einer Generalklausel nur die „gravierenden Abweichungen“ von anerkannten Normen guter Praxis zum Anlaß für harte Sanktionen nehmen, während die sozusagen schlichten Fälle mit ihren Unsicherheiten und die Erscheinungen der Grauzone der präventiven Bekämpfung durch eine systematische Einübung guter wissenschaftlicher Praxen zugewiesen werden.

II. Unsicherheiten der Tatsachengrundlagen

In der Öffentlichkeit und in den Massenmedien wird Fehlverhalten oft zu einfach am Beispiel eines seiner Tat überführten, mindestens aber in hohem Maße verdächtigen Täters behandelt. Das ist jedoch keineswegs die einzige Situation, auf die sich eine rechtlich abgewogene Diskussion dieses Themas einstellen muß. Viel häufiger sind Situationen, in denen von der einen Seite Anschuldigungen erhoben werden, die von der anderen Seite ebenso vehement bestritten werden. Phasen des sich verdichtenden und des sich wieder auflösenden Verdachts wechseln einander ab. Oft muß mit jahrelangen Unsicherheiten gerechnet werden. Hinzu kommen Schwierigkeiten schon bei der Feststellung des objektiven Tatbestandes. Die Wiederholbarkeit von Experimenten ist zwar eine wichtige Idee wissenschaftlicher

[5] Das Phänomen der Grauzone durchzieht auch die ausländische Literatur wie ein roter Faden; vgl. nur *Doré Beach* (ed.), The Responsible Conduct of Research, 1996, p. 115 (121).

Selbstkontrolle und Qualitätssicherung, aber führt sie wirklich stets zu verläßlichen Ergebnissen? Wie sieht es zudem mit den subjektiven Momenten des Fehlverhaltens aus? Der Irrtum als solcher gehört zur Wissenschaft[6]. Die Abgrenzung zwischen Fälschung (dishonesty) und unvermeidbarem Irrtum (honest error) ist ebenso kompliziert wie diejenige zwischen Plagiat und Parallelentdeckung.

B. Welche Interessen sind involviert und wie reagieren Betroffene?

Alles Recht hat es mit der Gewichtung und dem Ausgleich von Interessen zu tun. Eine Analyse der involvierten Interessen ist daher eine notwendige Voraussetzung für alle weiteren Überlegungen. Sie zeigt, wer in welcher Weise betroffen ist, wie die Betroffenen reagieren und welche Notwendigkeiten eines besonderen Interessenschutzes sich ergeben. Gutes Anschauungsmaterial bietet eine vom Danish Medical Research Council herausgegebene Studie[7]. Die folgende Auflistung involvierter *Interessenträger* mag die Vielschichtigkeit des Problemfeldes belegen:

– *Forschungseinrichtungen*, an denen der Beschuldigte tätig ist: Für sie geht es einerseits um Vermögensinteressen und um das interne „Forschungsklima“. Vor allem aber stehen Reputationsinteressen auf dem Spiel. Darauf reagieren die betroffenen Einrichtungen sehr unterschiedlich: Manche versuchen, die Bedeutung des Falles zu bagatellisieren oder die Ermittlung so in die Länge zu ziehen, daß sich Vergessen über die Affäre breiten kann. Andere distanzieren sich schon beim ersten öffentlich geäußerten Verdacht und überlassen den Verdächtigten seinem Schicksal in einer von Vorverurteilungen nicht freien Auseinandersetzung mit Medien und Öffentlichkeit. Wiederum andere schreiten zügig zur Aufklärung des Sachverhalts und veranstalten dabei eine Enquête, die inquisitorische Züge erlangen kann.

– *Forschungsförderorganisationen*: Sie müssen ihre Vermögensinteressen artikulieren, z. B. die zur Forschung bewilligten Fördermittel möglichst schnell und möglichst vollständig zurückzuerhalten suchen. Das sind sie, sofern sie öffentliche Gelder verwalten, auch der Öffentlichkeit schuldig. Auch die Reputation des eigenen Gutachtersystems kann auf dem Spiele stehen, wenn die Gutachter Fälschungsfälle nicht bemerkt oder selbst einen Vertrauensbruch begangen haben.

---

6 Dazu *Jürgen Mittelstraß,* Vom Nutzen des Irrtums in der Wissenschaft, in: Naturwissenschaften, Bd. 84 (1997), S. 291ff.

7 *Daniel Andersen, Lis Attrup, Nils Axelsen, Povl Riis*, Scientific-Dishonesty and Good Scientific Practice, 1992, p. 22 seq.; ferner die seit 1993 erscheinenden Jahresberichte des Danish Committee on Scientific Dishonesty. Nach Fallgruppen ordnend und kurz referierend ferner *Stegemann-Boehl*, Fehlverhalten (Fn. 4), S. 68ff., 117ff.

– *Fachgesellschaften*: Ihr Interesse ist es, das Ansehen und die Qualität des Berufsstandes zu schützen und solche Mitglieder, die gravierend gegen ihre Pflichten verstoßen haben, auszuschließen. Es können sich aber auch Interessen eines „Forschungsestablishments“ in ihnen durchsetzen.

– *Fachzeitschriften und Fachverlage*: Sie müssen neben wirtschaftlichen Interessen um ihr Ansehen fürchten, weil sie Forschungsergebnisse publiziert haben, ohne das Plagiat oder die Fälschung zu erkennen.

– *Tatverdächtige*: Ihre Interessen zielen darauf, nicht durch Vorverurteilungen belastet zu werden. Eine wissenschaftliche Karriere kann bereits durch vage Äußerungen eines Verdachts zerstört werden, selbst wenn sich später herausstellt, daß dieser Verdacht unberechtigt war – semper aliquid haeret. Im wohlverstandenen Interesse eines Verdächtigten muß daher ein faires Verfahren liegen, das ihn zu Wort kommen läßt und in überschaubarer Zeit zu einer klärenden Aussage führt. Vertuschungs- und Verzögerungstaktiken dürfen nicht geduldet werden. Besonders diffizil ist die Interessenlage hinsichtlich derjenigen Dokumente, denen Beweiswert zukommen kann.

– *Anzeigeerstatter* (Informanten): Hier gibt es schwierige Situationen, in denen Forscher, die in ihrer engsten Umgebung Fehlverhalten beobachten, Repressionen befürchten. Auf der anderen Seite darf die Anzeigeerstattung nicht so ermutigt werden, daß sie zur Mode oder gar zu einer Methode wird, Neid abzureagieren und wissenschaftliche Konkurrenten durch eine Affaire aus dem Wege zu schaffen.

– *Andere beteiligte Wissenschaftler*: In dieser Gruppe steht der Mittäter neben dem ohne seine Kenntnis einbezogenen Wissenschaftler, der sich einem üblen Verdacht ausgesetzt sieht. Dazwischen steht die Gruppe derjenigen, die vielleicht aus Unerfahrenheit oder aus Karriererücksichten einen Teil des falschen Weges mitgegangen sind, oder die sich haben hineinziehen lassen, weil sie die Standards guter wissenschaftlicher Praxis während ihrer Ausbildung nicht kennengelernt haben.

– *Konkret geschädigte Dritte*: Es geht z. B. um Gesundheitsinteressen derjenigen, die sich einer Behandlung unterziehen oder denen eine Behandlung vorenthalten wird, weil die zugrunde liegenden Forschungsergebnisse gefälscht oder sonst in unvertretbar sorgloser Weise zustande gekommen sind. Diese Interessengruppe wird sich mit wissenschaftseigenen Aufklärungs- und Sanktionsmaßnahmen regelmäßig nicht zufrieden geben wollen.

– *Wissenschaft allgemein*: Ihr geht es um das Vertrauen in die Ordnungsgemäßheit ihrer eigenen Handlungs- und Kommunikationszusammenhänge und um die Effektivität ihrer Selbstkontrolle. Diese Interessen hat jeder einzelne Wissenschaftler. Er wird sie jedoch nur aus besonderem Anlaß, und eher spontan, nicht aber gezielt und umfassend wahrnehmen. Daher fühlen sich auch die großen Forschungsorganisationen verpflichtet, dieses allgemeine Wissenschaftsinteresse auszudrücken.

– *Öffentlichkeit*: Sie verlangt eine Kontrolle der der Wissenschaft zugewendeten Finanzmittel und erinnert an die Verantwortung der Wissenschaft überhaupt. Daneben stehen freilich oft auch oberflächliche Unterhaltungsinteressen eines breiteren Publikums. Nicht ausgeschlossen sind schließlich Profilierungswünsche einzelner Journalisten oder Politiker.

Insgesamt haben wir es mit einem außerordentlich unübersichtlichen Geflecht divergierender, konfligierender, oft unbeständiger und schwer greifbarer Interessen zu tun. Jede Schwarz-Weiß-Malerei verbietet sich daher. Spektakuläre Einzelfälle allein bieten keinen zulänglichen Erfahrungshintergrund für praktikable und ausgewogene Lösungsmodelle. Zur Realität, auf die sich alle rechtlichen Überlegungen einstellen müssen, gehören auch die unscheinbaren, wenig konturierten Verdachtsfälle, die täglich in einem Institut Realität werden können.

C. Welche tiefer liegenden Probleme werden an Fällen von Fehlverhalten deutlich?

Über Reaktionen auf Fehlverhalten kann sinnvollerweise nicht diskutiert werden, ohne sich mit den Ursachen solchen Verhaltens im Wissenschaftssystem, aber auch im Umfeld des Wissenschaftssystems, zu beschäftigen. Alles andere hieße, nur an den Symptomen der Krankheit zu kurieren.

I. Konkrete Mängel und das Prinzip „Prävention vor Reaktion"

In Erinnerung zu rufen sind zunächst einige konkrete Mängel[8]:

– Vorweg ein quantitatives Argument: Das Wissenschaftssystem ist in den letzten Jahrzehnten enorm gewachsen und unüberschaubar geworden. *Unüberschaubarkeit* behindert Selbstkontrolle. Nicht jedes wissenschaftliche Ergebnis muß damit rechnen, in absehbarer Zeit experimentell durch andere überprüft zu werden. Zusätzliche Gefahren entstehen, wenn in großen Forschergruppen Erkenntnisse unterschiedlicher Wissenschaften zusammengetragen werden und die Verantwortungsbereiche nicht von vornherein klar definiert worden sind.

– Ferner können harte *Wettbewerbsbedingungen* Regelverstöße begünstigen. Der kurzfristige Erfolg entscheidet oft über die Fortexistenz von Arbeitsgruppen und Instituten. Evaluationen zwingen fortgesetzt dazu, neue Ergebnisse oder, was sich

---

[8] Zum folgenden vgl. nur die DFG-Denkschrift (Fn. 2), S. 25ff.

als neu ausgeben läßt, vorzuweisen. Die sorgfältige Ausbildung junger Wissenschaftler, ihre Schulung in guter Wissenschaftspraxis kommen zu kurz.

– Damit hängt eine starke Quantifizierung des *Bewertungssystems* zusammen. „Science citation index“ und der „journal impact factor“ werden zu Instrumenten, die die substantielle Begutachtung zu ersetzen drohen.

– Das lenkt den Blick auf das *Gutachtersystem* bei Förderorganisationen, Fachzeitschriften und Evaluationsgremien. Gutachter arbeiten in zahlreichen Disziplinen heute an der Grenze ihrer Leistungsfähigkeit. Ist diese Situation noch geeignet, die besten und angesehensten Vertreter ihres Faches als Gutachter zu gewinnen?

– Auch ist zu fragen, inwieweit das *geltende Universitätsrecht* Fehlverhalten begünstigen kann: Die *Personalstruktur* kann Abhängigkeiten jüngerer Wissenschaftler in solchen Phasen ihrer beruflichen Entwicklung festschreiben, in denen sie bereits eigenverantwortlich tätig sein sollten. Ferner lassen sich ein falsches Verständnis des universitären *Kollegialprinzips* und das an Mitbestimmung statt an inhaltlicher Qualität ausgerichtete Denken der *Gruppenuniversität* für Mängel wissenschaftlicher Selbstkontrolle verantwortlich machen.

Soweit die Wissenschaft die genannten Mängel beheben kann, muß sie das tun. Sie wird dabei freilich darauf hinweisen können, daß viele der bezeichneten Mängel eigentlich nur die pathologische Variante an sich positiv zu bewertender Merkmale des Wissenschaftssystems, von Wettbewerb, Objektivität, Evaluation und breiter Öffnung, sind, die oft nur ein schmaler Grat trennt. Gleichwohl: Selbstkontrolle verlangt vor allem Bereitschaft zur Veränderung. Alle Untersuchungen zu unserem Thema gehen folglich von einem *Prinzip „Prävention vor Reaktion“* aus. Darauf ist später zurückzukommen.

II. Die strukturelle Perspektive

Greift aber nicht auch dieser Grundsatz letztlich zu kurz? Liegen die Ursachen nicht noch wesentlich tiefer? Sind sie überhaupt zu beheben? Solche Fragen wollen ein Unbehagen an der derzeit vorherrschenden Behandlung des Themas und an ihrer Ausrichtung auf den Einzelvorgang des Fehlverhaltens indizieren. Ein solches Unbehagen kleidet sich z. B. in die Frage nach der Häufigkeit von Fehlverhalten: Sind es nicht überhaupt nur seltene Ausnahmefälle? Ist die relative Häufigkeit nicht letztlich gleich geblieben? Gibt es das nicht überall? Hinter diesen Fragen steht die Vorstellung, daß es sich nicht lohne, Fehlverhalten in der Wissenschaft zu einem eigenständigen Thema zu machen. Eine solche Haltung kann freilich von ganz unterschiedlichen Gründen geprägt sein: entweder um eine an sich tadelsfreie Wissenschaft nicht durch singuläre Vorgänge zu beschädigen („Nur nicht so viel darüber sprechen!“) oder aber um eine generelle Geringschätzung gegenüber der Wissenschaft auszudrücken („Die meisten Forschungsergebnisse sind ohnehin Makulatur"). Dieses dürften die wahren Gründe hinter den Fragen nach der Deliktshäufigkeit sein; denn natürlich lassen sich darüber keine sicheren Angaben machen. Einiges spricht dafür, daß die Dunkelziffer hoch ist; aber auch eine Überschätzung der Häufigkeit ist bei der derzeitigen Aktualität des Themas nicht ganz auszuschließen.

Lassen wir die Suche nach Zahlen und Häufigkeitsraten! Wenden wir uns lieber der Frage zu, ob nicht tiefer liegende Wandlungsprozesse die Gründe für Fehlverhalten sind! Diese Wandlungsprozesse lassen sich sehr knapp mit folgenden vier Begriffen skizzieren[9]: Die Einbeziehung der Wissenschaft in wirtschaftliche Verwertungszusammenhänge *(Ökonomisierung)* macht wissenschaftliches Wissen zur „Ware"; das Aufspüren von „Marktlücken" und die richtige Plazierung des Produkts „am Markt" werden für die Forschung wichtiger als das sorgfältige und zeitaufwendige Durchgehen langer Versuchsreihen. Die Verbindung zwischen Wissenschaft und technischer Entwicklung *(Technisierung)* bindet Forschung in Zusammenhänge ein, die ihr erhebliche Finanzmittel zuführen, auf der anderen Seite jedoch die wissenschaftliche Kommunikation und Kontrolle undurchschaubar machen. Forschung ist zur „beruflichen Durchschnittskarriere" *(Simon)* geworden; sie ist einem Prozeß der *Routinisierung* unterworfen, der ihr die Unterscheidbarkeit zu anderen Lebensbereichen nimmt. Das alles vollzieht sich im Zusammenspiel mit einem Medienwesen, für das der „Neuigkeitswert" oft mehr zu zählen scheint als die Gediegenheit der Forschungsergebnisse. Gerade die *Medienanfälligkeit* der Wissenschaft zeigt, daß Fehlverhalten keineswegs nur wissenschaftseigene, sondern auch exogene Ursachen hat, denen mit dem Grundsatz „Prävention vor Reaktion" nicht beizukommen ist.

Vor diesem Hintergrund mag es nicht fernliegen, über den Vorgängen von Fehlverhalten zur Tagesordnung überzugehen. Selbstverständnis und Handlungsweisen der Wissenschaft wirken so eingeebnet und anderen Lebensbereichen angepaßt, daß auch Fehlverhalten in der Wissenschaft kein eigenes Problem zu sein scheint. „De minimis non curat scientia" so hat *Robert K. Merton* die Reaktion der Wissenschaft auf das Phänomen wissenschaftlicher Mehrfachentdeckung bezeichnet[10]. Liegt es nicht nahe, diesen Satz als Leitlinie auch der Behandlung der vorliegenden Problematik zu nehmen? Eine solche Einstellung scheint Realitätssinn zu bezeugen. Sie wirkt nüchtern-aufgeklärt ebenso wie weltmännisch-abgeklärt und darf daher auf Sympathie rechnen. Ich möchte zu ihr in zweifacher Weise Stellung nehmen:

---

[9] Dazu allgemein *Trute*, Forschung (Fn. 1), S. 1ff.; *Kleindiek*, Wissenschaft (Fn. 1), S. 15ff. und 118ff.; mit Blick auf Fälle des Fehlverhaltens stark pointierend *Dieter Simon*, FAZ vom 18. Dezember 1997, S. 40.

[10] *Robert K. Merton*, Entwicklung und Wandel von Forschungsinteressen, Aufsätze zur Wissenschaftssoziologie (1973), deutsch 1985, S. 117 (118).

– Vom *juristischen* Standpunkt aus könnte man sich mit einer solchen Leitlinie abfinden. Es darf daran erinnert werden, daß der de-minimis-Satz aus juristischen Texten, aus dem römischen Recht, stammt[11] und eine gewisse Distanziertheit des Rechtssystems gegenüber manchen Pathologien der Lebenswelt ausdrückt. Auch das geltende Recht nimmt, wie sogleich zu zeigen ist, gegenüber Fehlverhalten in der Forschung eine eher distanzierte Stellung ein. Forderungen nach einer Verschärfung vor allem des Strafrechts werden in diesem Zusammenhang regelmäßig von Dritten erhoben, nicht aber von Juristen, die eher auf die Grenzen rechtlicher Steuerung hinweisen.

– Vom *wissenschaftspolitischen* Standpunkt aus ist der de-minimis-Satz in diesem Zusammenhang dagegen abzulehnen. Das heißt nicht, daß für jeden Vorwurf des Fehlverhaltens in der breiten Grauzone, die dem Begriff anhaftet, nach harten Reaktionen gesucht werden müßte. Deutlich aber sollte sein, daß gravierende Abweichungen von allgemein anerkannten Standards dem innerwissenschaftlichen Diskurs die Ernsthaftigkeit und der Außendarstellung der Wissenschaft in der Öffentlichkeit die Akzeptanz nehmen. Dadurch leidet auch die neu geforderte Orientierung der Wissenschaft an materiellen Werten Schaden[12]. Man kann Wissenschaft nicht zu besserer Respektierung der Rechte Dritter und zu einem schonenderen Umgang mit Umweltressourcen verpflichten wollen, wenn man ihr in falsch verstandener „Liberalität" die Zerstörung ihrer eigenen internen Kommunikationsstandards gestattet. Hier zeigt sich der Zusammenhang zwischen den beiden oben genannten Seiten des Fehlverhaltens als Verstoß gegen interne und externe Normen. Der Versuch, die Forschungskultur zu erhalten und sie gegen Fehlentwicklungen abzusichern, muß gemacht werden. Das ist erkennbar auch die Überzeugung, die hinter all denjenigen Regelungen steht, die im Ausland und nunmehr auch in Deutschland getroffen worden sind oder gerade getroffen werden[13].

---

[11] Vgl. *Detlef Liebs*, Lateinische Rechtsregeln und Rechtssprichwörter, 5. Aufl., 1991, S. 55: „De minimis non curat lex".

[12] Überzeugend zur Bedeutung des „internen" Ethos der Wissenschaft für die allgemeine Wissenschaftsethik jüngst *Konrad Ott*, Ipso Facto, 1997, S. 325 (345ff.).

[13] Nachweise in der DFG-Denkschrift (Fn. 2), S. 36ff.

2. Abschnitt
Der rechtliche Rahmen für konkrete Reaktionen des Staates oder konkret Geschädigter

Im zweiten Abschnitt geht es um die Behandlung konkreter Fehlverhaltensfälle durch das Recht. Die einschlägigen rechtlichen Regelungen fragen nach den konkret handelnden Personen und nach konkreten Schadensfolgen. Tieferliegende Probleme des Wissenschaftssystems aufzugreifen, ist nicht das Ziel eines so vorstrukturierten Ansatzes. Die Orientierung an konkreten Schadensfolgen zeigt vielmehr eine deutliche Distanz des Rechts gegenüber der Wissenschaft: Während Gesundheit, Vermögen und allgemeiner Rechtsverkehr für sich genommen Schutzgüter der Rechtsordnung sind, wird das Vertrauen in die Ordnungsgemäßheit der wissenschaftlichen Kommunikation nicht direkt geschützt. Die Rechtsordnung interessiert sich für Konfliktfälle auf diesem Gebiet nur indirekt, soweit gleichzeitig andere Schutzgüter verletzt sind. Im folgenden werden zwei Arten von Reaktionen unterschieden:

– *Zwingende* Reaktionen, d. h. solche, die das Recht gebietet und mit den eigenen Kräften (Staatsanwaltschaft und Gerichten) einleitet und durchführt. Die wichtigste Rechtsquelle ist hierfür das Strafrecht.

– Reaktionen *auf Initiative* betroffener Dritter (z. B. Universitäten, Fördereinrichtungen, Verlage), für die das Recht Grundlage, Rahmen und Durchsetzungsmöglichkeiten bietet, ohne diese Reaktionen seinerseits zu verlangen.

A. Zwingende Reaktionen: Strafrecht

Strafen sind nach Auffassung der Rechtsordnung die gravierendsten Reaktionen. Die Strafgewalt des Staates ist folglich mit besonders hohen Schutzmechanismen zu Gunsten des Verdächtigten bzw. des Täters ausgestattet[14]. Notwendig ist zum einen eine hinreichend präzise gesetzliche Festlegung des Straftatbestandes (Art. 103 Abs. 2 GG): *nullum crimen sine lege*. Ferner setzt Strafe Schuld im Sinne individueller Vorwerfbarkeit voraus: *nulla poena sine culpa*. Schließlich besteht eine Unschuldsvermutung im Sinne einer besonders täterfreundlichen Beweislastverteilung: *in dubio pro reo*.

[14] Vgl. *Eberhard Schmidt-Aßmann*, in: Maunz/Dürig, Grundgesetz-Kommentar (Stand 1998), Art. 103 II Rn. 164f.

I. Einige Fallgruppen und ihre Straftatbestände

Die strafrechtliche Betrachtung verlangt es, die verletzten Rechtsgüter an Hand der einschlägigen gesetzlichen Tatbestände exakt herauszuarbeiten[15]. Das soll an zwei Typen von Fehlverhalten exemplarisch herausgearbeitet werden: der Fälschung (1) und dem Ideendiebstahl (2).

1. Fälschung

Falschdarstellungen („schriftliche Lügen") sind als solche nicht strafbar. Sie können unter besonderen Voraussetzungen allerdings den Tatbeständen der Urkundenfälschung oder des Betruges unterfallen.

– Der Tatbestand der *Urkundenfälschung* (§ 267 StGB) schützt die Zuverlässigkeit des Beweisverkehrs mit Urkunden. Urkunden sind verkörperte Gedankenerklärungen, die eine Beweisfunktion im Rechtsverkehr haben[16]. Davon kann nur gesprochen werden, wenn an die Aussage rechtliche Konsequenzen entweder schon bei ihrer Entstehung oder später geknüpft werden[17]. Unter Rechtsverkehr ist nicht jede Art von Kommunikation zu verstehen[18]. Wissenschaftliche Kontakte zwischen Forschern in einem Labor oder innerhalb der Scientific Community sind grundsätzlich keine Rechtsbeziehungen. Ihr Zweck ist die Entwicklung, Diskussion, Verbreitung oder Erprobung neuer wissenschaftlicher Erkenntnisse. Aufzeichnungen und Meßdatensammlungen, die Grundlage für weitere eigene Überlegungen sein sollen, wird normalerweise keine Beweisfunktion im Rechtsverkehr beigelegt. Das Laborbuch eines Forschers und der publizierte Aufsatz sind folglich im Regelfalle keine Urkunden im Sinne des Strafrechts. Etwas anderes gilt erst dann, wenn Eintragungen im Laborbuch von Anfang an zum Zwecke vorgenommen worden sind, in einem vorausgesehenen Rechtsstreit damit etwas zu beweisen. Aufzeichnungen können auch dann zur Urkunde werden, wenn sie zu einem späteren Zeitpunkt, z. B. in einen Prozeß, als Beweismittel einbezogen werden[19]. Ein zweiter Gesichtspunkt kommt hinzu: Bestraft wird nach § 267 StGB, wenn über den Aussteller der Urkunde getäuscht wird. Ist derjenige, der die Falschangabe gemacht hat, mit dem Aussteller der Urkunde identisch, so liegt eine schriftliche Lüge aber

---

[15] Dazu ausführlich *Stegemann-Boehl*, Fehlverhalten (Fn. 4), S. 83ff., 127ff.; *dies.*, Fehlverhalten von Forschern und das deutsche Recht, WissR 1996, S. 139ff.

[16] *Peter Cramer*, in: Schönke/Schröder, Strafgesetzbuch, Kommentar, 25. Aufl., 1997, § 267 Rn. 2ff.; *Herbert Tröndle*, in: Strafgesetzbuch, Leipziger Kommentar, 10. Aufl., 1988, § 267 Rn. 4.

[17] *Cramer* (Fn. 16), § 267 Rn. 12.

[18] *Tröndle* (Fn. 16), § 267 Rn. 192.

[19] *Cramer* (Fn. 16), § 267 Rn. 14; *Tröndle* (Fn. 16), § 267 Rn. 53f.

keine Urkundenfälschung vor. Eine andere Beurteilung kommt eventuell in Betracht, wenn der Täter eigene Aufzeichnungen mit Urkundencharakter später verfälscht, indem er z. B. nachträgliche Änderungen in seinem Laborbuch vornimmt, um im Rechtsverkehr den Eindruck zu erwecken, entsprechende Ergebnisse seien schon seinerzeit festgestellt worden[20].

– Der *Betrugstatbestand* (§ 263 StGB) schützt das Vermögen. Betrug hat es also – anders als im landläufigen Sprachgebrauch – stets mit einer Vermögensschädigung zu tun, die eingetreten oder mindestens versucht sein muß. Als Betrug zu bestrafen sind z. B. die Erschleichung von Fördermitteln oder Stipendien. Der Tatbestand verlangt eine Täuschungshandlung des Täters, eine Irrtumserregung beim Verfügenden, eine Vermögensverfügung und einen dadurch eingetretenen Vermögensschaden[21]. Zwischen diesen vier Merkmalen muß ein Kausalzusammenhang bestehen. Daran kann es fehlen, wenn der Getäuschte dem täuschenden Antragsteller die Mittel ohnehin, d. h. auch auf einer Datenbasis, die deutlich unsicherer ist, als diejenige, die der Antrag schildert, hat geben wollen. Eindeutig gefälschte Daten sind insofern allerdings stets geeignet, einen Irrtum zu erregen. Der Täter muß in bezug auf alle Tatbestandsmerkmale vorsätzlich handeln und eine Bereicherungsabsicht verfolgen. Legt er Daten vor, deren Unrichtigkeit er zwar nicht kennt, aber eindeutig hätte kennen müssen, so genügt das für die Strafbarkeit nach § 263 StGB nicht. Etwas anderes gilt für den Spezialfall des Subventionsbetruges nach § 264 StGB, insofern auch leichtfertige Angaben über subventionserhebliche Tatsachen die Strafbarkeit auslösen[22]. In den USA existiert eine vergleichbare Regelung auch für Erklärungen gegenüber Bundesbehörden in Angelegenheiten der Forschungsförderung[23]. In Deutschland betrifft der Spezialtatbestand nur Wirtschaftssubventionen und erfaßt folglich die Beantragung von Forschungsmitteln nur bei marktnaher Forschung.

2. Ideendiebstahl (Plagiat)

In Betracht kommt eine Bestrafung nach § 106 UrhG, die allerdings einen Antrag des Verletzten voraussetzt und insofern im Sinne der oben gegebenen Definition nicht in jeder Hinsicht durch die staatliche Rechtsordnung zwingend vorgeschrieben ist. Schutzgut des Straftatbestandes ist das urheberrechtlich anerkannte Werk.

---

[20] Zu diesem Vorgang *Stegemann-Boehl*, Fehlverhalten (Fn. 4), S. 93f. Ausführliche Nachweise zur kontroversen Behandlung der Verfälschung eigener Aufzeichnungen bei *Wilfried Küper*, Strafrecht, Besonderer Teil, 2. Aufl., 1998, S. 209ff.

[21] *Cramer* (Fn. 16), § 263 Rn. 5ff.; *Karl Lackner*, in: Strafgesetzbuch, Leipziger Kommentar (Fn. 16), § 263 Rn. 8ff.

[22] *Theodor Lenckner*, in: Schönke/Schröder (Fn. 16), § 264 Rn. 63ff.; *Klaus Tiedemann*, in: Strafgesetzbuch, Leipziger Kommentar (Fn. 16), § 264 Rn. 101ff.

[23] Vgl. *Stegemann-Boehl*, Fehlverhalten (Fn. 4), S. 77ff.

Darunter fallen Schöpfungen der Literatur, der Kunst und der Wissenschaft (§ 1 UrhG), zu denen auch Darstellungen wissenschaftlicher oder technischer Art wie Zeichnungen, Pläne, Karten, Skizzen und Tabellen gehören (§ 2 Abs. 1 Nr. 7 UrhG). Entscheidend ist die „persönliche geistige Schöpfung" (§ 2 Abs. 2 UrhG). Die Rechtsprechung ist in diesem Punkte gerade bei wissenschaftlichen Werken restriktiv. Einem Aufbau oder einer Darstellungsart, die aus wissenschaftlichen Gründen erforderlich oder vorgegeben oder in dem behandelten Gebiet weitgehend üblich ist, soll die schutzfähige eigene Prägung fehlen[24]. In der Literatur wird davon gesprochen, daß Urheberrechtsschutz für wissenschaftliche Werke nur in relativ engen Grenzen existiere[25].
Aber auch soweit ein Werk in diesen Schutzbereich fällt, gewährleistet das Urheberrecht die „Entdeckerehre" keineswegs in umfassendem Sinne. Der strafrechtliche Schutz des § 106 UrhG greift vielmehr nur dann, wenn der Täter das Werk *in anderen* als in gesetzlich zugelassenen Fällen vervielfältigt, verbreitet oder öffentlich wiedergibt. Gesetzlich zulässig ist nach § 24 UrhG dagegen die sogenannte freie Benutzung eines Werkes eines anderen. Davon ist zu sprechen, wenn der plagiatverdächtigen Nachschöpfung eine „eigene Individualität" zugebilligt werden muß. Daß Teile einer anderen Veröffentlichung wörtlich oder kaum verändert übernommen worden sind, schließt die eigenschöpferische Leistung noch nicht aus[26]. Auf einem Gebiete, auf dem zu eigener Darstellung ohnehin wenig Bewegungsspielraum besteht, wie z. B. bei der Schilderung von Versuchsreihen, ist der Schutz der früheren Veröffentlichung ziemlich gering. Ob der Entdecker wenigstens durch einen zivilrechtlichen Schadensersatzanspruch geschützt ist (§§ 823, 847 BGB), ist in der Literatur streitig. Ein Schutz dagegen, daß sich z. B. ein Gutachter in zu großem Maße von Gedanken, die er in einer zu begutachtenden Projektbeschreibung gelesen hat, bei der eigenen Forschung „anregen" läßt, existiert nicht[27]. Die Rechtsordnung kann mit den ihr verfügbaren Mitteln strenger Reaktionen auf solche Erscheinungen mit breiter „Grauzone" nur schwer reagieren.

II. Die praktische Handhabung

Die praktische Handhabung der Strafrechtstatbestände ist durch *allgemeine* Rechtsregeln und durch Erfahrungen bestimmt, die die Gerichte aus Fällen gewonnen haben, die üblicherweise aus ganz anderen Bereichen stammen. Der distanzierte

---

[24] Bundesgerichtshof (BGH), ZUR 1991, S. 208 (209).

[25] *Ulrich Loewenheim*, in: Schricker (Hg.), Urheberrecht, Kommentar, 1987, § 2 Rn. 32; *Stegemann-Boehl*, Fehlverhalten (Fn. 4), S. 129ff.

[26] BGH, GRUR 1981, S. 352 (355); *Loewenheim* (Fn. 25), § 24 Rn. 14.

[27] *Stegemann-Boehl*, Fehlverhalten (Fn. 4), S. 163f.

Zugang des Rechts zum Lebensbereich Wissenschaft wird dadurch verstärkt. Diese Aussage will nicht mißverstanden sein: Natürlich erreicht das Strafrecht die zentralen Punkte des Fehlverhaltens. Aber eine Anwendung der Interpretations- und Beweislastregeln, die den Spezifika z. B. der Laborforschung oder den Eigenheiten wissenschaftlicher Begutachtung besonders ausgeprägt Rechnung trüge, darf von der Rechtspraxis nicht erwartet werden. Daher erscheint auch eine Erweiterung des Strafrechtsschutzes weder kriminalpolitisch aussichtsreich noch wissenschaftspolitisch erstrebenswert. Allenfalls kann darüber nachgedacht werden, den Tatbestand des Subventionsbetruges auf das Erschleichen von Forschungsförderungsmitteln durch eine Ergänzung des § 264 Abs. 6 StGB zu erstrecken.

B. Reaktionen Geschädigter und anderer konkret Betroffener

An dieser Stelle ist eine Vielfalt der Reaktionen zu besprechen, mit denen Geschädigte und andere konkret Betroffene auf wissenschaftliches Fehlverhalten rechtlich reagieren können. *Fachgesellschaften* prüfen, inwieweit sie Mitglieder, die sich eines schweren wissenschaftlichen Fehlverhaltens schuldig gemacht haben, aus ihrem Kreise ausschließen. *Förderorganisationen* verlangen die finanziellen Mittel zurück, die sie auf Grund eines Antrages bewilligt haben, der ein bewußt falsches Bild von der forscherischen Ausgangssituation gab. *Forschungseinrichtungen* erwägen die Kündigung des Arbeitsverhältnisses mit einem Forscher, der Forschungssabotage oder „Ideendiebstahl" begangen hat. *Universitäten* wollen zur Entziehung eines akademischen Grades greifen, wenn der Träger bei dessen Erwerb oder im weiteren Verlauf seiner wissenschaftlichen Karriere sich schwere Verstöße gegen Standards wissenschaftlicher Praxis hat zu Schulden kommen lassen. Gegenüber beamteten Forschern ist außerdem an die Einleitung eines *Disziplinarverfahrens* zu denken.

Alle diese Maßnahmen sind Reaktionen in konkreten Situationen, die von konkret Betroffenen ausgehen und bestimmte Ausgleichsinteressen verfolgen, z. B. die Auflösung eines bestehenden Rechtsverhältnisses, die Zahlung von Schadensersatz oder die Erstattung von Leistungen. Bei demjenigen, dem das Fehlverhalten zur Last gelegt wird, führen sie, wenn sie erfolgreich durchgesetzt werden können, zu einer konkreten Rechtseinbuße. Sie verlangen folglich feste Grundlagen im Recht[28]. Einschlägig sind hier vor allem das Arbeitsrecht, das Beamten- und Disziplinarrecht, das Vereinsrecht, das private Vertrags- und Deliktsrecht und das Verwaltungsrecht mit dem jeweils dazugehörigen Zivilprozeßrecht bzw. Verwaltungsprozeßrecht. Welche Rechtsgrundlagen im Einzelfalle einschlägig sind, läßt sich

[28] Dazu Einzelheiten bei *Stegemann-Boehl*, Fehlverhalten (Fn. 4), bes. S. 237ff.

nur ermitteln, wenn die Rechtsnatur der zwischen den streitenden Parteien bestehenden Beziehungen und die konkret angestrebten Rechtsfolgen genau analysiert sind. Eine systematische Untersuchung müßte hier in der Form einer Matrix geführt werden. Doch nicht darum geht es im Rahmen dieser Untersuchung. Vielmehr soll die Gesamtheit der Reaktionen durch drei *typisierende Merkmale* bezeichnet werden, die etwas darüber aussagen, was diese Reaktionen konkret Betroffener für die Bewältigung des Problems wissenschaftlichen Fehlverhaltens leisten können und wo ihre Leistungsgrenzen liegen:

– Die Verfolgung konkreter Ausgleichsinteressen führt zu einer *konfrontativen Situation*. Der vermeintliche Täter wird sich mit allen ihm zur Verfügung stehenden Mitteln verteidigen. Das Recht kommt ihm dabei insofern entgegen, als es für gravierende Rechtsfolgen wie z. B. die Kündigung eines Arbeitsverhältnisses, den Entzug eines akademischen Grades oder den Ausschluß aus einem Verein nach Maßgabe des Verhältnismäßigkeitsprinzips ein schweres Fehlverhalten verlangt, das die Fortsetzung des Arbeitsverhältnisses „unzumutbar" macht[29], sich als „vereinsschädigendes Verhalten" darstellt[30] oder die „Unwürdigkeit" des Trägers eines akademischen Grades begründet[31].

– Die konfrontative Situation hat eine Tendenz, zur Auseinandersetzung vor *Gericht* zu führen. Im gerichtlichen Verfahren spielt die Frage der Beweislastverteilung eine erhebliche Rolle. Sie ist für die hier behandelten Streitigkeiten zwar nicht so rigide verteilt, wie das nach dem in-dubio-Grundsatz des Strafprozesses gilt. Doch obliegt es auch im Rahmen dieser Auseinandersetzungen nach Maßgabe des zugrundeliegenden Rechtsverhältnisses häufig dem Geschädigten, den vollen Tatbestand des Fehlverhaltens nachzuweisen und dabei, sofern zu diesem Tatbestand subjektive Elemente, z. B. eine Täuschungsabsicht oder eine bestimmte Vorkenntnis des Täters, gehören, auch diese darzutun. Schon wegen der Beweisfragen wird man sich darauf einrichten müssen, daß gerichtliche Auseinandersetzungen bis zur rechtsverbindlichen Entscheidung einen erheblichen Zeitraum in Anspruch nehmen. Zur kurzfristigen Klärung eines aufkommenden Verdachts oder unsicherer Situationen in den „Grauzonen" eignen sich solche Gerichtsverfahren daher wenig.

– Die hier zu betrachtenden konkreten Rechtsfolgen werden in erheblichem Maße durch den *Dualismus der Rechtsregime* geprägt, wie er mit der Trennung zwischen Privatrecht und öffentlichem Recht und der Zuweisung der jeweiligen Rechtsstrei-

---

29 Vgl. *Peter Schwerdtner*, in: Münchener Kommentar zum Bürgerlichen Gesetzbuch, Bd. 4, 3. Aufl., 1997, § 626 Rn. 74ff.

30 BGH/Entscheidungssammlung in Zivilsachen (BGHZ) 36, 105 (114); *Kurt Stöber*, Handbuch zum Vereinsrecht, 7. Aufl., 1997, Rn. 679.

31 Vgl. *Ulrich Karpen*, in: Handbuch des Wissenschaftsrechts (HdbWissR), 2. Aufl., 1996, S. 795 (797f.).

tigkeiten zu den Zivilgerichten (§ 13 GVG) bzw. den Verwaltungsgerichten (§ 40 VwGO) vorgezeichnet ist[32]. Das einschlägige Verfahrensrecht, insbesondere die Grundsätze, nach denen diese Auseinandersetzungen zu führen sind, variieren nicht unerheblich. Auch die Einwirkungen der verfassungsrechtlichen Garantie der Wissenschaftsfreiheit (Art. 5 Abs. 3 GG) werden – zu einem gewissen Teil – durch das Rechtsregime beeinflußt, unter dem das jeweilige Rechtsverhältnis steht. Der wichtigste Anknüpfungspunkt für die Bestimmung des einschlägigen Rechtsregimes ist dabei die *Organisationsrechtsform* der beteiligten Forschungseinrichtung. Öffentliches Recht findet sich folglich im Regelfall dort, wo Universitäten als Körperschaften öffentlichen Rechts oder Staatsbehörden beteiligt sind, während Auseinandersetzungen, an denen die privatrechtlich organisierten außeruniversitären Forschungs- und die Forschungsförderungseinrichtungen beteiligt sind, nach Maßgabe des Privatrechts zu führen sind[33]. Man wird sich folglich auf unterschiedliche Schwellen materieller Rechtswertungen einstellen müssen, je nachdem, ob es sich um Vorgänge universitärer oder außeruniversitärer Forschung handelt. Das ist eine wenig einleuchtende Zäsur, wenn man bedenkt, daß die einzelnen Falltypen von Fehlverhalten sich in ihrem äußeren Erscheinungsbild kaum danach unterscheiden lassen, ob sie in einem Universitätsinstitut oder in einem Institut der außeruniversitären Forschung vorgekommen sind. Vollends zweifelhaft werden Wertungsunterschiede dort, wo der Täter an Instituten unterschiedlicher Zuordnung Daten gefälscht hat.

3. Abschnitt
Fehlverhalten als Herausforderung an Selbststeuerung und Selbstkontrolle der Wissenschaft

Die voraufgehenden Betrachtungen knüpften an konkrete Fälle von Fehlverhalten an und ordneten ihnen konkrete Rechtsfolgen zu. Es ging um Sanktionen im Einzelfall. Selbst wenn von solchen Sanktionen eine gewisse präventive Wirkung auszugehen pflegt, bilden Fragen, wie Fehlverhalten in seiner ganzen Breite zurückgedrängt werden kann, nicht Gegenstand des bisher betrachteten Sanktionssystems. Dieser weiter ausgreifende Zweck soll im folgenden behandelt werden.

---

[32] Dazu allgemein mit weiteren Nachweisen *Karl Larenz, Manfred Wolf*, Allgemeiner Teil des Bürgerlichen Rechts, 8. Aufl., 1997, S. 1ff.; *Dieter Medicus*, Allgemeiner Teil des Bürgerlichen Gesetzbuchs, 6. Aufl., 1994, S. 1ff.

[33] Systematisch zur Stellung des Wissenschaftsrechts im Gefüge der Teilrechtsordnungen des öffentlichen und des privaten Rechts *Ernst-Joachim Meusel*, Außeruniversitäre Forschung im Wissenschaftsrecht, 1992, S. 151ff.

A. Wissenschaftliche Selbststeuerung und die Rolle des staatlichen Rechts

Daß das Recht sich mit eigenen Reaktionen auf Fehlverhalten zurückhält, wie es am Beispiel des Strafrechts deutlich geworden ist, kann auch als eine Überlassung des Problemfeldes an die „Selbststeuerung" und die „Selbstkontrolle" der Wissenschaft interpretiert werden. Die Gründe für eine solche Überlassung sind zum einen verfassungsrechtlicher Art. Die Ordnung und Sicherung grundrechtlicher Freiheit liegen primär in der Verantwortung der Grundrechtsträger selbst. Außerdem dienen Selbststeuerung und Selbstkontrolle dem praktischen Ziel der Staatsentlastung. Das gilt allgemein; und es gilt für die Wissenschaft im besonderen Maße. In der Tat können und sollen Störungen der wissenschaftseigenen Kommunikation primär durch die Beteiligten selbst behoben werden. Das kann durch Initiativen einzelner Wissenschaftler *(individuelle Selbstkontrollen)*, es kann aber auch durch Maßnahmen von Wissenschaftseinrichtungen geschehen *(institutionelle Selbstkontrollen)*. Jedenfalls öffnet sich hier ein breiteres Spektrum von Handlungsmöglichkeiten, bei denen nicht so sehr der Einzelfall als vielmehr die Ursachen mit in den Blick genommen werden.

Handlungsleitend ist der Grundsatz „Prävention vor Reaktion", der dabei sehr weit zu fassen ist. Überlegungen der Prävention sollten nicht nur einzelne Schwachstellen des Wissenschaftssystems zu beheben trachten, sondern auch die Wandlungsprozesse reflektieren, denen die Wissenschaft im Verhältnis zu anderen gesellschaftlichen Teilsystemen unterworfen ist. Bei alledem muß es darum gehen, die typusbestimmenden Merkmale wissenschaftlicher Kommunikation zu wahren bzw. wiederherzustellen.

Liegen Initiative, Ziel und Zuschnitt der Selbstkontrolle solchermaßen bei der Wissenschaft, so kommt bei ihrer Organisation doch auch dem *Recht* eine unverzichtbare Aufgabe zu. Autonome Verfahren eines gemeinwohlfähigen Interessenausgleichs lassen sich ohne Mitwirkung des staatlichen Rechts dauerhaft nur schwer installieren. Das Recht muß Fixpunkte festlegen, Verhandelbarem einen Rahmen geben und Verfahrensmuster auf Dauer stellen. Es folgt hier aber eher dem Modell der Kontextsteuerung als dem der materiellen Programmsteuerung[34]. Gerade in Gebieten, die durch ein komplexes und diffuses Interessengefüge gekennzeichnet sind, hat das staatliche Recht einen *Strukturierungsauftrag*. Seine Basis sind die Grundrechte, verstanden als Schutzaufträge, und das Rechtsstaatsprinzip, verstanden

---

[34] Zu den unterschiedlichen Arten rechtlicher Steuerung vgl. *Klaus König, Nicolai Dose*, in: *dies.* (Hg.), Instrumente und Formen staatlichen Handelns, 1993, S. 3 (87ff.); *Gunnar-Folke Schuppert*, in: Hoffmann-Riem/Schmidt-Aßmann/Schuppert (Hg.), Reform des allgemeinen Verwaltungsrechts, 1993, S. 65 (72ff.), der von einer „Bereitstellungsfunktion" des Rechts spricht (S. 96f.). *Eberhard Schmidt-Aßmann,* Das allgemeine Verwaltungsrecht als Ordnungsidee, 1998, S. 18ff.

als Friedensordnung. Kein gesellschaftlicher Bereich existiert als ein in jeder Hinsicht selbstregulativer Bereich. Wissenschaftliche Selbststeuerung und Selbstkontrolle bleiben folglich nicht vollkommen ohne Vorgaben des staatlichen Rechts. Das soll an zwei Punkten, an bestimmten Rechtsregeln (I) und an der Rechtsstellung von Wissenschaftseinrichtungen (II) erläutert werden.

I. Elementare Rechtsanforderungen

Solche Anforderungen folgen aus elementaren Gerechtigkeitsvorstellungen[35]. Es erleichtert ihre praktische Anwendung, wenn sie z. B. im Prozeßrecht tatbestandlich besonders ausgeformt sind. Doch sind sie auch ohne eine solche gesetzespositive Festlegung als Maximen beachtlich. Zwei dieser Regeln seien hier genannt:

– *Fairneß und Waffengleichheit:* Diese Regeln manifestieren sich vor allem in den traditionsreichen prozeßrechtlichen Maximen *nemo judex in causa sua* und *audiatur et altera pars*. Ihnen kommt prägende Bedeutung auch für Verfahren der Selbstkontrolle zu.

– *Schaden-Nutzen-Abwägung:* Die im Rahmen der Selbstkontrolle angestrebten Verbesserungsmaßnahmen dürfen zu den Belastungen, die sie einzelnen Beteiligten auferlegen, nicht außer Verhältnis stehen. Die Vielfalt kollidierender und konkurrierender Interessen verlangt eine komplexe Bilanzierung. Schon wegen der damit verbundenen Bewertungsschwierigkeiten kann als rechtsfehlerhaft nur eine solche Abwägung bezeichnet werden, die die Verhältnismäßigkeit offensichtlich verfehlt.

Daraus folgt, daß die Intensität, mit der Vorgänge der Selbstkontrolle auf die involvierten Interessen zugreifen, zur Höhe notwendiger Schutzvorkehrungen in Beziehung zu setzen ist. *Individuelle* Aktionen dürften im Regelfall von geringerer Intensität sein als *institutionelle* Aktionen, hinter denen die Macht der sie tragenden Verbände steht und die eine größere Breitenwirkung haben. Aktionen, die im Kommunikations- und Reputationssystem der Wissenschaft „strafähnliche" Wirkungen entfalten, setzen einen höheren Sicherungsaufwand voraus als Vorgänge des einfachen wissenschaftlichen Diskurses.

---

[35] Vgl. *Klaus F. Röhl*, Allgemeine Rechtslehre, 1994, S. 327ff., 636f.; *ders.*, Verfahrensgerechtigkeit (Procedural Justice), ZfRSoz 14 (1993), S. 1ff.; *Peter J. Tettinger*, Fairneß und Waffengleichheit, 1984; *Franz Wieacker*, Geschichtliche Wurzeln des Prinzips der verhältnismäßigen Rechtsanwendung, in: Festschrift für Robert Fischer, 1979, S. 867ff.

II. Zur Rechtsstellung von Wissenschaftseinrichtungen

Über wissenschaftliche Selbststeuerung und Selbstkontrolle läßt sich nicht sprechen, ohne die Rechtsstellung der Wissenschaftseinrichtungen zu betrachten. Wissenschaftseinrichtungen sind die wichtigsten Träger institutioneller Selbststeuerung. Die Bedeutung dieses Themas war bereits oben deutlich geworden, als auf den Dualismus der einschlägigen Rechtsregime und auf die Zuweisungsfunktion der Organisationsrechtsformen hingewiesen wurde. Genauer betrachtet geht es um die *Gestaltungs- und Bewegungsfreiheiten* der institutionellen Akteure nach Maßgabe des für Privatrechtssubjekte geltenden Privatrechts oder des für den Staat und für die staatlichen Verwaltungsträger geltenden öffentlichen Rechts. Verfassungsrechtlich läßt sich das Problem als Frage nach der Grundrechtsfähigkeit und den Grundrechtsbindungen juristischer Personen, verwaltungsrechtlich als Frage nach dem „Verwaltungsprivatrecht“ als einem Recht der Sonderbindungen reformulieren[36]. Als ein erster Zugang mag die freilich nur als Grundregel brauchbare Einteilung genommen werden, derzufolge der Staat und alle öffentlich-rechtlich organisierten Institutionen durch Grundrechte gebunden sind, ohne sich ihrerseits auf Grundrechte berufen zu können, während privatrechtlich organisierte juristische Personen den Grundrechtsschutz für sich beanspruchen können, ohne durch Grundrechte gebunden und dadurch in ihrem Handeln eingeschränkt zu sein. Die Rechtsordnung drückt diese Unterschiede der Grundrechtssituation dadurch aus, daß das für den Staat und seine Untergliederungen geltende öffentliche Recht (neben Befugnissen) stärker die Bindungen thematisiert, während das Privatrecht von der Gleichordnung der Rechtssubjekte ausgeht.

Die Institutionen des deutschen Wissenschaftssystems sind bekanntermaßen teils in öffentlich-rechtlicher, teils in privatrechtlicher Rechtsform verfaßt[37]. Neben den Universitäten bilden die Akademien ein Beispiel für öffentlich-rechtlich organisierte Wissenschaftseinrichtungen. Deutsche Forschungsgemeinschaft, Max-Planck-Gesellschaft und Fraunhofer-Gesellschaft repräsentieren als eingetragene Vereine demgegenüber den privatrechtlich organisierten Systemteil. Manches erscheint nur historisch erklärbar, manches von der Formgebung her sogar eher zufällig. Besonders deutlich wird das bei den als Stiftungen organisierten Wissenschaftseinrichtungen, von denen einige als solche des öffentlichen Rechts, andere als solche des Privatrechts gegründet sind. Die Liste der Großforschungseinrichtungen bietet

---

[36] Zum folgenden *Klaus Stern*, Staatsrecht, Bd. III/1, 1988, S. 1320 (1394ff.); *Hans J. Wolff, Otto Bachof, Rolf Stober*, Verwaltungsrecht I, 10. Aufl., 1994, S. 238ff.

[37] Dazu *Werner Thieme*, Deutsches Hochschulrecht, 2. Aufl., 1986, S. 18ff.; *Meusel* (Fn. 33), S. 70ff.; *Hartmut Krüger*, in: HdbWissR (Fn. 31), S. 207ff.; *Otto Kimminich*, dort S. 227ff.; *Wolfgang Löwer*, dort S. 1219ff.

dafür zahlreiche Beispiele[38]. Angesichts dieses Befundes läßt sich zweifeln, ob den unterschiedlichen Organisationsrechtsformen wirklich ein substantiell unterschiedlicher Zuweisungsgehalt in den Fragen der Grundrechtsbindung und Grundrechtsfähigkeit zuerkannt werden kann[39]. Diese Zweifel mehren sich, wenn man Privatuniversitäten als denkbare künftige Akteure in die Betrachtung einbezieht. Können die Standards wissenschaftlicher Selbstkontrolle angesichts der Internationalität von Wissenschaft heute noch von Zäsuren des Rechtssystems bestimmt werden, die in anderen Zusammenhängen ausgebildet und oft in einer eher zufälligen Weise auf die Forschungsinstitutionen übertragen worden sind?

Nun haben sich auch im traditionellen Konzept der Rechtsregime freilich längst Annäherungen entwickelt, die den strikten Dualismus mildern. Bestimmten juristischen Personen des öffentlichen Rechts wird eine jedenfalls partielle Grundrechtsfähigkeit zuerkannt. Gerade die Universitäten als Organisationen freier Wissenschaft sind es, für die diese Erweiterung der Handlungsfähigkeit nahezu unstreitig ist[40]. Auf der anderen Seite legt die Rechtsordnung bestimmten Privatrechtssubjekten Sonderbindungen auf, die v. a. aus einer Monopolstellung oder aus einer besonderen Nähe zum Staat legitimiert werden[41]. Diese Ansätze sind zu nutzen, um die Konsequenzen des dualistischen Konzepts der Rechtsreaktionen zu relativieren, ohne daß einer völligen Nivellierung das Wort geredet werden soll.

Die Entwicklung kann allerdings nicht darin liegen, die Figur des „Verwaltungsprivatrechts" unbesehen auf alle Wissenschaftseinrichtungen zu übertragen. Diese Rechtsfigur ist für die Nutzung privater Handlungs- und Organisationsrechtsformen durch die öffentliche Verwaltung ausgebildet worden. Sie geht von Ausgliederungen ursprünglich administrativer Tätigkeiten aus und strebt eine möglichst weitreichende Angleichung der verselbständigten Einheiten an die sozusagen normale Verwaltung und das für diese geltende öffentliche Recht an. Das Institutionengefüge der Wissenschaft läßt sich mit einem solchen administrativen Deutungsmodell dagegen nicht erfassen. Wissenschaftseinrichtungen sind keine Administrativeinheiten sondern *intermediäre Einrichtungen*, die Forschung organisieren und die staatlich-gesellschaftliche Kooperationen auf diesem Felde strukturieren[42]. Die Rolle, die das staatliche Recht auf diesem Felde spielen kann und spielen muß, ist folglich eigenständig zu entwickeln. Sie läßt sich mit den Mustern des überkom-

---

38 *Helmut Krech*, in: HdbWissR (Fn. 31), S. 1307 (1310ff.).

39 Vgl. *Claus Dieter Classen*, Wissenschaftsfreiheit außerhalb der Hochschule, 1994, S. 139ff.

40 Bundesverfassungsgericht/Entscheidungssammlung (BVerfGE) 15, 256 (262); std. Rspr. BVerfGE 75, 192 (196); *Stern* (Fn. 36), S. 1152.

41 Dazu *Stern* (Fn. 36), S. 1592ff.; *Konstantinos Gogos*, Verselbständigte Verwaltungseinheiten als Adressaten staatlicher Sonderbindungen, 1997, S. 167ff.

42 Grundlegend *Trute*, (Fn. 1), S. 489ff.

menen Verwaltungsrechts nicht zutreffend erfassen. Statt an eine Übertragung der für die Hoheitsverwaltung geltenden Maßstäbe zu denken, kommt es darauf an, die wissenschaftseigenen Entscheidungsprozesse rechtlich soweit vorzuformen, daß sie eben jenen umfassenden und angemessenen Interessenausgleich, auf den das Recht sehen muß, aus sich heraus gewährleisten.

III. Der individuelle wissenschaftliche Diskurs als „natürliche" Reaktion der Wissenschaft

„Die Auseinandersetzung mit Forschungsarbeiten ist mit den Mitteln des wissenschaftlichen Diskurses und daher im Meinungsstreit der einzelnen Grundrechtsträger auszutragen"[43]. Mit dieser Aussage in einem Urteil des Bundesverwaltungsgerichts vom 19. Dezember 1996 gibt die Rechtsprechung einer in der Wissenschaft geltenden Maxime Ausdruck. Auf natürliche Weise wird damit an das trial-and-error-Prinzip und so an einen Grundvorgang wissenschaftlicher Erkenntnisgewinnung angeknüpft. Der praktische Vorzug liegt zudem darin, daß die Abgrenzungsschwierigkeiten zwischen *honest error* und *dishonesty* und andere Probleme der oben bezeichneten Grauzone vermieden werden. Die Auseinandersetzung muß z. B. nicht notwendig darüber geführt werden, ob eine (bewußte) Fälschung vorliegt; es genügt, das objektiv falsche Ergebnis zu korrigieren. Dem unbestreitbaren praktischen Vorrang des zwischen Forschern individuell geführten Diskurses entspricht allerdings kein rechtlicher Vorrang des Inhalts, daß institutionelle Aktionen im Sinne einer strengen Erforderlichkeitsprüfung erst dann zulässig wären, wenn individuelle Aktionen ausbleiben oder nicht zum Erfolg führen.
Aufgabe des Rechts ist es, dem individuellen Diskurs ein möglichst hohes Maß an Freiheit und Wirksamkeit zu sichern. Ein enges Netz von Unterlassungs- und Schadensersatzansprüchen, die der im Diskurs Kritisierte gegen den Kritiker geltend machen könnte, würde dagegen diese Möglichkeiten wesentlich einschränken. Nur wenn Konflikte, die auch bei dieser Form der Auseinandersetzung nicht gänzlich zu vermeiden sind, eine unerträgliche Intensität annehmen, müssen rechtliche Entscheidungsmöglichkeiten verfügbar sein. Die in § 193 StGB getroffene Aussage, daß Kritik an wissenschaftlichen Leistungen (vom Vorwurf der Täuschung einmal abgesehen) nur insofern strafbar ist, als das Vorhandensein einer Beleidigung aus der Form der Äußerung hervorgeht, sollte als durch Art. 5 Abs. 3 GG nahegelegte Grundlinie auch für andere rechtliche Sanktionen genommen werden[44].

---

[43] Bundesverwaltungsgericht/Entscheidungssammlung (BVerwGE) 102, 304 (312).

[44] Hier ist in der Rechtsprechung noch vieles unklar; vgl. Verwaltungsgerichtshof (VGH) Baden-Württemberg, NVwZ 1991, S. 184ff.; ferner Oberlandesgericht (OLG) Köln, MDR 1984, S. 231f.

Freilich ist nicht zu übersehen, daß nicht jedes Fehlverhalten auf diese Weise korrigiert werden kann. Der individuelle Diskurs eignet sich vor allem, falsche Ergebnisse aufzudecken. In Fällen des Vertrauensbruchs von Gutachtern dagegen ist er weniger einsetzbar. Es finden auch keineswegs alle zweifelhaften Ergebnisse auf diese Weise eine Korrektur. Schließlich mag die neutrale Feststellung des Irrtums, die oben als Vorteil genannt wurde, insofern auch einen nachteiligen Effekt haben, als sie zum Vorwurf des Fälschens nicht Stellung nehmen muß und so hinter den Erwartungen an die Transparenz des wissenschaftlichen Prozesses zurückbleibt.

C. Aktionen institutioneller Selbstkontrolle

Der individuelle wissenschaftliche Diskurs ist ein Grundelement wissenschaftseigener Selbstkontrolle. Er ist jedoch nicht das einzige Mittel, sondern muß durch übergreifende Aktionen ergänzt werden. Solche Aktionen sind in jüngster Zeit breit erörtert worden. Um den Überblick zu wahren, sollten dabei zwei Dimensionen unterschieden werden:

– In einem ganz *weiten Sinne* gehören in diesen Kontext auch strukturelle Veränderungen, z. B. in der Ausbildungssituation der Doktoranden[45]. Mit ihnen soll auf die oben herausgearbeiteten tieferliegenden Schwachstellen des Wissenschaftssystems geantwortet werden. Sie sind nicht spezifisch mit Blick auf Fehlverhalten entworfen und werden unbeschadet ihrer Bedeutsamkeit für die Qualität des Wissenschaftssystems ihre Wirksamkeit erst über längere Zeiträume hin erweisen können.

– Spezifischer mit Blick auf Fehlverhalten nach dem Grundsatz *„Prävention vor Reaktion“* konzipiert ist eine Reihe von Vorkehrungen, die die von der DFG berufene Kommission „Selbstkontrolle in der Wissenschaft“ in 16 Empfehlungen zusammengefaßt hat. Die Kommission sagt dazu: „Dafür bedarf es keiner staatlichen Maßnahmen. Erforderlich ist es aber, daß nicht nur jeder Wissenschaftler und jede Wissenschaftlerin, sondern vor allem auch die Wissenschaft in ihren verfaßten Institutionen – Hochschulen, Forschungsinstitute, Fachgesellschaften, Wissenschaftliche Zeitschriften, Förderungseinrichtungen – sich die Normen guter wissenschaftlicher Praxis bewußt macht und sie in ihrem täglichen Handeln an-

---

[45] DFG-Denkschrift (Fn. 2), S. 33 mit Hinweis auf *Wissenschaftsrat*, Empfehlungen zur Doktorandenausbildung und zur Förderung des Hochschullehrernachwuchses, 1997; ferner *Wissenschaftsrat*, Thesen zur Forschung in den Hochschulen, 1996, bes. S. 55ff. und 61ff.

wendet"[46]. Betrachtet man diese Maßnahmen unter rechtssystematischen Gesichtspunkten, so sind es drei Gruppen von Instrumenten, auf die diese Empfehlungen durchgängig zugreifen: die Formulierung und Vermittlung von *Regeln guter wissenschaftlicher Praxis*, die Festlegung von *Verantwortlichkeiten* im Forschungsprozeß und die Schaffung eines besonderen wissenschaftseigenen *Klärungsverfahrens*, mit dem bei Verdacht von Fehlverhalten reagiert werden kann. Keines dieser Instrumente darf isoliert betrachtet werden. Vielmehr sind sie alle gemeinsam an der zentralen Aufgabe ausgerichtet, Wissenschaft als Kommunikations- und Handlungszusammenhang lebendig zu halten[47]. Transparenz und Diskursoffenheit sind folglich die mit all diesen Aktionen anzustrebenden Ziele. Diese Ziele müssen die genauere Ausformung der Institute leiten. Von den drei genannten Gruppen von Instrumenten werden im folgenden die Regeln guter wissenschaftlicher Praxis (I) und das Klärungsverfahren (II) behandelt.

I. Regeln guter wissenschaftlicher Praxis

Regeln guter wissenschaftlicher Praxis müssen zum einen die allgemeinen materiellen Prinzipien wissenschaftlicher Arbeit enthalten. Außerdem müssen sie praktisch-technische Fragen beantworten. Sie sollten z. B. die Pflichten zur Dokumentation und zur Aufbewahrung von Primärdaten sowie den Zugang Dritter zu solchen Daten behandeln. Für einzelne Forschungsarten, z. B. für die Laborforschung, die empirische Sozialforschung oder für die Teamforschung, wird es sich darüber hinaus empfehlen, besondere Regeln zu formulieren. Dasselbe gilt für fächerspezifische Unterschiede in der Veröffentlichungspraxis[48].

Kompliziert erscheint die Frage, in welchen *Rechtsformen* diese Normierungen getroffen werden sollen. Hier darf an die oben erläuterte je-desto-Formel erinnert werden: Je strikter die Wirkungen sind, die bei einer Verletzung solcher Regeln eintreten sollen, desto höher wird der rechtliche Aufwand, der schon bei der Normierung der Standards betrieben werden muß. Als Obergrenze sollte der Rechts-

---

46 So die DFG-Denkschrift (Fn. 2), S. 6.

47 Zur Wissenschaft als „Kommunikations- und Handlungszusammenhang" vgl. *Trute*, Forschung (Fn. 1), bes. S. 64ff. mit weiteren Nachweisen.

48 Vgl. DFG-Denkschrift (Fn. 2), S. 7 (Empfehlung 1). Nachweise zu einigen existierenden Regelwerken deutscher und ausländischer Fachgesellschaften und Wissenschaftseinrichtungen dort S. 40ff., bes. in den Anmerkungen 7, 14-16, 19, 28; ferner z. B. *The Danish Committee on Scientific Research*, Jahresbericht 1994, S. 75ff., (Guidelines for Data Documentation); Jahresbericht 1996, S. 67ff. (Guidelines for Data Documentation within Basic Biomedical Research and within Clinical Epidemiological Research).

zustand bei den Standesrichtlinien der sogenannten verkammerten Berufe (z. B. der Anwälte, Ärzte, Architekten) im Blick behalten werden. Die in ihnen formulierten Berufspflichten sind mit einem eigenen Sanktionssystem und einer entsprechenden Berufsgerichtsbarkeit verbunden[49]. Das Bundesverfassungsgericht hat die rechtlichen Anforderungen an solche berufsregelnden Festlegungen in jüngerer Zeit verschärft. Für die Standesrichtlinien der Rechtsanwälte, denen nach früherer Auffassung kein normativer Charakter beigelegt wurde und die folglich keiner rechtssatzmäßigen Festlegung bedurften, heißt es im Urteil vom 14. Juli 1987[50]: „An dieser Beurteilung der Standesrichtlinien wird nicht festgehalten. Diese mögen ihren guten Sinn darin haben, daß sie das Standesethos widerspiegeln. Wird ihnen aber eine weitergehende rechtserhebliche Funktion beigelegt, dann begegnet dies gewichtigen, auch verfassungsrechtlich relevanten Bedenken, die neuerdings die Forderung ausgelöst haben, die Richtlinienregelung durch eine Satzungskompetenz der Rechtsanwaltskammer zu ersetzen". Die wichtigsten Berufspflichten der Rechtsanwälte sind heute durch Gesetz festgelegt (§§ 43, 59a BRAO), und für ihre weitere Ausformung durch Satzungen der berufsständischen Kammern gibt das Gesetz die regelbaren Themen genau vor (§ 59b BRAO).

Der rechtliche Aufwand bei der Formulierung von Regeln guter wissenschaftlicher Praxis sollte sich von dieser „Obergrenze" deutlich entfernt halten. Das aber setzt voraus, daß auf ein striktes Sanktionensystem verzichtet wird, das gleichsam automatisch auf die Verletzung der Regeln reagiert. Diese durch die Rechtssystematik erzwungene Selbstbeschränkung in den Wirkungen hat für die Regeln guter wissenschaftlicher Praxis auch ihren guten wissenschaftspolitischen Sinn. Solche Regeln sollen vor allem das Bewußtsein schärfen und zu einer Selbstverpflichtung der Forscher führen. Sie haben edukatorische Aufgaben und gehören folglich (auch) in die Ausbildung des wissenschaftlichen Nachwuchses[51]. Wichtig ist, daß sie flexibel auf neue Erfahrungen reagieren und deshalb ergänzt werden können, ohne dafür ein schwerfälliges Verfahren der Gesetzesnovellierung zu verlangen. Das muß auf der anderen Seite nicht zu gänzlichem Verzicht auf ein Erlaßverfahren führen. Regeln guter wissenschaftlicher Praxis sollten unter Beteiligung der Betroffenen entwickelt, in einem transparenten Verfahren festgelegt und veröffentlicht werden. Für korporativ verfaßte Wissenschaftseinrichtungen des privaten Rechts erscheint daher eine Beschlußfassung der Mitgliederversammlung oder eines entsprechenden Repräsentationsorgans geboten. Für Universitäten kommt eine Festlegung in Form der öffentlich-rechtlichen Satzung in Betracht. Zu deren Erlaß reicht die allgemeine

---

[49] Dazu *Peter J. Tettinger*, Kammerrecht, 1997, S. 195ff.

[50] BVerfGE 76, 171 (187).

[51] Vgl. DFG-Denkschrift (Fn. 2), S. 7f.

Satzungsautonomie universitärer Körperschaften[52] aus, sofern entsprechend der hier vertretenen Auffassung auf ein automatisches Sanktionensystem verzichtet wird. Einer speziellen gesetzlichen Ermächtigung bedarf es nicht. Soweit staatliche Genehmigungsvorbehalte gegenüber universitären Satzungen bestehen, ist die Prüfung auf die prozedurale Rechtmäßigkeit zu beschränken, während die materiellen Fragen, die die Regeln guter wissenschaftlicher Praxis beantworten sollen, ministerieller Aufsichtsentscheidung nicht zugänglich sind. Gerade dieser mögliche Konfliktfall indiziert, daß die Satzung als universitäres Umsetzungsinstrument für Regeln guter wissenschaftlicher Praxis ihrerseits eher eine Obergrenze darstellt. Mindestens zur Ergänzung universitätseinheitlicher Regeln und zur Spezifizierung auf die Forschungssituation einzelner Disziplinen erscheint eine Festlegung von Regeln auf der Ebene der Fakultäten denkbar. Fakultäten besitzen zwar keine eigene Satzungsautonomie. Sie können Regeln guter wissenschaftlicher Praxis aber als Richtlinien festlegen[53].

II. Wissenschaftseigenes Klärungsverfahren

Die Formulierung von Regeln guter wissenschaftlicher Praxis ist jedoch nur *ein* Weg, auf dem Wissenschaftsinstitutionen versuchen können, Fehlverhalten zu begegnen. Unbeschadet aller präventiven Maßnahmen muß damit gerechnet werden, daß sich Fehlverhalten auch künftig ereignen wird, mindestens aber der Verdacht eines solchen Verhaltens geäußert wird oder es unter Wissenschaftlern zu einer streitigen Situation kommt, in der es um Abgrenzungsfragen, insbesondere im Bereich der Grauzonen des Begriffs geht. In anderen Ländern existieren besondere Verfahren, die in diesen Fällen eine schnelle Klärung ermöglichen sollen. Das gilt besonders ausgeprägt für die USA, aber auch für Dänemark und England[54].
In Deutschland ist die Einführung solcher Verfahren in jüngster Zeit vielfältig kontrovers diskutiert worden. *Gegen* sie spricht zum einen die allgemeine rechtspolitische Situation, in der viel über eine zu hohe Regelungsdichte, eine zu bürokratische Praxis und einen zu weit reichenden und zu lange dauernden Gerichtsschutz geklagt wird. Vor einem solchen Hintergrund erscheint die Schaffung eines wissenschaftseigenen Verfahrens neben den bestehenden Verfahren, insbesondere dem Straf- und dem Disziplinarverfahren, eine überflüssige Perfektion, die zudem

[52] Zur Ableitung des Satzungsrechts aus Art. 5 III GG vgl. *Rupert Scholz*, in: Maunz/Dürig, Grundgesetz, Art. 5 III Rn. 161; *Thieme*, Hochschulrecht (Fn. 37), S. 113.

[53] Vgl. *Henning Schrimpf*, in: Denninger (Hg.), Hochschulrahmengesetz, Kommentar, 1984, § 64 Rn. 9.

[54] Vgl. die Nachweise in Fn. 3; zur Rechtslage in den USA ausführlich *Stegemann-Boehl*, Fehlverhalten (Fn. 4), S. 191ff.

zu Abgrenzungsschwierigkeiten mit diesen Verfahren führen muß. *Für* ein solches Verfahren wird geltend gemacht, daß die bestehenden Regelungen vorrangig dem Schutz anderer Rechtsgüter als der Vertrauenswürdigkeit und Funktionsfähigkeit der Wissenschaft dienten und regelmäßig einen erheblichen Zeitraum in Anspruch nähmen. Wissenschaftseinrichtungen müßten, so heißt es, über ein eigenes Verfahren verfügen, mit dem sie gegebenenfalls – auch in der Öffentlichkeit – schnell reagieren könnten[55]. Konsequent wird darauf hingewiesen, daß es in einem solchen Verfahren eher um die Integritätswahrung aller Beteiligten durch Streitbeilegung als um eine verbindliche Entscheidung zu gehen habe. Ein weiteres Argument für ein solches Verfahren mag auch der internationalen Entwicklung entnommen werden; denn es erscheint unter dem Aspekt staatsübergreifender Wissenschaftskooperation durchaus wahrscheinlich, daß die Existenz eines spezifischen wissenschaftseigenen Klärungsverfahrens künftig als eine an alle Kooperationspartner zu stellende Forderung wissenschaftlicher Qualitätssicherung betrachtet wird. Die Kommission „Selbstkontrolle in der Wissenschaft“ hat den Hochschulen und den außeruniversitären Forschungseinrichtungen daher die Schaffung eines solchen Verfahrens zum Umgang mit Vorwürfen wissenschaftlichen Fehlverhaltens empfohlen. Zur Zeit sind die meisten Einrichtungen damit beschäftigt, entsprechende Verfahrensordnungen zu erlassen. Die nachfolgenden Überlegungen gelten zunächst der Frage, welchen Rahmen die verfassungsrechtliche Garantie der Forschungsfreiheit einem solchen Verfahren setzt (1), und sodann zwei Varianten für das Konzept eines solchen Verfahrens (2).

1. Der rechtliche Rahmen des Art. 5 Abs. 3 GG

Wichtige Klärungen zu diesem Rahmen hat das oben zitierte Urteil des Bundesverwaltungsgerichts vom 11. Dezember 1996 gebracht[56]. Der Entscheidung lag die Klage eines beamteten Professors zugrunde, dem ein früherer Mitarbeiter vorgeworfen hatte, daß die von ihm publizierten Meßdaten mit den tatsächlich erhaltenen nicht übereinstimmten. In der vom Dekan des Fachbereichs amtlich einberufenen ad-hoc-Kommission, der außer dem Kläger weitere Professoren des Fachbereichs angehörten, arbeitete der Kläger zunächst mit, nahm dann aber an Sitzungen nicht mehr teil. Die Kommission faßte nach mehreren weiteren Sitzungen „Feststellungen und Beschlüsse“, in denen die vom Kläger verwandten Methoden als statistisch nicht abgesichert bezeichnet und der Kläger aufgefordert wurde, seine Ergebnisse und Aussagen zu revidieren. Daß der Kläger die Daten gefälscht habe, konnte die Kommission nicht nachweisen. Originalunterlagen waren nicht mehr auffindbar.

---

55 DFG-Denkschrift (Fn. 2), S. 13ff.

56 Nachweis in Fn. 43.

Die gegen die Beschlüsse der Kommission gerichtete Klage des verdächtigten Forschers hatte vor den Verwaltungsgerichten in allen Instanzen Erfolg.

Das Bundesverwaltungsgericht mißt das von der Universität praktizierte Verfahren wissenschaftsinterner Klärung an der Garantie der Wissenschaftsfreiheit in Art. 5 Abs. 3 GG: Die Forschungsfreiheit stehe als Abwehrrecht jedem zu, der wissenschaftlich tätig sei. Sie umfasse auch Mindermeinungen und Forschungsansätze, die sich als irrig oder fehlerhaft erwiesen, d. h. alles, was nach Inhalt und Form als ernsthafter Versuch zur Ermittlung von Wahrheit anzusehen sei. Freilich sei Wissenschaftsfreiheit nicht grenzenlos gewährleistet. Einschränkungen könnten aber nur aus der Verfassung hergeleitet werden. Auch Art. 5 Abs. 3 GG selbst könnte zwar ein solches konkurrierendes Recht begründen. Der Universität als der für das Handeln der ad-hoc-Kommission verantwortlichen Stelle will das Bundesverwaltungsgericht aber kein solches „der subjektiven Wissenschaftsfreiheit des einzelnen Hochschullehrers entsprechendes gleichwertiges Recht" zuerkennen. Der Schutz ihres wissenschaftlichen Ansehens soll folglich das Vorgehen der ad-hoc Kommission nicht rechtfertigen können. (Inwieweit der Schutz von Diplomanden und Doktoranden oder der Gesundheitsschutz Dritter ein solches Vorgehen gerechtfertigt hätte, brauchte das Gericht nicht zu entscheiden.)

Auf der anderen Seite versagt das Bundesverwaltungsgericht den Hochschulen nicht jede Möglichkeit, Vorwürfe, eines ihrer Mitglieder habe die Forschungsfreiheit mißbraucht oder deren Grenzen überschritten, aufzuklären. Eine solche Kompetenz wird ebenfalls aus Art. 5 Abs. 3 GG abgeleitet, allerdings nicht aus einem subjektiven Recht, sondern aus dem objektivrechtlichen Gehalt der Wissenschaftsfreiheit. Der Verzicht auf staatliche Fremdkontrolle und die der Wissenschaft eingeräumte Autonomie rechtfertigen nach Auffassung des Gerichts eine solche Kompetenz der Universitäten sogar dann, wenn eine spezielle gesetzliche Grundlage dafür nicht existiert. Allerdings dürfe – so führt das zitierte Urteil weiter aus – die Ausübung dieser Kompetenz nicht dazu führen, daß Universitätsgremien das wissenschaftliche Werk eines ihrer Angehörigen bewerteten. Das Gericht hebt in diesem Zusammenhang den Vorrang des individuellen wissenschaftlichen Diskurses hervor (vgl. oben unter A). Amtliche Feststellungen will es auf Fälle beschränkt wissen, in denen die Grenzen der Wissenschaftsfreiheit „zweifelsfrei" überschritten sind[57]. Hätte sich der Vorwurf bewahrheitet und dem Kläger auch subjektiv die Fälschung nachgewiesen werden können, so hätten die entsprechenden Feststellungen getroffen werden dürfen. Da dieses aber nicht nachweisbar war – auf die Bedeutung der Unauffindbarkeit der Originaldaten geht das Gericht nicht weiter ein –, stellt sich das Vorgehen der Kommission nach Auffassung des Bundesverwaltungsgerichts als Verletzung der klägerischen Forschungsfreiheit dar.

---

[57] AaO. (Fn. 43), S. 312.

Die zentrale Bedeutung des Art. 5 Abs. 3 GG für die Zulässigkeit und die Ausgestaltung wissenschaftseigener Klärungsverfahren ist damit klar herausgearbeitet. Das Bundesverwaltungsgericht bestimmt die involvierten Rechtspositionen des unter dem Verdacht von Fehlverhalten stehenden Forschers einerseits und der Universität andererseits nach einem *Modell radikaler Asymmetrie*. Den eindeutigen Vorrang genießt die individuelle Wissenschaftsfreiheit, während institutionelle Interessen eine deutlich geringer gewichtige Position zugemessen bekommen. Gegenüber einer solchen Wertung, wie sie sich ähnlich schon im Urteil des erstinstanzlichen Verwaltungsgerichts fand, ist eingewandt worden, daß die individuelle und die korporative Seite der Forschungsfreiheit einander bedingten und folglich zu einem optimierenden Ausgleich zu bringen seien[58]. Zutreffend an dieser Kritik ist, daß Art. 5 Abs. 3 GG nicht allein aus einer individuell-abwehrrechtlichen Sicht interpretiert werden darf. Forschungsfreiheit ist ein Organisationsgrundrecht[59]. Folglich sind die natürlichen Einbindungen des einzelnen Forschers in die organisierten Handlungs- und Kommunikationszusammenhänge prägender, als das der vom Bundesverwaltungsgericht nachgezeichneten überkommenen Lehre entspricht[60]. Freilich bleibt jede Forschungsleistung – selbst dort, wo sie das Ergebnis einer Forschergruppe ist – eine aus persönlicher Kreativität hervorgehende Leistung. Ein vollständiger Gleichrang individueller und institutioneller Elemente kann daher nicht anerkannt werden. Es bleibt eine Asymmetrie. Sie ist jedoch weniger ausgeprägt. In einem *Modell gemäßigter Asymmetrie* besitzt die Universität eine stärkere eigene Position, als das Bundesverwaltungsgericht anerkennen will. Das Gericht folgt einer Trennungsvorstellung, die die Universitäten in ihrem Handeln gegenüber dem einzelnen Forscher ganz als Repräsentanten des Staates betrachtet und sie dadurch zu stark aus dem Gesamtsystem der Wissenschaftseinrichtungen herauslöst (vgl. oben A II). Universitäten sind jedoch, unbeschadet ihrer Rechtsform, nicht Träger klassischer Hoheitsfunktionen sondern Teil des Wissenschaftssystems. Innerhalb dieses Systems müssen die rechtlichen Anforderungen wissenschaftlicher Selbstkontrolle einander angenähert werden, einerlei ob sie für öffentlich-rechtlich organisierte Forschungseinrichtungen wie Universitäten oder für die privatrechtlich organisierte außeruniversitäre Forschung gelten sollen.

---

[58] *Ralf Kleindiek*, Wissenschaftsfreiheit in der Hochschule zwischen kritischer Öffentlichkeit und Disziplinarordnung, JZ 1993, S. 996 (997).

[59] *Eberhard Schmidt-Aßmann*, Wissenschaftsfreiheit nach Art. 5 Abs. 3 GG als Organisationsgrundrecht, in: Festschrift für W. Thieme, 1994, S. 697.; *Kleindiek*, Wissenschaft (Fn. 1), bes. S. 206ff.

[60] *Trute*, Forschung (Fn. 1), bes. S. 280ff. und 328ff.

2. Vorgaben für die Verfahrensgestaltung

Die überzogene Asymmetrie, die dem zitierten Urteil zugrunde liegt, erschwert die Praxis, aber sie unterbindet die Schaffung von Klärungsverfahren als Mittel wissenschaftlicher Selbstkontrolle nicht. Freilich dürfen solche Verfahren nicht dazu benutzt werden, das wissenschaftliche Werk eines einzelnen Forschers „gleichsam amtlich" zu maßregeln. Das ergibt sich auch bei einem weniger ausgeprägt asymmetrisch bestimmten Konzept der Wissenschaftsfreiheit aus dem Vorrang individueller Freiheit vor allen korporativen und institutionellen Einbindungen. Die DFG-Denkschrift verlangt daher für die Einrichtung entsprechender Verfahren an erster Stelle die Festlegung derjenigen Tatbestände, „die in Abgrenzung zu guter wissenschaftlicher Praxis (Empfehlung 1) als wissenschaftliches Fehlverhalten gelten", und nennt dabei als Beispiele im wesentlichen die oben zum Kern des Begriffs des Fehlverhaltens gerechneten schweren Fälle[61]. Das schließt es nicht aus, noch weitere Fälle als Verfahrensanlässe anzuerkennen. Doch ist der mit jedem Verfahren verbundene Aufwand und Belastungseffekt für die Beteiligten bei der erforderlichen Verhältnismäßigkeitsprüfung in Rechnung zu stellen.

Ein besonderes Problem stellen Situationen dar, in denen sich der Vorwurf bewußten Fehlverhaltens nicht hinreichend erhärten läßt, gleichwohl aber ein gravierender objektiver Verstoß gegen Regeln guter wissenschaftlicher Praxis vorliegt. Seine Klärungsfunktion kann ein Verfahren hier nur erfüllen, wenn es nicht ergebnislos eingestellt werden muß. Die Aussagen des Bundesverwaltungsgerichts, die ad-hoc Kommission habe ihre Feststellungen nur treffen dürfen, wenn sich ergeben hätte, daß der Kläger die Forschungsfreiheit „zweifelsfrei" überschritten habe, deuten hier auf ein zu restriktives Verfahrensverständnis hin. Ein solches Ergebnis ist schon deshalb nicht zwingend geboten, weil die Interessen der betroffenen Wissenschaftseinrichtung in der verfassungsrechtlichen Abwägung mit höherem Gewicht in Ansatz zu bringen sind, als es dem Verständnis des Bundesverwaltungsgerichts entspricht. Außerdem ist zu berücksichtigen, daß das Urteil vom 19. Dezember 1996 ganz von dem „harten" Verfahrensergebnis bestimmt ist, wie es von dem der Entscheidung zugrundeliegenden Fall nahelag; denn die ad-hoc Kommission hatte Forderungen an den Kläger erhoben, seine Ergebnisse und Aussagen zu revidieren. Vor diesem Hintergrund – aber auch *nur* vor ihm – erscheinen die Feststellungen zur Ausgestaltung des Verfahrens im einzelnen plausibel, die das Gericht in der Form eines obiter dictum seinen Ausführungen anfügt[62]: „Es erscheint aber der Hinweis angebracht, daß das Vorgehen in derartigen Verfahren auf normativer Grundlage so geregelt werden sollte, daß u. a. die Vertraulichkeit zum Schutz der Betroffenen gewahrt bleibt und insbesondere nicht schon ungesi-

---

[61] DFG-Denkschrift (Fn. 2), S. 13.

[62] AaO. (Fn. 43), S. 315.

cherte Vorwürfe gravierender Art die Öffentlichkeit erreichen. Dabei sollten sich die Anforderungen an denen eines förmlichen Disziplinarverfahrens orientieren". Die damit skizzierten Verfahrensstandards sind jedoch verfassungsrechtlich zwingend nur dann geboten, wenn das Verfahren als strikt kontradiktorisches geführt und mit harten Sanktionen beendet wird. Gerade das aber sollte nicht die Richtung sein, in die ein solches Verfahren wissenschaftlicher Selbstkontrolle zu entwickeln ist. Indem das Bundesverwaltungsgericht den prozeduralen Aufwand für *eine* Variante eines Klärungsverfahrens, wie sie in seinem Falle nahegelegen hat, klar benennt, wird die Notwendigkeit, die Rechtsentwicklung auf eine *andere* Variante zuzusteuern, um so deutlicher.

3. Das Konzept eines diskursiven Verfahrens

Nicht der Typ eines Disziplinarverfahrens, sondern der Typ eines diskursiven Verfahrens muß die Entwicklungsperspektive sein. Das beamtenrechtliche Disziplinarverfahren ist durch einen hohen Formalisierungsgrad, einen gerichtsähnlichen Zuschnitt und seine dem Strafverfahren angenäherte konfrontative Grundstruktur gekennzeichnet. Für ein *solches* Verfahren ist rechtsstaatlich zu verlangen, daß die Verfahrenspositionen der Beteiligten und die damit verbundenen Rechte und Befugnisse sehr genau durch Gesetz geregelt werden. Auch die Abgrenzung des Disziplinarverfahrens zu anderen Verfahren, insbesondere zum Strafverfahren, verlangt umfassende Festlegungen (vgl. §§ 17, 18 BDO). Wer ein Bild von dem notwendigen Detaillierungsgrad verfahrensrechtlicher Regelungen gewinnen will, sehe sich das Beamtenrecht und die Disziplinarordnungen von Bund und Ländern an! Auch im Wissenschaftsrecht gibt es abschreckende Beispiele: Der hohe Regelungsaufwand, der in den USA für entsprechend weitreichende Inquisitionsbefugnisse einer zentralen Untersuchungsinstanz, des Office for Research Integrity (ORI), getrieben werden mußte und zu immer neuen Folgefragen Veranlassung gibt[63], bestätigt diesen Befund. Vor einem solchen Verfahrenskonzept und seinem bürokratischen Aufwand kann nur gewarnt werden[64]. Für die Hochschulen könnten die erforderlichen normativen Grundlagen überhaupt nur durch eine Novellierung des Hochschulrechts geschaffen werden. Für die in der Form von Vereinen des privaten Rechts organisierten Wissenschaftseinrichtungen müßte eine Änderung der Vereinssatzung gefordert werden. Das alles ist weder praktikabel noch kommt es den Interessen wissenschaftlicher Selbstkontrolle entgegen.

---

63 Vgl. nur das notwendige eigene Handbuch: Department of Health and Human Services, ORI Handbook for Institutional Research Integrity Offices, Febr. 1997.

64 Einen angesichts der Belastungseffekte des Verfahrens vor dem ORI gleichwohl zu geringen rechtsstaatlichen Schutzstandard kritisiert *Stegemann-Boehl*, Fehlverhalten (Fn. 4), S. 228ff.

Nicht Konfrontation, sondern eine möglichst weitreichende Kooperation aller Beteiligten sollte das Ziel wissenschaftseigener Klärungsverfahren sein. „Die für das Verfahren zum Umgang mit Vorwürfen wissenschaftlichen Fehlverhaltens aufzustellenden Regeln müssen sich an diesem gemeinsamen Interesse orientieren", heißt es in der DFG-Denkschrift[65]. Das verlangt einen Verzicht auf ein dem Disziplinarrecht nachgebildetes Verfahren und auf harte Sanktionen. Solche Sanktionen zu treffen, mag der konkret geschädigten Einrichtung nach Maßgabe des Arbeits-, Vereins- oder Vertragsrechts überlassen bleiben. Das Klärungsverfahren sollte sich dagegen eher als eine Fortsetzung der oben genannten Präventivmaßnahmen verstehen und daher immer die Möglichkeit mitbedenken, einvernehmliche Lösungen im Wege der Schlichtung zu erzielen. Es setzt so die Idee des wissenschaftlichen Diskurses fort und trägt Züge der Mediation.
Auch für ein Verfahren dieses Zuschnitts sind freilich gewisse prozedurale Standards unverzichtbar. Sie sollten für öffentlich-rechtlich und für privatrechtlich organisierte Wissenschaftseinrichtungen möglichst einheitlich formuliert werden. Dazu bieten die oben genannten Grundregeln prozeduraler Fairneß die Basis. So erscheint eine Befangenheitsregelung unverzichtbar, auf die sich jeder Beteiligte in jeder Phase des Verfahrens muß berufen können. Auch die Möglichkeit des rechtlichen Gehörs, einschließlich des Rechts auf mündlichen Vortrag und auf ein Gespräch, sowie das Recht auf Akteneinsicht, sofern nicht zwingende Gründe des Informantenschutzes entgegenstehen, gehören hierher. Auf Vernehmungs-, Beschlagnahme- und sonstige Zugriffsbefugnisse des verfahrensleitenden Gremiums ist dagegen zu verzichten; sie könnten ohnehin nur auf einer erst neu zu schaffenden gesetzlichen Grundlage einführt werden. Schwierig sind die Fragen von Geheimhaltung und Öffentlichkeit in einem solchen Verfahren zu lösen. Wissenschaftlicher Diskurs und wissenschaftliche Transparenz verlangen Publizität. Doch sind auch die sehr sensiblen Reputationsmechanismen zu berücksichtigen, die in der Wissenschaft herrschen. Diese gebieten es, sofern nicht alle Beteiligten mit einer anderen Lösung einverstanden sind, das Verfahren zunächst nicht öffentlich zu führen. Anderes gilt für den Verfahrensabschluß. Die Behandlung des Verfahrensergebnisses kann nicht einseitig durch die Interessen eines Beteiligten bestimmt sein. Es ist auch ein institutionelles Interesse anzuerkennen, das Vertrauen der Öffentlichkeit in die Integrität wissenschaftlichen Arbeitens zu erhalten und durch veröffentlichte Stellungnahmen gegebenenfalls wiederherzustellen.
Insgesamt wird die Entwicklung von Verfahrensstandards wissenschaftlicher Selbstkontrolle nur gelingen, wenn Wissenschaft und Rechtspraxis aufeinander zugehen. Die Verwaltungsgerichte müssen dabei auch überprüfen, inwieweit Verfahrensstandards, die sie für klassische Hoheitsbereiche wie das Polizeirecht entwickelt

---

[65] AaO. (Fn. 2), S. 14.

haben, für die wissenschaftliche Selbstkontrolle passen. Bei manchen Maßstäben wird sich danach eine Reduktion des rechtlichen Absicherungsgehalts anbieten. Doch muß auf der anderen Seite gesehen werden, daß Vorgänge der Selbstkontrolle zu Gefährdungen individueller Freiheit führen können, die so aus den genannten klassischen Bereichen nicht vertraut sind. Die Grundlinie der verfahrensrechtlichen Entwicklung sollte auf jeden Fall ein in seinen Wertungen möglichst einheitliches Verfahrensrecht für die öffentlich-rechtlich *und* die privatrechtlich organisierten Wissenschaftseinrichtungen sein.

Einführung zur Akademievorlesung von Wilhelm Voßkamp am 22. Mai 1997

Dieter Simon
Präsident der Berlin-Brandenburgischen Akademie der Wissenschaften

Meine Damen und Herren,

wer als Jurist den Untergang der DDR und ihren Beitritt zur Bundesrepublik Deutschland erlebt hat und sich im Gefolge dieser Ereignisse die Frage nach einer deutschen Rechtsgemeinschaft stellte, für den war klar, daß er auch ohne Detailforschung von einer erheblichen Differenz der beiden Rechtskulturen auszugehen hatte. Denn Recht ist – mag es auch noch so sehr als Kontrolleur und Korrektiv der Macht einsetzbar sein und auch eingesetzt werden – doch in erster Linie ein Funktionär und Instrument des Staates, der es produziert und durchsetzt. Da aber die beiden Staaten offensichtlich nicht nur verschieden sein wollten, sondern auch verschieden waren, wäre die Frage, ob es in der Zeit von 1950 bis 1990 *das* eine deutsche Recht gegeben habe, als von wenig Sachkenntnis getrübt empfunden worden.

Die juristische Zeitgeschichtsforschung hat sich denn auch tatsächlich ohne Zögern an die Analyse und Beschreibung der Unterschiede zwischen den beiden deutschen Rechtssystemen gemacht und ist damit immer noch befaßt.

Für die Literaturwissenschaft ist die Frage nach der *einen* deutschen Literatur offenkundig nicht so umstandslos zu beantworten. Es gab – bei aller Verschiedenheit in der Entwicklung, z. B. bei der Geschwindigkeit des Anschlusses an *„avancierte Formen und literarische Techniken der Moderne"* (Voßkamp) – deutliche inhaltliche Parallelen, etwa in der Konzentration auf den Nationalsozialismus und die Nachkriegszeit, und es gab so etwas wie eine wechselseitige Annäherung trotz offensichtlicher jeweiliger Eigengesetzlichkeit.

Wer darüber Genaueres wissen möchte, der wird sich an Wilhelm Voßkamp wenden. Dieser hat nicht nur zur Frage: *„Zwei deutsche Staaten – Eine deutsche Literatur?"* bereits lange vor der Wende publiziert, sondern er ist schon als wissenschaftlicher Assistent – im Epochenjahr 1968 (!) – mit einer, die basale Voraussetzung für solche Fragen bildenden Studie über *„Zeitgeschichte in der Gegenwartsliteratur"* hervorgetreten. Das signalisiert uns ein frühes Interesse an dem Fragenkomplex der Deutung, Verarbeitung und Reflexion von Geschichte in und durch Literatur. Dieses Engagement steht sogar schon ganz am Anfang von Wilhelm Voßkamps wissenschaftlichem Leben – auch wenn man es nicht sofort sieht – und es handelt sich zweifellos nur um einen Aspekt seiner breiten und vielfältigen Interessen.

Denn die erste Arbeit, die der 1936 in Osnabrück geborene Literaturwissenschaftler 1965 an der Universität Kiel als Dissertation vorlegte, war eine Studie über die Barockdichter Gryphius und Lohenstein. Diese Dissertation, mit der Voßkamp seine an den Universitäten Münster, München, Göttingen und Kiel betriebenen Studien in Germanistik, Philosophie und Geschichte abschloß, befaßte sich nicht, wie man vielleicht erwarten könnte, mit ästhetischen Fragen des barocken Schwulststils, sondern trug den bezeichnenden Titel *„Die Zeit- und Geschichtsauffassung im 17. Jahrhundert bei Gryphius und Lohenstein"*.

Es war also bereits hier die tiefgründige Frage nach der Spiegelung von Gegenwart und Vergangenheit, Zeit und Geschichte im Medium der Literatur präsent. Was bedeutet es für die Literatur, wenn sie sich auf ein Gebiet begibt, das manche der wissenschaftlichen Historiographie vorbehalten möchten, andere freilich erst aufblühen sehen, wenn es von der literarischen Muse geküßt wird?

Das zur gleichen Zeit explizit und annähernd gleichstark angelegte historische und theoretische Engagement – ein, wenn ich mich nicht täusche, in der deutschen Germanistik, der ich damit keinesfalls zu nahe treten möchte, eher seltener Fall – hat den Redner dieses Abends auch später nicht mehr verlassen.

Im Wintersemester 1971/72 habilitierte sich Voßkamp in Köln mit der Untersuchung über die *„Romantheorie in Deutschland von Martin Opitz bis Friedrich von Blankenburg"*. 1972 – wenige Monate nach der Habilitation – wurde er als ordentlicher Professor für Literaturwissenschaft an die damals erst drei Jahre bestehende Universität Bielefeld berufen, wo er fünfzehn Jahre lang am Auf- und Ausbau der Fakultät für Linguistik und Literaturwissenschaft mitwirkte.

In dieser Zeit, genau von 1978–82, war er Direktor am Zentrum für Interdisziplinäre Forschung, dem weithin bekannten ZiF, einer zentralen Forschungseinrichtung der Universität mit internationalem Renommee, die vor allem wissenschaftliche Initiativen auf dem Gebiet der interdisziplinären Grundlagenforschung ergreift und fördert.

Dort leitete er 1980/81 ein interdisziplinäres Wissenschaftlerteam, das sich mit der Utopieforschung befaßte. Es war die Zeit der *„no future"*-Sprüche an den Hauswänden, die heute, wo sie überhaupt nicht mehr als Prophezeiung wirkten, seltsamerweise verschwunden sind. Es war eine Zeit der, wie Voßkamp in seinem Vorwort zu dem dreibändigen Forschungsbericht schreibt, *„melancholiereichen Ratlosigkeit"*, welche heute zu einer ratlosen Verdrossenheit mutiert ist, aus der sich die Gegenwart offenbar nur schwer befreien zu können scheint.

Damals lag es nahe, Zukunftsbilder, die sich die Menschheit bis dahin entworfen hatte, zu revidieren. Wie die Dialektik der Aufklärung nicht bedeuten darf, daß man auf sie verzichten könnte, so zwingt auch die Dialektik der Utopie nicht zu deren Entlassung. Diese Voßkampsche Einsicht gilt heute mehr denn je.

Aber auch seinerzeit fand das Projekt große Anerkennung. Denn eben begannen die ersten zu begreifen, daß die letzte Utopie vielleicht nicht mehr in einer besseren Welt in der Zukunft, sondern möglicherweise ausschließlich in der Aufrechterhaltung der Gegenwart, in der Sicherung des Status quo bestehen könnte.

Die interdisziplinäre Bereicherung, die Bielefeld bedeutete, hat Voßkamp auf Dauer festgehalten. Erst jüngst hat er mit dem Aufsatz *„Jenseits der Nationalphilologien: Interdisziplinarität in der Literaturwissenschaft"* (1996) das vielberedete, aber nur selten praktizierte Interdisziplinaritätspostulat erneut zur Sprache gebracht. Es geht eben nicht darum, die üblichen Schwierigkeiten mit divergierenden Konzepten und rivalisierenden Kollegen auszuhalten, sondern die spezifische Leistung aller disziplinenübergreifenden Unternehmungen liegt – wie Voßkamp es formulierte – im *„Finden einer gemeinsamen Sprache für die am wissenschaftlichen Diskussionsprozeß Beteiligten"*.

Obwohl er sich in diesem Zusammenhang vor allem auf Geistes- und Sozialwissenschaftler bezog, hofft die Berlin-Brandenburgische Akademie der Wissenschaften, deren Mitglied Voßkamp seit 1994 ist, von dieser Erfahrung noch weiter zu profitieren.

Interdisziplinarität ohne Internationalität ist blind. Also hat Voßkamp, wie es sich ziemt, die interdisziplinäre mit der internationalen Komponente verbunden.

Gast- und Forschungsprofessuren führten ihn häufig nach Übersee, und zwar in die Vereinigten Staaten, nach Australien und Brasilien. Aber er war auch in Israel, an der Maison des Sciences de l'Homme in Paris und als *Fellow* am Wissenschaftskolleg zu Berlin; in jüngster Zeit (1995/96) hielt er sich am Netherlands Institute for Advanced Study in Wassenaar auf.

1987 wechselte er an die Universität zu Köln, wo er seitdem am Institut für Deutsche Sprache und Literatur als ordentlicher Professor für Neuere deutsche Literatur wirkt.

Was Germanistik heute ist und sein kann, ist bei einem so jungen und von seiner Geschichte vielfach gebeutelten Fach nicht leichter zu beantworten als bei einem alten und durch die jüngste Geschichte weniger in Mitleidenschaft gezogenen, wie etwa der Philosophie. Wer auf Fragen dieser Art eine Antwort sucht, bemüht sich gegenwärtig um Wissenschaftsgeschichte – mit dem Ziel, der Genese vielleicht doch einen prospektiven Hinweis abzuringen.

Und so ist es nur folgerichtig, daß wir Voßkamp nicht nur auf seinen eigentlichen Hauptforschungsgebieten, nämlich der Romanpoetik, der Theorie literarischer Gattungen respektive der Funktionsgeschichte des Bildungsromans antreffen, sondern auch auf dem Feld der Wissenschaftsgeschichte, wo er zu Beginn der 90er Jahre zusammen mit Jürgen Fohrmann den vielbeachteten Band *„Wissenschaft und Nation. Zur Entstehungsgeschichte der deutschen Literaturwissenschaft"* vorgelegt hat.

Für einen Wissenschaftler von solcher Kompetenz und solchem Radius fehlen zur Perfektion nur noch zwei Dinge.

Zum ersten: der Beweis, den uns jeder Theoretiker schuldet, nämlich, daß er nicht nur den großen Entwurf, sondern auch die Knochenarbeit seines Faches beherrscht. In den empirisch determinierten Fächern macht man dies durch Datensammlung und Feldforschung. In den philologischen Disziplinen steht an dieser Stelle die Edition.

Als Editor machte Voßkamp sich gleich nach der Promotion einen Namen: er gab u. a. Werke von Lohenstein *(„Cleopatra"* und *„Sophonisbe")* und Johann Gottfried Schnabel *(„Insel Felsenburg")* heraus. Später folgten – als reifer Wissenschaftler geht man an den Klassiker – Goethes *„Wilhelm Meisters theatralische Sendung"* und *„Wilhelm Meisters Lehrjahre"*.

Zum zweiten: die wissenschaftspolitische Spur. Voßkamp wirkte in den Gremien der deutschen Wissenschaftsorganisationen. In den Jahren 1980–1984 war er als Fachgutachter der Deutschen Forschungsgemeinschaft tätig und im Anschluß daran war er sechs Jahre lang Mitglied im Heisenberg-Ausschuß der DFG. Er war viele Jahre Mitglied im Beirat „Germanistik" des Deutschen Akademischen Austauschdienstes, einem Gremium, das den DAAD – der einen Schwerpunkt auf dem Gebiet der deutschen Sprache hat – in allen wissenschaftspolitischen Überlegungen, die das Fachgebiet Germanistik betreffen, berät. Gegenwärtig gehört er dem Auswahl-Ausschuß der Alexander-von-Humboldt-Stiftung an. 1992–94 stand er der Deutschen Gesellschaft für die Erforschung des 18. Jahrhunderts als Präsident vor.

Seit 1989 ist er Vorsitzender des deutsch-israelischen Beirats des Franz-Rosenzweig-Forschungszentrums, einer Forschungsstätte für deutsch-jüdische Literatur und Kulturgeschichte an der Hebräischen Universität in Jerusalem.

Wir sehen also: es gibt keine Lücke auf dem Weg zur Perfektion.

Das barocke Geschichtsbewußtsein, das kann man neben vielem anderen bei Voßkamp lernen, liebt die perspektivische Verlängerung historischer Ereignisse bis in die eigene Zeit. Über die ununterbrochene imperiale Tradition des römischen Reiches wird beispielsweise unmittelbar auf die Regenten der Gegenwart verwiesen: Die Politik der Habsburger läßt sich so als Politik der Römer darstellen.

Von seinem ersten Gegenstand hat Voßkamp sicher weniger die Neigung zur Verlängerung übernommen, aber doch vielleicht die Blickrichtung – die Blickrichtung bis in die gegenwärtige Zeit und auf deren Literatur: *„Deutsche Zeitgeschichte als Literatur"*, wie es heute abend heißt.

Die Möglichkeit der Literatur, Geschichte zu reflektieren und sie dabei in ein spezifisches, weil ästhetisches Medium zu tauchen, wird so leicht niemand in Abrede stellen wollen. Und es ist dies ja schon ein hinlänglich spannendes Unternehmen, Geschichte als Literatur in Erscheinung treten zu lassen. Aber womöglich ist ja – wie es der von unserer Historiographie vielleicht doch vorschnell ad acta gelegte Geschichtsphilosoph Hayden White will – Geschichte überhaupt nur als Literatur zu konservieren.

Wir sind gespannt, welche Deutung uns Ihr Weg heute nahelegt, Herr Voßkamp.

Wilhelm Voßkamp

Deutsche Zeitgeschichte als Literatur
Zur Typologie historischen Erzählens in der Gegenwart[1]

(Akademievorlesung am 22. Mai 1997)

I.

Das Vergangene – auch das jüngst Vergangene – existiert nur in der Erinnerung oder in der Darstellung. Die (ästhetische) Vergegenwärtigung des zurückliegenden Geschehens ist die Voraussetzung für jede visuelle oder erzählende Darstellung der Geschichte. Die basale Operation des Erzählens bleibt die Bedingung der Möglichkeit dafür, von einer historischen Realität zu einer 'textuellen Realität' zu gelangen.[2]

---

[1] Text der um Anmerkungen ergänzten Akademievorlesung vom 22. Mai 1997, die Vortragsform wurde beibehalten.

[2] Vgl. dazu vor allem Hayden White, Metahistory. The historical Imagination in Nineteenth Century Europe. Baltimore, London 1973; dt. Übersetzung: Metahistory. Die historische Einbildungskraft im 19. Jahrhundert in Europa. Frankfurt/Main 1991; Ders.: Auch Klio dichtet oder die Fiktion des Faktischen. Studien zur Topologie des historischen Diskurses. Einführung von Reinhart Koselleck. Stuttgart 1986; Ders.: Die Bedeutung der Form. Erzählstrukturen in der Geschichtsschreibung. Frankfurt/Main 1990. Außerdem: Geschichte – Ereignis und Erzählung. Hg. v. Reinhart Koselleck und Wolf-Dieter Stempel. München 1973 (Poetik und Hermeneutik V); Theorie und Erzählung in der Geschichte. Hg. v. Jürgen Kocka und Thomas Nipperdey. München 1979; Formen der Geschichtsschreibung. Hg. v. Reinhart Koselleck, Heinrich Lutz und Jörn Rüsen. München 1982. Zur literaturwissenschaftlichen Diskussion im Zeichen des historischen Romans vgl. vor allem: Hans Vilmar Geppert, Der „andere" historische Roman. Theorie und Strukturen einer diskontinuierlichen Gattung. Tübingen 1976; Harro Müller, Geschichte zwischen Kairos und Katastrophe. Historische Romane im 20. Jahrhundert. Frankfurt/Main 1988; Gerhard Kebbel, Geschichtengeneratoren. Lektüren zur Poetik des historischen Romans. Tübingen 1992; Anne Kuhlmann, Revolution als „Geschichte": Alfred Döblins „November 1918". Eine programmatische Lektüre des historischen Romans. Tübingen 1997.

Erst seit der Aufklärung findet sich eine Zweiteilung des historischen Erzählens: einerseits als moderne Historiographie im Zeichen umfassender Verwissenschaftlichung und andererseits als fiktive Erzählung, als (moderner) Roman.[3] Entscheidend ist dabei die „Differenz von historischer und dichterischer Gegenstandsauffassung", die den historischen *Roman* erst ermöglicht. Er ist „gleichsam die *freie Geschichte*", wie Novalis betont hat.[4]
Ablesen läßt sich dieser Ausdifferenzierungsprozeß an Wilhelm von Humboldts Abhandlung „Über die Aufgabe des Geschichtsschreibers" (1821): „Wenn auch der Künstler und Geschichtsschreiber beide darstellend und nachahmend sind, so ist ihr Ziel doch durchaus verschieden. Jener streift nur die flüchtige Erscheinung von der Wirklichkeit ab, berührt sie nur, um sich aller Wirklichkeit zu entschwingen; dieser sucht bloß sie, und muß sich in sie vertiefen."[5] Das Nicht-Übereinstimmen von Fiktion und Historie wird fortan für jedes fiktive Erzählen betont, in dem von geschichtlichen Ereignissen die Rede ist. Der „poetische Kampf mit dem historischen Stoff", wie es Schiller formuliert hat, muß im Zeichen des Zwiespalts und Widerspruchs zwischen Fiktion und Historie in der Erzählkunst gewonnen werden. Die literaturwissenschaftliche Diskussion der letzten Jahre hat sich deshalb auf Fragen des „Hiatus von Geschichte und Fiktion" vor allem im modernen historischen Roman konzentriert und insbesondere das Diskontinuierliche des Erzählens hervorgehoben.[6] Dem korrespondiert eine vornehmlich durch Hayden White angeregte Diskussion über die ästhetischen Momente der Geschichtsschreibung, deren narrative Modellierungen wiederum auf die historische Wissenschaft als Kunst verweisen: „Kunst aber ist nach wie vor auch der Historie aufgegeben; Kunst ist ihre Form."[7]

---

3 Vgl. vor allem Karlheinz Stierle, Erfahrung und narrative Form. Bemerkungen zu ihrem Zusammenhang in Fiktion und Historiographie. In: Theorie und Erzählung in der Geschichte, S. 85-118; Wolfgang Hardtwig, Die Verwissenschaftlichung der Historie und die Ästhetisierung der Darstellung. In: Formen der Geschichtsschreibung, S. 147-191.

4 Zit. Hans Vilmar Geppert, Der „andere" historische Roman, S. 40.

5 Wilhelm von Humboldt, Werke. Hg. v. Andreas Flitner und Klaus Giel. Bd. I. Darmstadt 1960, S. 594.

6 Vgl. vor allem Hans Vilmar Geppert, Der „andere" historische Roman.

7 Ulrich Raulff, Die Historie und ihre Bilder. In: Wissenschaftskolleg zu Berlin. Jahrbuch 1996/97. Berlin 1998, S. 319. Zur Vorgeschichte dieser Diskussion im 18. und 19. Jahrhundert vgl. Wilhelm Voßkamp, Romantheorie in Deutschland. Von Martin Opitz bis Friedrich von Blanckenburg. Stuttgart 1973; und Daniel Fulda, Wissenschaft aus Kunst. Die Entstehung der modernen deutschen Geschichtsschreibung 1760-1860. Berlin, New York 1996 . Zur aktuellen Diskussion: Siegfried Kohlhammer, Die Welt

Die Darstellung *zeitgeschichtlicher* Ereignisse unterscheidet sich strukturell nicht von der Darstellung historischer Geschehnisse im historischen Roman. Auch die Verarbeitung und das Zitieren von Ereignissen der jüngsten Geschichte in der Literatur läßt die Differenz zur „Zeitgeschichte“ als historiographischer Disziplin erkennbar bleiben. Diesen Sachverhalt im deutschen Roman der letzten fünfzig Jahre möchte ich an einigen Beispielen erläutern und dann die Frage stellen, ob und in welcher Weise eine (fiktive) Literatur unter differenten Bedingungen der literarischen Produktion und Rezeption in West- und Ostdeutschland (gerade in der DDR) eine spezifische Autorität gewinnen konnte.

II.

Bei einem generellen Überblick über die deutsche Literaturentwicklung nach dem Zweiten Weltkrieg fällt gerade unter Gesichtspunkten zeitgeschichtlicher Darstellung – trotz konträrer historischer Voraussetzungen bis zum Jahr 1989: Zensur und literaturpolitische Lenkung einerseits und literarischer Markt (mit allen Gefahren der „Anbiederung, Gefallsucht [...] und Schlichtheit der Gedanken“ andererseits [Jurek Becker] – *das Gemeinsame* der thematischen Gegenstände und Motive auf. Das gilt insbesondere im Blick auf die Forderung nach bewußter Zeitgenossenschaft und der damit im Osten wie im Westen empfundenen Verpflichtung, sich den Ereignissen vor allem des Dritten Reichs und der Nachkriegszeit im geteilten Deutschland zu stellen.[8]

Die literarischen Formen und ästhetischen Vergegenwärtigungen sind indes so verschieden wie die vielfältigen individuellen Artikulationen der einzelnen Autorinnen und Autoren. Versucht man eine *idealtypische Klassifikation* der Formgeschichte des Erzählens von Zeitgeschichte in Deutschland vom Ende des Zweiten Weltkriegs bis zur deutschen Vereinigung, so lassen sich drei Hauptvarianten unterscheiden:

Eine Form des *narrativ-auktorialen Erzählens* (die die Tradition des „Realismus“ fortsetzt und fortschreibt), eine *pikareske oder autobiographische Erzählweise* des ‘personal view point’ (die im Zeichen von Verfremdung oder Authentizität des Ich

---

im Viererpack. Zu Hayden White. In: Merkur 52, 1998, S. 898-907 („Postmoderne. Eine Bilanz“).

8 Zur Periodisierung und zu den „Orientierungspunkten“ 1945 und 1989 vgl: Zwei Wendezeiten. Blicke auf die deutsche Literatur 1945 und 1989. Hg. v. Walter Erhart/Dirk Niefanger. Tübingen 1997; Bernhard Zimmermann, Epochen in der Literaturgeschichtsschreibung. In: Deutsche Literatur zwischen 1945 und 1995. Eine Sozialgeschichte. Hg. v. Horst Albert Glaser. Bern, Stuttgart, Wien 1997, S. 713-724.

steht) und eine *rekapitulierend-dokumentarische Form* der Darstellung (die die Möglichkeiten der narrativen Darstellung von Zeitgeschichte problematisiert und mittels Formen von Deskription und Reflexion in Frage stellt).[9]

1 Narrativ-auktoriale Erzählweisen

Nichts charakterisiert die literarische Darstellung von Zeitgeschichte – sowohl in West- als auch in Ostdeutschland – deutlicher als eine „realistische" Schreibweise. Bezeichnungen wie „deutsche Kalligraphie" oder „Trümmerliteratur" (Heinrich Böll), „magischer Realismus" (Alfred Andersch), „blanker Realismus" (Walter Kolbenhoff) und „sozialistischer Realismus" oder – seit der Berliner Kafka-Konferenz 1983 – „sozialistischer kritischer Realismus" (Dieter Schlenstedt) sind dafür charakteristisch. Alle genannten Realismus-Konzeptionen gehen davon aus, daß die soziale Welt in ihren politischen und ökonomischen Prozessen vom Subjekt „auf der symbolischen Ebene [...] als gestaltbar erscheint".[10] Verbunden damit ist die Forderung nach einer getreuen, „objektiven" Darstellung, die die historischen Geschehnisse plastisch und anschaulich vergegenwärtigt und so jene Wirklichkeitsillusion erzeugt, die sich möglichst wenig von der empirischen Realität unterscheidet. Ganz ähnlich wie im Roman des 19. Jahrhunderts „herrscht das Ideal einer Darstellung, die das Dargestellte ästhetisch so *erscheinen* lassen möchte, wie es real *ist*", und der Text soll möglichst „wie einen Makel verbergen, was er ist –

---

9 Bei den im folgenden kurz diskutierten literarischen Texten geht es um einzelne charakteristische Beispiele – nicht um Vollständigkeit oder um den Anspruch auf Repräsentativität.
Zur Literaturgeschichte 1945–1989 vgl. Geschichte der deutschen Literatur von 1945 bis zur Gegenwart. Hg. v. Wilfried Barner. München 1994; Gegenwartsliteratur seit 1968. Hg. v. Klaus Briegleb und Sigrid Weigel. München 1992; Literatur in der BRD bis 1967. Hg. v. Ludwig Fischer. München 1986; Ralf Schnell, Die Literatur der Bundesrepublik. Autoren, Geschichte, Literaturbetrieb. Stuttgart 1986; Literatur der DDR in Einzeldarstellungen. 3 Bde. Hg. v. einem Autorenkollektiv unter der Leitung von Hans Jürgen Geerdts. Berlin 1976 und 1987; Wolfgang Emmerich, Kleine Literaturgeschichte der DDR 1945-1988. Frankfurt/Main 1989; Die Literatur der DDR. Hg. v. Hans-Jürgen Schmitt. München, Wien 1983. Ein umfangreiches Literaturverzeichnis findet sich in der von Wilfried Barner herausgegebenen Literaturgeschichte; vgl. hier vor allem zur Erzählprosa (S. 1018-1026). Darüber hinaus: Wolfgang Emmerich, Die andere deutsche Literatur: Aufsätze zur Literatur aus der DDR. Opladen 1994; Volker Wehdeking, Die deutsche Einheit und die Schriftsteller. Literarische Verarbeitung der Wende seit 1989. Stuttgart, Berlin, Köln 1995.

10 Gunter Gebauer/Christoph Wulf, Mimesis. Kultur – Kunst – Gesellschaft. Reinbek bei Hamburg 1992, S. 312.

ein Produkt des Erzählers."[11] Identifikationen und Projektionen bieten dem Leser Möglichkeiten des Engagements und der Distanzierung.
Eine zusätzliche Zielsetzung erhält der Realismus dann, wenn er als ein „sozialistischer" definiert wird. Ein „durchgängig wertender Zugang zur Welt" (Parteilichkeit)[12], das Festhalten am Widerspiegelungspostulat und die Forderung nach Volkstümlichkeit unter Berücksichtigung der Wiedergabe typischer Charaktere und typischer Umstände bedingen eine handlungsbestimmte, kontinuierliche und lineare Erzählweise, bei der der (auktoriale) Erzähler dominiert und die sozialpädagogische Funktion, gerade im Blick auf den „positiven Helden", hervortreten muß. Am Postulat der geforderten „Volkstümlichkeit" hat Uwe Johnson 1964 auch präzise die unterschiedlichen Funktionen der Literatur in Ost- und Westdeutschland beschrieben: „Die Literatur in der DDR hat [...] die Aufgabe, das Bewußtsein ihrer Leser von der Lage zu verändern. Eine ganz ausgesprochen sozialaktivistische Aufgabe. Eine solche hat die westdeutsche, westlich deutsch sprechende Literatur nicht. Das wirkt sich auf die Ästhetik aus. Dieser uralte Widerspruch zwischen dem Fortschritt der künstlerischen Form und dem Zurückbleiben der Aufnahmefähigkeit beim Publikum, diesen Widerspruch hat die ostdeutsche Literatur im allgemeinen und persönlichen Fall ganz radikal zerschlagen, indem dort eine gewisse Grenze der Verständlichkeit vorgeschrieben ist, man hat vereinbart: Das ist der Begriff der Volkstümlichkeit. Während die westliche Literatur versucht, ihren neuen Inhalten Beschreibungsformen zu gewinnen, die den Inhalten adäquat sind und die die Aufnahmefähigkeit (...) nicht immer berücksichtigen. So kommt es dazu, daß ein westdeutscher Schriftsteller einen Satz, den sein ostdeutscher Kollege geschrieben hat, im schlimmsten Fall nicht versteht oder im besseren Fall sagt: Diese Schreibweise ist vergangen, hinter der Zeit."[13]
Vergleicht man einzelne beispielhafte Ausprägungen „realistischen" Schreibens in West- und Ostdeutschland unter Gesichtspunkten der literarischen Darstellung von Zeitgeschichte, so lassen sich entsprechend bemerkenswerte Unterschiede in der ästhetischen Realisation beobachten. So wird in *Heinrich Bölls* Schlüsselroman „*Billard um halbzehn*" (1959) die Zeit zwischen 1907 und 1958 im Medium einer Familiengeschichte erzählt, deren Mittelpunkt die Hauptfigur Robert Fähmel bildet

---

11 Winfried Hellmann, Objektivität, Subjektivität und Erzählkunst. Zur Romantheorie Friedrich Spielhagens. In: Deutsche Romantheorien. Beiträge zu einer historischen Poetik des Romans in Deutschland. Hg. v. Reinhold Grimm. Frankfurt/Main, Bonn 1968, S. 183 und 184.

12 Vgl. Hans Günther, Die Verstaatlichung der Literatur. Entstehung und Funktionsweise des sozialistisch-realistischen Kanons in der sowjetischen Literatur der dreißiger Jahre. Stuttgart 1984, S. 20; vgl. auch S. 107-111.

13 Zit. Wolfgang Emmerich, Kleine Literaturgeschichte der DDR. Erweiterte Neuausgabe. Leipzig 1996, S. 519f.

(der regelmäßig morgens um halb zehn Billard spielt). Es zeigt sich indes, daß Böll die Familiengeschichte Fähmels in einen heilsgeschichtlichen Kontext stellt. „Die erste Zeile dieses Romans ist [...] entstanden aus einer historischen Begebenheit. Im Jahre 1934 [...] ließ Göring [...] in Köln vier junge Kommunisten durch Handbeil hinrichten. Der jüngste von ihnen war siebzehn oder gerade achtzehn, so alt wie ich damals war, als ich gerade anfing, mich im Schreiben zu versuchen. [...]. Das Ganze war als Kurzgeschichte gedacht [...]. Das Thema hat sich dann vielfach verwandelt, als ich in Gent den Altar der Gebrüder van Eyck sah, in dessen Mitte das Gotteslamm steht [...]".[14] Dieser Hinweis Heinrich Bölls macht die Dichotomie verständlich, die den Roman in der Charakterisierung des „Sakraments der Büffel" einerseits und des Symbols der Lämmer andererseits prägt. Die Gegenüberstellung totalitärer Tendenzen und des Mißbrauchs des Sakralen mit urchristlichen Vorstellungen einer Gemeinschaft, die sich auf die Bergpredigt beruft, ist konstitutiv für eine literarische Technik der Motivverkettungen, die sich von einem durch mimetische Widerspiegelung bestimmten Realismus distanziert.

Anders in zwei in der DDR etwa gleichzeitig mit Bölls „Billard um halbzehn" erschienenen Romanen von *Bruno Apitz* und Dieter Noll. Apitz erzählt im Roman „*Nackt unter Wölfen*" (1958) die spannende Geschichte der Rettung eines dreijährigen Kindes, das ein polnischer Häftling, der in das KZ Buchenwald verlegt wird, in seinem Koffer mitbringt. Es geht um den exemplarischen Fall eines Konflikts zwischen dem Anspruch einer Gruppe von Menschen und dem Recht des einzelnen auf Leben, den Apitz präzise – bis in die komplizierte Syntax hinein – darstellt. „Die schwere Last der Entscheidung zwischen zwei Pflichten drückte auf Höfels Herz, und schmerzhaft erkannte er, wie allein er in diesem Augenblick war."[15]

Abgesehen von stilistischen Unbeholfenheiten und der allzu symbolischen Verweisfunktion (vom Sieg über den Faschismus zum Sozialismus), macht bereits dieser Roman von Apitz auf ein Modell aufmerksam, das in der Aufbau- und Wandlungsliteratur der DDR in den 60er Jahren eine große Rolle gespielt hat. Es ist die Tradition des deutschen Entwicklungs- und Bildungsromans, der als literarischer Rahmen geeignet erschien, um die Wandlung zum Sozialismus zu veranschaulichen.[16]

---

[14] Vgl. Heinrich Böll im Gespräch mit Horst Bienek, in: Horst Bienek, Werkstattgespräche mit Schriftstellern. München 1962, S. 142. Böll hat im Gespräch mit Manfred Durzak betont, daß er in seiner Jugend „viel mehr durch Malerei beinflußt worden sei als durch Literatur" (Manfred Durzak, Gespräche über den Roman. Formbestimmungen und Analysen. Frankfurt/Main 1976, S. 151).

[15] Zit. Ausgabe: Bruno Apitz, Nackt unter Wölfen. Roman mit zwölf Zeichnungen von Fritz Cremer. Frankfurt/Main 1984; hier S. 55.

[16] Zur Entstehung und Funktion des Bildungsromans vgl. Wilhelm Voßkamp, „Bildungsbücher": Zur Entstehung und Funktion des deutschen Bildungsromans. In: Die Fürstliche

Dieter Nolls sehr erfolgreiches Buch „*Die Abenteuer des Werner Holt*“ (1960/63) ist dafür ein besonders charakteristisches Beispiel. Die Geschichte Werner Holts, eines jungen Mannes aus bürgerlicher Familie (die erfolgversprechende Karriere des Vaters führt zu einem schnellen Ende, nachdem er sich weigert, bei IG-Farben an Versuchen mit Giftstoffen zu arbeiten) wird als die Geschichte eines Protagonisten aus den Bildungsromanen des 18. und 19. Jahrhunderts erzählt – als eines Schwärmers, der „schon immer viel gelesen“ hat und dessen Imaginationen mit der Wirklichkeit nicht übereinstimmen. Fortschreitende und zunehmende Desillusionierung ist das zentrale Motiv. Nach dem Abbruch der Schulzeit sind es die unmittelbaren Kriegserfahrungen als Flakhelfer und Panzersoldat in den letzten chaotischen Monaten des Krieges, die den ‘Helden’ vollständig ernüchtern: „Ich hab’ es mir anders gedacht: reinigend, befreiend und heroisch [...] nicht so sinnlos. [...] Lüge! Die Bücher haben alle gelogen.“[17] Der Desillusionierungsprozeß mündet in einen abrupten Wandel: „Vielleicht muß das so sein (...), damit wir endlich wir selbst werden. Vielleicht muß es so sein, daß alles dies erst über uns selbst kommt: Elend, Zerstörung, Qual und Tod [...]“.[18]
Im zweiten Band des Romans, der die Jahre 1945 und 1946 thematisiert, kann dann der Wechsel zum Sozialismus vorgeführt werden. Dieter Noll hat in Anlehnung an die Tradition des deutschen Bildungsromans den Zusammenhang zwischen dem erzählten Geschehen und der erwarteten Wirkung auf das Lesepublikum selbst hervorgehoben: „Die Entwicklung des Helden soll in ihrer Richtung so eindeutig, in ihrem Verlauf so kompliziert als möglich sein. Denn wenn es gelingt, den Bürgersohn Werner Holt auf überzeugende und glaubhafte Weise in einen dem kämpfenden Proletariat treu verbundenen, bewußten Bürger unserer Republik zu verwandeln, so wird sein Weg erstens einleuchten als notwendiger und einziger Weg für den gutwilligen Deutschen unserer Zeit, zweitens für jeden Leser glaubhaft möglich sein und drittens darf die Entwicklung keines Lesers komplizierter verlaufen als die meines Romanhelden.“[19]
Daß sich diese – im Rahmen des „sozialistischen Realismus“ dargestellte Desillusionierungs-, Entwicklungs- und Wandlungsthematik in durchaus konträrer Weise auch auf die Situation des „realen Sozialismus“ in der DDR beziehen ließ, hat *Volker Braun* in seiner „*Unvollendeten Geschichte*“ (1976/77) gezeigt. Hier ist es die (‘negative’) Desillusionierung einer jungen Frau, die den Einspruch ihrer sozia-

---

Bibliothek Corvey. Ihre Bedeutung für eine neue Sicht der Literatur des 19. Jahrhunderts. Hg. v. Rainer Schöwerling und Hartmut Steinecke. München 1992, S. 134-146.

[17] Zit. Ausgabe: Dieter Noll, Die Abenteuer des Werner Holt. Roman einer Jugend. Köln 1982, S. 406 und 407.

[18] Ebd., S. 409.

[19] Zit. nach: Horst Haase u.a., Geschichte der deutschen Literatur. Literatur der DDR. Berlin 1976, S. 333.

listischen Gesellschaft erfährt und den Konflikt zwischen dem angeblich politisch Opportunen und menschlich Notwendigen in ihrer Person austragen muß. Volker Braun nimmt das Modell des Bildungsromans (als der konfliktreichen Auseinandersetzung des einzelnen mit der sozialen Wirklichkeit) auf, *ohne* zu einem (versöhnlichen) Ende zu kommen. Die Geschichte bleibt „unvollendet" – allerdings möchte Volker Braun „der Geschichte zur Vollendung [...] verhelfen"[20]; er gibt ihr damit eine utopische Perspektive.

Kein anderer Schriftsteller der deutschen Gegenwartsliteratur hat sich selbst so nachdrücklich in die Tradition des realistischen Schreibens des 19. Jahrhunderts gestellt wie *Uwe Johnson*.[21] Deshalb können seine Romane in vieler Hinsicht als Quintessenz eines narrativ-auktorialen Erzählens von Zeitgeschichte angesehen werden. Den Abschluß und Höhepunkt bilden die „*Jahrestage*" (1970–1983). Sie nehmen nicht nur Motive und Themen früherer Romane – etwa der „Mutmaßungen über Jakob" (1959) – auf, sie beziehen ebenso Traditionen des Entwicklungs- und Desillusionierungsromans im Medium der Familiengeschichte mit ein wie symbolisch verweisende Elemente auf mehreren Zeitebenen in der Spannung zwischen dem mecklenburgischen Jericho und der Metropole New York. Das literarische Modell bilden Tagebücher in der Zeit vom 21. August 1967 bis zum 20. August 1968. In den täglichen Eintragungen wird versucht, das „Bewußtsein Gesine Crespahls darzustellen – was es alles enthält an Vergangenheit und Gegenwart".[22] Dies bedeutet die literarische Verknüpfung zweier Zeitebenen (1967/68, Anfang der 30er Jahre) und die Vergegenwärtigung einer vierfachen Topographie (New York, Je-

---

[20] Fritz Rudolf Fries, Laudatio für Volker Braun und Paul Gratzik. In: Sinn und Form 32, 1980, S. 542. – Daß die Tendenz zur Verkürzung des Abstandes „Zwischen der Literatur und der Erfahrung" durchaus auch an Autoren der westdeutschen Romanliteratur ablesbar ist, hat Thomas Steinfeld am Beispiel Martin Walsers betont: „Unter den zeitgenössischen deutschen Schriftstellern ist er derjenige, dem am meisten am Einverständnis mit seinen Lesern, an einem nachvollziehbaren Verhältnis zwischen seinen Werken und einem gesellschaftlichen Schicksal liegt. Er will kopfnickend gelesen werden" (FAZ, 10. Mai 1997, Nr. 107, Literaturblatt).

[21] „Was aber Fakten und Details betrifft, so steht in seinen Büchern nichts, was nicht recherchiert ist. [...] Diese Art von Zuverlässigkeit gehörte zum handwerklichen Ehrgeiz, den er ganz ernst nahm. [...] Auch die mögliche Realität mußte faktisch korrekt sein" (Manfred Bierwisch, 25 Jahre mit Ossian. In: Johnson-Jahrbuch 1, 1994, S. 40). Vgl. insgesamt: Norbert Mecklenburg, Die Erzählkunst Uwe Johnsons – „Jahrestage" und andere Prosa. Frankfurt/Main 1997.

[22] So Uwe Johnson zur Intention seines Buches im Gespräch mit Dieter E. Zimmer (das Gespräch mit dem Autor: Uwe Johnson. Eine Bewußtseinsinventur. In: Die Zeit 26.11.1971; zit. nach: Geschichte der deutschen Literatur von 1945 bis zur Gegenwart. Hg. v. Wilfried Barner, S. 410).

richow in Mecklenburg, Prag und Vietnam), vornehmlich im Medium der 'New York Times', die nicht nur die meisten Daten liefert, sondern als durchgehendes Motiv den Roman weitgehend strukturiert.

Johnson geht in seiner reflektiert-aufgeklärten, realistischen Schreibweise von der erfahrenen und erfahrbaren Wirklichkeit aus, indem er „gesellschaftliche Erfahrung festhalten" möchte und die „Priorität des Inhalts gegenüber der Form" betont: „Die Geschichte muß sich die Form auf den Leib gezogen haben. Die Form hat lediglich die Aufgabe, die Geschichte unbeschädigt zur Welt zu bringen. Sie darf vom Inhalt nicht mehr ablösbar sein."[23] Norbert Mecklenburg spricht von einer „funktionalistischen Poetik" – „in Gegenstellung zu einer ästhetizistischen", bei der sich die literarischen Mittel verselbständigen.[24]

Das gilt insbesondere für die Darstellung von Zeitgeschichte: das Dritte Reich, das Ost-West-Verhältnis und die deutsche Teilung, der Vietnamkrieg. Johnson transzendiert – bei aller Konkretion im einzelnen (etwa bei der Darstellung der Ermordung Robert Kennedys und Martin Luther Kings oder der amerikanischen Bombardierungen in Vietnam) – literarische Formen und Konzepte des „sozialistischen" Realismus. Er orientiert sich vielmehr an Autoren der klassischen Moderne (Döblin und Faulkner) und versucht, mit Hilfe von Verknüpfungstechniken auf unterschiedlichen Zeitebenen Simultaneität zu erreichen, jene Simultaneität, die auch an Techniken des dokumentarischen Schreibens erinnert und das narrative, auf Kontinuität und Linearität gerichtete Erzählen überschreitet. Bemerkenswert ist zudem eine spezifische Form der allegorischen Selbstthematisierung von Geschichte, die im Naturbild die Spannung von Verrätselung und Enträtselung des Geschehens versinnbildlicht: „Lange Wellen treiben schräg gegen den Strand, wölben Buckel mit Muskelsträngen, heben zitternde Kämme, die im grünsten Stand kippen. Der straffe Überschlag, schon weißlich gestriemt, umwickelt einen runden Hohlraum Luft, der von der klaren Masse zerdrückt wird, als sei da ein Geheimnis gemacht und zerstört worden."[25] Zeitgeschichtliche Darstellung verweist in der Selbstreflexion auf ein kontingentes Moment, das nur in der Naturmetapher veranschaulicht werden kann.[26]

---

23 Zit. Norbert Mecklenburg, Die Erzählkunst Uwe Johnsons, S. 23f.

24 Ebd., S. 24.

25 Uwe Johnson, Jahrestage. Aus dem Leben von Gesine Cresspahl. Frankfurt/Main 1970, S. 7 (Romananfang).

26 In welchem Maße die Erfahrung von Geschichte eine Form der Selbstwahrnehmung bei Johnson darstellt, hat Anke-Marie Lohmeier betont („Jericho in New York. Provinz und Welt in Uwe Johnsons 'Jahrestagen'". In: Jahrbuch für Internationale Germanistik XXIX 1997, S. 62-75).

2 *Pikareske oder autobiographische Schreibweisen des 'personal view point'*

Je mehr die Skepsis gegenüber totalisierenden Er-Erzählungen aus einer distanzierten Perspektive des epischen Präteritums zunimmt, desto häufiger rücken autobiographische Schreibweisen als Medium der literarischen Darstellung von Zeitgeschichte in den Mittelpunkt: in der auf Verfremdung zielenden fiktiven Autobiographie der pikaresken Tradition oder in der die Identitätsfrage thematisierenden Vergegenwärtigung von authentischen Selbstlebensbeschreibungen. Beide Varianten verzichten auf den all- oder vielwissenden Erzähler. Das Spannungsverhältnis zwischen dem erzählten und dem erzählenden Ich wird vielmehr zum konstitutiven Modell jeden autobiographischen Schreibens. Das Nachdenken über das Aufschreiben des eigenen Lebens im Moment des Erzählens bedingt zudem eine dauernde Selbstthematisierung des Schreibens und ihres Mediums, der Sprache.[27]

Die gesellschaftsgeschichtlich orientierte und gesellschaftskritisch intendierte Variante autobiographischen Schreibens läßt sich vornehmlich in der pikaresken Romantradition finden. Dafür gibt es unter Gesichtspunkten der literarisch-sinnlichen Vergegenwärtigung von Zeitgeschichte kein überzeugenderes Beispiel in der deutschen Literatur als den 1959 erschienenen Roman „*Die Blechtrommel*" von *Günter Grass*.[28] Der Roman geht auf ironische Distanz zum deutschen Bildungsroman – „Wilhelm Meister", auf Blech getrommelt"[29] – indem er sich die europäische Tradition des Schelmenromans zunutze macht und Grimmelshausens „Simplicissimus" zum Vorbild nimmt.[30] In der fingierten Autobiographie der Homunculus-Figur Oskar Matze-

---

27 Zur autobiographischen Literatur vgl. insgesamt Philippe Lejeune, Le pacte autobiographique. Paris 1975, und den Sammelband: die Autobiographie. Hg. v. Günter Niggl. Darmstadt 1989. – Neuere autobiographische Texte mit zeitgeschichtlichem Impuls dokumentieren die große Bandbreite gegenwärtigen historischen Erzählens. Auffallend sind Übergänge von einer dokumentarisch-soziologischen Darstellung (vgl. etwa Heinz Bude, Das Altern einer Generation. Die Jahrgänge 1938–1948. Frankfurt/Main 1995) zu Formen pikaresken Erzählens mit Anklängen an Günter Grass und Thomas Bernhard (vgl. Hans-Ulrich Treichel, Der Verlorene. Frankfurt/Main 1998). Daß Erinnerungs- und Trauerarbeit zentrale Motive autobiographischen Schreibens sind, läßt sich insbesondere an W. G. Sebalds „Die Ausgewanderten. Vier lange Erzählungen" (Frankfurt/ Main 1992) ablesen (vgl. vor allem die Erzählung über Paul Bereyter: S. 39-93 in der Taschenbuchausgabe 1994).

28 Vgl. auch Martin Walsers frühe satirische Zeitromane (etwa „Halbzeit" oder „Das Einhorn").

29 Hans Magnus Enzensbergers Rezension in: Gert Loschütz, Von Buch zu Buch – Günter Grass in der Kritik. Eine Dokumentation. Neuwied, Berlin 1968, S. 8-12.

30 „Der Abentheuerliche Simplicissimus Teutsch" (1669). In: Grimmelshausen, Der Abentheuerliche Simplicissimus Teutsch und Continuatio des abentheuerlichen Simplicissimi. Hg. v. Rolf Tarot. Tübingen 1967.

rath, der unter Mordverdacht steht und sein Leben in einer Heil- und Pflegeanstalt zubringt, wird dessen Lebensgeschichte von der Zeugung auf einem kaschubischen Kartoffelacker 1899 bis zur Verhaftung des 28jährigen 1952 in Paris erzählt. Die Lebensgeschichte reflektiert deutsche Geschichte: die Kristallnacht, die Kriegsjahre, beginnend mit dem Überfall auf die polnische Post in Danzig, schließlich die Flucht und Nachkriegszeit in Düsseldorf. Der sich über einen Zeitraum von zwei Jahren hinziehende Erzählvorgang (bis 1954) bietet zudem die Möglichkeit, die Schwierigkeiten der Vergegenwärtigung des Vergangenen im selbstkritisch-ironischen Dialog mit einem Wärter der Anstalt zu thematisieren.

Was auf den ersten Blick als Verengung des Erfahrungs- und Bewußtseinshorizonts der Erzählerfigur erscheinen mag, erweist sich bei näherer Beobachtung als eine die Grenzen des „realistischen“ Erzählens sprengende Möglichkeit, die Wahrscheinlichkeits- und Plausibilitätsregeln zu überspringen. Ein durch moralische Normen und Vorstellungen unbelasteter Blick aus der Froschperspektive, der mit ironischen Floskeln legitimiert wird („‘Fragen Sie mich nicht, woher ich das weiß.’ Oskar wußte so ziemlich alles.“), erlaubt jenen scharfsichtigen und verfremdenden Blick, der einem auf das Ganze gerichteten Er-Erzähler verwehrt bliebe.[31] Grass negiert – im Anschluß an seine hauptsächlichen Vorbilder Grimmelshausen, Melville und Döblin – einen „geschlossenen, wohl ausgewogenen Roman“: „Vereinfachen, Zurechtschlagen und -schneiden auf Handlung ist nicht Sache des Epikers. Im Roman heißt es schichten, häufen, wälzen, schieben; im Drama, dem jetzigen, auf die Handlung hin verarmten, handlungsverbohrten ‘voran’! Vorwärts ist niemals die Parole des Romans.“[32]

Das Pendant zur Verabschiedung des auf Wahrscheinlichkeit gerichteten Erzählens ist – der pikaresken Tradition folgend – die permanente selbstkritische Thematisierung des Erzählers, die zusätzlich in der Figur des Musikclowns Bebra (der eine

---

[31] Hans Magnus Enzensberger: „Was ein so beschaffener Realismus leistet, zeigt sich beispielsweise an der zeitgeschichtlichen Grundierung des Romans. Ich kenne keine epische Darstellung des Hitlerregimes, die sich an Prägnanz und Triftigkeit mit der vergleichen ließe, welche Grass, gleichsam nebenbei und ohne das mindeste antifaschistische Aufheben zu machen, in der ‘Blechtrommel’ liefert. Grass ist kein Moralist. Fast unparteiisch schlitzt er die ‘welthistorischen’ Jahre zwischen 1933 und 1945 auf und zeigt ihr Unterfutter in seiner ganzen Schäbigkeit. Seine Blindheit gegen alles Ideologische feit ihn vor einer Versuchung, der so viele Schriftsteller erliegen, der nämlich, die Nazis zu dämonisieren. Grass stellt sie in ihrer wahren Aura dar, die nichts Luziferisches hat: in der Aura des Miefs“ (in: Gert Lohschütz, Von Buch zu Buch, S. 10).

[32] Günter Grass, Über meinen Lehrer Döblin. Rede zum 10. Todestag Döblins am 26.06.1967 in Berlin – der hier Döblins „Bemerkungen zum Roman“ zitiert (Günter Grass, Essays und Reden I. 1955-1969; Werkausgabe. Hg. v. Volker Neuhaus und Daniela Hermes. Bd. 14. Göttingen 1997, S. 268).

Liliputanergruppe leitet und sich jeweils an die politischen Verhältnisse anpaßt und den Oskar periodisch trifft) gesteigert wird: „Bebra stand dem Reichspropagandaministerium nahe, trat [...] in den Privatgemächern Göbbels und Görings auf und versuchte mir diese Entgleisung auf verschiedenste Art zu erklären und zu entschuldigen. Da erzählte er von einflußreichen Stellungen der Hofnarren im Mittelalter, zeigte mir Reproduktionen nach Bildern spanischer Maler [...]".[33] Der Verweis auf andere Medien (ein umfangreiches Photoalbum, das auf der Flucht aus Danzig gerettet wird, bildet einen roten Faden der Erzählung) ist ebenso bemerkenswert wie die Reflexion des Künstlertums in der Narrenrolle. In ihr wird das Nicht-Aussprechbare formulierbar.

Wie provozierend und riskant pikareske Formen literarischer Darstellung von Zeitgeschichte sein können, die mittels „Stil" auf die Zeit reagieren, läßt sich an *Fritz Rudolf Fries'* Roman „*Der Weg nach Oobliadooh*" ablesen. Der 1961 begonnene, 1966 im Westen erschienene und erst 1989 in der DDR publizierte Text gehört zu jenen „Phantasiestücken" in der Tradition Jean Pauls und E.T.A. Hoffmanns, die in der Biographie zweier Freunde (Paasch und Arlecq [vgl. arlecchino]) das „nicht gelebte Leben" und das Ineinander von Wünschen und Tagträumen in der DDR thematisiert. Die Suche nach Oobliadooh, dem Sehnsuchtsland aus einem Jazz-Song von Dizzie Gillespie, wird auch hier aus der Perspektive der Psychiatrischen Anstalt – die Narrenfreiheit verbürgt – dargestellt, um dem „dramatischen Faltenwurf der Zeitgeschichte" auf die Spur zu kommen: „Arlecq, historisch [...]. Arlecq, an seinem Schreibtisch, notierte sich nichtgelebte Biographien, um zu sehen, was dann noch übrig bliebe. Also: keine psychologischen Konflikte großen Stils. Die Generationsfrage hatte den Krieg nicht überdauert. Wo gab es den jungen Mann, der sich bildend die Welt bereist. Die jähen Untiefen der Liebe. Die Große Metaphysische Frage. Der Klassenkampf. Der Sturm auf die Barrikaden. Die Apotheose der Fortschrittsgläubigkeit. Und er hat nicht für umsonst sein Leben gegeben."[34] Fries geht in der ironischen Zuspitzung und sarkastischen Dekonstruktion des Zeitgeschichtsdiskurses über die Narrenperspektive der „Blechtrommel" hinaus: „Wie einfach, denkt Arlecq schreibend, nun die Geburtsstunde des Anarchisten Arlecq, des großen Verächters, anzuzeigen, oder auch, ihn etwa nach Bergen-Belsen, Maidanek, Auschwitz zu versetzen. Das Leben bietet immer eine Chance."[35]

---

[33] Günter Grass, Die Blechtrommel. zit Ausgabe: Frankfurt/Main 1962, S. 253.

[34] Fritz Rudolf Fries, Der Weg nach Oobliadooh. Zit. Ausg. Leipzig 1993, S. 65.

[35] Ebd., S. 71. Vgl. dazu auch: „Oobliadooh? Das ist kein Land Utopia, da liegt keine Nebelgrenze dazwischen. Mit ein paar Wegmarken finde jeder hin. Doch verlaufen da Seitenwege, Nebenpfade, Schienen, über denen noch der Schnee vom vorigen Jahr liegt. Jeder will nach Oobliadooh. Von dort erhofft man, was man nicht hat. Und sucht Verwandlung in seiner Existenz" (Fritz Rudolf Fries, Fährt dieser Zug nach Oobliadooh? Auskünfte nicht nur für Reisende. In: F. R. Fries, Bemerkungen anhand eines

Diese Radikalität im Infragestellen des Erzählens von Zeitgeschichte im Medium autobiographischer Vergegenwärtigung erreichen nur wenige Texte im Genre der Selbstlebensbeschreibung, die auf personale Authentizität setzt. Texte von Christa Wolf („Nachdenken über Christa T.", „Kindheitsmuster" und Wolfgang Hilbigs Roman „Ich" (1993) mögen hier stellvertretend genannt sein. Im Roman *„Kindheitsmuster"* (1976) bricht *Christa Wolf* mit Formen des linearen Erzählens, indem sie auf Diskontinuität, Verfahren der Polyperspektivität und Sprachreflexion setzt. Die Einheit des autobiographischen Ich wird sowohl über eine Pluralisierung der Zeitebenen (dreißiger und vierziger Jahre, 1971 in Polen, Zeit der Abfassung des Texts 1972–1975) als auch über eine Dreifachperspektivierung in der Aufspaltung des Redegestus der Hauptfigur („sie", „du", „ich") thematisiert und problematisiert. Erinnerungs- und Trauerarbeit sind Voraussetzungen für einen Selbstvergegenwärtigungsprozeß, der das Vermögen des Gedächtnisses in den Mittelpunkt rückt. „Das Vergangene ist nicht tot; es ist nicht einmal vergangen."[36] Christa Wolf hat dies – in der Tradition sprachreflektorischer und sprachkritischer Texte der Moderne – vornehmlich am Beispiel der Darstellungsprobleme des Erinnerten deutlich gemacht: „Im Kreuzverhör mit Dir selbst zeigt sich der wirkliche Grund der Sprachstörung. Zwischen dem Selbstgespräch und der Anrede findet eine bestürzende Lautverschiebung statt, eine fatale Veränderung der grammatischen Bezüge. Ich, Du, sie, in Gedanken ineinanderschwimmend, sollen im ausgesprochenen Satz einander entfremdet werden. Der Brust-Ton, den die Sprache anzustreben scheint, verdorrt unter der erlernten Technik der Stimmbänder. Sprach-Ekel. Ihm gegenüber der fast unzähmbare Hang zum Gebetsmühlengeklapper: In der *gleichen* Person."[37] Wird das Sprachproblem in dieser Weise zugespitzt, muß auch die Darstellung der Zeitgeschichte als Lebensgeschichte in den Prozeß der Selbstbefragung einbezogen werden: „Auffallend ist, daß wir in eigener Sache entweder romanhaft lügen oder stockend und mit belegter Stimme sprechen."[38] Gegen die „Verfälschung der Geschichte zum Traktat" setzt Christa Wolf auf wahrheitsgetreue Erfindung mittels eigener Erfahrung, die sich im Erzählvorgang konkretisiert. Daß dies auch dann noch gilt, wenn der Mythos „in die (gedachten) sozialen und historischen Koordinaten" rückgeführt wird, veranschaulichen die Bücher „Kassandra" (1983) und „Medea" (1996).[39]

Fundes oder Das Mädchen aus der Flasche. Texte zur Literatur. Berlin, Weimar 1985, S. 270. – Zur Tradition des pikaresken Erzählens nach der Vereinigung vgl. Thomas Brussig, Helden wie wir. Berlin 1995.

36 Christa Wolf, Kindheitsmuster. Zit. Ausg. Neuwied 1979, S. 9.

37 Ebd.

38 Ebd.

39 Vgl. Christa Wolf, Voraussetzung einer Erzählung: Kassandra. Darmstadt, Neuwied 1983, S. 111.

Zugespitzter und politisch brisanter hat *Wolfgang Hilbig* in seinem Roman *„Ich"* (1993) das Medium der fingierten Autobiographie (und Biographie) für eine zeitgeschichtliche Diagnose der zu Ende gehenden DDR und eine radikale Analyse der Identitätsproblematik genutzt. Hilbig schildert das schizophrene Leben und Wirken eines Schriftstellers als Stasi-Spitzel, der seine Tätigkeit detailliert beschreibt. In der Stimme des Spitzels wird die Literatur zum Mittel für den Selbstbetrug, indem das Ich in staatlichen Besitz übergeht. Damit wird jener Prozeß der Depersonalisierung des einzelnen deutlich, der die (ideologische) Basis des Sozialismus vollständig demaskiert. Werden die Grenzen zwischen Schein und Wirklichkeit fließend, befindet man sich im Zustand der Simulation: „[...] wann, fragte ich mich, war es soweit, daß wir den Dingen, die wir aufklärten, keine eindeutigen Zuordnungen mehr abgewinnen konnten: ob sie noch in den Bereich der Simulation gehören, ob sie schon im Ansatz Wirklichkeit geworden waren. Die Wörter noch und schon drückten die Crux aus: konnte aus der Simulation die Wirklichkeit werden, und wo war der Übergang? Konnte, was *noch* Simulation war, *schon* in Wirklichkeit übergegangen sein, bevor wir es aufgeklärt hatten? Konnte Simulation Wirklichkeit werden, konnte uns die Wirklichkeit mit Simulation antworten."[40] Der Depersonalisierung und 'Auslöschung' des Ich korrespondiert „eine Metawelt der Zeichen, deren Simulationen [...] wirklicher scheinen als alle Wirklichkeit [...]."[41] Indem Hilbig den kontinuierlichen Prozeß der Ich-Zerstörung – das „Ich" des Romantitels steht in Anführungsstrichen – in der Funktionärstätigkeit des Stasi-Spitzels vorführt, wird eine Kernfrage der historischen Situation der untergehenden DDR gestellt.

3 Dokumentarische Schreibweisen

Auch jene literarische Schreibweise, die sich am deutlichsten von allen Formen des nachahmenden und identifikatorischen Erzählens distanziert – die dokumentarische – geht von der zeitgeschichtlichen Realität aus. Diese wird in erster Linie als eine „sekundäre, sprachlich [und filmisch] schon verarbeitete Wirklichkeit [...]" gesehen.[42] Die sprachlichen und visuellen Interpretationen der Wirklichkeit

[40] Wolfgang Hilbig, „Ich". Frankfurt/Main 1993, S. 45.

[41] Reinhard Baumgart, Quasi-Stasi. Zu dem Roman „Ich". In: Wolfgang Hilbig, Materialien zu Leben und Werk. Hg. v. Uwe Wittstock. Frankfurt/Main 1994, S. 218.

[42] Reinhard Baumgart, Aussichten des Romans oder Hat Literatur Zukunft? Frankfurter Vorlesungen. Neuwied, Berlin 1968, S. 45: „Um der Deutlichkeit zuliebe zu übertreiben: Sprache setzt hier keine Fiktionen mehr, sie besteht aus Fertigteilen, diese collagieren sich zum Muster". Vgl. dazu auch: Helmut Heissenbüttel, Über Literatur. Olten, Freiburg 1966.

sind ein Element der zeitgenössischen Gegenwart mit realitätsbildender und realitätsstabilisierender Funktion.

An diesem Punkt setzen Konzeption und ästhetische Verfahren der auf die zwanziger Jahre (etwa bei Sergej Tretjakow) zurückgehenden Dokumentarliteratur ein.[43] Am Beispiel von Alexander Kluges Texten und Filmen läßt sich das insbesondere beobachten. Gegenüber den erstarrten und normierten Bewußtseins- und Wahrnehmungstechniken spricht Kluge von der Notwendigkeit, ein „radikal analytisches Verfahren" zu entwickeln, das die individuellen Wahrnehmungsfähigkeiten von Lesern und Zuschauern mobilisiere. Allein der Verstoß „gegen den angeblichen Realismus des Gewohnheitsblicks" gewährleiste eine Darstellungsweise, die – in der Tradition und Fortschreibung Brechts und Adornos (in einem operativen Sinn) – den Namen 'realistisch' verdiene: „Das Motiv für Realismus ist nie Bestätigung der Wirklichkeit, sondern Protest. [...] Antagonistisch ist also nicht nur die Realität als Gegenstand, sondern auch jede menschliche Verarbeitungsweise dieser Realität, gleich ob sie innerhalb der Realitätszusammenhänge sich abarbeitet, oder ob sie sich über die Sache stellt. Das, was das Realistische daran ist, der Antirealismus des Motivs (Protest, Widerstand), produziert das Unrealistische daran".[44]

Die ästhetischen Konsequenzen, die daraus gezogen werden, lassen sich im Werk Kluges im einzelnen ablesen. Es sind intertextuelle und intermediale Techniken der Darbietung, die auf 'novellistische' Geschlossenheit verzichten und Formen der Collage, die heterogene Bruchstücke der Realität neu zusammenfügt, bevorzugen. Dies bedeutet allerdings, daß jeweils eine Auswahl aus dem vorgegebenen Material getroffen werden muß und daß sich das Ergebnis der zeitgeschichtlichen Analyse erst in der ästhetischen Konstruktion als plausibel erweisen kann. Das Inszenieren der Sprachdokumente im Sinne der „Konstruktion" bezieht sich zugleich auf den für Kluge zentralen und konstitutiven Rezeptionsprozeß beim Leser und Zuschauer. Texte und Filme entstehen erst im Kopf des Zuschauers und Lesers. Nur hier lassen sich operative Möglichkeiten einer „Umproduktion der Öffentlichkeit" anvisieren.

Betrachtet man einzelne literarische Texte bei Kluge, so lassen sich durchgehend biographische Schreibweisen und Formen der Montage mit historischem Material finden. In den „*Lebensläufe[n]*" (zuerst 1962) handelt es sich um die Vergegen-

---

43 Vgl. den zusammenfassenden Artikel von Walter Fähnders, Dokumentarliteratur. In: Reallexikon der deutschen Literaturwissenschaft. Bd. I. Berlin, New York 1997, S. 383-385.

44 Alexander Kluge, Kommentare zum antagonistischen Realismusbegriff. In: Gelegenheitsarbeit einer Sklavin. Zur Realistischen Methode. Frankfurt/Main 1975, S. 208-209; außerdem Alexander Kluge, Die schärfste Ideologie: Daß die Realität sich auf ihren realistischen Charakter beruft. In: Alexander Kluge. Hg. v. Thomas Böhm-Christl. Frankfurt/Main 1983, S. 291-298.

wärtigung von Daten und Dokumenten, die die einzelnen Figuren collageartig charakterisieren. Die Sprache des Dokuments, der Gutachten oder der unterschiedlichen behördlichen Notizen und amtlichen Hinweise bleibt erhalten. Dadurch entsteht der Eindruck eines Protokolls zur Person, einer Bestandsaufnahme zur jeweiligen Lebensgeschichte. Kluges Intention besteht darin, „aus sehr verschiedenen Aspekten die Frage nach der Tradition“ zu stellen: „Es handelt sich um Lebensläufe, teils erfunden, teils nicht erfunden; zusammen ergeben sie eine traurige Geschichte“.[45] Typische Vertreter des geschichts- und bewußtseinsbildenden deutschen Bürgertums (Juristen, Militärs, Gelehrte) werden in ihrem Verhalten während der Hitler-Zeit und nach dem Ende des Krieges vorgestellt. Lassen sich Verallgemeinerungen im Verhalten der deutschen Führungsschicht gegenüber dem Nationalsozialismus feststellen? Unter welchen Voraussetzungen war der Übergang in die Zeit nach dem Zweiten Weltkrieg möglich?

Zu den wichtigsten Faktoren rechnet Kluge eine deutsche Mentalität der Anpassung und schnellen Beruhigung, die er mit dem Stichwort „Kalmierung“ umschreibt. Zudem taucht ein Grundmotiv auch in anderen Texten (etwa in den „Lernprozessen mit tödlichem Ausgang“) immer wieder auf, das des übergeordneten gesellschaftlichen Sinnentzugs: „Sinnentzug. Eine gesellschaftliche Situation, in der das kollektive Lebensprogramm von Menschen schneller zerfällt, als die Menschen neue Lebensprogramme produzieren können“.[46]

Das Bemühen um eine dokumentarisch-authentische Vergegenwärtigung von Zeitgeschichte läßt sich insbesondere an Alexander Kluges „*Schlachtbeschreibung*“ (zuerst 1964) ablesen.[47] Auch hier spielt das kombinierende Arrangieren von unterschiedlichem Text- und Datenmaterial die entscheidende Rolle. Im Sinne einer Poetik der „offenen Baustelle“ verbindet Kluge unterschiedliches historisch-dokumentarisches Material zu einer vielperspektivischen literarischen Collage. Die Quellenzeugnisse werden so ausgewählt und neu geordnet, daß in der ersten Textgruppe ausschließlich authentisch belegbare Zeugnisse zur Schlacht von Stalingrad (Passagen aus Kriegstagebüchern, Tagesparolen des Reichspressechefs oder Predigten von Militärgeistlichen) präsentiert werden; in der zweiten wechselt Kluge die Rolle des Quellenherausgebers zu der eines Interviewers (unmittelbar beteiligte Soldaten werden aus einem Abstand von etwa zwanzig Jahren befragt); im dritten Teil übernimmt Kluge die Funktion eines Historikers, der die Ereignisse zwischen

---

45 Vorwort zur ersten Ausgabe der „Lebensläufe“. Stuttgart 1962, S. 5. Erweiterte Ausgabe: Lebensläufe. Anwesenheitsliste für eine Beerdigung. Frankfurt/Main 1974.

46 Alexander Kluge, Lernprozesse mit tödlichem Ausgang. Frankfurt/Main 1973, S. 5.

47 Schlachtbeschreibung. Olten, Freiburg 1964; mit neuem Titel, textidentisch mit der Erstausgabe: Der Untergang der Sechsten Armee (Schlachtbeschreibung). München 1969; Erweiterte Neuausgabe: Schlachtbeschreibung. Der organisatorische Aufbau eines Unglücks. o.O. 1978.

Ende 1942 und Anfang 1943 tagebuchartig-chronologisch belegt, aber auch kritisch hinterfragt, so daß erste Hypothesen im Blick auf die genaue Erforschung der Ursachen möglich sind. Diese Ursachenforschung steht dann folgerichtig im letzten Teil des Buchs, der neben den dekuvrierenden Sprachzitaten psychologische Analysen und kurze Portraitskizzen der Hauptbeteiligten enthält.
Auch wenn der „Appellstruktur" der Texte erheblicher Spielraum eingeräumt wird, so zielt die Leserlenkung Kluges doch auf eine Hauptthese von der fatalen Rolle der preußischen Militärtradition und dem durch das „Führerprinzip" pervertierten absoluten Gehorsamsprinzip. Die Darstellung Kluges verlängert die zeitgeschichtliche Perspektive in eine historische: „Das Buch beschreibt den organisatorischen Aufbau eines Unglücks. Es geht um das bekannte Unglück von St. Die Ursachen liegen 30 Tage oder 300 Jahre zurück". Erst eine „Langzeit"-Analyse offenbart den Stellenwert der aktuellen Gegenwartsgeschichte.[48]
Zeitgeschichte bleibt auch im nichterzählenden Dokumentieren und auf die Ursachenforschung gerichteten Argumentieren – das läßt sich an Alexander Kluges Texten und Filmen exemplarisch ablesen – ein Deutungs- und Darstellungsproblem. Darüber hinaus verweist Kluges Anstrengung auf Walter Benjamins geschichtstheoretisches Diktum von der momentanen „Stillstellung des Geschehens", um die rettenden Momente zu sammeln und „Teile der Vergangenheit, die auf Erlösung verweisen, aus ihrem Kontinuum herauszubrechen". Im „Eingedenken" kann Vergangenheit erfahren und in der Arbeit an Geschichte produktiv gemacht werden: „Nur dem Geschichtsschreiber wohnt die Gabe bei, im Vergangenen den Funken der Hoffnung anzufachen, der davon durchdrungen ist: auch die Toten werden vor dem Feind, wenn er siegt, nicht sicher sein. Und dieser Feind hat zu siegen nicht aufgehört".[49]

---

48 Vorwort zur ersten Ausgabe 1964; dazu Wilhelm Voßkamp, Alexander Kluge. In: Deutsche Literatur der Gegenwart in Einzeldarstellungen. Bd. II. Hg. v. Dietrich Weber. Stuttgart 1977, S. 308f. und Alexander Kluges Replik in der Neuausgabe (Frankfurt/Main 1978, S. 295f.). – Walter Kempowskis kollektives Tagebuch über Stalingrad als einer ebenso sammelnden wie ordnenden Tätigkeit – und des geduldigen Zuhörens – kennzeichnet ein vergleichbares Konzept des historischen Erzählens: „Das ECHOLOT gehört jenen, die geduldig den Stimmen lauschen, die in der Stratosphäre stehen. Das Zuhören kann es möglich machen, daß wir endlich ins Reine kommen miteinander. Wer eine Formel für den Krebsgang der Menschheit sucht – mit dem ECHOLOT holt er sie aus der Tiefe. Die alten Geschichten ergeben – zusammengerüttelt – das Zauberwort, mit dem wir unsere Epoche bezeichnen und versiegeln könnten". (Walter Kempowski, das ECHOLOT. Ein kollektives Tagebuch Januar und Februar 1943. Bd. I. 1-17. Januar 1943. München 1993; S. 7).

49 Walter Benjamin, Über den Begriff Geschichte. In: W. Benjamin, Gesammelte Schriften I, II. Hg. v. Rolf Tiedemann und Hermann Schweppenhäuser. Frankfurt/Main 1974,

Daß dies die implizite und explizite Intention der „*Ästhetik des Widerstands*" (1975, 1978, 1981) ist, kann im Rahmen dieses Vortrags nur noch erwähnt werden. Im magnum opus von Peter Weiss läßt sich – mit Uwe Johnsons „Jahrestagen" vergleichbar – eine Zusammenführung der zuvor skizzierten Formen des *narrativ-auktorialen, autobiographisch-biographischen* und *dokumentarischen* Erzählens erkennen. Peter Weiss, der von einer „Wunschbiographie" gesprochen hat, versucht jene umfassende literarische Aneignung von Geschichte im 20. Jahrhundert, die nicht nur den linken Widerstand gegen Hitler (zuerst in Berlin und dann im Spanischen Bürgerkrieg) darstellt, sondern zugleich den Kampf gegen den Faschismus im Medium der Kunst reflektiert: Der Pergamonfries, Dantes „Divina Comedia", Dürers „Melancholia", Géricaults „Floß der Medusa" und Picassos „Guernica" bilden intermediale Modelle der Darstellung des Schreckens.[50] Das individuelle Grauen erscheint als Teil des Kollektiven, das Besondere wird mit dem Allgemeinen vermittelt. „Die Antinomien zwischen Bild und Begriff, zwischen Kunst und Politik, [...] zwischen Traum und Wachen, zwischen Ästhetik und Moral [...] sind dabei prinzipiell nicht auflösbar, sondern nur überführbar in die immer prekäre Bewegungsform eines literarischen Werks".[51]
Die Doppeldeutigkeit des Titels unterstreicht ebenso die Ästhetik des *Widerstands* wie die *Ästhetik* des Widerstands.[52]

S. 691-704; hier S. 695 (These VI). Vgl. dazu Wilhelm Voßkamp, Auf der Suche nach Identität: Alexander Kluges 'Patriotin' und die Interpretation der deutschen Geschichte um 1800. In: Zeitgenossenschaft. Zur deutschsprachigen Literatur im 20. Jahrhundert. Fs für Egon Schwarz, Hg. v. Paul Michael Lützeler in Verbindung mit Herbert Lehnert und Gerhild S. Williams. Frankfurt/Main 1987, S. 266-277.

[50] Vgl.: Die Bilderwelt des Peter Weiss. Hg. v. Alexander Honold und Ulrich Schreiber. Hamburg 1995 (Argument-Sonderband N.F., Bd. 227).

[51] Karl Heinz Götze, Poetik des Abgrunds und Kunst des Widerstands. Grundmuster der Bildwelt von Peter Weiss. Opladen 1995, S. 211.

[52] Vgl. auch den Literaturbericht von Michael Hofmann, Artikulierte Erinnerung. Neuere Untersuchungen zu Peter Weiss' „Ästhetik des Widerstands". In: Weimarer Beiträge 38, 1992, S. 587-600.

III.

In den vor jüngst erschienenen Tagebüchern von Stefan Heym („*Der Winter unseres Mißvergnügens*“[53]), Fritz Rudolf Fries („*Im Jahr des Hahns*“[54]) und Manfred Krug („*Abgehauen*“[55]) kann man – am Beispiel der Reaktionen auf die Ausbürgerung Wolf Biermanns – beobachten, daß und warum „jedes Wort [...] Folgen“ hat.[56] Besitzt das ‘literarische’ Wort eine besondere Autorität? Läßt sich von einer spezifischen Wirkung der *literarischen Darstellung von Zeitgeschichte* gegenüber der wissenschaftlichen Historiographie sprechen? Immerhin hoffte Brecht, dichtend, ohne ihn hätten die Herrschenden sicherer gesessen.

Diese Frage läßt sich im Blick auf die hier diskutierten Probleme der literarischen Darstellung von Zeitgeschichte in Deutschland nicht pauschal beantworten – selbst wenn man mit Hans Magnus Enzensberger davon ausgeht, daß den deutschen Autoren nach dem Zweiten Weltkrieg eine *gemeinsame* moralische Verpflichtung zufiel (eine „sanitäre Aufgabe der Intellektuellen, nach dem Ende des Faschismus, die ganze ideologische Müllabfuhr, eine recht langwierige und mühsame Arbeit“).[57]

Nach dem Entstehen zweier deutscher Staaten dominieren unterschiedliche Funktionen: Die DDR-Literatur bildete nicht nur einen „Tummelplatz“ abweichender Ansichten von der Welt“ (Günter Kunert), sie übernahm auch eine Ersatzfunktion der Öffentlichkeit: „In einer Umgebung, in der es keine auch nur annähernd freie Medien gab, in der alle Zeitungen, Rundfunksender und Fernsehstationen denselben Chefredakteur hatten, in der jede von der Parteilinie abweichende Ansicht kleinlich behindert wurde, in einer solchen Umgebung blieben Bücher der letzte öffentliche Ort, an dem noch Meinungsverschiedenheiten ausgetragen wurden. *Das* machte die Leute gierig auf Bücher, genauer – auf die Bücher der Abweichler. Hinter dem Interesse verbarg sich also keine Affinität zur Literatur, keine Sprachverliebtheit, nicht die Lust, ein ästhetisches Bedürfnis zu stillen; es war das Interesse an den eigenen öffentlichen Angelegenheiten, das auf andere Weise nicht befriedigt werden konnte“.[58] Jurek Becker, von dem diese – auch von der Stasi indirekt

---

53 Stefan Heym, Der Winter unseres Mißvergnügens. Aus den Aufzeichnungen des UV Diversant. München 1996.

54 Fritz Rudolf Fries, Im Jahr des Hahns. Tagebücher. Leipzig 1996.

55 Manfred Krug, Abgehauen. Ein Mittschnitt und Ein Tagebuch. Düsseldorf 1996. Außerdem: Adolf Endler, Tarzan am Prenzlauer Berg. Sudelblätter 1981–1983. Leipzig 1994.

56 Stefan Heym, Der Winter unseres Mißvergnügens, S. 36 und S. 38.

57 Zit.: Wolfgang Emmerich, Kleine Literaturgeschichte der DDR. Erweiterte Neuausgabe. Leipzig 1996, S. 525.

58 Jurek Becker, Die Wiedervereinigung der deutschen Literatur. In: The German Quaterly 63, 1990, S. 360.

bestätigte Einschätzung der literarischen Situation stammt, hebt auch die zweite Eigenart der DDR-Literatur hervor: „Ohne Zensur, behaupte ich, wäre sie eine ganz und gar normale deutsche Literatur gewesen, mit möglicherweise leicht erhöhtem Anteil an Verfechtern des Sozialismus. So aber war sie fixiert auf die Zensur, in einem mit den Jahren zunehmenden Maße. Jedes in der DDR geschriebene Buch – wovon immer es handelt und welche Intention ihm immer zugrunde lag – war zugleich eine Reaktion auf die Zensur“.[59]
Charakerisiert man das Verhältnis von Literatur und Macht mit dem von Richard Sennett geprägten Begriff der „Ablehnungsbindung“[60], so bildet das Pendant zur Zensur die Dissidenz. „Man war auf das Dissidentische scharf. Wenn ein Text in der DDR nicht die Billigung des Zensors fand, verbesserten sich auf dem westdeutschen Markt schlagartig seine Chancen. Mit der Zensurbehörde in Konflikt zu geraten, das war für einen DDR-Autor eine nahezu selbstverständliche Voraussetzung, um am Literaturbetrieb der Bundesrepublik teilzunehmen“.[61] Das Schema von Zensur und Dissidenz ist auf paradoxe Weise auch ein gesamtdeutsches Thema; der westdeutschen Literatur kam eine Mitspielerrolle zu. Dies bis zum Jahr 1987, dem Jahr des zehnten und letzten Schriftstellerkongresses der DDR, als Günther de Bruyn und Christoph Hein das sogenannte „Druckgenehmigungsverfahren“ öffentlich als das kritisierten, was es war: Zensur. Damit endet auch die fatale und häufig vertrackte ‘Zusammenarbeit’ von Schriftstellern und Zensoren.
Die genauere Funktionsbestimmung der Literatur – auch der literarischen Darstellung von Zeitgeschichte – bleibt eine Aufgabe der Literaturgeschichtsschreibung.[62] Zu bedenken ist dabei, daß fiktive Literatur als eine ausgezeichnete Schreibweise ihre Rolle und Funktion vornehmlich über ihren Formgehalt und weniger über ihren Sachgehalt finden kann. Gerade die beschriebenen avancierten literarischen Techniken (Diskontinuität des Erzählens, Bilderreichtum, Vieldeutigkeit, Intertextualität/Dialogizität und Selbstreferentialität) sind Mittel der ästhetischen Verrätselung, die nur im konkreten Lesevollzug entziffert werden können. Es galt deshalb, die „Interpretationsregeln“ herauszufinden und bewußt anzuwenden. Das Kryptische der Literatur in ihrer ästhetischen Differenzqualität ist der Umschlagplatz

---

59 Ebd.

60 Vgl. Nikolaus Wegmann, Engagierte Literatur? Zur Poetik des Klartexts. In: Systemtheorie der Literatur. Hg. v. Jürgen Fohrmann und Harro Müller. München 1996, S. 345-365.

61 Jurek Becker, Die Wiedervereinigung der deutschen Literatur, S. 361.

62 Vgl. Simone Barck, Martina Langermann und Siegfried Lokaties, Die DDR – eine verhinderte Literaturgesellschaft? In: Die DDR als Geschichte. Fragen – Hypothesen – Perspektiven. Hg. v. Jürgen Kocka und Martin Sabrow. Berlin 1994.

für ihre Autorität. Wird Zeitgeschichte in Literatur 'verwandelt', muß Geschichte in eine unendliche Kette von Fragen überführt werden.[63]
Thomas Lehr hat im Roman „*Die Erhörung*" (1994) die Rollen des Historikers und Dichters scharfsinnig gegenübergestellt und wechselseitig aufeinander bezogen, wenn er den *Historiker* im Kampf mit der in ungeheuren Materialmengen sedimentierten Zeit schildert und den *Dichter* Novalis zitieren läßt: „Die Geschichte ist ein Verbrennen. Man sollte das wörtlich nehmen. Jede Epoche steht noch in ihrem Brand! Ich will eine Erinnerung, die die Zeit im Feuer aufsucht und brennend zurückkehrt! Man muß in jeden Winkel gehen, auf den Grund, zu allen. Staunend wie ein Kind, aber auch pedantisch und knochenkalt wie ein Beamter des Jüngsten Gerichts!"[64] Dies ist der „Sehepunkt" der Literatur.

---

[63] Vgl. Gerhard Kebbel, Geschichtengeneratoren. Lektüren zur Poetik des historischen Romans. Tübingen 1992.
[64] Thomas Lehr, Die Erhörung. Berlin 1994, S. 89 und S. 20.

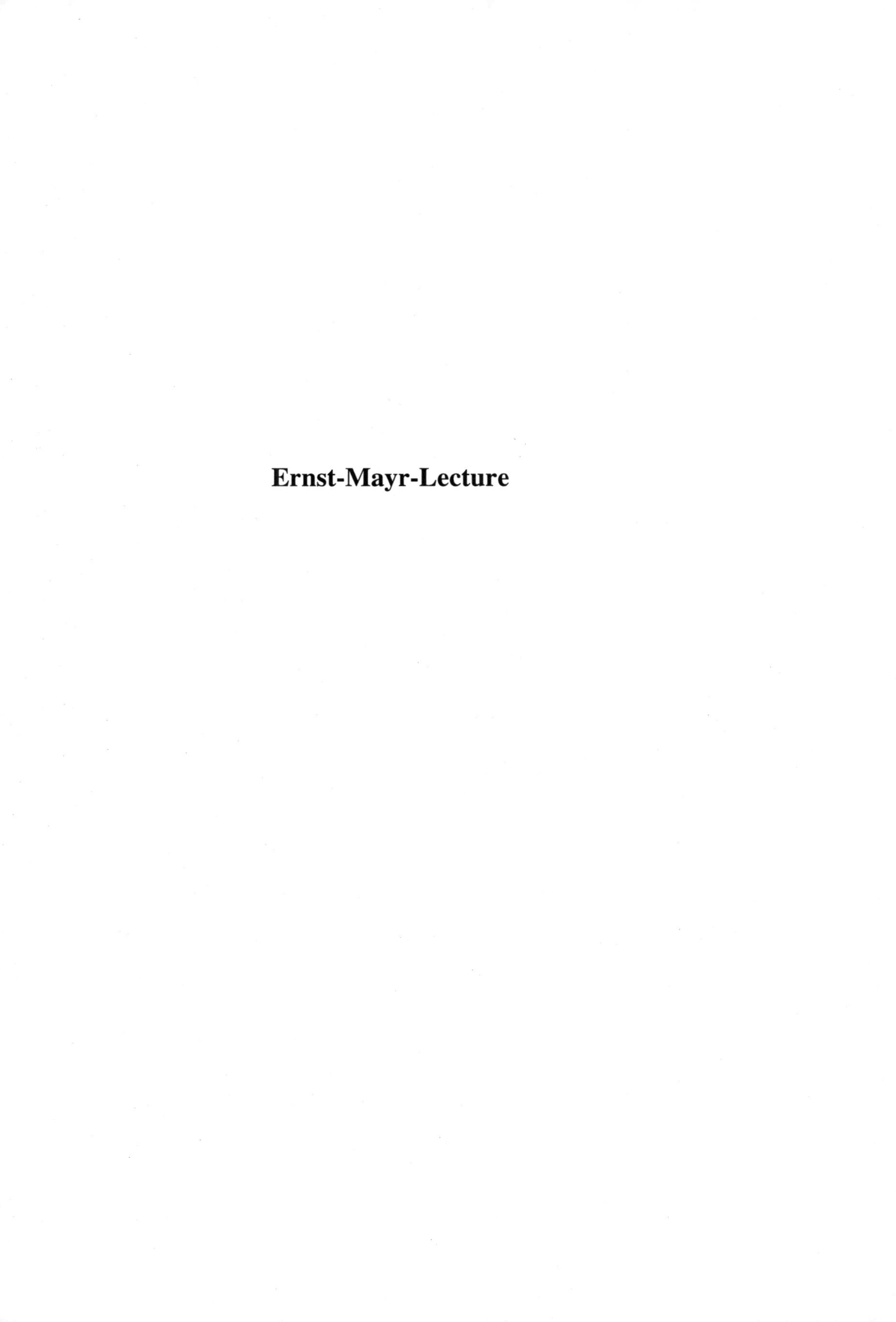

Ernst-Mayr-Lecture

Jared M. Diamond

Ernst-Mayr-Lecture

Die Berlin-Brandenburgische Akademie der Wissenschaften und das Wissenschaftskolleg zu Berlin haben gemeinsam eine „Named-Lecture" auf dem Gebiet der Biowissenschaften gestiftet. Die Vorlesung, die jährlich einmal – zu Beginn des Wintersemesters – stattfinden soll, ist nach dem führenden Ornithologen und Evolutionsbiologen Ernst Mayr benannt, der sie im Jahre 1997 eröffnete.
Jared M. Diamond, Professor für Physiology an der Medical School of the University of California at Los Angeles (UCLA), war der Einladung gefolgt, die nächste Lecture für das Jahr 1998 zu übernehmen.
Dieter Simon, Präsident der BBAW, begrüßte im Namen der Veranstalter am 27. Oktober 1998 die Gäste in der Berlin-Brandenburgischen Akademie der Wissenschaften und gab der Hoffnung nach einer erfolgreichen Fortsetzung der Ernst-Mayr-Lecture Ausdruck.

Rüdiger Wehner

Introduction
How much is enough, but not too much

(Ernst-Mayr-Lecture am 27. Oktober 1998)

Imagine you are – as I have just been – in the lobby of the New Oktani Hotel in Tokyo and wait for the elevator to bring you up to your room in the 20th floor. As the elevator arrives and the doors open, you find the cabin filled with five Sumo wrestlers. You know something about maximal load and make a quick calculation, but nevertheless enter the cabin. The elevator accelerates upwards, you pass the 12th, 13th, 14th floor, but then you hear a strange cracking sound above you that reminds you of some breaking metal. The elevator slows down; another snap; the cabin quivers, stops and begins to fall: slowly first, but then faster and faster. You pass the 10th floor, the 5th floor, and then – you wake up.

Jared Diamond loves this story, not primarily because he might be interested in Freudian dream psychology, but because of his deep concern for proper design: both technical and biological. How is the capacity of a system matched to its prevailing load? What are the safety factors that should result from a given trade-off between costs and benefits? Elevator companies – just like any company and, in fact, just like any biological system – must avoid going bankrupt; and for this they must avoid developing a reputation for crashing as well as producing elevators that never crash but are so expensive that they are outcompeted by rarely crashing rivals. How much is enough, but not too much? This is a question Jared Diamond keeps asking time and again.

With this question in mind, let us turn from elevator cables to snakes. Now imagine finding yourself in the Burmese rain forest and observing a 100-kg python having just swallowed a big prey mammal. Should the snake, which feeds only in intervals of one or two months, keep its digestive machinery fully activated all the time, or should it instead maintain a low activity and then, after each of its infrequent feeding bouts, switch on its gastrointestinal secretions, upregulate its enzymes and transporters, and even stimulate the rapid growth of entire organs that are involved in its digestive metabolism? In other words: should the animal adopt a steady-state or a stop-and-go strategy? Jared Diamond knows the answer through extensive multifaceted research he has recently performed in his laboratory and published in *Nature* just two weeks ago.

Such questions lie at the interface between physiology and evolutionary biology. Jared Diamond has brought these two separate fields together and has founded what is now known as "evolutionary physiology". For too long a time have evolutionary thinkers regarded biological organisms as bloodless figures in a virtual chess game; and physiologists have been interested more in the blood than in the game. Jared Diamond weaves these threads together. Originally trained as a physiologist and membrane biophysicist at Harvard and Cambridge (England), where he received his Ph.D. in 1961, he is at present Professor of Physiology at the Medical School of the University of California at Los Angeles (UCLA). There he investigates the cellular mechanisms of molecular transport through biological membranes, for example the transport of sugars and amino acids through the inner linings of the small intestine. But the special twist he gives to these biochemical studies is the way how he places the data obtained in the laboratory into a larger evolutionary perspective. He takes the Darwinian notion seriously that nothing is free in the biological world, as it is in the world of economics; that everything costs biosynthetic energy, takes time, and occupies space, whatever the valid currency – energy, time, or space – might be. In this context he has provided us with a series of elegant, quantitatively detailed experimental studies which clearly demonstrate that the market-place which sets the biological safety factors, is nothing else but natural selection. How much is enough on this market-place, but not too much? What are the evolutionary forces that shape the quantitative design of life? These are questions which Jared Diamond and his co-workers have pondered over for a quarter of a century – but which he is *not* going to discuss today.

For there is yet another side to this polymath-scientist, Jared Diamond. All over the years he has pursued a parallel career in ecology and evolutionary biology – a career largely propelled by an on-going series of expeditions (17 to date) to New Guinea and other tropical islands in the south-western Pacific Ocean. Here, Jared Diamond, who had become a fanatical bird watcher by the age of seven, followed in the foot steps of Ernst Mayr. He used this tropical world of jagged mountains and deep, isolated valleys as an observation field to tackle major problems in evolutionary biology; for example, to study the ecological factors underlying species diversity, extinction and immigration rates, and allopatric speciation patterns, which he observed in the seemingly uninterrupted expanses of tropical rain forest.

But nothing was to beat the story of *Amblyornis flavifrons*, the story of the long-lost Golden-fronted Gardener Bowerbird. This bird was previously known only from a few specimens found in a Paris feather shop in 1895. Ernst Mayr had already been sent out by Lord Rothschild to rediscover the bird, but failed; and so did many others after him. Finally, only four remote mountain ranges remained, where the species could be found, if it still existed at all. Then, in 1979, Jared Diamond succeeded at the top of one of them, the Foja Mountains of Irian Jaya, and in addition discovered the bower and courtship of this spectacular golden-crested bird. All these 30-year long ornithological studies will be summarized in the forthcoming book "Speciation and Ecology of the Birds of Northern Melanesia", a joint venture of the first two Ernst Mayr Lecturers. In addition, these studies on birds have stimulated Jared Diamond to write a series of papers on the paradoxical evolution of some human genetic diseases, such as Tay-Sachs disease and diabetes. Moreover, in New Guinea Jared Diamond developed a keen interest in the microscopic variety of the local human tribes inhabiting this cluttered environment and speaking nearly a thousand different languages, many as different from one another as English is from Japanese. He learned one of them, Fore, and found it "deliciously complex".

At this juncture, let me mention, just as an aside, that he speaks about 12 languages, among them German. As a sophomore at Harvard, he won the Annual Latin Price for the student who best translated a poem from Horace into English verse. He won the price the following year again, and again the next; then he stopped competing – to give the classics majors a chance. Nowadays he enjoys and practises his linguistic skills in devoting much of his time to popular science writing. His bi-monthly articles in the News and Views section of *Nature* are an aesthetic delight, both intellectually and artistically.

As Catherine Seipp from UCLA has recently remarked, Jared Diamond's breadth and depth of knowledge is enough to humble any highly intelligent person. So it is not surprising that the Mac Arthur Foundation gave him one of its prestigious Genius Awards (in 1985). Among the large number of other prizes and honours including many Book Prizes and Distinguished Teaching Awards, he received an Honorary Doctorate from Sejong University in Korea (1995): neither for his work on membrane biophysics, nor for his studies in the evolutionary ecology of New Guinea birds, but for his contributions to the greater understanding of the Korean alphabet.

As you will experience yourselves in a minute, Jared Diamond continues to dazzle the scientific community and the public alike with his expertise in wide-ranging fields of knowledge. This is illustrated most strikingly by his two major books, "The Third Chimpanzee" (1991) and "Guns, Germs, and Steel" (1997), which have been translated into more than 10 languages (not by himself, though); and it is borne out as well by his 546 publications in scientific journals (if I have counted correctly). "Guns, Germs, and Steel", the book that won the Pulitzer Price this year and sold 25.000 copies the week thereafter, provides the background for the

2nd Ernst Mayr Lecture, in which Jared Diamond will present nothing less than a history of *Homo sapiens* on a scale of continents and millenia.
When Mary Cohen, his wife, a clinical psychologist and Professor at UCLA Medical School, was once asked "What is it like to live with a genius?" she replied: "After a while you learn that even a genius is human". So let me now clear the stage for Mary Cohen's husband.

Jared M. Diamond

Warum ist die Menschheitsgeschichte in den letzten 13.000 Jahren auf den einzelnen Kontinenten unterschiedlich verlaufen?

(Ernst-Mayr-Lecture am 27. Oktober 1998)

Es ist mir eine Freude, heute abend zu Ihnen zu sprechen, vor allem weil es dabei um die interessanteste, wichtigste und schwierigste geschichtliche Frage geht. Ich habe mir ein unbescheidenes Ziel gesetzt: Ich möchte die großen Gesetzmäßigkeiten der Menschheitsgeschichte auf allen Kontinenten für die letzten 13.000 Jahre erklären. Warum hat die Geschichte der Völker auf verschiedenen Kontinenten eine so unterschiedliche Entwicklung genommen? Diese Frage fesselt mich schon seit langem, aber jetzt ist die Zeit für eine neue Synthese reif, denn in neuester Zeit gibt es Fortschritte auf vielen Gebieten, die scheinbar kaum etwas mit Geschichte zu tun haben, wie zum Beispiel Molekularbiologie, Genetik und Biogeographie der Pflanzen und Tiere, Archäologie und Linguistik. Ich werde versuchen, Ihnen diese Frage in einer Stunde zu beantworten, das macht im Durchschnitt knapp sieben Minuten pro Kontinent. Meine Ausführungen gründen sich auf mein kürzlich erschienenes Buch *Arm und Reich;* es hat 550 Seiten, und um auf 550 Seiten 13.000 Jahre zusammenzudrängen, mußte ich viele Einzelheiten weglassen; heute muß ich natürlich noch mehr Details übergehen.

Wie wir alle wissen, haben sich die Eurasier, und zwar insbesondere die Völker Europas und Ostasiens, über die ganze Erde verbreitet, und sie beherrschen die moderne Welt, was Wohlstand und Macht angeht. Andere Völker, darunter die meisten in Afrika, haben zwar die europäische Vorherrschaft abgeschüttelt, aber mit Reichtum und Macht sind sie immer noch im Hintertreffen. Wieder andere, darunter die Ureinwohner Australiens, Amerikas und des südlichen Afrika, sind nicht einmal mehr Herren ihres eigenen Landes; sie wurden dezimiert, unterjocht oder von den europäischen Kolonialherren ausgerottet. Warum hat die Geschichte diesen Verlauf genommen und nicht genau den umgekehrten? Warum waren nicht die amerikanischen Ureinwohner, die Afrikaner und die australischen Aborigines diejenigen, die Europäer und Asiaten besiegten oder vernichteten? Warum ist diese Stadt heute nicht vorwiegend von Menschen bewohnt, die von den Ureinwohnern

Amerikas abstammen, während die wenigen Nachkommen der ursprünglichen Deutschen die Unterschicht bilden oder sich auf einige abgelegene Reservate beschränken müssen?

Diese große Frage kann man leicht noch weiter in die Vergangenheit ausweiten. Um das Jahr 1500 nach Christus, also ungefähr zu der Zeit, als die europäische Ausbreitung nach Übersee gerade begann, gab es auf den verschiedenen Kontinenten bereits große Unterschiede in Technologie und politischer Organisation. Eurasien und Nordafrika waren damals zum größten Teil von den Staaten und Königreichen der Eisenzeit beherrscht, von denen manche auf der Schwelle zur Industrialisierung standen. In Amerika herrschten zwei indigene Völker, die Inkas und die Azteken, über große Reiche mit Steinwerkzeugen, und man begann dort gerade, mit Bronze zu experimentieren. Teile Afrikas südlich der Sahara waren unter kleinen Staaten oder Stämmen aufgeteilt, die sich ebenfalls in der Eisenzeit befanden. Aber alle Bevölkerungsgruppen in Australien, Neuguinea und der pazifischen Inselwelt, und auch viele Bewohner Amerikas und Afrikas südlich der Sahara lebten nach wie vor als Bauern oder sogar als Jäger und Sammler mit Steinwerkzeugen.

Diese Unterschiede um das Jahr 1500 waren ganz offensichtlich die unmittelbare Ursache für die Ungleichheit in der heutigen Welt. Staaten mit Eisenwerkzeugen besiegten natürlich die Stämme mit Steinwerkzeugen oder rotteten sie aus. Aber wie entwickelte sich die Welt zu dem Zustand, der um das Jahr 1500 herrschte? Auch in dieser Frage kann man leicht einen Schritt weiter in die Vergangenheit zurückgehen, wenn man sich der überlieferten Geschichte und archäologischer Entdeckungen bedient. Bis zum Ende der letzten Eiszeit um das Jahr 11000 vor Christus lebten alle Menschen auf allen Kontinenten als Jäger und Sammler in der Steinzeit: Das Spielfeld war für alle gleich. Die Ungleichheiten des Jahres 1500 nach Christus entstanden durch die unterschiedlich schnelle Entwicklung auf den einzelnen Kontinenten von 11000 vor Christus bis 1500 nach Christus. Während die australischen Aborigines und viele amerikanische Ureinwohner steinzeitliche Jäger und Sammler *blieben,* entwickelten die meisten Völker Eurasiens und auch viele Gruppen in Amerika und Afrika südlich der Sahara allmählich die Landwirtschaft, die Viehzucht, die Metallbearbeitung und eine komplizierte politische Organisation. In Teilen Eurasiens und einem kleinen Gebiet in Amerika entstand auch eine eigenständige Schrift. Aber alle diese Entwicklungen spielten sich in Eurasien früher ab als irgendwo sonst.

Damit können wir also letztlich unsere Frage nach der Entstehung der Ungleichheit in der heutigen Welt folgendermaßen neu formulieren: Warum verlief die Entwicklung der Menschheit auf den einzelnen Kontinenten während der letzten 13.000 Jahre mit so unterschiedlicher Geschwindigkeit? Diese Geschwindigkeitsunterschiede bilden das umfassendste historische Muster, die größte ungelöste Frage der Geschichte. Und sie sind mein heutiges Thema.

Historiker meiden diese Frage meist wie die Pest, und zwar wegen ihres scheinbar rassistischen Untertons. Viele Menschen oder sogar die meisten nehmen an, die Antwort müsse mit biologischen Unterschieden im durchschnittlichen Intelligenzquotienten der einzelnen Bevölkerungsgruppen zu tun haben, und das trotz der Tatsache, daß es für solche Unterschiede keine Belege gibt. Schon die Frage, warum die einzelnen Völker eine unterschiedliche Geschichte haben, erscheint manchen von uns böse, weil sie scheinbar rechtfertigt, was in der Geschichte geschehen ist. In Wirklichkeit aber befassen wir uns mit den historischen Ungerechtigkeiten aus dem gleichen Grund, aus dem wir auch den Völkermord untersuchen, und aus dem gleichen Grund, aus dem Psychologen den Geist von Mördern und Vergewaltigern studieren: nicht um Geschichte, Völkermord, Mord oder Vergewaltigung zu rechtfertigen, sondern um zu verstehen, wie es zu diesen schlimmen Dingen kommen konnte, und um mit diesem Wissen dann zu verhüten, daß sie noch einmal geschehen. Falls Ihnen der Gestank des Rassismus bei der Beschäftigung mit diesem Thema immer noch ein ungutes Gefühl verursacht, brauchen Sie nur einmal darüber nachzudenken, aus welchen tieferen Gründen so viele Menschen rassistische Erklärungen für die großen Gesetzmäßigkeiten der Geschichte akzeptieren: Es gibt keine überzeugende Alternative. Bis wir sie haben, werden die Menschen natürlich immer automatisch zu rassistischen Theorien neigen. Damit stehen wir vor einem gewaltigen ethischen Vakuum, und dieses Vakuum ist der stärkste Beweggrund, sich mit dem unbequemen Thema zu befassen.

Ich möchte einen Kontinent nach dem anderen betrachten. Nehmen wir einmal als ersten Vergleich das Aufeinandertreffen der Alten und der Neuen Welt, das 1492 mit der Reise von Christoph Columbus begann, denn die Faktoren, die anschließend zu diesem Ergebnis führten, sind gut bekannt. Ich möchte jetzt aus meiner Sicht als Biogeograph und Evolutionsbiologe eine Zusammenfassung und Deutung der Geschichte Nordamerikas, Südamerikas, Europas und Asiens geben – und das alles in zehn Minuten; zweieinhalb Minuten pro Kontinent. Los geht's: Die meisten von uns kennen die Geschichte von den paar hundert Spaniern, die unter Cortés und Pizarro die Reiche der Azteken und Inkas niederwarfen. Jedes der beiden Reiche hatte eine Bevölkerung von zigmillionen Menschen. Auch wie andere Europäer weitere Teile der Neuen Welt eroberten, ist uns mit allen grausamen Einzelheiten geläufig. Die Folge war, daß Europäer sich in der Neuen Welt niederließen und sie zum größten Teil beherrschten, während die einheimische amerikanische Bevölkerung im Vergleich zu ihrer Zahl im Jahr 1492 drastisch schrumpfte. Aber warum geschah es so herum? Warum kam es nicht umgekehrt dazu, daß die Azteken oder Inkas unter ihren Herrschern Montezuma und Atahuallpa Europa eroberten?

Die *unmittelbaren* Gründe liegen auf der Hand. Die europäischen Eindringlinge besaßen Schwerter aus Stahl, Gewehre und Pferde. Die amerikanischen Ureinwohner dagegen hatten nur steinerne und hölzerne Waffen, und auch keine Reittiere.

Wegen dieser militärischen Vorteile konnten Trupps von ein paar Dutzend berittenen Spaniern mehrfach Indianerarmeen besiegen, deren Stärke in die Tausende ging. Aber Pferde, Gewehre und stählerne Schwerter waren nicht die einzigen unmittelbaren Faktoren, die zur europäischen Eroberung der Neuen Welt beitrugen. Auch Infektionskrankheiten wie Pocken und Masern, die von den Europäern eingeschleppt wurden, verbreiteten sich von einem Indianerstamm zum anderen, und dabei eilten sie den Europäern selbst weit voraus; an ihnen starben nach Schätzungen 95 Prozent der indianischen Bevölkerung in der Neuen Welt. Diese Krankheiten waren in Europa zu Hause, und die Europäer hatten viel Zeit gehabt, eine genetische und immunologische Widerstandskraft gegen sie zu entwickeln. Die Indianer dagegen besaßen eine solche Resistenz anfangs nicht. Diese Wirkung der Infektionskrankheiten bei der europäischen Eroberung der Neuen Welt wiederholte sich in vielen anderen Erdteilen, so bei den Aborigines in Australien, aber auch in Südafrika und auf vielen Inseln im Pazifik.

Schließlich gilt es, eine weitere Gruppe unmittelbarer Faktoren zu berücksichtigen. Wie kam es, daß Pizarro und Cortés überhaupt in die Neue Welt gelangten, bevor Eroberer der Azteken und Inkas Europa erreichen konnten? Dieser Ablauf setzte unter anderem Technologie in Form seetüchtiger Schiffe voraus. Die Europäer besaßen solche Schiffe, Azteken und Inkas hatten sie nicht. Außerdem stand hinter den europäischen Schiffen eine zentralisierte politische Struktur, die es Spanien und anderen europäischen Ländern ermöglichte, die Schiffe zu bauen und mit Mannschaften zu versehen. Ebenso entscheidend war die Rolle der europäischen Schrift, denn durch sie konnten genaue, detaillierte Informationen – zum Beispiel Landkarten, Anweisungen für die Seefahrt und Berichte früherer Entdecker – zurück nach Europa gelangen und spätere Reisende motivieren.

Damit haben wie jetzt eine Reihe unmittelbarer Faktoren benannt, die zur Kolonisierung der Neuen Welt durch die Europäer beitrugen: Schiffe, politische Organisation und Schrift verschafften den Europäern Zugang zur Neuen Welt; europäische Krankheitskeime töteten die meisten Indianer, bevor sie das Schlachtfeld überhaupt erreichen konnten; und Gewehre, Schwerter aus Stahl und Pferde verschafften den Europäern auf dem Schlachtfeld einen großen Vorteil. Das war der einfache Teil; jetzt kommt der schwierige: der Nachweis der eigentlichen Ursachen. Versuchen wir also, die Kausalitätskette weiter in die Vergangenheit zu verfolgen. Ein Rezensent schrieb augenzwinkernd über mein Buch: „Diamond sieht in der Geschichte offenbar eine Zwiebel, deren faulige Oberfläche alle modernen Gesellschaften trägt und die man auf der Suche nach letzten Ursachen Schicht für Schicht abtragen muß.“ Ja, eine solche Zwiebel ist die Geschichte tatsächlich! Warum fielen alle diese unmittelbaren Vorteile der Alten Welt zu und nicht der Neuen? Theoretisch hätten auch die amerikanischen Ureinwohner als erste Gewehre und stählerne Schwerter, seetüchtige Schiffe und Königreiche und Schrift entwickeln können. Sie hätten auf Haustieren reiten können, die noch mehr Furcht einflößen als Pferde, und sie hätten Krankheitskeime tragen können, die schlimmer waren als die Pocken. Der Aspekt dieser Frage, der am einfachsten zu beantworten ist, betrifft die Gründe dafür, daß sich in Eurasien die bösartigsten Krankheitskeime entwickelten. Es ist erstaunlich, daß bei den amerikanischen Ureinwohnern keine verheerenden, epidemischen Krankheiten auftraten, mit denen sie die Europäer im Austausch für Pocken, Masern, Tuberkulose, Grippe und Typhus hätten anstecken können – alle diese Krankheiten bezogen die Indianer aus der Alten Welt. Dieses starke Ungleichgewicht hatte zwei einfache Ursachen. Erstens bleiben die meisten bekannten Krankheitsepidemien nur dann erhalten, wenn sich eine dichte, große Bevölkerung in Dörfern und Städten konzentriert, und Städte entstanden in der Alten Welt viel früher als in der Neuen. Und zweitens hat die molekularbiologische Untersuchung von Mikroorganismen in jüngster Zeit gezeigt, daß die meisten Krankheitsepidemien auf ähnliche Krankheiten in den dichten Populationen der Haustiere zurückgehen, mit denen die Menschen in der Alten Welt in engen Kontakt kamen. Masern und Tuberkulose zum Beispiel entstanden aus Krankheiten unserer Rinder, die Grippe aus einer Schweinekrankheit und die Pocken möglicherweise aus einer Krankheit der Kamele. In Amerika gab es ursprünglich nur sehr wenige Haustierarten, von denen sich die Menschen solche Krankheiten hätten zuziehen können. Gehen wir nun mit unseren Überlegungen wiederum einen Schritt weiter zurück. Warum gab es in Eurasien wesentlich mehr Haustierarten als in Amerika? In der Neuen Welt sind über tausend wilde Säugetierarten zu Hause, weshalb man eigentlich annehmen sollte, daß dort für die Domestikation eine Fülle von Ausgangsmaterial zur Verfügung stand.

In Wirklichkeit gelang nur bei einem winzigen Bruchteil der wilden Säugetierarten die Domestikation, denn sie ist nur möglich, wenn ein wildes Tier viele Voraussetzungen erfüllt: Es muß sich so ernähren, daß Menschen ihm die Nahrung liefern können (das schließt Koalabären als Haustiere aus); es muß schnell wachsen (damit kommen Gorillas und Elefanten nicht in Frage); es muß bereit sein, sich in Gefangenschaft zu vermehren; man muß es handhaben können (deshalb wurden Grizzlybären keine Haustiere); es muß aufgrund seiner Sozialstruktur dominanten Tieren und Menschen gegenüber ein unterwürfiges Verhalten zeigen; und es darf nicht zu Panik neigen, wenn es eingesperrt wird. Vor vielen tausend Jahren domestizierten die Menschen alle großen wilden Säugetierarten, die diese Kriterien erfüllten und bei denen sich die Domestikation lohnte. Das hatte zur Folge, daß es im Spektrum der Haustiere in jüngerer Zeit keine wertvollen Erweiterungen mehr gab, trotz aller Anstrengungen der modernen Wissenschaft. Am Ende gab es in Eurasien die meisten domestizierten Tierarten, unter anderem weil es die größte Landmasse der Erde ist und deshalb von vornherein die meisten wilden Arten bot. Dieser anfängliche Unterschied verstärkte sich vor 13.000 Jahren am Ende der letzten Eiszeit, als in

Nord- und Südamerika die meisten großen Säugetierarten ausstarben, vernichtet möglicherweise von den ersten eingewanderten Indianern. Deshalb erbten die amerikanischen Ureinwohner weit weniger Arten großer Säugetiere als die Eurasier – ihnen blieben als Haustiere nur das Lama und das Alpaka. Bei den domestizierten Pflanzen, insbesondere bei den Getreidearten mit großen Samen, sind die Unterschiede zwischen Alter und Neuer Welt qualitativ ähnlich wie bei den Haustieren, quantitativ allerdings sind sie nicht so extrem.

Ein weiterer Grund dafür, daß die lokale Vielfalt der domestizierten Pflanzen und Tiere in Eurasien größer ist als in Amerika, liegt in der Hauptachse der Kontinente: Sie verläuft in Eurasien von Ost nach West, in Amerika dagegen von Nord nach Süd. Wegen der Ost-West-Achse Eurasiens konnten Arten, die in einem Teil des Kontinents domestiziert wurden, sich über Tausende von Kilometern hinweg auf dem gleichen Breitengrad ausbreiten. Dabei trafen sie immer auf die gleiche Tageslänge und das gleiche Klima, Bedingungen, an die sie bereits angepaßt waren. Das hatte zur Folge, daß die in Südostasien domestizierten Hühner und Zitrusfrüchte schnell in westlicher Richtung nach Europa gelangen konnten; die Pferde, die in der Ukraine domestiziert wurden, verbreiteten sich nach Osten bis China; und Schafe, Ziegen, Rinder, Weizen und Gerste aus dem Fruchtbaren Halbmond verbreiteten sich rasch sowohl nach Westen als auch nach Osten. Die Nord-Süd-Achse Amerikas dagegen hatte zur Folge, daß Arten, die man in einem Bereich domestiziert hatte, sich nicht weit verbreiten konnten, ohne auf eine Tageslänge und ein Klima zu treffen, an die sie nicht angepaßt waren. Deshalb gelangte der Truthahn, der in Mexiko domestiziert wurde, niemals bis in die Anden; Lamas und Alpakas verbreiteten sich nie von den Anden nach Mexiko, so daß die Indianerkulturen Mittel- und Nordamerikas keinerlei Tragtiere besaßen; und Tausende von Jahren mußten vergehen, bis der Mais, der sich im Klima Mexikos entwickelt hatte, so abgewandelt war, daß er in der kurzen Wachstumssaison und den je nach Jahreszeit unterschiedlich langen Tagen Nordamerikas gedeihen konnte.

Aber die domestizierten Pflanzen und Tiere in Eurasien trugen nicht nur dazu bei, daß sich in Europa bösartige Krankheitskeime entwickeln konnten, sondern sie waren auch aus mehreren anderen Gründen von großer Bedeutung. Domestizierte Pflanzen und Tiere liefern pro Hektar weitaus mehr Kalorien als wilde Lebensräume, in denen die meisten Arten für Menschen nicht eßbar sind. Deshalb ist die Bevölkerungsdichte von Bauern und Viehzüchtern in der Regel zehn- bis hundertmal größer als bei Jägern und Sammlern. Das allein erklärt bereits, warum Bauern und Viehzüchter überall auf der Welt die Jäger und Sammler verdrängen konnten, wenn sich das Gebiet für die Landwirtschaft eignete. Haustiere brachten eine Revolution des Landverkehrs mit sich. Auch für die Landwirtschaft bedeuteten sie eine Umwälzung, denn mit ihrer Hilfe konnte ein einziger Bauer weitaus größere Flächen pflügen und düngen als mit seiner eigenen körperlichen Anstrengung.

Außerdem sind die Gesellschaften der Jäger und Sammler im allgemeinen von Gleichberechtigung geprägt, und es gibt bei ihnen keine politische Organisation, die über die Gruppe oder den Stamm hinausgeht. Die Landwirtschaft dagegen führte zu Lebensmittelüberschüssen, die auch gelagert wurden, und das ermöglichte die Entwicklung einer in Schichten aufgebauten, politisch zentralisierten Gesellschaft mit Herrschaftseliten, Bürokraten, ständigen Armeen und Priestern. Außerdem beschleunigte sich durch die Nahrungsmittelüberschüsse auch die Entwicklung der Technologie, denn nun konnten auch Handwerker ernährt werden, die ihre Lebensmittel nicht selbst erzeugten, sondern sich der Verbesserung von Metallbearbeitung, Schrift, Schwertern und Kanonen widmeten.

Am Anfang hatten wir also eine Reihe unmittelbarer Erklärungen – Gewehre, Krankheitskeime und so weiter für die Eroberung Amerikas durch die Europäer gefunden. Diese unmittelbaren Faktoren, so scheint mir, lassen sich zu einem großen Teil letztlich auf die größere Zahl domestizierter Pflanzen, die viel größere Zahl domestizierter Tiere und die Ost-West-Achse der Alten Welt zurückführen. Am unmittelbarsten erklärt eine solche Kausalitätskette die Vorteile der Alten Welt durch entwickelte Resistenz gegenüber bösartigen Krankheitserregern. Aber indirekt verschafften domestizierte Pflanzen und Tiere den Eurasiern auch einen Vorteil durch Gewehre, Schwerter, seetüchtige Schiffe, politische Organisation und Schrift, denn das alles waren Produkte der großen, dichten, seßhaften, in Schichten aufgebauten Gesellschaften, die durch die Landwirtschaft möglich wurden.

Untersuchen wir nun als nächstes, ob wir mit Hilfe dieses Prinzips, das wir aus dem Zusammentreffen von Europäern und amerikanischen Ureinwohnern abgeleitet haben, auch die großen Gesetzmäßigkeiten der afrikanischen Geschichte verstehen können. Ich möchte sie in acht Minuten zusammenfassen. Dabei konzentriere ich mich auf die Geschichte Afrikas südlich der Sahara, denn dieses Gebiet war von Eurasien durch Entfernung und Klima weitaus stärker isoliert als Nordafrika, dessen Geschichte eng mit der Eurasiens verbunden ist. Und wieder geht es los:

Zuvor hatten wir die Frage gestellt, warum Cortés in Mexiko eindringen konnte, bevor Montezuma zu einer Invasion in Europa in der Lage war. Entsprechend können wir auch fragen, warum Europäer das zentrale und südliche Afrika kolonisierten, bevor die Bewohner Afrikas Europa zu ihrer Kolonie machen konnten. Die unmittelbaren Faktoren waren wieder die gleichen, altbekannten: Gewehre, Stahl, seetüchtige Schiffe, politische Organisation und Schrift. Aber auch hier stellt sich die Frage, warum Gewehre, Schiffe und so weiter in Europa entwickelt wurden und nicht in Afrika südlich der Sahara. Besonders rätselhaft ist diese Tatsache, wenn man sich mit der Evolution des Menschen beschäftigt, denn in Afrika entwickelten sich die Menschen mehrere Millionen Jahre früher als in Europa, und selbst der anatomisch moderne *Homo sapiens* dürfte erst in den letzten 50.000

Jahren aus Afrika nach Europa gekommen sein. Wäre die *Zeit* ein entscheidender Faktor für die Entwicklung menschlicher Gesellschaften, müßte Afrika sich gegenüber Europa eines gewaltigen Vorsprunges und Vorteils erfreuen. Auch hier spiegeln sich in dem Ergebnis vor allem biogeographische Unterschiede in den verfügbaren wilden Tier- und Pflanzenarten wider, die sich domestizieren ließen. Nehmen wir zuerst die Tiere: Verblüffenderweise war das einzige Tier, das in Afrika südlich der Sahara domestiziert wurde – raten Sie mal – ein Vogel, nämlich das Perlhuhn. Alle domestizierten Säugetiere in Afrika – Rinder, Schafe, Ziegen, Pferde, sogar Hunde – kamen von Norden, aus Europa oder Nordafrika, in die Gebiete südlich der Sahara. Das hört sich zunächst erstaunlich an, denn Afrika ist heute in unserer Vorstellung der Kontinent der großen wilden Tiere. Tatsächlich aber erwies sich keine der berühmten großen Arten wilder Säugetiere in Afrika als domestizierbar. Alle kamen aus diesen oder jenen Gründen nicht in Frage, beispielsweise wegen ungeeigneter Sozialstrukturen, nicht handhabbaren Verhaltens, langsamen Wachstums und so weiter. Man stelle sich nur vor, welchen Verlauf die Weltgeschichte vielleicht genommen hätte, wenn die afrikanischen Nashörner und Flußpferde sich hätten domestizieren lassen! Wäre das möglich gewesen, hätte eine afrikanische Kavallerie auf Nashörnern oder Flußpferden die europäischen Reitertruppen auf ihren Pferden zu Hackfleisch gemacht. Aber dazu konnte es nicht kommen.

Statt dessen, wie gesagt, handelte es sich bei den in Afrika übernommenen Viehbeständen um Arten aus Eurasien, die von Norden kamen. Afrikas Längsachse verläuft wie in Amerika nicht von Osten nach Westen, sondern von Norden nach Süden. Die eurasischen Haustiere verbreiteten sich in Afrika nur sehr langsam nach Süden, weil sie sich dabei an andere Klimazonen und andere Tierkrankheiten anpassen mußten.

Welche Schwierigkeiten eine Nord-Süd-Achse der Verbreitung domestizierter Arten entgegensetzt, fällt bei den afrikanischen Nutzpflanzen noch stärker auf als beim Vieh. Wie gesagt: Die Grundnahrungsmittel des alten Ägypten waren Nutzpflanzen aus dem Fruchtbaren Halbmond und dem Mittelmeerraum, beispielsweise Weizen und Gerste, die nur dann keimen, wenn es im Winter regnet und wenn die Tage je nach Jahreszeit unterschiedlich lang sind. In Afrika konnten sich diese Pflanzen nicht weiter als bis Äthiopien verbreiten, denn weiter südlich fällt der Regen im Sommer, und die Tageslänge schwankt im Jahresverlauf kaum oder gar nicht. Südlich der Sahara konnte sich die Landwirtschaft erst entwickeln, nachdem einheimische afrikanische Pflanzenarten wie Sorghum und Perlhirse domestiziert waren, die an den zentralafrikanischen Sommerregen und eine relativ gleichbleibende Tageslänge angepaßt sind.

Ironischerweise waren diese zentralafrikanischen Nutzpflanzen aus dem gleichen Grund auch nicht in der Lage, sich nach Süden in die mediterranen Gebiete Südafrikas auszubreiten, wo es wiederum im Winter regnet und die Tageslänge je nach

der Jahreszeit stark schwankt. Die einheimischen afrikanischen Bauern mit ihren zentralafrikanischen Nutzpflanzen kamen nach Süden bis Natal voran; jenseits davon konnten die zentralafrikanischen Arten nicht gedeihen, was für die neuere Geschichte Südafrikas gewaltige Konsequenzen hatte. Kurz gesagt, waren die Nord-Süd-Achse und die geringe Zahl von Pflanzen- und Tierarten, die sich für die Domestikation eigneten, für die afrikanische Geschichte genauso entscheidend wie für die Geschichte der amerikanischen Ureinwohner. Die Afrikaner domestizierten zwar im Sahel, in Äthiopien und im tropischen Westafrika einige Pflanzen, aber die wertvollen Haustiere kamen erst später aus dem Norden hinzu. Der daraus erwachsende Vorteil der Europäer bei Gewehren, Schiffen, politischer Organisation und Schrift führte dazu, daß die Europäer Afrika und nicht die Afrikaner Europa kolonisierten.
Beenden wir nun unseren Schnelldurchgang rund um den Globus mit acht Minuten, die wir Australien widmen, dem letzten Kontinent. Und wieder geht es los, zum letzten Mal:
In der Neuzeit war Australien der einzige Erdteil, der nach wie vor ausschließlich von Jägern und Sammlern bewohnt war. Deshalb ist Australien ein wichtiger Prüfstein für jede Theorie über Unterschiede in der Evolution menschlicher Gesellschaften. Bei den australischen Ureinwohnern gab es keine Bauern oder Viehzüchter, keine Schrift, keine Metallwerkzeuge und keine politische Organisation, die über die Ebene des Stammes oder der Gruppe hinausgegangen wäre. Das ist natürlich der Grund, warum Gewehre und Krankheitserreger der Europäer die Gesellschaft der australischen Aborigines zerstört haben. Aber warum sind die australischen Ureinwohner überhaupt Jäger und Sammler geblieben?
Drei Gründe liegen auf der Hand. Erstens hat sich bis heute keine einzige in Australien heimische Tierart und nur eine einzige Pflanze (raten Sie: die Makadamianuß) für die Domestikation als geeignet erwiesen. Känguruhs als Haustiere gibt es bis heute nicht.
Zweitens ist Australien der kleinste Kontinent, und die meisten Gebiete können dort nur eine kleine menschliche Bevölkerung ernähren, weil Regenmenge und Fruchtbarkeit gering sind. Deshalb lag die gesamte Zahl der australischen Jäger und Sammler nur bei ungefähr 300.000. Und schließlich ist Australien der am stärksten isolierte Kontinent. Die einzigen Verbindungen der Aborigines nach außen waren mühsame Kontakte über das Meer nach Neuguinea und Indonesien.
Wenn man sich eine Vorstellung davon verschaffen will, welche Bedeutung die geringe Bevölkerungszahl und die Isolierung für die Geschwindigkeit der Entwicklung in Australien hatten, kann man die vor dem Kontinent gelegene Insel Tasmanien betrachten. Dort gab es die ungewöhnlichste menschliche Gesellschaft der Neuzeit. Tasmanien ist nur eine mäßig große Insel, aber es war der äußerste Außenposten des äußersten Kontinents, und es gibt Aufschlüsse über eine wichtige Frage bei der Evolution aller menschlichen Gesellschaften. Tasmanien liegt

etwa 200 Kilometer südöstlich von Australien. Als 1642 die ersten Europäer dorthin kamen, war die Insel von 4.000 Jägern und Sammlern bewohnt. Sie waren zwar mit den Einwohnern des australischen Festlandes verwandt, hatten aber von allen auf der Erde lebenden Völkern die einfachste Technologie. Im Gegensatz zu den Aborigines auf dem australischen Festland konnten die Tasmanier kein Feuer machen; sie hatten keine Bumerangs, keine Speerschleudern und keine Schilde; sie besaßen keine Knochenwerkzeuge, keine spezialisierten Steinwerkzeuge und keine Verbundwerkzeuge, wie beispielsweise Äxte, deren Kopf auf einem Handgriff montiert war; sie konnten keine Bäume fällen und keine Kanus aushöhlen; sie konnten nicht nähen und sich keine genähte Kleidung herstellen, und das, obwohl das Klima in Tasmanien im Winter kalt und mit Schneefällen verbunden ist; und so unglaublich es klingt: Obwohl die Tasmanier vorwiegend an der Küste lebten, fingen und aßen sie keine Fische. Was war die Ursache für diese gewaltigen Lücken in der materiellen Kultur der Tasmanier? Die Antwort ergibt sich aus der Tatsache, daß Tasmanien in der Zeit des Pleistozän, als der Meeresspiegel niedrig war, mit dem Süden des australischen Festlandes in Verbindung stand. Erst vor 10.000 Jahren verschwand diese Landbrücke durch den steigenden Meeresspiegel. Vor mehreren zehntausend Jahren, als Tasmanien noch ein Teil Australiens war, wanderten die Menschen zu Fuß dorthin ein. Nachdem die Landbrücke aber überflutet war, hatten die Tasmanier keinerlei weitere Kontakte mit dem australischen Festland oder mit irgendeinem anderen Volk auf der Erde, bis 1642 die ersten Europäer eintrafen. Weder die Tasmanier noch die Bewohner des australischen Festlandes verfügten nämlich über Wasserfahrzeuge, mit denen sie die zweihundert Kilometer breite Meerenge zwischen der Insel und dem Kontinent hätten überwinden können. Die Geschichte Tasmaniens ist also ein Musterbeispiel für die Isolation von Menschen, das ansonsten nur in der Science-fiction seinesgleichen hat – die Bewohner der Insel waren 10.000 Jahre lang von allen anderen Menschen abgeschnitten. Tasmanien hatte die kleinste und am stärksten isolierte Bevölkerung auf der ganzen Welt. Wenn also Bevölkerungszahl und Isolation sich auf die Ansammlung neuer Erfindungen auswirken, sollte man diesen Effekt in Tasmanien beobachten können.

Wenn alle erwähnten technischen Errungenschaften, die in Tasmanien fehlten und auf dem australischen Festland vorhanden waren, von den Aborigines Australiens während der letzten 10.000 Jahre erfunden wurden, können wir mit Sicherheit den Schluß ziehen, daß die winzige Bevölkerung Tasmanien sie nicht unabhängig davon noch einmal erfand. Es erscheint unglaublich, aber die archäologischen Funde zeigen sogar noch mehr: Die Tasmanier gaben sogar manche technischen Fortschritte auf, die sie aus Australien mitgebracht hatten und die auf dem Festland erhalten blieben. Knochenwerkzeuge und Fischerei zum Beispiel gab es in Tasmanien zu der Zeit, als die Landbrücke unterging, und beide verschwanden auf der

Insel um 1500 vor Christus. Das bedeutet den Verlust wertvoller technischer Mittel: Man hätte die Fische als Nahrungsvorrat für den Winter räuchern können, und Nadeln aus Knochen wären zum Nähen warmer Kleidung nützlich gewesen.

Welchen Sinn können wir in diesem kulturellen Verlust finden? Mir erscheint nur eine einzige Interpretation sinnvoll, und zwar folgende: Erstens muß Technologie erfunden oder übernommen werden. Die menschlichen Gesellschaften unterscheiden sich in einer Vielzahl unabhängiger Faktoren, die ihre Aufgeschlossenheit für Neuerungen beeinflussen. Je größer also eine Bevölkerung ist und je mehr Gesellschaften es auf einer Insel oder einem Kontinent gibt, desto größer ist die Wahrscheinlichkeit, daß eine bestimmte Erfindung dort irgendwo erdacht und übernommen wird.

Zweitens gilt für alle menschlichen Gesellschaften, mit Ausnahme der im völlig isolierten Tasmanien, daß die meisten technischen Neuerungen nicht an Ort und Stelle erfunden werden, sondern von außen einsickern. Man kann also damit rechnen, daß die technische Entwicklung in denjenigen Gesellschaften am schnellsten abläuft, die am engsten mit anderen Kulturen verbunden sind.

Und schließlich muß Technologie nicht nur *übernommen*, sondern auch *aufrechterhalten* werden. Alle menschlichen Gesellschaften machen launische Phasen durch, in denen sie vorübergehend entweder Methoden mit geringem Nutzen übernehmen oder solche mit beträchtlicher Nützlichkeit fallenlassen. So wurden beispielsweise im siebzehnten Jahrhundert in Japan die Gewehre aufgegeben, in China baute man keine Uhren und keine seetüchtigen Schiffe mehr, und in mehreren europäischen Staaten wurde das Drucken verboten. Wenn sich solche wirtschaftlich sinnlosen Tabus in einem Gebiet mit vielen konkurrierenden Gesellschaften entwickeln, übernehmen zu einem bestimmten Zeitpunkt immer nur einige davon das Tabu. Andere behalten die *nützliche* Tätigkeit bei und werden dann entweder die Gesellschaften, die sie aufgegeben haben, überflügeln, oder aber sie dienen den Gesellschaften mit dem Tabu als Vorbild, so daß diese von ihrem Irrtum ablassen und sich wieder der Methode bedienen. Wären die Tasmanier mit dem australischen Festland in Kontakt geblieben, hätten sie den Wert und die Methoden des Fischens und der Herstellung von Knochenwerkzeugen wiederentdecken können. In der vollständigen Isolation Tasmaniens war das aber nicht möglich, so daß der kulturelle Verlust unumkehrbar wurde.

Kurz gesagt, besteht zwischen den Gesellschaften Tasmaniens und des australischen Festlandes offenbar folgender Unterschied: Unter ansonsten gleichen Voraussetzungen machen die Menschen schneller neue Erfindungen und kulturelle Verluste ereignen sich langsamer, wenn in dem betreffenden Gebiet viele konkurrierende Gesellschaften mit einer großen Zahl von Einzelpersonen vorhanden sind, die mit Gesellschaften in anderen Gebieten in Kontakt stehen. Wenn diese Interpretation stimmt, ist sie wahrscheinlich von viel umfassenderer Bedeutung. Sie ist vermutlich ein Teil der Erklärung dafür, daß die Australier auf dem kleinsten und am stärksten isolierten Kontinent der Erde steinzeitliche Jäger und Sammler blieben, während die Bevölkerung anderer Kontinente sich die Landwirtschaft aneignete und Metalle verwendete. Wahrscheinlich hat sie auch zu den bereits erörterten Unterschieden zwischen den Bauern in Afrika südlich der Sahara, in dem viel größeren Amerika und dem noch größeren Eurasien beigetragen.

Natürlich gibt es in der Weltgeschichte viele wichtige Faktoren, die ich in einer Stunde nicht erörtern kann und mit denen ich mich in meinem Buch befasse. So habe ich zum Beispiel kaum etwas über folgende Themen gesagt: über die Verteilung der domestizierbaren Pflanzen (drei Kapitel); über die Art, wie komplexe politische Institutionen sowie die Entwicklung von Schrift, Technologie und organisierter Religion im einzelnen von Ackerbau und Viehzucht abhängen; über die faszinierenden Gründe für die Unterschiede innerhalb Eurasiens zwischen China, Indien, dem Nahen Osten und Europa (neun Seiten); und über die Auswirkungen einzelner Personen und kultureller Unterschiede, die nichts mit der Umwelt zu tun haben, auf die Geschichte (zwei Seiten). Aber jetzt ist es an der Zeit, die Gesamtaussage meines Schnelldurchgangs durch die Menschheitsgeschichte mit ihren ungleich verteilten Gewehren und Krankheitserregern zusammenzufassen.

Ich muß mich oft mit dem Berufsrisiko des Wissenschaftlers auseinandersetzen, der für ein breites Publikum schreibt; Journalisten sagen häufig zu mir: „Mr. Diamond, ich weiß, Sie haben fünf Jahre Ihres Lebens darauf verwandt, dieses Buch von 550 Seiten zu schreiben. Aber bitte denken Sie daran, daß unsere Zuhörer und Leser vielbeschäftigte Menschen sind. Fassen Sie doch bitte Ihr Buch und die ganze Geschichte in einem einzigen Satz zusammen." Na gut, hier ist ein solcher Satz. Die umfassendste historische Gesetzmäßigkeit – nämlich die Unterschiede zwischen den menschlichen Gesellschaften auf den einzelnen Kontinenten – ist nach meiner Auffassung auf die Unterschiede zwischen der Umwelt dieser Kontinente zurückzuführen und nicht auf biologische Unterschiede zwischen den Menschen selbst. Insbesondere die Verfügbarkeit wilder Pflanzen- und Tierarten, die sich für die Domestikation eigneten, und die Leichtigkeit, mit der diese Arten sich verbreiten konnten, ohne auf ungeeignetes Klima zu treffen, haben entscheidend zu dem unterschiedlich schnellen Aufstieg von Landwirtschaft und Viehzucht beigetragen. Das wiederum war ein entscheidender Faktor für das unterschiedlich schnelle Wachstum von Bevölkerungszahl, Bevölkerungsdichte und Nahrungsmittelüberschüssen, was seinerseits entscheidend zu der unterschiedlich schnellen Entwicklung von Infektionskrankheiten, Schrift, Technologie und politischer Organisation beitrug. Außerdem macht uns die Geschichte Tasmaniens und Australiens darauf aufmerksam, daß die unterschiedliche Fläche und Isolation der Kontinente über die Anzahl konkurrierender Gesellschaften bestimmt und deshalb wahrscheinlich ein weiterer wichtiger Faktor für die Entwicklung der Menschheit war.

Als Biologe betreibe ich im Labor experimentelle Wissenschaft, und ich bin mir bewußt, daß manche *Naturwissenschaftler* möglicherweise dazu neigen, solche historischen Interpretationen als nicht beweisbare Spekulationen abzutun, weil sie sich nicht auf mehrfach wiederholte Laborexperimente stützen, die von Leuten im weißen Kittel durchgeführt werden.

Den gleichen Einwand kann man gegen jede historische Wissenschaft erheben, auch gegen Astronomie, Evolutionsbiologie, Geologie und Paläontologie. Und natürlich kann man den Einwand gegen das ganze Gebiet der Geschichtsforschung und gegen die meisten anderen Gesellschaftswissenschaften anführen. Das ist der Grund, warum wir so ungute Gefühle haben, wenn wir die Geschichtsforschung als Wissenschaft bezeichnen. Man reiht sie unter die Geisteswissenschaften ein, die im naturwissenschaftlichen Sinn als weniger wissenschaftlich gelten.

Aber wir müssen daran denken, daß „Wissenschaft“ nicht „mehrfach wiederholte Laborexperimente von Leuten im weißen Kittel“ bedeutet, sondern von „wissen“ kommt. In der Wissenschaft suchen wir Wissen mit allen Methoden, die uns zur Verfügung stehen und sich eignen. Es gibt viele Gebiete, die jeder ohne zu zögern als Wissenschaft bezeichnet, obwohl mehrfach wiederholte Laborexperimente in diesen Bereichen unmoralisch, illegal oder unmöglich wären. Wir können nicht an manchen Sternen etwas verändern und andere als Kontrolle beobachten; wir können keine Eiszeiten ein- oder ausschalten, und wir können nicht mit der Gestaltung und Ausrottung von Dinosauriern experimentieren. Dennoch können wir auf diesen historischen Gebieten mit anderen Mitteln beträchtliche Kenntnisse erwerben. Dann sollten wir sicher auch in der Lage sein, die Menschheitsgeschichte zu verstehen, denn Introspektion und die erhalten gebliebenen Schriften liefern uns über die Lebensweise der Menschen früherer Zeiten weit mehr Aufschlüsse, als wir über die Lebensweise der Dinosaurier früherer Zeiten gewinnen können. Deshalb bin ich zuversichtlich, daß wir schließlich zu überzeugenden Erklärungen für diese umfassendsten Gesetzmäßigkeiten der Menschheitsgeschichte gelangen werden.

Symposium
Evolution in Biologie und Technik

Gemeinsame wissenschaftliche Sitzung der Mathematisch-naturwissenschaftlichen, Biowissenschaftlich-medizinischen und der Technikwissenschaftlichen Klasse am 13. Februar 1998

Einführung

Am 13. Februar 1998 veranstaltete die Berlin-Brandenburgische Akademie der Wissenschaften im Rahmen einer gemeinsamen wissenschaftlichen Sitzung der Mathematisch-naturwissenschaftlichen, Technikwissenschaftlichen und der Biowissenschaftlich-medizinischen Klasse ein Symposium zum Thema „Evolution in Biologie und Technik".
Die aus diesem Anlaß gehaltenen Vorträge wollten vor allem der Frage nach der formalen und möglicherweise mechanistischen Korrespondenz von biologischer Evolution und technischer Entwicklung nachgehen.
Sie sind mit Ausnahme des Vortrages von Ingo Rechenberg (Evolution und Optimierung), der von der Publikation seines Beitrages Abstand nahm, nachfolgend abgedruckt.

Alfred Gierer

Initiation neuer Richtungen biologischer Evolution und technischer Entwicklung

Die biologische Evolution führt ebenso wie die technische Entwicklung zu neuen Funktionen auf der Basis der jeweils vorhandenen. Sowohl Unterschiede als auch Ähnlichkeiten zwischen beiden Bereichen sind unübersehbar, und Vergleiche vermögen zum Verständnis beider Arten der Entwicklung beizutragen. Es ist erstaunlich, wie weit man mit dem Prinzip 'Versuch und Irrtum', 'Zufall und Auswahl', das die biologische Evolution beherrscht, auch in der Technik kommt, zumal wenn man eine intelligente Evolutionsstrategie anwendet. Besonders bemerkenswert ist es, wie biologische Evidenz, etwa über den Vogelflug, zu technischen Entwicklungen, in diesem Fall des Flugzeugs, beitragen konnte. Umgekehrt erhellen Erkenntnisse der Technik Funktionsweisen in der Biologie, zum Beispiel, was die elektrische Signalverarbeitung im Nervensystem angeht. Darüber hinaus ist aber auch an die Möglichkeit zu denken, daß Erkenntnisse der Technikgeschichte etwas zu Theorien der biologischen Evolution beitragen könnten, zumindest aber eine gewisse Offenheit gegenüber Denkmöglichkeiten nahelegen, welche in der innerbiologischen Diskussion relativ wenig beachtet werden. Um diesen letzteren Aspekt geht es hier in meinem Vortrag.

Biologische Evolution beruht auf zufälligen Genänderungen in Verbindung mit Selektion nach Kriterien der 'Fitness', welche die Chance bemißt, Nachkommen zu erzeugen, die ihrerseits reproduktionsfähig sind. Phänotypisch verläuft Evolution in vielen kleinen Schritten. Deswegen wird sie nicht selten einfach als Akkumulation quantitativer Änderungen aufgefaßt, die fast von selbst zur 'Emergenz' von Eigenschaften ohne Beteiligung qualitativer Richtungsentscheidungen führt. Dies ist aber nicht zwingend, nicht einmal immer plausibel; der Vergleich mit technischen Innovationen bestärkt Zweifel an solchen Extremformen eines kontinuierlichen Gradualismus, und das betrifft nicht zuletzt die Evolution biologisch angelegter Fähigkeiten des modernen Menschentyps.

Um diesen Gedanken zu begründen, werde ich zunächst die genetische Steuerung der Embryonalentwicklung des Gehirns besprechen, denn es sind die daran beteiligten Regelprozesse, die für die Evolution des Menschen eine ganz wesentliche Rolle gespielt haben dürften. Weiterhin möchte ich kurz auf Beziehungen zwischen Struktur und Funktion des neuronalen Netzwerks in Zusammenhang mit allgemeinen Fähigkeiten des modernen Menschentyps wie Selbstrepräsentation, strategisches Denken, kognitionsgestützte Empathie eingehen. Schließlich möchte ich die Hypothese begründen, daß bestimmte Genänderungen als richtungsinnovative Auslöser für die Evolution allgemeiner menschlicher Fähigkeiten wesentlich waren.

Entwicklung des Nervensystems

Das Genom des Menschen und der höheren Tiere besteht aus Kettenmolekülen der Erbsubstanz DNS mit Ketten aus einigen Milliarden Nukleotiden, von denen es vier verschiedene Typen gibt. In den Sequenzen der Nukleotidbausteine liegt in wesentlichen Zügen die Information zum Aufbau des Organismus bei der embryonalen Entwicklung, die des Gehirns eingeschlossen. Im Genom gibt es an die hunderttausend Gene; wieviele davon mit der Konstruktion des Gehirns befaßt sind, weiß man nicht, vielleicht zehntausend. In jedem Zelltyp ist nur ein Teil der Gene aktiv. Die Genbereiche, in denen jeweils ein bestimmtes Protein kodiert wird, sind von nichtkodierenden Abschnitten unterbrochen und flankiert, darunter solchen, die an der Regelung der Genexpression beteiligt sind. Sie enthalten Bindungsstellen für Regelproteine, und die Bindung an Regelproteine bestimmt in aktivierender oder inhibierender Weise die Regelung der Expression des entsprechenden Gens. Die Synthese von Regelproteinen wird ihrerseits durch Regelproteine geregelt (Abb. 1). Die entsprechenden Gene bilden ein Netzwerk der Regelung. Es läßt sich als Matrix darstellen, welche die Parameter eines Systems gekoppelter Differentialgleichungen enthält. Solche Systeme können verschiedene stabile Zustände einnehmen; Zustände, die verschiedenen Differenzierungszuständen von Zellen ein und desselben Organismus mit ein und demselben Genom entsprechen, in denen aber jeweils verschiedene Kombinationen von Regelproteinen gebildet werden. Die Regelbereiche vieler weiterer Gene reagieren auf den Satz von Regelproteinen, die den jeweiligen Differenzierungszustand charakterisieren. Sie können daher als eine Art von Mikroprozessoren angesehen werden, die die in der Kombination von Regelproteinen enthaltenen Informationen über Zellzustand, Entwicklungsstadium und Position der Zellen im Gewebe in spezifische Aktivierungen der Gene der Zelle und in die Synthese der entsprechenden Proteine umsetzen (siehe Alberts et al. 1994; Arnone et al. 1997).

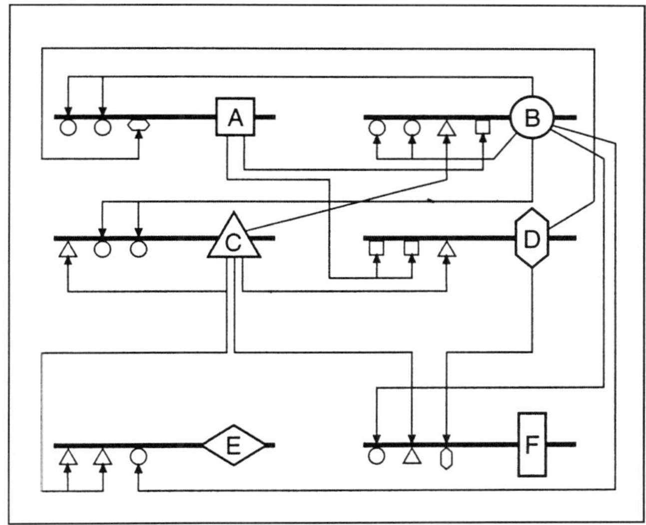

Abb. 1
Das Genom enthält neben Bereichen, die die Struktur von Proteinen kodieren (große Symbole mit Buchstaben A, B, ...), Regelbereiche mit Bindungsstellen für die Regelproteine □, Δ, O, ... die aktivierend oder inhibierend auf die Expression der Gene wirken. Auch die Synthese der Regelproteine selbst wird durch direkte (C) und indirekte Rückwirkungen der Proteine auf ihre eigene Synthese (A–D) geregelt. Dies ermöglicht verschiedene stabile Zustände der Differenzierung, für die jeweils bestimmte Kombinationen synthetisierter Regelproteine charakteristisch sind. Diese wiederum aktivieren beziehungsweise inhibieren die Expression einer Vielzahl weiterer Gene (E, F). Deren Regelbereiche können als eine Art von Mikroprozessoren der Information über Zelltyp, Stadium und Position der Entwicklung angesehen werden, die in der jeweiligen Kombination von Regelproteinen enthalten sind.

Entwicklung des Organismus impliziert die raum-zeitliche Ordnung solcher Zelldifferenzierung. Geordnet wird sie unter anderem durch räumliche Signale, besonders durch gradierte Verteilungen, die nach dem Prinzip der Meilensteine der alten Römer bzw. der Reihen- und Sitznummern im Theater Zellen in verschiedenen Bereichen des Organismus bzw. des einzelnen Organs quantitativ verschiedene Signale geben. Solche positionsabhängigen Signale können quantitativ, aber auch – aufgrund von Schwellwertmechanismen – qualitativ verschiedene Differenzierungen auslösen, so daß ein räumlich geordneter Organismus entsteht. Eine Vielzahl von Regelprozessen sind daran beteiligt. Dabei spielen Vorgänge der Induktion und Signaltransduktion sowie Veränderungen des Cytoskeletts eine wesentliche

Rolle. Die Neubildung räumlicher Ordnung in jeder Generation ist in sich eines der interessantesten Probleme der Entwicklungsbiologie, das ich in einem anderen Sitzungsvortrag der Akademie dargestellt hatte, auf den ich hier verweisen möchte (Gierer 1997).

All dies gilt nicht zuletzt für das Nervensystem, auch für die Großhirnrinde des menschlichen Gehirns. Sie ist die gefaltete Struktur grauer Zellen, die jeder von Gehirnmodellen des Menschen kennt. Die Großhirnrinde ist eine geschichtete Struktur von einigen Millimetern Dicke, die aus circa sechs Zell- und Faserschichten besteht. Ihre Gesamtfläche umfaßt – aufgefaltet gedacht – ungefähr ein sechstel Quadratmeter und ist in etwa achtzig Funktionsareale unterteilt, die ihrerseits in vielen Fällen aus Unterbereichen bestehen (Braitenberg und Schüz 1991; Abb. 2). Sie enthält etwa zwanzig Milliarden Nervenzellen. Über teils kürzere, teils längere Fortsätze ist jede Zelle in der Regel mit vielen anderen Zellen verbunden. Insgesamt durchziehen hunderttausende von Kilometern leitender Verbindungen unser Gehirn. Es gibt zahlreiche Verknüpfungen zwischen Nervenzellen innerhalb des jeweiligen Areals und Fernverbindungen zwischen Funktionsarealen (Abb. 3). Es sind diese Vernetzungen, die in wesentlichen Zügen funktionelle Eigenschaften des Nervensystems bestimmen.

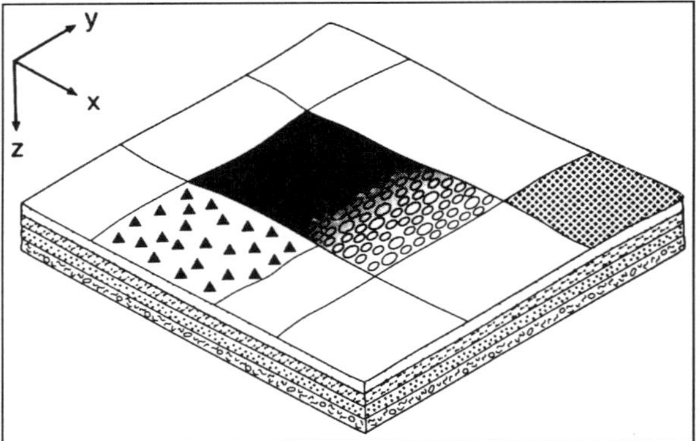

Abb. 2
Die menschliche Großhirnrinde, die aus etwa sechs Zell- und Faserschichten besteht, entspricht aufgefaltet einer Fläche von etwa einem sechstel Quadratmeter und ist in eine größere Anzahl verschiedener Funktionsbereiche unterteilt, wie es die Abbildung ausschnittsweise und sehr schematisch darstellt. Die Funktionsbereiche selbst sind oft modular organisiert (z. B. ▲▲▲ …). An der Zielfindung von Axonen bei der neuronalen Verschaltung sind vermutlich quantitativ gradierte (schattiert gezeichnete) Verteilungen von Molekülen beteiligt, die in Analogie zu Reihen- und Sitznumerierungen im Theater Positionen innerhalb von Funktionsbereichen charakterisieren.

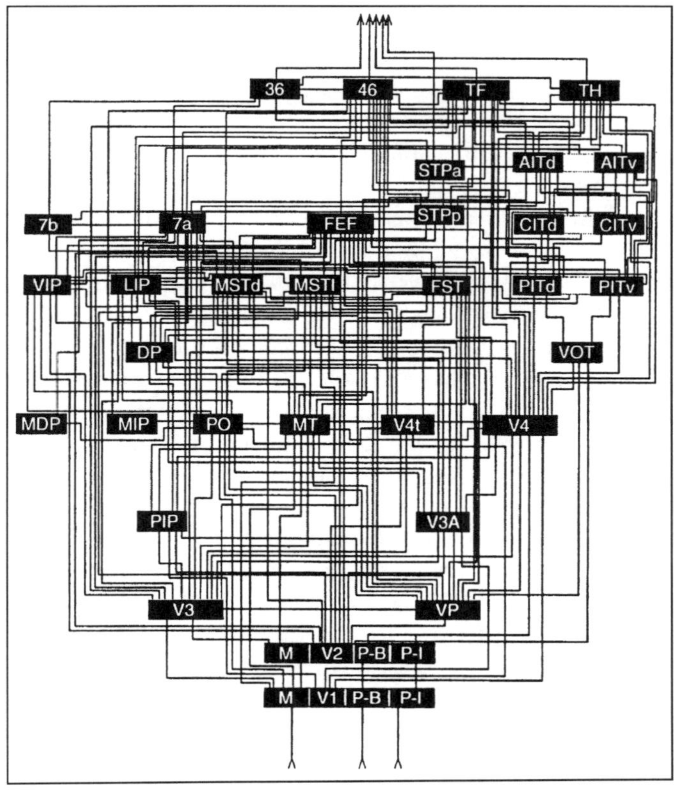

Abb. 3
Neuronale Verbindungen gibt es innerhalb und zwischen Funktionsbereichen. Die Abbildung zeigt schematisch Verknüpfungen zwischen Bereichen des Sehsystems der Hirnrinde. Die meisten gezeichneten Verbindungen wirken in beiden Richtungen. Nicht jedes Areal ist mit jedem verbunden, aber es gibt auch keine Konvergenz zu zentralen Schaltstellen. Die Abbildung ist adaptiert nach Singer (1995).

Die neuronalen Verbindungen entstehen zum Teil durch genetisch bestimmte Vorgänge in Frühstadien der Entwicklung. Die besprochenen Regelmechanismen der Gene bewirken quantitativ und qualitativ regulierte stadien-, zelltyp- und positionsabhängige Synthese von Proteinen in den Neuronen. Diese Proteine wiederum sind während des Wachstums der Nervenfortsätze an den Wechselwirkungen mit dem umgebenden Gewebe, insbesondere auch mit anderen Nervenzellen beteiligt und bestimmen dabei die Navigation der Wachstumsspitze von Nervenfortsätzen in Richtung auf Zielbereiche und Zielzellen, mit denen dann Verschaltungen erfolgen. Dem folgen oft in späteren Phasen aktivitätsabhängige Prozesse der Selbstorganisation. So entsteht zum Beispiel in bestimmten Sehsystemen von Gehirnen eine streifenförmige Ausbildung von Projektionen aus dem linken und dem rechten Auge, und diese Streifenbildung erfordert elektrische Aktivität, die im Nervensystem selbst generiert wird. Ob, wann und wo sie erfolgt und wie breit die Streifen im Normalfall werden, ist aber durch die genetisch festgelegten Randbedingungen des Prozesses bestimmt. Gene lenken letzten Endes, wie indirekt auch immer, in wesentlichen Zügen die Ausbildung des neuralen Netzwerkes.

Die Evolution des Gehirns beruht vermutlich zu einem wesentlichen Teil auf Genänderungen in Regelbereichen des Genoms. Viele Ergebnisse der Entwicklungsgenetik zeigen hierarchische und kombinatorische Merkmale des Systems der Genregulierung. Genetische Veränderungen, die der Evolution zugrundeliegen, können einzelne Nukleotide und kürzere Sequenzen, aber auch weitere Strecken des Genoms betreffen. Eine Schlüsselrolle spielen Duplikationen und Transpositionen größerer Genabschnitte. Nach einer Duplikation kann ein Abschnitt weiterhin die alte Funktion ausüben, der andere weiter mutieren und neue Funktionen annehmen. Betreffen solche Vorgänge einen proteinkodierenden Bereich, so entsteht schließlich aus einem Protein eine 'Familie' verwandter Proteine. Werden hingegen regulatorische Bereiche aus einem Bereich des Genoms in einen anderen versetzt, so werden Proteinsynthesen nach neuen Regeln in verändertem Kontext aktiviert. Sie werden in anderen Kombinationen, in anderen Entwicklungsstadien und in anderen räumlichen Mustern gebildet. Dies kann besonders auch die Verschaltung des neuralen Netzwerkes betreffen, und zwar nicht nur an einzelnen Stellen, sondern über größere Bereiche hinweg. Die Beziehung zwischen dem Netz der Genregelung einerseits und dem neuronalen Netzwerk andererseits ist allerdings komplex, aber sie zeigt doch eine innere Ordnung. Einzelne Gene kodieren zwar nicht einzelne Nervenverbindungen, sie haben aber auch nicht unbestimmte und diffuse Auswirkungen. Wie sich – unter anderem – an Mutanten des Sehsystems zeigte, führt eine genetische Veränderung in der Regel zu einem definierten Satz von Auswirkungen auf die Entwicklung des Nervensystems, die verschiedene Bereiche und Verbindungen betreffen (Baier et al. 1997).

Evolution höherer menschlicher Fähigkeiten: kognitionsgestützte Empathie als Beispiel

Unter diesen Aspekten stellt sich die Frage, wie die höheren Fähigkeiten des menschlichen Gehirns in der Evolution zustandegekommen sind. Wurden sie durch spezifische, eher seltene Neukombinationen vorhandener Genbereiche eingeleitet, denen sich viele weitere Schritte anschlossen, oder kamen sie ausschließlich durch die graduelle Akkumulation von im Grunde gleichberechtigten, quantitativen Schritten genetischer Veränderungen zustande, ohne daß dabei ein Anfangsprozeß qualitativ ausgezeichnet wäre? Logisch ist beides denkbar. Zugunsten einer reinen Akkumulationstheorie ließe sich anführen, daß einzelne Funktionsbereiche des Gehirns zwar nicht direkt mit jedem anderen verbunden sind, daß aber doch über eine Zwischenstation praktisch jedes Areal von jedem anderen durch Nervenverbindungen erreichbar ist. Deswegen können wesentlich veränderte Netzwerkeigenschaften durchaus durch ausschließlich graduelle Verstärkungen und Veränderungen vorhandener Verbindungen entstehen. Dies ist aber nicht der einzig denkbare und vermutlich nicht immer der effizienteste und deshalb von der Evolution bevorzugte Weg. Die Verdoppelungen, Neukombinationen und Translokationen von Genabschnitten, die die Molekularbiologie aufzeigt, sind auf der genetischen Ebene jeweils singuläre Vorgänge, auch wenn ihre unmittelbaren Auswirkungen gering sind und erst durch viele weitere Mutationen verstärkt werden. In Millionen Individuen und vielen Tausenden von Generationen hat jeder Regelbereich des Genoms die Chance, mit zahlreichen anderen Regelbereichen verknüpft zu werden. Dabei kommen hochspezifische, pro Individuum gerechnet sehr unwahrscheinliche Kombinationen von Subroutinen der Genregulation vor, die an der Entwicklung des neuralen Netzwerkes beteiligt sind. Einige davon, so die Hypothese, könnten sozusagen neue algorithmische Eigenschaften der Genregulation ergeben, die ihrerseits neue Netzwerkmerkmale mit innovativen Funktionen des Nervensystems erzeugen könnten: Ansätze für neue allgemeine Fähigkeiten der Informationsverarbeitung, vielleicht mit sehr kleinen Anfangsauswirkungen auf die Fitness, die dann durch viele weitere, sich akkumulierende quantitative Schritte zu größerer Effizienz verstärkt werden.

Dies könnte nicht zuletzt für die Evolution spezifisch menschlicher Gehirnfähigkeiten gelten. Menschen unterscheiden sich von höheren Tieren durch sehr allgemeine Fähigkeiten, die auf eine so gut wie unbegrenzte Vielfalt von Situationen anwendbar sind. Dazu gehört die Sprache mit einem so reichhaltigen Vokabular, daß man damit fast alles ausdrücken kann; die Repräsentation der Person im eigenen Gehirn, die eine Grundlage des strategischen Denkens bildet, indem sie vielfältige Szenarien für die Zukunft gegeneinander abzuwägen ermöglicht; dazu gehört die Fähigkeit zu kognitionsgestützter Empathie (siehe z. B. Eisenberg, 1986; Miller et al., 1991), die Mitempfinden nicht nur für gegenwärtige Befindlichkeiten, sondern auch in bezug auf Hoffnungen und Ängste für Szenarien der Zukunft erlaubt. Ansätze zu solchen Fähigkeiten sind zwar auch in höheren Tieren zu finden, aber ihre Generalisierung ist eine spezifisch menschliche Eigenschaft; sie ist also Produkt der biologischen Evolution des Menschen. Sie sind im menschlichen Genom angelegt und der ganzen heutigen Menschheit gemeinsam. Diese Fähigkeiten sind entscheidende Voraussetzungen der Kulturgeschichte und der kultu-

rellen Differenzierung, die selbst nicht mehr auf Genänderungen, sondern auf Traditionen und ihrer Entwicklung in menschlichen Gesellschaften beruht.
Die ganze heutige Menschheit, die durch die Eigendynamik der Kulturgeschichte charakterisiert ist, stammt vermutlich biologisch von einer kleinen Gruppe ab, die vor ungefähr zweihunderttausend Jahren in Afrika gelebt hat. Wann die allgemeinen Fähigkeiten des modernen Menschentyps biologisch im einzelnen entstanden sind, wissen wir nicht. Es ist aber nicht unwahrscheinlich, daß die Generalisierung, die spezifisch menschlichen Fähigkeiten zugrundeliegt, mit der Entstehung des modernen Menschtentyps vor vielleicht 200.000 Jahren zusammenhängt und eben dadurch die Selektionsvorteile erzeugt hat, die schließlich zur Verdrängung aller anderen Menschenarten auf der Erde – zuletzt des Neandertalers in Europa vor 30.000 Jahren – geführt hat. Die folgenden Überlegungen würden dem entsprechen, sind aber von einer derartigen zeitlichen Zuordnung nicht zwingend abhängig.
Evolutionsbiologisch betrachtet, entstehen genetisch angelegte Fähigkeiten dann, wenn sie der biologischen Fitness dienen, wenn sie also die Reproduktionschancen von Trägern entsprechender Gene erhöhen. In diesem Sinne ist die Fähigkeit zur Selbstrepräsentation der Person im Gehirn als Fitnessvorteil zu verstehen, denn sie erlaubt den Vergleich unterschiedlicher, die eigene Person betreffende Szenarien in der Zukunft und ermöglicht dadurch strategisches Denken. Strategisches Denken erfordert aber auch Prognosen über das Verhalten anderer. Dafür gibt es verschiedene Möglichkeiten: Man kann aus dem Verhalten anderer in der Vergangenheit lernen, wie sie sich mit einiger Wahrscheinlichkeit in Zukunft verhalten werden. Man kann sich aber auch in die Lage der anderen hineinversetzen und deren Emotionen nachvollziehen, um zu bestimmen, wie man sich dann selbst verhalten würde. Empathie erhöht somit die Qualität strategischen Denkens und dadurch die eigene Fitness. Deshalb, so darf man vermuten, ist die Fähigkeit menschlicher, kognitionsgestützter Empathie entstanden – als eine Art Nebenprodukt der Evolution des strategischen Denkens. Mitgeliefert wurde aber das Mitleid, und die Tendenz zu dessen Linderung motiviert helfendes, kooperatives, altruistisches Verhalten. Evolutionsbiologisch ist also die Entstehung der Empathiefähigkeit des denkenden Menschen durchaus einsichtig, obwohl sie von Dispositionen zu altruistischem Verhalten begleitet ist, die – für sich betrachtet – die individuelle Fitness erniedrigen. Sie erscheint als eine unabhängige Quelle kooperativen Verhaltens, zusätzlich zu den beiden Standardursachen, deren evolutionsbiologische Erklärung in jedem Sachbuch zum Thema Biologie und Altruismus abgehandelt werden: Zum einen die Hilfe unter Verwandten (Hamilton 1964; Maynard-Smith 1964) – wenn ich Verwandten helfe, unterstütze ich dadurch die Vermehrung eigener Gene, selbst wenn diese Unterstützung auf Kosten der eigenen Reproduktionschancen geht; zum anderen der sogenannte 'reziproke Altruismus', 'wie Du mir,

so ich Dir' (Trivers 1971; Axelrod und Hamilton 1981), dessen evolutionsbiologische Stabilität mit Hilfe der mathematischen Spieltheorie eingehend untersucht wurde.

Empathie entspricht, formal betrachtet, einer Verknüpfung der Repräsentation von Merkmalen und Situationen anderer mit dem jeweils eigenen Gefühlssystem im Nervensystem. Die Evolution dieser Fähigkeit könnte durch die Kombination bestimmter Subroutinen der Genregulation – zumal in der oberen Hierarchieebene der an der neuralen Entwicklung beteiligten Regelgene – eingeleitet worden sein (Gierer 1998); und zwar, so die Hypothese, durch eine Kombination, die im neuralen Netzwerk Fähigkeiten zur Selbstrepräsentation auf Fremdrepräsentationen erweiterte, welche – ähnlich wie die Selbstrepräsentationen – mit dem jeweils eigenen Gefühlssystem verbunden wurden oder blieben. Fitnessvorteile durch die Verbesserung des strategischen Denkens dürften anfangs klein gewesen sein und wurden erst durch viele weitere Mutationen ausgebildet und verstärkt, durchaus im Einklang mit der evolutionsbiologischen Grundauffassung, phänotypisch erfolge die Evolution durchweg in kleinen Schritten; aber auf der Genebene ist gemäß dieser Vorstellung eben doch diejenige Veränderung ausgezeichnet, die spezifisch die Evolution einer innovativen Fähigkeit einleitet.

Ein tieferes Verständnis solcher Vorgänge erfordert allerdings weitergehende Forschungen über die Beziehung, die dem Verhältnis von Genotyp und Phenotyp der Gehirnentwicklung zugrunde liegen, das heißt, über die Beziehung zwischen der inneren Ordnung des Netzes der dabei beteiligten Genregulation einerseits und des Netzwerkes der Neuronen im Gehirn andererseits.

Die Vermutung über Schlüsselrollen von Initiationen neuer Richtungen und die Unvollständigkeit reiner Akkumulationstheorien zur Erklärung der Evolution allgemeiner menschlicher Fähigkeiten möchte ich nun durch vergleichbare Einsichten aus der Technikgeschichte sowie durch Ansätze übergeordneter Konzepte stützen, die sowohl auf die Biologie als auch auf die Technik anwendbar sein sollten.

Vergleich biologischer und technischer Entwicklung: Initiation neuer Entwicklungsrichtungen

Im Vergleich biologischer Evolution und technischer Entwicklung sind zunächst Unterschiede zu benennen: Neben den verschiedenen Geschwindigkeiten und der beherrschenden Rolle von Zufall und Selektion in der Biologie im Gegensatz zu zielgerichtetem Denken technischer Erfinder sind es in erster Linie die zuvor erwähnten, im Vergleich zur Technik sehr indirekten Wege, die in der Biologie von der Auslösung von Genänderungen bis zur phänotypischen Auswirkung im Organismus führen. Dies gilt insbesondere für die Begründung und Erweiterung allgemeiner Gehirnfähigkeiten als Folge von Genänderungen, die die Entwicklung des neuralen Netzwerkes betreffen. Trotz aller Verschiedenheit der Mechanismen sind aber auch Ähnlichkeiten zwischen biologischer und technischer Entwicklung eindrucksvoll. Dies zeigt sich besonders, wenn man technische Entwicklung mit Hilfe einer Innovationstheorie erfaßt, welche Innovation nicht als Konzeption neuer Ideen im Kopf von Erfindern, sondern als deren Implementation im Markt betrachtet. Ökonomischer Gewinn entspricht dann in etwa genetischer Fitness, die Ausbreitung einer Technologie im Markt, gemessen als Marktanteil, formal der Ausbreitung neuer genetischer Merkmale in der Population. Marktnischen spielen eine ähnliche Rolle wie ökologische Nischen, und es gibt synergetische Wirkungen sehr verschiedener technischer Entwicklungen ebenso, wie es Koevolution verschiedener Organismen – aber auch verschiedene Merkmale eines Organismus – in der Biologie gibt.

Für die biologische Evolution menschlicher Gehirnfähigkeiten spielen Selbst- und Rückbezüge eine wesentliche Rolle. Auch in der Technikgeschichte waren Erfindungen und Entwicklungen mit diesen formalen Eigenschaften ganz wesentlich. Ein Beispiel ist die Erfindung des Dynamos: Elektrizität erzeugt Magnetismus, Magnetismus erlaubt die Erzeugung von Elektrizität. Im elektrischen Generator erzeugt Elektrizität das Magnetfeld selbst, das für die Erzeugung der Elektrizität erforderlich ist. Ein anderes Beispiel ist das Düsenaggregat, das die für den Antrieb erforderliche verdichtete Luft selbst komprimiert. Derartige rück- und selbstbezügliche Prozesse sind zwar leicht zu benennen, aber in Wirklichkeit anfällig gegen Disfunktionen und Instabilitäten und daher doch nur in subtil konstruierten Anordnungen zu verwirklichen. Ähnliches dürfte für die Evolution von Selbstrepräsentationen im Gehirn gelten, in denen wirkliche und mögliche Merkmale des Organismus, mentale Zustände und Emotionen nicht ausgeschlossen, repräsentiert sind, und zwar in guter Näherung und nicht allzu anfällig gegen Widersprüche: Nur so ermöglichen sie strategisches Denken.

Von besonderer Bedeutung für biologische wie technische Entwicklung sind Begründungen neuer Entwicklungsrichtungen durch die Kombination und Verbesserung bestehender Teilsysteme für neue Funktionen. Als technikhistorisches Beispiel soll hier zunächst die Dampfschiffahrt dienen.

Die Dampfmaschine wurde im 18. Jahrhundert als landgestützte Maschine, vorwiegend für den Bergwerksbetrieb, entwickelt und vervollkommnet, bis hin zu Watts für viele Zwecke anwendbare, selbstregelnde Konstruktion. Die Idee, Dampfmaschinen auf Schiffen einzusetzen, geht eigentlich bis in das 17. Jahrhundert zurück, und es gab nicht wenige, aber ökonomisch durchweg erfolglose Versuche in dieser Richtung. Der Erfolg einer solchen Kombination konnte sich erst einstellen, als die Komponenten, zumal die Dampfmaschine, einen hohen Grad technischer Reife erreicht hatten. Um die Wende zum 19. Jahrhundert konstruierte Symington ein Dampfschiff, das trotz seines plumpen Zahnstangenantriebs ziemlich gut funktionierte, bis Umweltschützer seinen Einsatz in schottischen Kanälen unterbanden. Fulton hatte Symingtons Schiff gesehen und beschloß nun, eine noch bessere Version zu verwirklichen: Mit Watts Dampfmaschine, mit einem gut überdachten Schaufelradantrieb, auf einem fortschrittlich konzipierten Schiffskörper. So entstand 1807 die 'Clermont' (Abb. 4a), die den Hudson-River zwischen New York und Albany befahren sollte. Der Hohn und Spott der Zuschauer beim ersten Fahrversuch schlug schnell in Jubel um, als die Technik wider Erwarten funktionierte. Das Schiff bediente die Hudson-Strecke viele Jahre mit ökonomischem Erfolg. Als eigentliches Anwendungsfeld der frühen Dampfschiffahrt wurde aber schon von Fulton von vornherein der Mississippi angesehen. Die ersten Schiffe dort waren der 'Clermont' ähnlich; die Folgeentwicklung führte über eine Phase vieler Unfälle – in 15 Jahren 35 Kesselexplosionen mit 250 Toten – in der Mitte des 19. Jahrhunderts zu den bekannten mehrstöckigen Flußdampfern mit dem riesigen Heckschaufelrad. Auch in Europa breitete sich die Dampfschiffahrt bald aus. 1816 befuhr das erste in Deutschland gebaute Dampfschiff, die 'Prinzessin Charlotte von Preussen', die Strecke vom Schloß Bellevue in Berlin nach Potsdam.

Die Ozeanschiffahrt mit Dampfschiffen begann 1819 mit der Überquerung des Atlantik durch die 'Savannah', wobei die Dampfmaschine aber nur über kürzere Zeiträume während der langen Überfahrt lief. Die Dampfschiffahrt ermutigte in der Folge die Inkorporation weiterer qualitativer Neuerungen – eiserner Schiffsrumpf, Antrieb durch Schiffsschrauben. Die Schiffsschraube hat dabei eine längere Vorgeschichte, in der auch Arbeiten von Johann Albert Euler als Mitglied der königlich-preußischen Akademie der Wissenschaften zwischen 1762 und 1773 eine Rolle spielten; ökonomischen Sinn ergab sie jedoch erst in der Verbindung mit dem Dampfschiff. Das erste Schiff, das Dampfmaschine, eisernen Schiffsrumpf und Schiffsschraubenantrieb kombinierte, war die 1845 in Dienst gestellte 'Great Britain' (Abb. 4b). Über die Jahrhundertmitte hinaus erfolgte aber auch eine erstaunliche Weiterentwicklung der Segelschiffe vom plumpen Frachter zum schnellen, schlanken Clipper mit riesigen Segelflächen (Abb. 4c), und erst um 1880 herum hatte schließlich die Dampfschiffahrt die Segelschiffahrt auf den Ozeanen an Bedeutung eingeholt. Eine große Rolle spielte dabei der Ausbau von Häfen, die das Bunkern von Kohle erlaubten und der Bau des Suezkanals, der ohne Dampfschiffahrt kaum denkbar gewesen wäre, der dann aber auch das 'Aus' für die Segelschiffahrt im Verkehr zwischen Europa und Asien einleitete.

Quantitativ zeigt die Dynamik der Ausbreitung der Dampfschiffahrt durchaus Merkmale, die an die Populationsgenetik – die Ausbreitung neuer vorteilhafter genetischer Merkmale in der Evolution – erinnern: Über den Anfang entscheidet eine komplexe, nicht immer leicht durchschaubare Kombination von Gegebenheiten (Adams 1996). Nach einem innovativen Beginn, dem sich unter Umständen

a)

b)

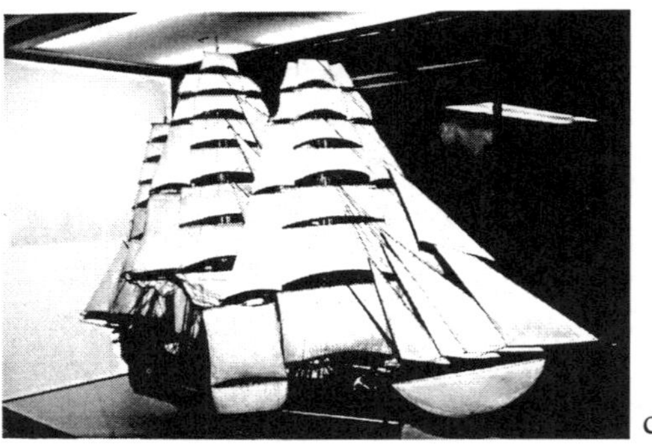

c)

Abb. 4
Entwicklung der Dampfschiffahrt. (a) Fulton's Clermont von 1807, die erste ökonomisch erfolgreiche Kombination von Dampfmaschine und Schiff. (b) Die 'Great Britain', erbaut 1843-1845, die erste Kombination von Dampfantrieb, eisernem Schiffskörper und Schiffsschraubenantrieb. (c) Clipper 'Republic' von 1869. Dieser Typ schneller Segelschiffe mit schlankem Rumpf, hohen Masten und großen Segelflächen machte noch bis über die Mitte des 19. Jahrhunderts hinaus der Dampfschiffahrt auf den Ozeanen erfolgreich Konkurrenz. (Modelle: Deutsches Museum, München, Aufnahmen: W. Gierer).

eine Kaskade weiterer Entwicklungen anschließt, erfolgt eine annähernd exponentielle Ausbreitung bis zur weitgehenden Sättigung. Im Falle der Dampfschiffahrt dauerte es von der Indienststellung von Fultons 'Clermont' bis zur Halbsättigung des Marktes der US-Schiffahrt etwa 70 Jahre (Abb. 5). Der Innovationstheoretiker Marchetti (1988) hat gezeigt, daß solche Verläufe und Zeiträume typisch für viele Innovationen in der Technikgeschichte waren. Aber auch qualitative Ähnlichkeiten zwischen Technikgeschichte und biologischer Evolution sind eindrucksvoll: Die Marktnische Mississippi als Analogie zu ökologischen Nischen der Evolution; die synergetischen Wirkungen von Dampfschiffahrtsentwicklung, Hafenausbau und Kanalbau, besonders im Falle des Suezkanals, in Analogie zu vielen Koevolutionsprozessen in der Biologie.

Interessant ist in unserem Zusammenhang der Vergleich der Entwicklung der Segler und der Dampfschiffe: Die Entwicklung vom plumpen, langsamen Segler mit großen Laderäumen zum schnellen Clipper mit schlankem Rumpf und hohen Segeln beruhte wesentlich auf Veränderungen quantitativer Parameter. Die Entwicklung der Dampfschiffahrt durch die Kombination von 'Dampfmaschine' und 'Schiff', also von zwei hochentwickelten Systemen aus grundverschiedenen Technikbereichen,

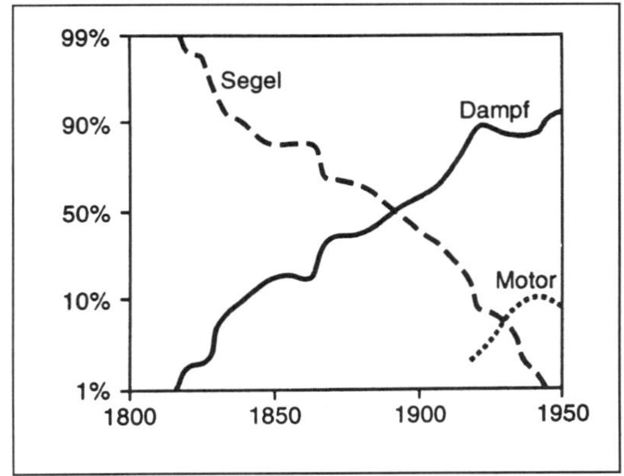

Abb. 5
Zunahme des Anteils der Dampfschiffahrt an der Handelstonnage der Vereinigten Staaten, in einer logarithmischen Skala, nach Marchetti (1988). Beginnend mit den ersten ökonomisch erfolgreichen Dampfschiffen Anfang des 19. Jahrhunderts, erfolgte ein kontinuierlicher Anstieg. Es dauerte etwa 70 Jahre, bis die Dampfschiffahrt die Halbsättigung des Marktes erreicht und damit die Segelschiffahrt an Bedeutung überrundet hatte. Ein solcher Verlauf ist typisch für technische Innovation im allgemeinen und zeigt Analogien zu biologischer Populationsdynamik bei der Ausbreitung von Mutanten mit erhöhter Fitness.

wurde hingegen durch spezifische Neukombination initiiert. Entwicklung neuer Fähigkeiten erfolgte in der Technik also in manchen Fällen mit und in anderen Fällen ohne singuläre qualitative Initiation. Entsprechendes könnte auch für Gehirnfähigkeiten gelten; sie können sowohl durch rein akkumulative, quantitative Veränderungen, als auch vermittels qualitativer Initiationen bewirkt werden. Der Vergleich mit der Technik legt nahe, daß Kombinationen von hochentwickelten Teilsystemen innovative Entwicklungsrichtungen zu begründen vermögen.

Das im biologischen Kontext häufig benutzte Argument, allein die Akkumulation quantitativer Änderungen würde für die Erzeugung neuer Fähigkeiten im Prinzip ausreichen, ist keineswegs schlüssig, da biologische Prozesse selten formalen Minimalanforderungen entsprechen. In der Evolution konkurrieren verschiedene Mechanismen nicht in Bezug auf Eleganz mathematischer Erklärungen, sondern in Bezug auf Effizienz, zumal hinsichtlich der Geschwindigkeit der Entwicklung, und die Kombination von Konstruktionsmerkmalen bereits hochentwickelter Teilsysteme zu neuen Gesamtsystemen mit neuen Funktionen ist in diesem Sinne ein effizienter Vorgang. In der Technikgeschichte ist die Entwicklung der Dampfschiffahrt dafür nur ein Beispiel. Zu denken ist auch an die Elektrizitätsversorgung, die von Edison als Kombination der Stromerzeugung durch den Dynamo, der Stromverteilung sowie der Stromanwendung durch die von ihm entwickelten Glühbirnen eingeleitet wurde – in seiner Anlage in der Pearl Street von New York von 1882. Schon zwei Jahre später entstand in Berlin das erste Elektrizitätswerk im Bauer-Block in der Friedrichstraße, ein weiteres Jahr später das erste öffentliche Elektrizitätswerk in der Markgrafenstraße; beide nur ein paar hundert Meter von unserer Akademie entfernt. Ein anderes Beispiel ist der Containerverkehr als Kombination des Einsatzes genormter Blechkisten, die sich für Land- und Seetransport eignen, mit moderner Logistik und Schiffstechnik (Abb. 6); eine Transportform, die sich seit den sechziger Jahren völlig unerwartet – und unerwartet schnell – weltweit ausgebreitet und den Handelsverkehr zur See revolutioniert hat.

Lassen Sie mich meine Argumente zugunsten richtungsinnovativer Genänderungen bei der Evolution des Menschen an einem Beispiel zusammenfassen: Die Menschwerdung war mit der Vergrößerung des Gehirns verbunden. Manche argumentieren, die Vergrößerung eröffnete mehr Möglichkeiten für Selbstorganisationsprozesse im Gehirn und damit für neue Fähigkeiten. Das ist denkbar, aber die Beziehung zwischen Ursache und Wirkung könnte auch in umgekehrter Richtung verlaufen sein: Ein größeres Gehirn ist energieaufwendig und daher evolutionsbiologisch gesehen besonders dann realisierbar, wenn neue Fähigkeiten bereits angelegt sind, die sich in einem erweiterten Gehirn besser entfalten können. In solchen Fällen ist der primäre Prozeß die Initiation neuer Fähigkeiten durch genetische Veränderung, die neue Netzwerkeigenschaften erzeugen, und durch die sich dann die Vergrößerung des Gehirns erst richtig lohnt, was die biologische

Abb. 6
Die weltweite Entwicklung des Containerverkehrs – die Kombination normierter, für Land- und Seeverkehr geeigneter Kisten mit geeigneter „Logistik“ und dem Ozeanschiff – wurde Mitte der sechziger Jahre durch die Reederei Sea-Land initiiert. Das Bild zeigt die Ankunft des ersten Containers in Bremen 1966.

Fitness angeht. Im 19. Jahrhundert hat die Dampfschiffahrt die Segelschiffahrt ersetzt, und die Schiffsgrößen haben sich verzehntfacht bis verhundertfacht. Wer aber würde die Vergrößerung der Schiffsgrößen als Erklärung des Dampfschiffs ansehen?

Molekularbiologen stehen der Möglichkeit, neue, genetisch bestimmte Eigenschaften durch spezifische Kombinationen vorhandener Genbereiche zu erzeugen, im allgemeinen aufgeschlossen gegenüber. So heißt es zum Beispiel im Standardwerk 'The Cell' (Alberts et al. 1994) über die sogenannten Transpositionen, daß dieser Prozess besonders geeignet ist, neue Verknüpfungen von Genbereichen zu erproben, die für sich keine Selektionsvorteile bieten, zusammen aber in einigen, unter sehr vielen zufällig entstandenen Kombinationen Fitnessgewinne erzeugen. Anthropologen hingegen schätzen in der Regel die Rolle qualitativer genetischer Auslöser bei der Evolution menschlicher Fähigkeiten nicht so hoch ein; sie setzen häufig mehr auf 'Selbstorganisation' und auf Akkumulationen von vielen im Grunde gleichwertigen kleinen Schritten. Es gibt aber auch bemerkenswerte, weniger dem Mainstream entsprechende Befunde und Argumente zugunsten qualitativ richtungsentscheidender genetischer Änderungen bei der Menschwerdung, die 'das soziale Universum für immer verändert haben' (Povinelli und Preuss 1995). Sie verweisen auf 'important differences in how humans, great apes and other animals interpret other organisms'; 'at some point in human evolution, elements of a new psychology were incorporated into existing neural systems' – so die Hypothese. In eine ähnliche Denkrichtung weisen meine Argumente dafür, daß bei der Evolution 'höherer' menschlicher Fähigkeiten einzelne, richtungsinnovativ wirkende Genänderungen wesentlich waren.

Für diese Argumentation habe ich Einsichten der Technikgeschichte hinzugezogen. Zwar können sie nicht zwischen Alternativen biologischer Erklärungen entscheiden, sie vermögen aber doch Anregungen für die biologische Evolutionstheorie zu geben. Darüber hinaus sind formale Ähnlichkeiten und Gemeinsamkeiten der Entwicklung neuer Merkmale in Biologie und Technik von allgemeinem Interesse, verweisen sie doch auf innovationstheoretische Prinzipien, die für sehr verschiedene Bereiche gelten könnten.

Literatur

Adams, R. McC. (1996): Paths of fire – An anthropologist's inquiry into Western technology, Princeton, New Jersey: Princeton University Press.

Alberts, B., Bray, D., Lewis, J. , Raff, M., Roberts, K. & J. D. Watson (1994): The Molecular Biology of Cell, 3rd edition, New York: Garland Publishing Inc., S. 385-395, 417-432, 1119-1130.

Arnone, M. J. & E. H. Davidson (1997): The hardwiring of development: organization and function of genomic regulating systems. In: Development 124, S. 1851-1864.

Axelrod, R. & W. D. Hamilton (1981): The evolution of cooperation. In: Science 211, S. 1390-1396.

Baier, H., Klostermann, S., Trowe, T., Karlstrom, R. O., Nüsslein-Volhard, C. & F. Bonhoeffer (1997): Genetic dissection of the retinotectal projection. In: Development 123, S. 415-425.

Braitenberg, V. & A. Schüz (1991): Anatomy of the cortex, Berlin: Springer.

Eisenberg, N. (1986): Altruistic emotion, cognition and behaviour. Hillsdale, New Jersey: Lawrence Erlbaum.

Gierer, A. (1997): Physikalische Prinzipien biologischer Strukturbildung. In: Berlin-Brandenburgische Akademie der Wissenschaften, Berichte und Abhandlungen 3, Berlin: Akademie Verlag, S. 9-24.

Gierer, A. (1998): Networks of gene regulation, neural development and the evolution of general capabilities, such as human empathy. In: Zeitschrift für Naturforschung C, Special issue: Natural organisms, artificial organisms, and their brains, S. 716-722.

Hamilton, W. D. (1964) The genetic evolution of social behaviour. In: Journal of Theoretical Biology 7, S. 1-52.

Marchetti, C. (1988): The future. In: Caglioti, C. & H. Haken (eds.), Synergetics and dynamic instabilities, North Holland, S. 400-416.

Maynard-Smith, J. (1964): Group selection and kin selection. In: Nature 201, S. 1145-1147.

Miller, P. A., Bernzweig, J., Eisenberg, N. & R. A. Fabes (1991): The development and socialisation of prosocial behaviour. In: Hinde, R.A. & J. Groebel (eds.), Cooperation and prosocial behaviour, Cambridge: Cambridge University Press, S. 54-77.

Povinelli, D. J. & T. M. Preuss (1995): Theory of mind: Evolutionary history of a cognitive specialization. In: Trends in Neuroscience 18, S. 418-424.

Singer, W. (1995): Funktionelle Organisation der Großhirnrinde. In: Nova Acta Leopoldina, Neue Folge 294, Band 72, S. 61-79.

Trivers, R. L. (1971): The evolution of reciprocal altruism. In: Quarterly Review of Biology 46, S. 35-57.

Peter Schuster

Evolution in molekularer Auflösung[1]

Durch Vereinfachung der zu studierenden Objekte können Evolutionsprozesse auf Replikation und Mutation von Nukleinsäuremolekülen in zellfreien Assays reduziert werden. Dadurch wird es möglich, Optimierung und Anpassung in Zeiträumen von wenigen Tagen oder Wochen zu beobachten und mit den Methoden der physikalischen Chemie zu analysieren. In geeigneten Computersimulationen kann der Verlauf von Evolutionsvorgängen auf molekularer Ebene aufgezeichnet und durch Inspektion der beteiligten Molekülstrukturen erklärt werden. Die molekulare Evolutionsbiologie fand Anwendung auf konkrete Probleme der Biotechnologie im evolutionären Design von Molekülen mit vorherbestimmbaren Eigenschaften.

1 Probleme der Evolutionsbiologie

Zum Unterschied von Physikern und Chemikern können Evolutionsbiologen im allgemeinen ihr Fach nicht durch gezielte Experimente erforschen. Sie befinden sich dabei in einer ähnlichen Lage wie Kosmologen, Astrophysiker oder Geologen, um nur einige Beispiele zu nennen. Die unüberwindlich scheinenden Hindernisse für die Durchführung von gezielten Experimenten in der Evolutionsforschung haben im wesentlichen zwei Ursachen: (i) aussagekräftige Experimente dauern viel zu lange und (ii) die Zahl der zu untersuchenden Alternativen ist so groß, daß sie alle durchführbaren Ansätze sprengen würden. Die grundlegenden evolutionären Prozesse, Optimierung unter konstanten Bedingungen, Anpassung an eine variable Umwelt und die Entstehung neuer Arten, benötigen zumeist viele Tausende bis Hunderttausende von Generationen und die dafür erforderlichen Zeiten liegen dann

---

[1] Nach Vorträgen gehalten am 13. Februar 1998 vor der Berlin-Brandenburgischen Akademie der Wissenschaften und am 8. Mai 1998 vor der Sächsischen Akademie der Wissenschaften zu Leipzig.

bei Generationszeiten von einem Jahr oder mehr in den Größenordnungen von Hunderten bis zu Millionen Jahren, wodurch jeder Versuchsansatz in das Reich der „Science Fiction" verbannt wird. Noch unüberwindlicher ist die Barriere, welche durch die Zahl der im Prinzip auszuprobierenden Möglichkeiten verschiedener genetischer Baupläne der Organismen gebildet wird. Diese verschlüsselten Baupläne, Genotypen genannt, sind in einer Sprache mit vier Buchstaben oder Nukleotiden geschrieben, wie die Symbole (*A*, *U*, *G* und *C* in der Ribonukleinsäure, RNA, oder *A*, *T*, *G* und *C* in der Desoxyribonukleinsäure, DNA) genannt werden. Ihre Längen reichen von etwa dreihundert Nukleotiden bei Viroiden, den kleinsten bekannten Pflanzenparasiten, bis zu einigen Milliarden bei den hochentwickelten Tieren einschließlich des Menschen. Dies bedeutet, daß die Zahlen der prinzipiellen Möglichkeiten, unterschiedliche Sequenzen aus vier Buchstaben zu bilden, zwischen $4^{300} = 10^{181}$ und $4^{3000000000} = 10^{1806000000}$ liegen. Schon die kleinste, in diesem Zusammenhang auftretende Zahl, 10^{181}, ist unvorstellbar groß. „Unvorstellbar" bedeutet hier, daß wir in der Tat im gesamten Universum kein Illustrationsbeispiel finden können, welches nicht in analoger Weise auf einem kombinatorischen Prinzip von „Buchstabenklassen" zu Wörtern aufbaut.

Ungeachtet der ungeheuren Vielfalt an möglichen Sequenzen hat es die Natur nicht nur geschafft, optimierte und an ihre Umwelt perfekt angepaßte Organismen hervorzubringen, sondern sie erzeugte im Laufe der Evolution auch immer komplexere Arten, welche fast immer sprunghaft aus viel einfacheren Vorfahren entstanden. Für die beobachteten Anpassungen wird in der konventionellen Evolutionstheorie das auf Charles Darwin zurückgehende Prinzip von Variation und Selektion der jeweils best angepaßten Varianten verantwortlich gemacht. Zu diesem Zweck wurde der Begriff der „Fitneß" für die einzelnen Varianten eingeführt, welche die effektive Zahl der Nachkommen in den zukünftigen Generationen mißt: Wer mehr Nachkommen in die Folgegenerationen zu entsenden vermag, wird schließlich seine weniger fruchtbaren Konkurrenten in den Populationen der Zukunft verdrängen. Darwin unterstützte sein Prinzip durch eine große Fülle interessanter Daten aus der Natur und insbesondere auch durch die Ergebnisse der Pflanzen- und Tierzüchter. In der zweiten Hälfte unseres Jahrhunderts wurde die „makroskopische" Evolutionstheorie durch die Ergebnisse der Molekularbiologie unterstützt und entscheidend erweitert.

Trotz der unleugbaren Erfolge des Evolutionsgedankens in der Biologie blieben eine Reihe von Fragen nur unbefriedigend beantwortet oder völlig offen. Zu derartigen Fragen zählt unter anderem das „Tautologieproblem": Wie kann das Ergebnis eines Selektionsvorganges ohne Kenntnis seines Ergebnisses vorhergesagt werden oder, mit anderen Worten, wie läßt sich die Fitneß von Varianten unabhängig vom Wissen um den Ausgang der evolutionären Konkurrenz bestimmen? Ein anderes offenes Problem betrifft die Zugänglichkeit der in der Biologie beobachteten Formen. Sind alle in der Natur beobachteten Gestalten häufig und mußten daher zwangsläufig gebildet werden, oder sind die heutigen Arten ausschließlich durch eine Serie von Zufällen im Verlauf ihrer Entstehungsgeschichte bestimmt (Monod 1971)? Welche zukünftigen Formen können aus den heute bekannten gebildet werden? Eine Beantwortung der letzten Frage zielt auf eine Definition des Begriffes der „Verwandtschaft“ oder „evolutionären Nachbarschaft“ von Formen ab, welcher nicht durch morphologische Ähnlichkeiten bestimmt wird und daher nicht anfällig ist gegenüber zufälliger Gleichheit oder konvergenter Evolution. Die Komplexität nahezu aller biologischen Objekte hat es bis jetzt sehr schwer, wenn nicht gänzlich unmöglich gemacht, die beschriebenen Probleme einigermaßen zufriedenstellend zu behandeln. Im folgenden wird eine, Physikern, Chemikern oder Molekularbiologen gut vertraute Vorgangsweise basierend auf Reduktion der Komplexität beschrieben, welche Antworten auf die gestellten Fragen zu geben vermag.

2 Evolution der Moleküle

Auf der Suche nach einem hinreichend einfachen Experimentalsystem, welches trotz seiner Einfachheit möglichst viele Merkmale von Evolutionsprozessen wiederzugeben vermag, kommt man zwangsläufig zu immer kleineren Objekten. Entscheidend ist dabei, daß durch die Reduktion der biologischen Komplexität nicht die wesentlichen Merkmale der Lebensvorgänge verloren gehen. Versuche mit Bakterienkulturen wurden im letzten Jahrzehnt von Richard Lenski und Mitarbeitern erfolgreich in speziellen Flußreaktoren, sogenannten Chemostaten, unter kontrollierten Wachstumsbedingungen durchgeführt (Elena et al. 1996). Unter optimalen Wachstumsbedingungen gelingt es dabei, die Generationszeit bis auf etwa zwanzig Minuten zu reduzieren. Bakterien sind aber zu komplex, um den Verlauf von Evolutionsexperimenten auf molekularer Ebene interpretieren zu können. In der Tat finden wir in Form kurzkettiger Ribonukleinsäuremoleküle (RNA) noch einfachere Objekte, welche im Reagenzglasversuch, das heißt in einem zellfreien Milieu, wie Organismen vermehrt werden können (Spiegelman 1971). Der Reproduktionsvorgang ist wie jeder andere natürliche Vorgang nicht ohne Fehler möglich. Daher werden nicht nur korrekte Kopien der Ausgangsmoleküle sondern auch fehlerhafte Varianten gebildet. Diese Varianten weisen im allgemeinen von ihren Vorgängern verschiedene Fitneßwerte auf. Sind diese geringer als jene ihrer Vorgänger, so haben sie keine Chance, sich in der Population weiter auszubreiten. Im Fall der Entstehung einer Variante mit höherer Fitneß kann der jeweilige Vorgänger verdrängt werden.

Die Leistungsfähigkeit der Selektion einer vorteilhaften Variante kann exakt berechnet und sehr leicht illustriert werden. Die Anreicherung eines neuen Genotyps in der Population, ausgedrückt durch seinen Bruchteil x(t) an der Gesamtpopulation, läßt sich etwas vereinfacht in einen mathematischen Ausdruck kleiden:[2]

$$x(t) = \frac{x_0}{x_0 + (1 - x_0)\exp(-\Delta k t)}$$

Hierin bezeichnen wir den Anteil der Variante zur Zeit t=0 mit x_0 und die Differenz in den Replikationsgeschwindigkeitskonstanten der vorteilhaften Variante und des Vorgängers mit Δk.[2] Angenommen, die neue Variante hätte einen Selektionsvorteil von 10 % (k=1.0, k'=1.1, Δk=0.1) und die Population bestünde aus 1.000 Individuen, dann werden im Mittel 200 Verdopplungen oder Generationen verstreichen, bevor die Variante ihren Vorgänger verdrängt hat. Wird der Selektionsvorteil auf nur 1 % verringert, steigt die notwendige Zahl an Generationen um eine Zehnerpotenz auf etwa 2.000. Da die Selektionsvorteile erfolgreicherer Varianten in bereits etablierten Arten nur gering sein können, werden die eingangs genannten zehn- bis hunderttausend Generationen benötigt, um eine neue Variante durchzusetzen. Bei den Experimenten mit RNA-Molekülen im Reagenzglas gelingt es, die Generationszeiten für kleine reproduzierfähige Moleküle bis auf Bruchteile von Minuten zu verringern. Dadurch ist die Zeitfrage kein Problem mehr, denn zehntausend Generationen werden dann in weniger als einer Woche durchlaufen. Die *in vitro* Evolution der RNA-Moleküle spiegelt dementsprechend die Evolution in der großen Welt im Zeitraffer wider.

Die Spiegelmanschen Experimente (Abb. 1) haben unter anderem gezeigt, daß RNA-Moleküle im Reagenzglas vermehrt werden können und daß Evolutionsphänomene im Darwinschen Sinne, wie Selektion und evolutionäre Anpassung an die Umwelt, beobachtet werden, wenn man die Versuchsdauer über hinreichend viele Generationen fortsetzt. Bei diesen Versuchen nimmt die Vermehrungsgeschwindigkeit der RNA-Moleküle um Zehnerpotenzen zu. Die Darwinsche Evolution ist, wie diese Experimente zeigen, nicht an das Vorhandensein zellulären Lebens gebunden. Es genügen Moleküle, die zu Vermehrung und Mutation befähigt sind, und ein geeignetes Reaktionsmilieu, welches „Nahrung" für diese Moleküle bietet, die zur Erzeugung von Nachkommen umgesetzt werden kann. Umfangreiche Untersuchungen der bei der Evolution im Reagenzglas wirksamen Mechanismen im Sinne der chemischen Kinetik wurden von Christoph Biebricher durchgeführt (Biebricher/Gardiner 1997).

---

[2] Die Anreicherung einer vorteilhaften Variante in einer Population ist hier vereinfacht wiedergegeben. Da jede neue Variante ihren Ursprung von einer einzigen Kopie nimmt, ist der Prozeß stochastischen Schwankungen unterworfen und der hier angegebene Ausdruck gilt daher nur im Mittel. Der Unterschied in den Vermehrungsgeschwindigkeiten von Variante und Vorgänger, Δk=k'-k, geht als Differenz der in der chemischen Kinetik verwendeten Reaktionsgeschwindigkeitskonstanten ein. Die mittleren Verdopplungs- oder Generationszeiten betragen dann: (ln2/k') beziehungsweise (ln2/k).

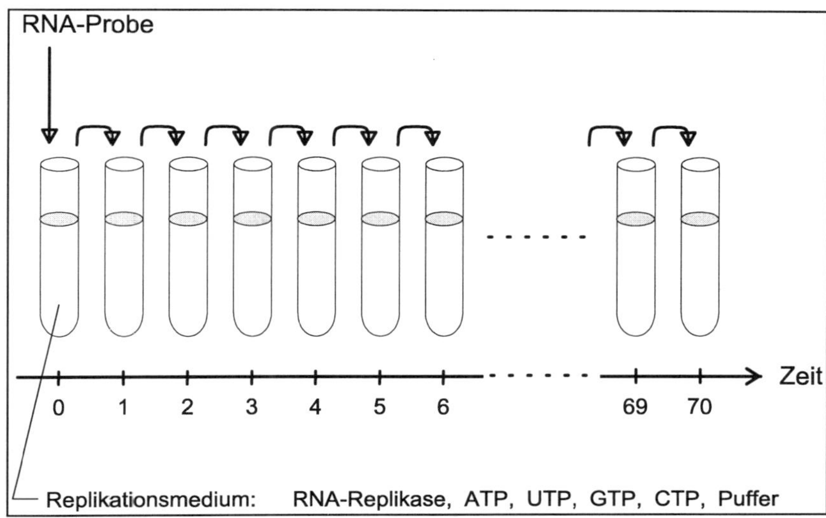

Abb. 1

Evolution im Reagenzglas. In einer Serie von Reagenzgläsern wird eine Lösung vorbereitet, welche alles für die Vermehrung von RNA-Molekülen Notwendige enthält: ein Protein, das die Vermehrung katalysiert (eine sogenannte RNA-Replikase), und die Bausteine für den Aufbau der neuen Moleküle. Wird ein von der Replikase spezifisch erkanntes RNA-Molekül in ein Reagenzglas mit dieser Lösung eingebracht, so setzt sofort RNA-Synthese ein. Nach Ablauf einer bestimmten Zeit wird eine kleine Probe in das nächste Reagenzglas mit frischer Lösung überimpft. Dieser Vorgang wird etwa einhundertmal wiederholt. Durch sukzessives Vermehren und Überimpfen von RNA-Molekülen werden jene Varianten ausgewählt, welche sich am raschesten replizieren. Es gelingt dabei, Moleküle zu züchten, welche sich um Zehnerpotenzen rascher als ihre Vorfahren vermehren können.

Es genügt aber nicht, einen wenn auch noch so eleganten experimentellen Zugang zur Beschreibung eines Phänomens zu haben, man benötigt ebenso ein aussagekräftiges Theoriengebäude, denn, wie Peter Medawar so prägnant formulierte: „... *No (new) principle will declare itself from below a heap of facts.* ...". Manfred Eigens Beitrag zur molekularen Evolution (Eigen 1971) besteht in der Ausarbeitung einer Theorie, welche ihren Ausgang von der chemischen Reaktionskinetik nimmt. Diese Theorie der molekularen Evolution betrachtet Replikation und Mutation als parallele chemische Prozesse und konzentriert sich in der ursprünglichen Formulierung auf die quantitative Analyse von Selektionsvorgängen in Populationen mit asexueller Vermehrung (Ausweitungen der kinetischen Theorie auf diploide Organismen und die Berücksichtigung der bei sexueller Vermehrung obligaten Rekombination wurden erfolgreich durchgeführt; siehe Wiehe et al. 1995). Entscheidend in diesem

Konzept ist die Darstellung der Replikations- und Mutationskinetik in einem abstrakten Raum der Nukleotidsequenzen, *Sequenzraum* genannt. Durch diese Formulierung wird, vorerst in formaler Hinsicht, der kombinatorischen Vielfalt der Nukleinsäuresequenzen Rechnung getragen. Stationäre Mutantenverteilungen in Populationen, *Quasispezies* genannt, bilden das genetische Reservoir bei der asexuellen Vermehrung (Eigen et al. 1989). Ein wichtiges Verdienst dieser Theorie besteht unter anderem darin, gezeigt zu haben, daß die Mutationsrate nicht beliebig gesteigert werden kann, ohne daß die Stationarität der Mutantenverteilung verloren geht. Es gibt eine kritische Fehlerrate, oberhalb welcher der Vererbungsprozeß zusammenbricht. Oberhalb dieser *Fehlerschwelle* werden laufend so viele neue Mutanten gebildet, daß die Fitneß der besten, als *Mastersequenz* charakterisierten Variante nicht mehr ausreicht, um ihr „Überleben" in den zukünftigen Generationen zu garantieren. Unter der vereinfachenden Annahme, daß die Genauigkeit der Replikation, ausgedrückt durch den Faktor q, welcher den statistischen Anteil an korrekt eingebauten Nukleotiden pro Position und Replikationsereignis mißt und daher mit der Fehlerrate p im Zusammenhang q=1-p steht, unabhängig von Nukleotid und Position in der Sequenz ist, kann die Fehlerschwelle durch einen einfachen Ausdruck für die minimale Genauigkeit, q_{min} , beschrieben werden:

$$q_{min} = \sqrt[n]{1/\sigma_m}$$

Die Größe σ_m, die sogenannte Superiorität der Mastersequenz, wird durch den gewichteten Quotienten der Fitneßwerte von Mastersequenz (k_m) und Rest der Population ($\bar{k}$) ausgedrückt:

$$\sigma_m = k_m / \bar{k}$$

Je mehr die Mastersequenz den anderen Sequenzen in der Population überlegen ist, um so mehr Fehler können toleriert werden. Im Grenzfall neutraler Evolution, in welchem alle Varianten gleiche Fitneß aufweisen und daher die Superiorität σ_m den Wert eins annimmt, kann eine stationäre Population nur toleriert werden, wenn keine Replikationsfehler vorkommen (q=1 oder p=0). Dies ist in der Wirklichkeit unmöglich, und daher wandern sämtliche Populationen auf mehr oder minder zufälligen Pfaden durch den Sequenzraum.

Die Existenz der Fehlerschwelle wurde experimentell *in vivo* an Hand von RNA-Viren und *in vitro* am Beispiel der replizierenden RNA-Moleküle verifiziert. Im Fall der Viren ist es sehr schwierig zu entscheiden, ob sich Populationen tatsächlich in einem stationären Zustand befinden oder nicht. Der Begriff der Quasispezies wird deshalb zumeist für alle heterogenen Populationen angewendet, welche eine strukturierte Verteilung der Varianten um eine Mastersequenz herum erkennen lassen. Die Theorie der viralen Quasispezies zeigt unter anderem auch Wege zu neuen Strategien in der antiviralen Therapie auf.

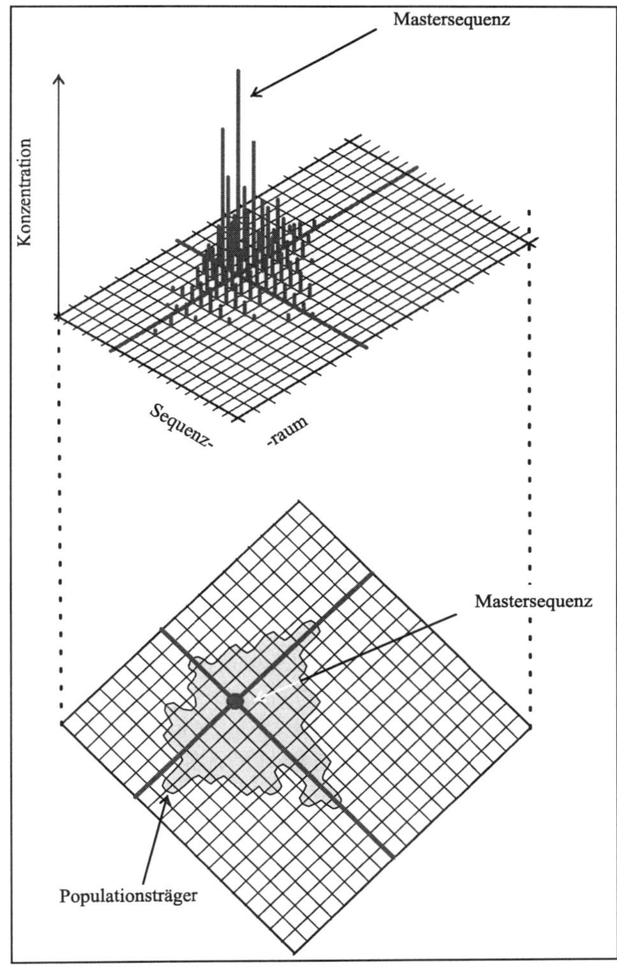

Abb. 2

Die molekulare Quasispezies im Sequenzraum. Als Quasispezies wurde die stationäre Mutantenverteilung bezeichnet, welche im Sequenzraum um eine häufigste und zumeist auch fitteste *Mastersequenz* verteilt ist. Die Häufigkeit einzelner Mutanten in der Quasispezies wird ebenso durch ihre Fitneß bestimmt wie durch ihre Verwandtschaft zur Mastersequenz. Diese Verwandtschaft wird allgemein als Hammingabstand von der Mastersequenz ausgedrückt. Der Hammingabstand zweier Sequenzen zählt die Zahl der Positionen, in welchen sie sich unterscheiden, und ist gleichbedeutend mit der minimalen Zahl der Punktmutationen, welche benötigt werden, um eine Sequenz in die andere umzuwandeln. Ein Quasispezies besetzt einen Bereich im Sequenzraum, welcher als *Träger der Population* bezeichnet wird. Im nicht-stationären Fall wandert der Träger durch den Sequenzraum.

3 Genotyp und Phänotyp

Eine wesentliche Grundlage für den Erfolg der evolutionären Optimierung in der Natur besteht in der Trennung von Genotyp und Phänotyp. Als Genotypen bezeichnet man, wie bereits erwähnt, Nukleinsäuresequenzen, DNA oder RNA, welche – etwas vereinfacht ausgedrückt – die Instruktionen für die Ausbildung des Organismus oder Phänotyps enthalten. Variation des Genotyps erfolgt durch Mutationen genannte Kopierfehler im Laufe der Replikation oder durch genetische Rekombination.[3] Selektion wirkt hingegen ausschließlich auf den Phänotyp. Die Phänotypen werden im allgemeinen durch einen komplizierten Entwicklungsprozeß aus den Genotypen gebildet. Die Trennung von Genotyp und Phänotyp hat zur Konsequenz, daß die Variation des Genotyps unabhängig vom Selektionsvorgang erfolgt. Mutation und Selektionserfolg der Varianten sind unkorreliert in dem Sinn, daß eine Mutation nicht deshalb häufiger eintritt, weil der aus ihr hervorgehende Phänotyp größere Fitneß aufweist. Man kann dies auch dadurch ausdrücken, daß die Variation des Genotyps für den Phänotyp ein Zufallselement bildet. Die Erfahrung bei der Entwicklung von Optimierungsalgorithmen hat in der Tat gezeigt, daß komplexe Optimierungsaufgaben besser durch nicht-deterministische Verfahren vom Monte-Carlo-Typ als durch deterministische Gradientenverfahren gelöst werden (siehe auch den folgenden Abschnitt).

Die Entwicklung der Phänotypen aus den Genotypen ist in der Tat der wahre Ursprung von Komplexität in der Biologie (Schuster 1996). Bei der Evolution *in vitro* und bei kleinsten, Viroide genannten pflanzenpathogenen Keimen sind die Phänotypen nichts weiter als die dreidimensionalen Strukturen der RNA-Moleküle. Bei den RNA-Viren umfaßt der Phänotyp schon eine größere Zahl von Funktionen, welche von den Eigenschaften der Virion genannten Viruspartikel, aber auch von den virusspezifischen, für die Vermehrung in der Wirtszelle verantwortlichen Biomolekülen abhängen. Bei Bakterien (ebenso wie bei allen höheren einzelligen Lebensformen) stellt der Phänotyp die Zelle einschließlich ihres gesamten Metabolismus dar, welcher auch für die Vermehrung durch Teilung maßgeblich ist.

In der weiteren Höherentwicklung werden die Phänotypen zunehmend komplexer (Abb. 3): Bei Vielzellern kommt der zur Zeit noch in Erforschung und Aufklärung befindliche embryonale Entwicklungsprozeß von der befruchteten Eizelle zum erwachsenen Organismus hinzu. Dieser Mangel an Wissen macht zur Zeit die Vorhersage der Änderung des Phänotyps als Folge von Mutationen praktisch unmöglich.

---

[3] Bei der genetischen Rekombination werden aus zwei Nukleotidsequenzen zwei neue Genotypen durch Austausch von Sequenzteilen gebildet. Rekombination ist obligat im Fall der sexuellen Vermehrung, spielt aber bei der Evolution von Molekülen nur eine untergeordnete Rolle.

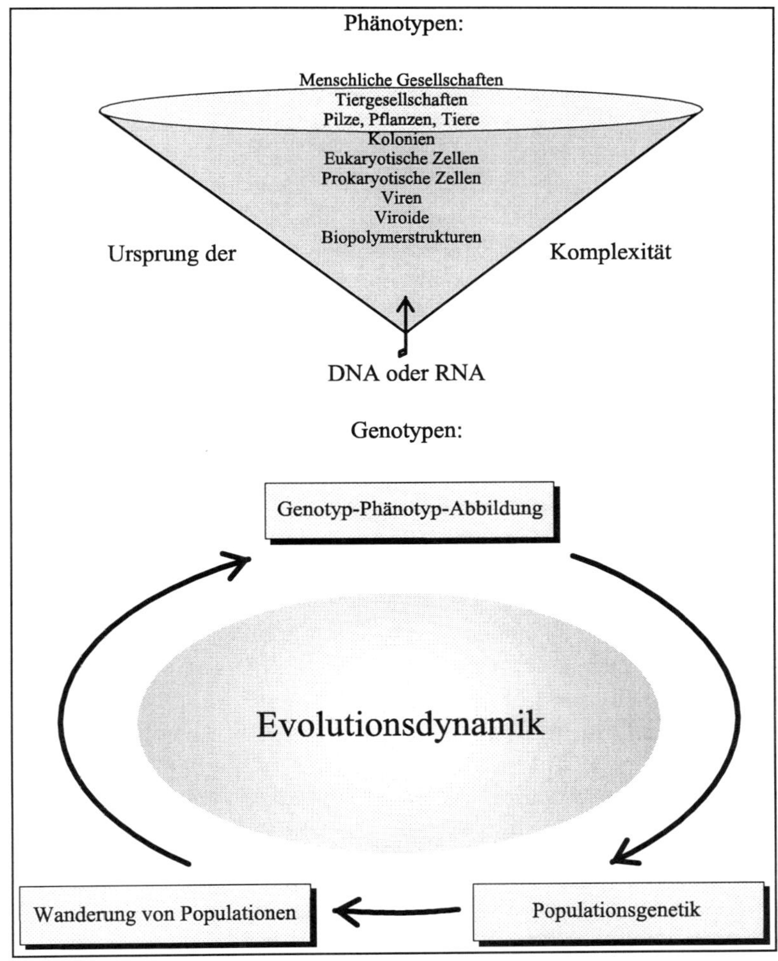

Abb. 3
Ein Modell der Dynamik von Evolutionsprozessen, welches die Phänotypen explizit beschreibt. Die komplexe Dynamik von biologischen Evolutionsvorgängen wird in drei Prozesse zerlegt: (i) die Umwandlung der Genotypen in Phänotypen, (ii) die innerhalb der Population ablaufende Selektionsdynamik und (iii) die Wanderung der Population im Raum der Genotypen. Drei abstrakte Räume eignen sich besonders gut zur Darstellung der gezeigten Vorgänge: der Raum der Phänotypen, genannt *Strukturraum* (Shape Space), der *Konzentrationsraum*, der üblicherweise auch in der chemischen Kinetik Verwendung findet, und der *Sequenzraum*, der Raum aller Genotypen. Im Fall der Evolution von Molekülen können alle drei Prozesse durch mathematische Modelle untersucht und am Computer simuliert werden.

Noch undurchschaubarer werden die Beziehungen zwischen Genotypen und Phänotypen in Kolonien oder Gesellschaften, in welchen Fitneß auch von der Synergie des Verhaltens von Individuen abhängt. Der Phänotyp stellt, nichtsdestoweniger, auch in diesen Fällen die Parameter für die Populationsdynamik bereit und bestimmt damit den Ausgang von Selektionsprozessen.
Seit der Entwicklung der Populationsgenetik bilden der Genotyp und seine Abwandlung durch Mutation und Rekombination das zentrale Thema der Evolutionsbiologie. Die Entwicklung der Molekularbiologie mit ihren unmittelbaren Einsichten in die molekularen Grundlagen und Gesetzmäßigkeiten der Vermehrung hat das vorherrschende Interesse für die Genetik noch verstärkt, und wir erleben heute einen neuen Höhepunkt dieser Forschungsrichtung in der Sequenzierung und funktionellen Aufklärung der gesamten Genome von Organismen. Zwangsläufig konnte die Erforschung der viel komplexeren Auswirkungen genetischer Veränderungen auf die Phänotypen nicht in gleichem Maße Schritt halten. Dessenungeachtet ist aber jede Evolutionstheorie unvollständig, wenn sie sich nicht mit der Genotyp-Phänotyp-Dichotomie explizit auseinandersetzt.
Wurde die konventionelle Populationsgenetik durch die Arbeiten von Eigen (Eigen 1971) auf eine molekulare Basis gestellt und dadurch ein Weg eröffnet, Evolution als einen Prozeß im Sequenzraum zu formulieren und zu analysieren, so führt das erweiterte, in Abb. 3 vorgestellte Modell die Genotyp-Phänotyp-Beziehung als einen expliziten und unentbehrlichen Bestandteil in die Theorie der evolutionären Optimierung ein (Schuster 1997).
Zum Zweck der einfacheren Analysierbarkeit und um die Konzepte und Ergebnisse der früheren theoretischen Ansätze, insbesondere der Populationsgenetik, nutzen zu können, wird der komplexe Evolutionsvorgang in drei Teilprozesse zerlegt (Abb. 3):

(i) Die *Genotyp-Phänotyp-Abbildung* beschreibt die Umwandlung der Genotypen, verstanden als RNA- oder DNA-Sequenzen, in die für den Selektionsprozeß maßgeblichen Phänotypen.
(ii) Die *Populationsdynamik* beschreibt den Selektionsvorgang *innerhalb der Population.* Ihre Parameter werden durch die Eigenschaften der Phänotypen bestimmt. Im Fall diploider Organismen mit sexueller Reproduktion entspricht sie der konventionellen Populationsgenetik.
(iii) Die *Populationsträgerdynamik* beschreibt die Wanderung der Population in dem abstrakten Raum aller Genotypen, genannt *Sequenzraum.* Sie führt Buch über alle tatsächlich in der Population vorhandenen Genotypen unabhängig von ihren Häufigkeiten, indem sie die zeitliche Entwicklung des Trägers der Population (Abb. 2) zum Inhalt hat.

Dieses Modell wäre für Aussagen ungeeignet, könnten nicht die einzelnen Prozesse mathematisch modelliert oder zumindest am Computer simuliert werden. Wie wir in der Folge zeigen werden, ist dies im Fall der Evolution von RNA-Molekülen mit ein paar Näherungsannahmen tatsächlich möglich. Weitere Systeme, welche in nicht allzuferner Zukunft für derartige Untersuchungen zugänglich gemacht werden können, sind Viroide und einfache Viren über deren Lebenszyklen in den Wirtszellen schon genug Information vorhanden ist. Gelänge es, die metabolischen Netzwerke von Bakterienzellen ausgehend von den bekannten vollständig sequenzierten Genomen zu modellieren, so wären auch sie mögliche zukünftige Kandidaten für eine Analyse mittels des hier gezeigten Modells.

4 Fitneßlandschaften

Angeregt durch die Ergebnisse der Evolution *in vitro* gab es auf dem Gebiet der Theorie der Populationsgenetik fruchtbare Weiterentwicklungen: die ursprünglich auf den Populationsgenetiker Sewall Wright (Wright 1932) zurückgehende Vorstellung, evolutionäre Prozesse als stets aufwärts gerichtete Wanderungen von Populationen auf abstrakten *Fitneßlandschaften* zu illustrieren, hat eine Renaissance erlebt. In der Theorie der Spingläser trat das Problem, ein globales Extremum auf einer zerklüfteten Landschaft mit einer Vielzahl von lokalen Maxima und Minima zu finden, erstmals in einer mathematisch behandelbaren Form auf (Sherrington/ Kirkpatrick 1975).[4] Spinglaslandschaften wurden dann auch in der Biologie direkt (Amitrano et al. 1991) oder in modifizierter Form (Kauffman 1993) als heuristische Modelle für Fitneßlandschaften herangezogen. Ein wesentlicher Vorteil dieser Landschaftsmodelle besteht darin, daß sie einstellbare Parameter aufweisen und dadurch der „Zerklüftungsgrad" der Landschaften systematisch variiert werden kann. Nachteilig wirkt sich hingegen aus, daß die zugrunde gelegten physikalischen Modelle wenig mit biologischen Objekten gemeinsam haben und daher keine Aussagen über ihre Realitätsnähe oder Relitätsferne möglich sind.
Die Ermittlung der Fitneßwerte und die Konstruktion von Fitneßlandschaften erfolgt zumeist über den Phänotyp als Zwischenstufe:

$$\text{Genotyp} \Rightarrow \text{Phänotyp} \Rightarrow \text{Fitneß}.$$

Beschränkt man sich auf die *in vitro* Evolution von RNA-Molekülen, so vereinfacht sich diese Beziehung, da die Phänotypen durch molekulare Strukturen dar-

4 Bei den Spingläsern stellt der Optimierungsprozeß das Aufsuchen des globalen Energieminimums eines analytisch einfach ausdrückbaren Hamiltonians dar. Die Komplexität der Energielandschaft kommt durch „Frustration" zustande: nicht alle Spins können gleichzeitig ihren lokal energetisch günstigsten Zustand einnehmen.

gestellt werden. Für den Chemiker und Molekularbiologen ist die Struktur die primäre Eigenschaft der Moleküle, auf welche sich alle anderen Größen einschließlich der Fitneß als Sekundäreigenschaften zurückführen lassen:

$$\text{Sequenz} \Rightarrow \text{Struktur} \Rightarrow \text{Fitneß}.$$

Wie schon Sol Spiegelman (Spiegelman 1971) bemerkte, stellen bei der Evolution im Reagenzglas Genotyp und Phänotyp zwei Aspekte ein und desselben RNA-Moleküls dar. Für den Replikationserfolg eines RNA-Moleküls ist die Struktur maßgeblich: sie bestimmt die Thermodynamik der Bindung des Moleküls an die Replikase ebenso wie die Kinetik der Replikation. Umfangreiche kinetische Studien der Replikation von RNA-Molekülen mit Hilfe der Qβ-Replikase (Biebricher/Eigen 1988) zeigten, daß die Bruttoreplikationsgeschwindigkeit der RNA in der Tat eine Funktion der Bindungskonstante und einiger kinetischer Konstanten ist. Im Fall der *in vitro* Evolution von RNA-Molekülen können Fitneßlandschaften durch Bestimmung dieser Konstanten tatsächlich vermessen werden. Hier schließlich befreit sich die Evolutionstheorie vollends von der Tautologiediskussion, da die Fitneß eines Moleküls im Reagenzglasexperiment durch vom Selektionsexperiment unabhängige Messungen bestimmt werden kann.

Zum Abschluß dieses Abschnittes sei noch bemerkt, daß Evolutionsvorgänge *in vivo* und *in vitro* auch komplizierteren Gesetzmäßigkeiten als dem einfachen „Bergaufwandern“ folgen können. In der Natur findet Evolution nicht unter den idealisierten und konstanten äußeren Bedingungen eines Laborexperiments statt, sondern in Ökosystemen, in welchen die Umwelt variiert und mehrere Arten gleichzeitig ihre Nachkommenschaft optimieren. Man spricht dann von *Koevolution*. Dies hat zur Konsequenz, daß die Wrightsche Landschaftsmetapher modifiziert werden muß. Populationen wandern nicht in einer konstanten sondern in einer sich ändernden Landschaft bergauf. Sind die Veränderungen hinreichend langsam, so macht das Wrightsche Bild durchaus noch Sinn: in der Zeitspanne, welche für die Optimierung notwendig ist, hat sich die Landschaft nicht wesentlich verändert, und der höchste Gipfel bleibt erhalten oder wandelt sich allenfalls in einen anderen hohen, lokal höchsten Punkt um. Im Fall von sich rasch ändernden Landschaften etwa bei der Koevolution im Sinne von Van Valens „Red Queen hypothesis“ (Van Valen 1973) verliert die Wrightsche Metapher ihren Sinn: „*... as the Red Queen said to Alice: Look, here it takes all the running you can do to stay in the same place. ...*“ (Zitat: Alice in Wonderland). Gemeint ist hier, daß Anpassung im Ökosystem keinen Entwicklungsstillstand tolerieren kann. Die einzelnen Arten und Varianten müssen sich andauernd „verbessern“, um mit den Veränderungen ihrer auf Optimierung der Fitneß bedachten Partner und Konkurrenten Schritt halten zu können. Das Tempo der Veränderung wird durch die in koevolutionärer Wechselwirkung stehenden Arten selbst festgelegt. Im Unterschied zu der Darwinschen Evolution in einer konstanten Umwelt fehlen zur Zeit noch geeignete Experimentalsysteme für die Untersuchung der Koevolution auf molekularer Ebene (Hinsichtlich erster Versuche in diese Richtung siehe McCaskill 1997). Ungeachetet dieser Komplikationen läßt sich die Dynamik auch in diesen allgemeineren Fällen mit dem in Abb. 3 vorgestellten Modell erschöpfend beschreiben.

5 Das RNA Model

Auf der Suche nach einem geeigneten Modell, mit dessen Hilfe die in Abb. 3 vorgestellte dynamische Theorie der molekularen Evolution getestet und analysiert werden kann, stößt man zwangsläufig auf die Evolution von RNA-Molekülen im Reagenzglas. Im Sinne des letzten Abschnittes wird man sich dabei auf die molekularen Strukturen konzentrieren. Die Vorhersage der vollständigen dreidimensionalen Strukturen von RNA-Molekülen ist allerdings ein sehr schwieriges und zur Zeit noch ungelöstes Problem der Strukturbiologie. Wesentlich einfacher ist es, die in Abb. 4 gezeigten, als Sekundärstrukturen bekannten „Listen von Watson-Crick- und *GU*-Basenpaaren" zu bestimmen.[5] Es stehen effiziente Algorithmen und Computerprogramme zur Verfüngung, welche es gestatten thermodynamisch stabilste Sekundärstrukturen aus bekannten Sequenzen vorherzusagen. Diese Methoden arbeiten auch rasch genug, sodaß Millionen bis Milliarden Sequenzen von Längen bis zu einhundert Nukleotiden untersucht werden können. Darüber hinaus ist die Logik der Ausbildung der RNA-Sekundärstrukturen einfach genug, daß auch mathematische Analysen möglich sind. Obwohl die Beschränkung auf Sekundärstrukturen eine drastische Vereinfachung darstellt, bleiben aber jene Merkmale der Nukleinsäuren erhalten, welche die Grundlage der biologischen Evolution bilden.
Für RNA-Moleküle kann diese vereinfachte Beziehung zwischen den Genotypen (Sequenzen) und den Phänotypen (Sekundärstrukturen) durch Computersimulation quantitativ erfaßt (Fontana et al. 1993) und durch ein rigoroses mathematisches Modell beschrieben werden (Reidys et al. 1997). Als erstes Ergebnis findet man, daß es viel mehr Sequenzen als Sekundärstrukturen gibt. Die Sequenz-Struktur-Abbildung ist hochgradig redundant. Außerdem stellt sich heraus, daß relativ wenigen häufigen Strukturen viele seltene gegenüber stehen. Dieses Resultat verstärkt sich mit länger werdenden Nukleotidsequenzen, und im Grenzfall langer Ketten falten fast alle Sequenzen in einen verschwindend kleinen Bruchteil aller mögli-

---

[5] Durch Erfassen der Basenpaarungs- und Basenpaarstackingenergien berücksichtigen die Sekundärstrukturen den größten Teil der Stabilisierungsenergien von RNA-Strukturen. Sie sind darüber hinaus in der Natur evolutionär konserviert und wurden und werden in der Biochemie mit Erfolg zur Diskussion der molekularen Eigenschaften und Funktionen verwendet.

chen Strukturen.[6] Die meisten der seltenen Strukturen werden von nur einer einzigen oder einigen wenigen Sequenzen gebildet und sind daher für systematische oder evolutionäre Suchstrategien praktisch unauffindbar.

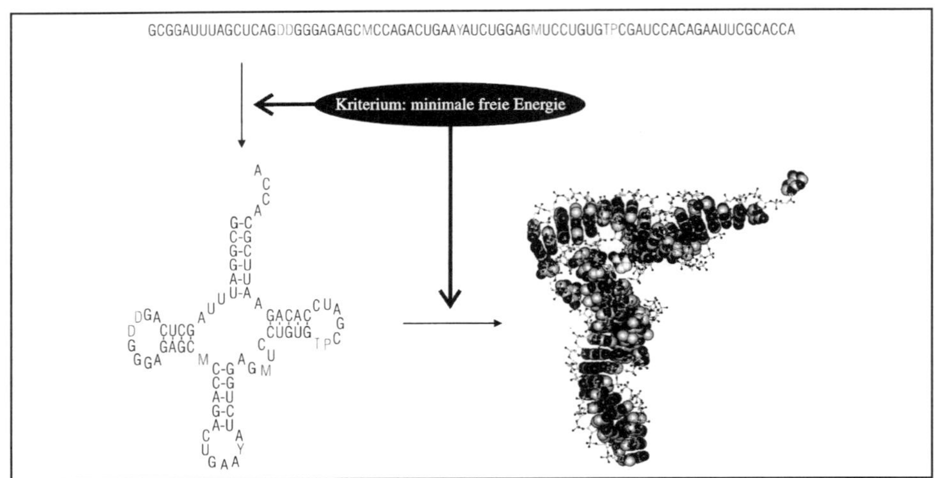

Abb. 4
Die Beziehung zwischen Sequenz und Strukturen eines RNA-Moleküls. Die (eindimensionale) Sequenz der Phenylalanyl-Transfer-RNA enthält die „Information“ zur Ausbildung der Struktur, welche hier in zwei Schritten vorgenommen wird. Im ersten Schritt werden die Watson-Crick- und GU-Basenpaare in einer solchen Art geknüpft, daß eine unverknotete Struktur entsteht, die durch einen planaren Graphen symbolisiert werden kann. Man bezeichet diesen Teilaspekt der Struktur als *Sekundärstruktur*. Das „zweidimensionale“ Gebilde wird dann in einem gedachten zweiten Schritt zur dreidimensionalen räumlichen Struktur des Moleküls geformt. Eine eindeutige Ausbildung der Molekülstruktur erfordert definierte Bedingungen, wie sie hier durch das Aufsuchen der Konformation mit minimaler freier Energie im Sinne der thermodynamisch stabilsten Struktur vorgegeben wurden. Die grauen Symbole betreffen sogenannte modifizierte Nukleotide, welche keine Paarungen eingehen können und dadurch die tRNA-Sekundärstrukturen stabilisieren.

[6] Bei dieser Aussage darf man nicht außer Acht lassen, daß es sich um ein Grenzgesetz handelt: alle diskutierten Größen, die Zahl der Sequenzen ebenso wie die Zahlen der häufigen und seltenen Strukturen wachsen exponentiell mit der Kettenlänge, unterscheiden sich aber in der Basis der Exponentialfunktion.

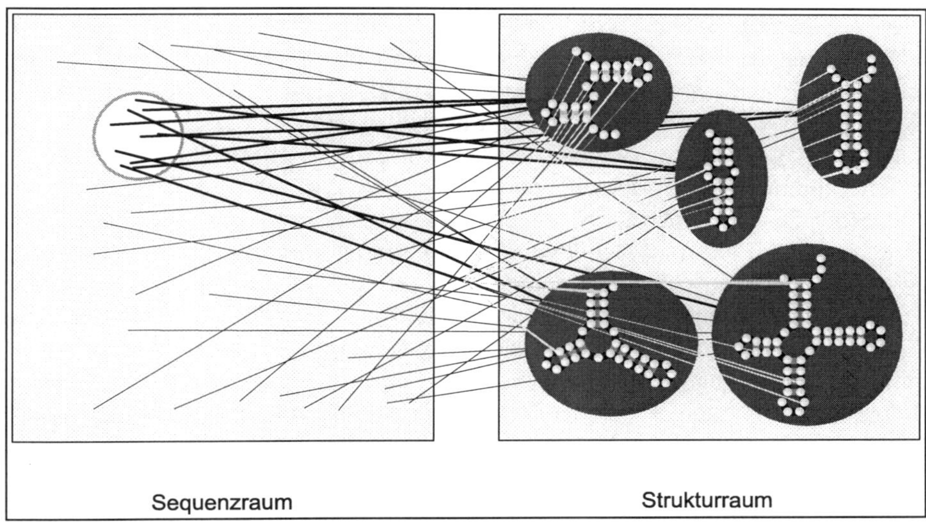

Abb. 5
Vollständige Erfassung des Strukturraumes durch einen kleinen Ausschnitt des Sequenzraumes („Shape Space Covering“: Schuster et al. 1994). Wie am Beispiel der Sekundärstrukturen von RNA-Molekülen bewiesen wurde, findet sich für jede häufige Struktur in einer (verhältnismäßig kleinen) Umgebung einer beliebigen Referenzsequenz im Sequenzraum mindestes eine Sequenz, welche diese Struktur ausbildet. Im Grenzfall großer Kettenlängen der RNA-Moleküle bilden fast alle Sequenzen häufige Strukturen aus. Im Fall von RNA-Molekülen der Kettenlänge 100 beträgt der Radius dieser alle häufigen Strukturen erfassenden Umgebung 15 Punktmutationen. Dies hat zur Konsequenz, daß von den ursprünglich 10^{60} möglichen Sequenzen höchstens etwa 4×10^{24} durchsucht werden müssen, um eine zu finden, welche die gesuchte Struktur ausbildet (Schuster 1995).

Eine sorgfältige Analyse der Daten führte unter anderem auf das Prinzip des „Shape-Space-Covering“ (Abb. 5 und Schuster et al. 1994), welches zwar für die Evolution von Molekülen abgeleitet wurde, aber auch für allgemeine Evolutionsvorgänge von großer Bedeutung ist. Um eine Sequenz zu finden, welche eine bestimmte häufige Struktur ausbildet, muß nicht die überastronomisch große Zahl möglicher Sequenzen durchsucht werden. Alle häufigen Strukturen werden von Sequenzen gebildet, die in verhältnismäßig kleinen Umgebungen jeder beliebigen Sequenz im Sequenzraum vorkommen.

Die Gesamtheit aller Sequenzen, welche in eine bestimmte Struktur falten, bilden eine *Äquivalenzklasse*; im Sinne der Abbildung von Sequenzen auf Strukturen spricht man vom *Urbild* der Struktur im Sequenzraum. Dieses Urbild verwandelt man unschwer in einen Graphen oder ein Netzwerk, indem man Kanten zwischen allen Sequenzen bildet, welche sich nur durch eine einzige Punktmutation voneinander unterscheiden und daher den Hammingabstand eins aufweisen. Da alle Sequenzen des Netzes dieselbe Struktur ausbilden und daher strukturneutral sind, kann man von *neutralen Netzen* sprechen. Für den evolutionären Suchprozeß ist es von fundamentaler Bedeutung, ob man sich auf dem Netzwerk in Schritten der Hamming-Distanz eins durch den gesamten Sequenzraum bewegen kann oder nicht. Dies läuft auf die Frage hinaus, ob der zugrunde gelegte Graph zusammenhängend ist oder in einzelne Komponenten zerfällt, welche mit der Theorie der Zufallsgraphen beantwortet werden kann (Reidys *et al.* 1997). Als entscheidende Größe für die globale Struktur neutraler Netzwerke stellt sich der mittlere Bruchteil an neutralen Nachbarn mit Hamming-Distanz eins, $\bar{\lambda}$, heraus, den wir als *Neutralitätsgrad* bezeichnen. Liegt der Neutralitätsgrad $\bar{\lambda}$ unterhalb eines kritischen Wertes $\bar{\lambda}_{cr}$, so besteht das Netzwerk aus (vielen) Komponenten, andernfalls, im Fall $\bar{\lambda} > \bar{\lambda}_{cr}$, ist das Netzwerk zusammenhängend. Dieser kritische Wert des Bruchteils neutraler Nachbarn kann aus einer einfachen Formel berechnet werden:

$$\bar{\lambda}_{cr}(\kappa) = 1 - \sqrt[\kappa-1]{1/\kappa}$$

Der einzige Parameter der Theorie, κ, ist die Anzahl der Buchstaben, aus welchen die Basenpaare geknüpft werden. Für das natürliche Alphabet (*A*, *U*, *G*, *C*) mit $\kappa=4$ findet man $\bar{\lambda}_{cr} = 0.37$. Ein Vergleich mit den für häufige Strukturen typischen $\bar{\lambda}$-Werte zeigt, daß diesen zusammenhängende neutrale Netze entsprechen.

6 Evolutionäre Optimierung

Die Existenz neutraler Netzwerke, die den gesamten Sequenzraum zu überspannen vermögen, hat großen Einfluß auf den Verlauf der evolutionären Optimierung. Aus naheliegenden Gründen kann das Quasispeziesmodell der molekularen Evolution (Eigen 1971, Eigen *et al.* 1989) in seiner ursprünglichen Form nicht mehr angewendet werden, da die Bedingung für eine stationäre Mutantenverteilung im Fall der Neutralität ($\sigma_m=1$) auf den physikalisch unmöglichen und evolutionär uninteressanten Fall der fehlerlosen Replikation beschränkt wird. Dessenungeachtet kann man sich jedoch fragen, unter welchen Bedingungen stationäre Verteilungen der Phänotypen ausgebildet werden und wie diese aussehen müßten. In der Tat gelingt es, die kinetischen Gleichungen entsprechend umzuformulieren (Schuster 1997), und man kann dann eine der eingangs diskutierten Fehlerschwelle für die Genotypen völlig analoge kritische Genauigkeit (q_{min}) der Replikation für die Phänotypen berechnen:

$$q_{min} = \sqrt[n]{\frac{1-\bar{\lambda}_m \sigma_m}{(1-\bar{\lambda}_m)\sigma_m}}$$

Für $q > q_{min}$ strebt die Population einer stationären Phänotypenverteilung zu. Man kann aus der obigen Gleichung leicht herauslesen, daß mit steigendem Neutralitätsgrad $\bar{\lambda}$ mehr Replikationsfehler toleriert werden können. Die Bedingung

$$\bar{\lambda} > \sigma_m^{-1}$$

führt interessanterweise zu einer Situation, in welcher durch einen hohen Anteil neutraler Nachbarn beliebig viele Fehler toleriert werden können.

Weitere Einzelheiten der Natur der evolutionären Optimierung, insbesondere die Auswirkung der Genotyp-Phänotyp-Beziehung auf den Prozeßverlauf, können mit dem kinetischen Ansatz weder beschrieben noch analysiert werden. Um dennoch die entsprechenden Einblicke zu gewinnen, wurde das in Abb. 3 dargestellte, erweiterte Evolutionsmodell zur Simulation konkreter Optimierungen in einem Computerprogramm implementiert. Das physikalische Umfeld ist durch einen Flußreaktor gegeben, in welchem die chemischen Reaktionen der Replikation und Mutation von RNA-Molekülen mit Hilfe eines einfachen Algorithmus nach Gillespie (Gillespie 1976) als stochastische Prozesse simuliert werden.

Computersimulationen im Flußreaktor (Abb. 6) wurden auf der Basis der in Abb. 3 gezeigten erweiterten Evolutionsdynamik durchgeführt (Huynen et al. 1996; Fontana/Schuster 1998). Durch Auswertung der gespeicherten Informationen gestatten diese Computerexperimente eine vollständige Rekonstruktion der molekularen Einzelheiten der Vorgänge im Reaktor. Zum einen konnte gezeigt werden (Huynen et al. 1996), daß Replikation und Mutation auf einem neutralen Netzwerk weitestgehend einem Diffusionsprozeß im Sinne der neutralen Evolution Motoo Kimuras entsprechen (Kimura 1983). Die Diffusionskonstante erweist sich als proportional zur Mutationsrate p. Ein zweites Beispiel (Fontana/Schuster 1998) behandelt die Simulation einer Strukturoptimierung mit der Transfer-RNA-Struktur als Ziel. Dieses im Anschluß ausführlicher beschriebene Experiment führte zu einer neuen Definition des Begriffes der Kontinuität in der Evolution.

Das Optimierungsexperiment wird durch eine Folge oder Zeitreihe von RNA-Phänotypen beschrieben, welche von der Anfangsstruktur zur Zielstruktur führen. Dabei kann die Zielstruktur vorgegeben oder offen sein. Vergleiche von Computerexperimenten zeigten, daß der Ablauf und die wesentlichen dynamischen Merkmale des Optimierungsvorganges durch eine Zielvorgabe nicht beeinflußt werden. Auf Grund der gewählten Fehlerraten wurden (nahezu) alle Strukturänderungen durch einzelne Punktmutationen ausgelöst. Man unterscheidet kleine oder *kontinuierliche* Änderungen im Phänotyp von großen oder *diskontinuierlichen* Umwandlungen. Die kleinen Änderungen sind im wesentlichen Verlängerungen oder Verkürzungen von doppelhelikalen Strukturelementen, sogenannten *Stacks*, um

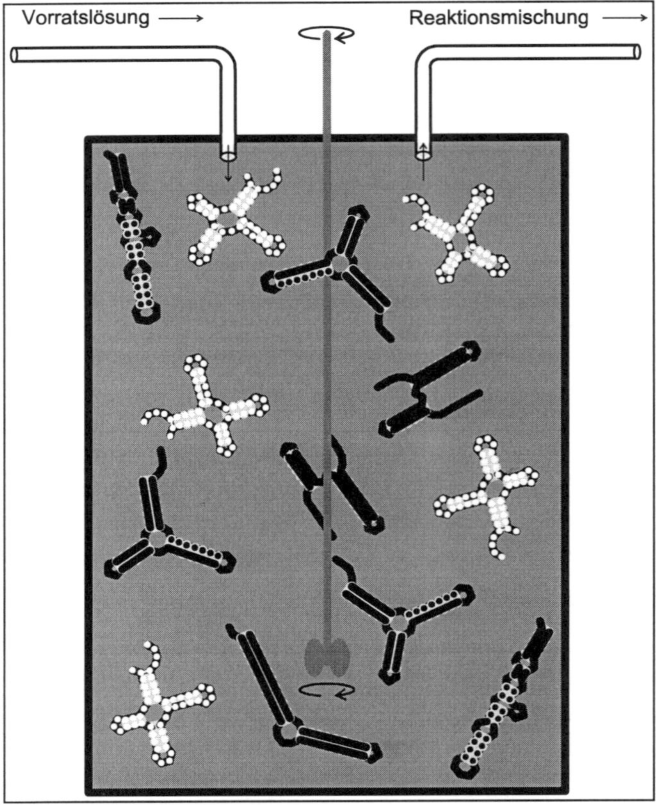

Abb. 6
Ein Flußreaktor für die Implementierung des Evolutionsmodells aus Abb. 3 am Computer. Der Reaktor stellt eine Variante der seriellen Transferexperimente mit kontinuierlicher Zeitkoordinate dar. Die durch den Replikationsprozeß verbrauchten Materialien, Replikase sowie energiereiche Bausteine in Form der Triphosphate *ATP*, *UTP*, *GTP* und *CTP*, strömen laufend als Vorratslösung in den Reaktor ein. Der Zustrom wird durch stetigen Abfluß der Reaktionsmischung kompensiert. Der Reaktorinhalt wird mit Hilfe eines Rührwerkes mechanisch gut durchmischt. Die Flüsse werden so eingestellt, daß der Reaktor im Mittel N ($\pm\sqrt{N}$) RNA-Moleküle enthält. In den hier beschriebenen Computerexperimenten wurden die Kettenlängen der Moleküle dadurch konstant gehalten, daß nur Punktmutationen als Replikationsfehler zugelassen wurden. Simulationsparameter sind dann die Teilchenzahl N, die Kettenlänge n sowie die Mutationsrate pro Replikation und Nukleotidposition p. Für jede neu gebildete Sequenz wird unter Anwendung des Faltungsalgorithmus die Sekundärstruktur minimaler freier Energie bestimmt. Eine Fitneßfunktion, welche die Replikationsrate aus der Struktur der Moleküle zu berechnen gestattet, wird vorgegeben. Mit ihrer Hilfe wird die kinetische Konstante jeder neuen Struktur berechnet.

ein einziges Basenpaar. Die großen Umwandlungen betreffen mehrere Basenpaare, zumeist ganze Stacks, und führen zu weiter entfernten Phänotypen. Sie lassen sich in verschiedene Klassen einteilen (Schift, Flip oder Doppelflip; siehe Fontana/Schuster 1998). Verschiedene Wiederholungen ein und desselben Computerexperiments mit denselben Anfangs- und Endstrukturen[7] durchlaufen stets verschiedene

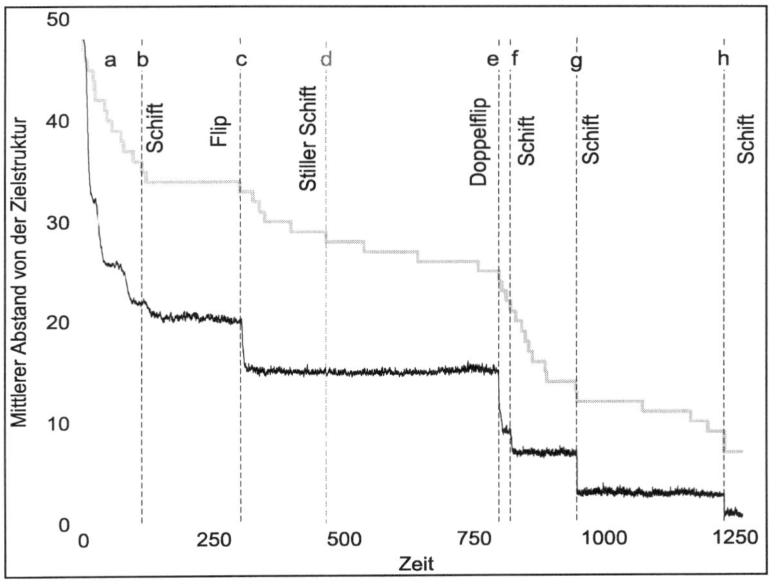

Abb. 7

Der zeitliche Ablauf eines evolutionären Optimierungsexperiments mit dem vorgegebenen Ziel einer Transfer-RNA-Struktur. Die Evolution einer Population von 1.000 RNA-Molekülen von einer zufällig gewählten Ausgangsstruktur bis zur vorgegebenen Zielstruktur (tRNA) wird in einem Flußreaktor simuliert. Die Mutationsrate wurde mit 1/1.000 pro Replikation und Nukleotidposition angesetzt. Als Maß für die Fitneß der RNA-Moleküle wurde eine geeignete Funktion des Abstandes zwischen ihrer Struktur und der Zielstruktur gewählt, welche mit der Annäherung an das Ziel zunimmt. Die schwarze Kurve beschreibt die zeitliche Entwicklung des mittleren Abstandes der Population von der Zielstruktur. Sie weist die charakteristischen stufenförmigen Diskontinuitäten auf. Die graue Stufenfunktion entpricht der in Abb. 8 gezeigten, rekonstruierten „Relay-Serie". Jede Stufe entspricht einer neuen Struktur auf dem Weg zum Ziel.

[7] Verschiedene Zufallsfolgen von Ereignissen werden im Computerexperiment dadurch erreicht, daß man sonst identische Läufe mit verschiedenen „random seeds" der Zufallszahlengeneratoren startet.

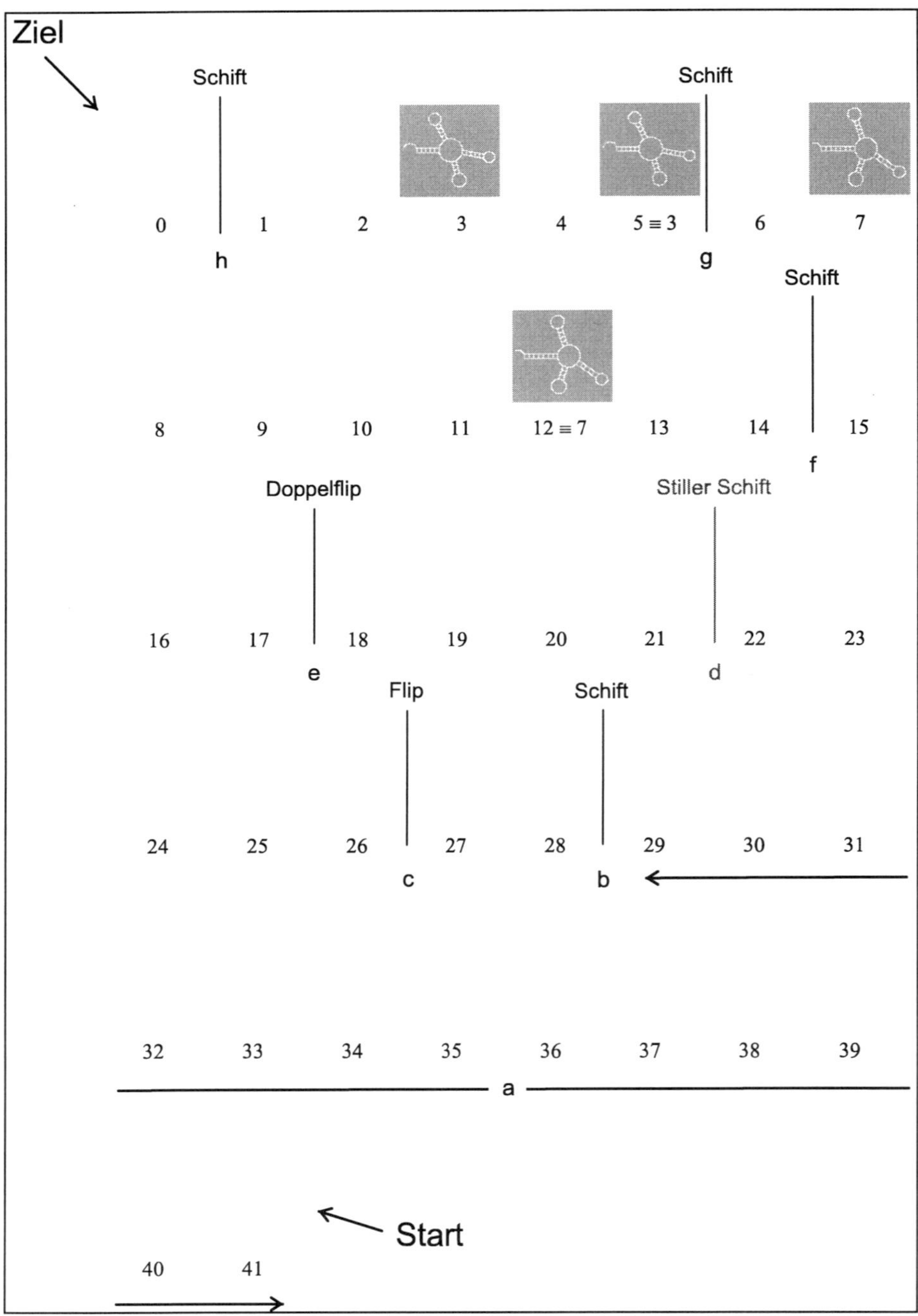
Ziel
Schift
Schift
0
1
2
3
4
5 ≡ 3
6
7
h
g
Schift
8
9
10
11
12 ≡ 7
13
14
15
f
Doppelflip
Stiller Schift
16
17
18
19
20
21
22
23
e
d
Flip
Schift
24
25
26
27
28
29
30
31
c
b
32
33
34
35
36
37
38
39
a
Start
40
41

Abb. 8
Rekonstruktion des molekularen Verlaufs der evolutionären Optimierung mit dem Ziel einer Transfer-RNA-Struktur. Die gezeigte Folge oder Zeitreihe von 42 Strukturen wurde während der in Abb.7 gezeigten Simulation der Evolution einer Population von RNA-Molekülen in einem Flußreaktor auf dem Weg von einer zufällig gewählten Ausgangsstruktur zur vorgegebenen Zielstruktur (tRNA) durchlaufen (Fontana/Schuster 1998). Die Rekonstruktion des Optimierungsexperimentes kann unmittelbar mit dem Verlauf des Optimierungserfolges nach Abb. 7 in Beziehung gesetzt werden. Auf den Plateaus konstanter Fitness beobachten wir entweder Veränderungen der RNA-Sequenzen bei konstanter Struktur oder Veränderungen der RNA-Sequenzen und Strukturen, wobei die Strukturen nahe verwandt sind und gleiche Fitneß aufweisen. Es kann dabei vorkommen, daß einzelne Strukturen in der Serie auf einem Plateau mehrmals auftreten (Siehe die Strukturen auf grauem Grund). „Verwandt“ bedeutet hier eine ausreichend hohe Wahrscheinlichkeit, durch einen einzigen Mutationsschritt von der einen Struktur zur anderen zu gelangen. Am Ende eines jeden Fitneßplateaus steht in allen rekonstruierten Serien ein Übergang zwischen Strukturen, welche nicht im obigen statistischen Sinne verwandt sind. In der Abbildung sind diese Übergänge durch senkrechte Striche gekennzeichnet. Auf dem Plateau wird durch Zufallsdrift eine Sequenz gefunden, welche in einem einzigen Mutationsschritt und unter Fitneßzunahme einen solchen Übergang zwischen nicht nahe verwandten Sequenzen vermitteln kann.

Folgen von Zwischenstufen. Dennoch gibt es eine Reihe von reproduzierbaren Merkmalen oder „Regularitäten“. Jeder Optimierungsvorgang wird durch eine Anfangsphase rasch aufeinanderfolgender Strukturen eingeleitet, welche durch große Fortschritte hinsichtlich der Fitneßzunahme gekennzeichnet ist. Dann folgt eine zweite Phase mit dem schon früher bei Evolutionsexperimenten beobachteten stufenförmigen Verlauf der mittleren Fitneß der Population: Phasen mit nahezu konstanter Fitneß werden von kurzen Perioden mit großem Fitneßgewinn unterbrochen. In den quasistationären Phasen konstanter Fitneß driftet die Population in einem neutralen Regime. Dies kann entweder dadurch bedingt sein, daß der Phänotyp, die RNA-Struktur, konstant bleibt (vgl. Abschnitt $b \rightarrow c$ in Abb. 7) oder daß nahe verwandte Phänotypen gleicher Fitneß in zufälliger Reihe aufeinanderfolgen (vgl. die Abschnitte $c \rightarrow e$, $e \rightarrow f$, $f \rightarrow g$ und $g \rightarrow h$ in Abb. 7). Als relativ seltene Ereignisse beobachtet man auf den Plateaus auch Umwandlungen zu weiter entfernten Phänotypen gleicher Fitneß („Stiller Schift“ *d* in Abb. 7). Fitneßplateaus finden ihr Ende stets mit einer großen Änderung des Phänotyps unter Fitneßgewinn. Da sie durch eine einzige Punktmutation ausgelöst werden, sind sie relativ seltene Ereignisse, welche nur von speziellen Genotypen oder Sequenzen aus möglich sind. Die Population muß daher auf einem Fitneßplateau so lange driften, bis sie eine für den Übergang geeignete Sequenz produziert hat. Ungeachtet der Tatsache, daß die als „Relayserie“ bezeichnete Abfolge von Phänotypen bis zur Ziel-

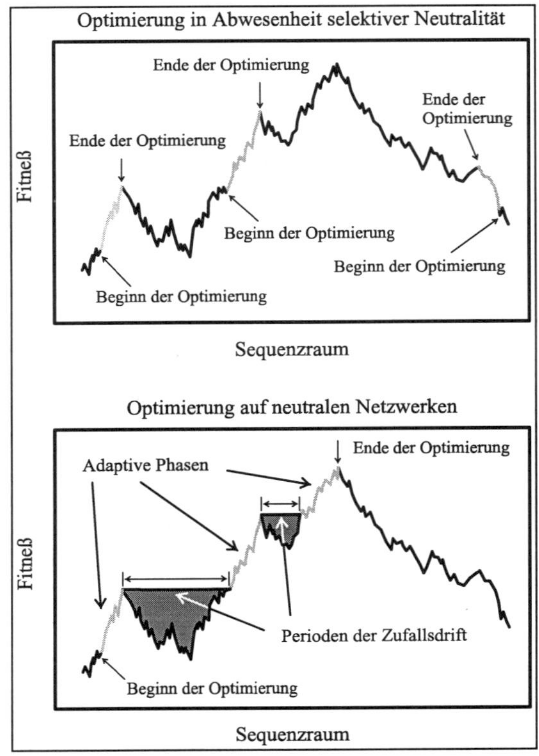

Abb. 9

Die Rolle neutraler Varianten beim evolutionären Optimierungsprozeß. Der Evolutionsvorgang wird als eine Wanderung von Populationen auf einer Landschaft vorgestellt. Die Landschaft ist über dem Sequenzraum errichtet und auf der vertikalen Achse ist die Fitneß der einzelnen Genotypen aufgetragen. Der Selektionsvorgang verbietet grundsätzlich Schritte mit abnehmender Fitneß. Eine Wanderung auf einer Fitneßlandschaft geht daher grundsätzlich immer bergauf oder bleibt auf einer Höhe. Populationen können schmale Täler überbrücken, da sie nicht nur aus einem einzigen Genotyp bestehen, sondern auch Varianten, welche mit der Mastersequenz nahe verwandt sind, im Sinne einer Quasispezies enthalten. Eine Überbrückung größerer Täler ist jedoch, wie das obere Bild zeigt, ausgeschlossen. Im Fall von Neutralität ist jeder Fitneßgipfel Teil eines neutralen Netzwerks, auf welchem sich die Population durch Zufallsdrift solange weiterbewegt, bis sie in eine Region gelangt ist, in der es wieder Genotypen mit höheren Fitneßwerten gibt. Hier beginnt die nächste „Bergaufwanderung". Der Evolutionsprozeß erscheint als eine Folge von raschen Phasen mit großem Optimierungserfolg, welche durch lange „quasi-stationäre" Perioden konstanter mittlerer Fitneß, sogenannte „Fitneßplateaus", unterbrochen sind. Unter günstigen Umständen kann die Population, wie im unteren Bild angedeutet, den höchsten Gipfel, das globale Fitneßoptimum, erreichen.

struktur bei jedem einzelnen Computerexperiment verschieden ist, erweisen sich die Zahlen der durchlaufenen Phänotypen und der größeren Umwandlungen als überraschend konstant.

Im Prinzip sind diese vom Evolutionsprozeß durchlaufenen Zeitreihen von Strukturen auch experimentell zugänglich, wenn man das Evolutionsexperiment in einer langen Kapillare durchführt, welche alle für die Replikation von RNA notwendigen Materialien in einem Gel gelöst enthält. Nach Animpfen des Gels mit einer RNA-Probe wandert eine Wellenfront durch das Medium. In dieser Front wird die Replikationsgeschwindigkeit optimiert, da rascher replizierende Varianten schnellere Wellen ausbilden. Hinter der Front ist das Replikationsmedium verbraucht und die RNA-Moleküle bleiben im Gel zurück (Bauer et al. 1989). Durch diese Experimentalanordnung wird die zeitliche Abfolge der jeweils fittesten Moleküle entlang der Längsachse der Kapillare niedergelegt. Die evolutionäre Geschichte wird auf eine räumliche Koordinate geschrieben. Aufarbeitung und Analyse der in einzelne Scheiben geschnittenen Kapillare ergibt die Zeitreihe der molekularen Strukturen.

Die Computerexperimente zur Optimierung von RNA-Molekülen machen es möglich, einen evolutionsgerechten Begriff der „Nachbarschaft" oder „Verwandtschaft" von Phänotypen, hier Strukturen, zu geben. Den Phänotypen entsprechen neutrale Netze. Ein neutrales Netzwerk ist (statistischer) Nachbar eines anderen Netzwerks, wenn es mit großer Wahrscheinlichkeit in seiner Einfehler-Nachbarschaft gefunden wird. Dieser neue Nachbarschaftsbegriff geht von der wechselweisen Zugänglichkeit der Strukturen im RNA-Modell aus. Mit seiner Hilfe kann der Ablauf von evolutionären Optimierungsvorgängen problemlos erklärt werden, wie die in Abb. 9 gezeigte Zeichnung illustriert. Das wesentliche Ergebnis der hier dargestellten Untersuchungen bezieht sich auf die Rolle neutraler Varianten bei der Evolution: Im Fall von Molekülen kann eine präzise Anwort gegeben werden: „Zufallsdrift" im Raum der neutralen Mutanten überbrückt die großen Täler in den Fitneßlandschaften.

7 Evolutionäre Biotechnologie

Seit den Anfängen in den siebziger Jahren gab es beachtliche Fortschritte auf dem Gebiet der molekularen Evolution. Die Optimierung der Eigenschaften von RNA-Molekülen durch Selektionsmethoden ist keine „Science-Fiction" mehr sondern Realität. In Gestalt der evolutionären Biotechnologie hat sich ein eigener neuer Wissenszweig etabliert, welcher das Darwinsche Prinzip zur Herstellung von Biopolymeren mit vorbestimmbaren Eigenschaften benutzt. Die Optimierung geschieht in einzelnen Selektionszyklen (Abb. 10), welche aus jeweils drei Einzelschritten, Verstärkung durch Replikation, Variation durch Mutation und Selektion bestehen. Replikation von RNA-Molekülen und Mutation mit vorgebbarer Fehler-

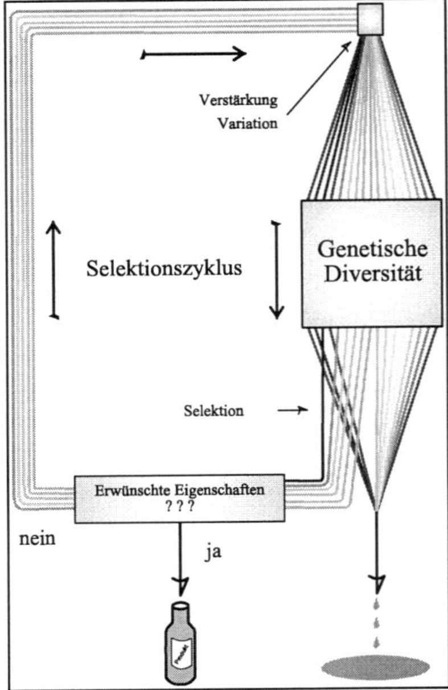

Abb. 10
Selektionszyklen zur Erzeugung von Molekülen nach Maß in der evolutionären Biotechnologie. Dem Darwinschen Prinzip folgend werden in jedem Zyklus die drei Schritte, Verstärkung durch Replikation, Diversifikation durch Mutation (oder Zufallssynthese) und Selektion der Moleküle mit den gewünschten Eigenschaften, durchlaufen. Die einzelnen Verfahren unterscheiden sich lediglich hinsichtlich der Durchführung des Selektionsvorganges. Man unterscheidet zwischen „Batch"-Verfahren, bei welchen die Auswahl der geeigneten Moleküle durch physikalische (zum Beispiel Affinitätschromatographie) oder chemische („reactive Tagging") Techniken direkt in Lösung vorgenommen wird, und „Screening"-Methoden. Im letzteren Fall wird Selektion in zwei Schritten durchgeführt: Zuerst werden die Moleküle durch räumliche Auftrennung vereinzelt. Dann werden die geeigneten Varianten durch molekulares *Screening* identifiziert. Die ausgewählten Moleküle bilden entweder bereits das gewünschte Produkt oder sie werden zur weiteren Optimierung einem nächsten Selektionszyklus zugeführt. Im allgemeinen wird das gewünschte Ziel durch einige wenige bis zu einhundert Zyklen erreicht.

rate sind für die gegenwärtige Molekularbiologie Routine. Kluge Konzepte und experimentelles Geschick sind jedoch für den Selektionsschritt gefordert. Zwei grundsätzlich verschiedene Selektionsstrategien wurden erfolgreich angewandt:

(i) Durch eine geschickte Wahl der Versuchsführung werden die Moleküle mit den gewünschten Eigenschaften oder Funktionen direkt aus der oft bis zu 10^{15} verschiedene Moleküle enthaltenden Lösung selektiert – auf diese Weise konnten beispielsweise die katalytischen Aktivitäten von Ribozymen, Biokatalysatoren auf RNA-Basis, verändert werden oder Moleküle erzeugt werden, welche mit hoher Spezifität an vorgegebene Targets binden.

(ii) Die einzelnen RNA-Moleküle oder anderen vermehrbaren Individuen werden räumlich aufgetrennt, auf Probenhalter im Mikromaßstab so aufgeteilt, daß jede Probe (im Mittel) nur ein Molekül enthält, und durch parallel arbeitende *Screening*-Methoden analysiert. Auf einem Siliziumwafer können einige zehn- bis hunderttausend Proben gleichzeitig bearbeitet und untersucht werden. Derartige Probenträger eignen sich zur Durchführung von „Serial-Transfer-Experimenten" mit RNA-Molekülen oder Mutationsexperimenten mit Viren und Bakterien. Ein zukunftsweisendes Anwendungsgebiet derartiger Selektionsverfahren ist auch die Optimierung von Enzymen auf der Basis von Variation der sie codierenden Gene und Selektion der best geeigneten Proteine nach *in vitro* Translation.

Die neue Disziplin der evolutionären Biotechnologie befindet sich zur Zeit in einer sehr progressiven Phase und man kann weitere wesentliche Ergebnisse für die allernächste Zukunft erwarten. Bei den *Screening*-Methoden ist es möglich, durch neue Fluoreszenztechniken einzelne Moleküle, einzelne Viruspartikel oder einzelne Bakterien gezielt zu detektieren, wodurch die Nachweisgrenzen um viele Zehnerpotenzen gesenkt werden können. Durch Kombination dieser neuen Methode mit verschiedenen anderen *High-Tech*-Verfahren werden Anlagen zur automatischen „Molekülzüchtung" realisierbar. Der Traum der Biotechnologen, Biomoleküle nach Maß designen und erzeugen zu können, ist bereits in greifbare Nähe gerückt.

Biopolymere sind nach der Meinung vieler Biowissenschaftler die Basis für die Technologien des nächsten Jahrhunderts, da sie sich wegen hoher Spezifität und Effizienz sowie leichter Abbaubarkeit als Wirkstoffe oder als Materialien für „Soft-Technologies" eignen. Diese Bezeichnung bringt den Unterschied zu den konventionellen, „harten" und umweltbelastenden Technologien unserer Zeit zum Ausdruck. Bereits jetzt erfolgreiche und zukünftige Einsatzmöglichkeiten von Proteinen und Nukleinsäuren zur Lösung medizinisch-pharmazeutischer, diagnostisch-analytischer und technischer Probleme sind so vielfältig, daß ihre Aufzählung den Rahmen dieses Referates sprengen würde. Zumeist sind die gewünschten Aktivitäten bereits in natürlichen Molekülen vorhanden, aber die Proteine sind für die geplante Verwendung nicht stabil genug oder sie haben nicht die richtige Spezifität oder ihre optimalen Arbeitsbedingungen, Temperatur, Druck oder pH-Wert entsprechen nicht den Anforderungen des geplanten Einsatzes. Eine wichtige Aufgabe des „Designers" von Biomolekülen besteht darin, die Eigenschaften bekannter

Moleküle so zu modifizieren, daß sie den technischen Erfordernissen entsprechen. Daß solche Abwandlungen möglich sind, zeigt uns die Natur selbst am allerbesten: Die Proteine aus den Bakterien und Archebakterien, welche unter extremen Bedingungen wie hohe Temperatur, starker Säuregehalt oder hohe Salzkonzentrationen leben, weisen völlig andere Stabilitäten und Optima der katalytischen Aktivitäten auf als jene, welche unter Normalbedingungen wachsen.

8 Schlußfolgerungen und Perspektiven

Die Verwendung des Begriffes der „Fitneßlandschaften“ hat die Vorstellung der Darwinschen Evolution auf eine neue, im Prinzip quantifizierbare Basis gestellt. Die molekularen Modelle der Evolution im Reagenzglas eröffneten einen direkten Zugang zur Messung der Beziehungen zwischen Sequenz, Struktur und Fitneß, und aus der nützlichen Landschaftsmetapher wurde ein wissenschaftliches Konzept. Aus den Ergebnissen der Evolutionsexperimente konnten eine Reihe von allgemein gültigen Prinzipien hergeleitet werden, welche in der makroskopischen Biologie ebenso gültig sind wie in der Welt der Moleküle. In der Umsetzung zur Optimierung von Biomolekülen erfuhren die evolutionären Methoden schließlich eine erste Anwendung zur Lösung von Problemen der Biotechnologie.
Ziel dieses Referates war es insbesondere, drei unterschiedliche Gesichtspunkte der biologischen Evolution herauszustellen:

(i) In der Frage der Optimierung molekularer Strukturen kann das evolutionäre Geschehen bis auf die Vermehrung von Molekülen im Reagenzglas reduziert werden ohne seine erstaunliche Leistungsfähigkeit und Schlagkraft einzubüßen. Die Optimierungen im zellfreien Milieu widerlegen die oft fälschlich mit dem Darwinschen Mechanismus in Zusammenhang gebrachte These von der Kontinuität der Evolution durch kleine und kleinste Schritte: *Natura non fecit saltus*! Auch ohne äußeren Anlaß und unter konstanten Umweltbedingungen beobachtet man Stufen oder Diskontinuitäten in der Annäherung an natürliche oder künstlich vorgegebene Ziele.

(ii) Die Theorie evolutionärer Prozesse kann um eine explizite Beschreibung der Phänotypen erweitert werden und liefert dann unmittelbare Erklärungen für die Vorgänge im molekularen Bereich ebenso wie auf der Ebene der Populationen. Für die Evolution von RNA-Molekülen im Reganzglas lassen sich die umfassenden theoretischen Ansätze im Computermodell simulieren und liefern dabei ein neues Konzept zur Behandlung von Kontinuität und Diskontinuität in der Evolution. Die Computerexperimente bieten gleichzeitig eine einfache Erklärung der beobachteten Stufen im Optimierungsprozeß auf der Basis der beobachteten RNA-Strukturen.

(iii) Die Evolution von RNA-Molekülen im Reagenzglas wurde erfolgreich für das Design von Biomolekülen mit vorgebbaren Eigenschaften eingesetzt und zeigte dabei, daß Adaptierung molekularer Strukturen durch Variation und Selektion ein vergleichsweise einfaches Problem darstellt. Die meisten bisher berichteten Arbeiten betrafen die „Batch"-Selektion von *Aptameren*. Darunter versteht man Moleküle, welche mit möglichst hohen Bindungskonstanten an vorgegebene Zielstrukturen binden. Ähnliche Vorgangsweisen ergaben auch eine Fülle von neuen RNA-Molekülen mit interessanten Eigenschaften als spezifische Katalysatoren für biochemische und chemische Reaktionen.

Die molekulare Evolution steht erst am Anfang einer faszinierenden Entwicklung, welche ohne die gewaltigen Fortschritte der molekularbiologischen Synthese und Analytik in den letzten Jahrzehten nicht möglich gewesen wäre. Die weitere Entwicklung mit dem Ziel, aus den viel versprechenden Ansätzen einer evolutionären Biotechnologie eine mit konventionellen Methoden erfolgreich konkurriende Technik zu machen, bedarf koordinierter Anstrengungen von Experimentatoren und Theoretikern. Ebenso wie die chemische Technologie ohne das Wissen aus physikalischer Chemie und Materialwissenschaften zum Scheitern verurteilt wäre, kann eine auf Variation und Selektion aufbauende Biotechnologie ohne eine umfassende Theorie der molekularen Evolution nicht auskommen.

Trotz ihrer unleugbaren Erfolge steckt die *in vitro* Evolution in der Tat noch in den Kinderschuhen. Interessante neue Entwicklungen zielen auf die Realisierung von Experimentalsystemen zum Studium von „molekularen Ökologien" in der nächsten Zukunft ab (McCaskill 1997). Ebenso wie erst die *in vitro* RNA-Assays eine Aufklärung des Darwinschen Mechanismus mit den Methoden der physikalischen Chemie ermöglichten, werden derartige Laborsysteme molekulare Einblicke in die Mechanismen der Koevolution bieten. Beispiele sind die Entstehung und Entwicklung von Symbiosen, Räuber-Beute- und Wirt-Parasit-Ökologien. Die Erkenntnisse aus diesen Experimenten werden auch helfen, eine Brücke zu schlagen von den Spekulationen über den Verlauf der makroskopischen Evolution zu soliden Konzepten und wohlfundierten Theorien.

Literatur

Amitrano, C. et al. (1991): A spin-glass model of evolution. In: Perelson, A. S. & S. A. Kauffman (Hg.), Molecular evolution on rugged landscapes, Vol.IX of Santa Fe Institute Series in the Sciences of Complexity, Redwood City (CA): Addison-Wesley, S. 27-38.

Bauer, G. et al. (1989): Travelling waves of *in vitro* evolving RNA. In: Proc.Natl.Acad. Sci.USA, 86, S. 7937-7941.

Biebricher, C. K. & M. Eigen (1988): Kinetics of RNA replication by Qβ replicase. In: Domingo, E. et al. (Hg.), RNA genetics. Vol. I. RNA directed virus replication, Boca Raton (FL): CRC Press, S. 1-21.

Biebricher, C. K. & W. C. Gardiner (1997): Molecular evolution of RNA *in vitro*. In: Biophys.Chem., 66, S. 179-192.

Eigen, M. (1971): Selforganization of matter and the evolution of biological macromolecules. In: Naturwissenschaften, 58, S. 465-523.

Eigen, M. et al. (1989): The molecular quasispecies. In: Adv.Chem.Phys., 75, S. 149-263.

Elena, S. F. et al. (1996): Punctuated evolution caused by selection of rare beneficial mutants. In: Science, 272, S. 1802-1804.

Fontana, W. & P. Schuster (1998): Continuity in evolution. On the nature of transitions. In: Science, 280, S. 1451-1455.

Fontana, W. et al. (1993): Statistics of RNA secondary structures: In: Biopolymers, 33, S. 1389-1404.

Gillespie, D. T. (1976): A general method for numerically simulating the stochastic time evolution of coupled chemical reaction. In: J.Comp.Phys., 22, S. 403-434.

Huynen, M. A. et al. (1996): Smoothness within ruggedness. The role of neutrality in adaptation. In: Proc.Natl.Acad.Sci.USA, 93, S. 397-401.

Kimura, M. (1983): The neutral theory of molecular evolution. Cambridge (UK): Cambridge University Press.

Kauffman, S. A. (1993): The origins of order. Self-organization and selection in evolution, New York. Oxford University Press.

McCaskill, J. S. (1997): Spatially resolved *in vitro* molecular ecology. In: Biophys.Chem., 66, S. 145-158.

Monod, J. (1971): Zufall und Notwendigkeit, München: Piper & Co.

Reidys, C. et al. (1997): Generic properties of combinatory maps. Neutral networks of RNA secondary structures. In: Bull. Math.Biol., 59, S. 339-397.

Schuster, P. (1995): How to search for RNA structures. Theoretical concepts in evolutionary biotechnology. In: J.of Biotechnology, 41, S. 239-257.

Schuster, P. (1996): How does complexity arise in evolution? In: Complexity, 1/2, S. 22-30.

Schuster, P. (1997): Genotypes with phenotypes. Adventures in an RNA toy world. In: Biopyhs.Chem., 66, S. 75-110.

Schuster, P. et al. (1994): From sequences to shapes and back. A case study in RNA secondary structures. In: Proc.Roy.Soc.(London) B, 255, S. 279-284.

Sherrington, D. & S. Kirkpatrick (1975): A solvable model of a spin-glass. In: Phys.Rev. Letters, 35, S. 1792-1796.

Spiegelman, S. (1971): An approach to the experimental analysis of precellular evolution. In: Quart.Rev.Biophys., 4, S. 213-253.

Van Valen, L. (1973): A new evolutionary law. In: Evolutionary Theory, 1, S. 1-30.

Wiehe, T. et al. (1995): Error propagation in reproduction of diploid organisms. In: J.Theor.Biol., 177, S. 1-15.

Wright, S. (1932): The roles of mutation, inbreeding, crossbreeding and selection in evolution. In: Jones, D. F. (Hg.), Int. Proceedings of the Sixth International Congress on Genetics, Vol. 1, S. 356-366.

Alexander von Humboldts persische und russische Wortsammlungen

Ingo Schwarz und Werner Sundermann

Alexander von Humboldts persische und russische Wortsammlungen

I. Vorbemerkungen

von Ingo Schwarz

1. Beschreibung des Manuskriptes

Der in der Handschriftenabteilung der Staatsbibliothek zu Berlin – Preußischer Kulturbesitz aufbewahrte *Nachlaß Alexander von Humboldt* enthält im *großen Kasten 4, Mappe 41* ein von Humboldt angelegtes Vokabelverzeichnis. Es umfaßt insgesamt 19 Blatt, deren erste 17 neupersische Wörter und Wendungen mit französischen, z.T. deutschen, englischen und anderen Entsprechungen bieten. Die beiden letzten enthalten in ähnlicher Anordnung russische Wörter und Wendungen.[1] Die Blätter **1R–17V** haben die Maße 18,5 × 11,7 cm. Die beiden letzten Seiten (**18R–19V**) unterscheiden sich vom Rest durch die Struktur und die Farbe des Papiers, es ist etwas heller, sowie durch die Abmessungen (18,8 × 10,7 cm).

Die Blätter waren ursprünglich so foliiert, wie sie der Bibliothekar beim Erwerb dieses Dokuments, das zur Sammlung Darmstaedter[2] gehörte, vorfand. Durch eine genaue Untersuchung der Seiten, insbesondere der von Humboldt stammenden Randnotizen, konnte W. Sundermann ihre ursprüngliche Reihenfolge weitgehend rekonstruieren.[3]

[1] Diese Seiten werden erwähnt in: Peter Hahlbrock, Alexander von Humboldt und seine Welt. Ausstellung des Ibero-Amerikanischen Instituts Preußischer Kulturbesitz. Katalog. Berlin 1969, S. 93.

[2] Acc. Darmst. 1932.30. Zur Geschichte der Sammlung Darmstaedter vgl. Kurt-R. Biermann, Einige neue Ergebnisse der Eisenstein-Forschung, in: Schriftenreihe für Geschichte der Naturwissenschaften, Technik und Medizin NTM 1 (1961) 2, S. 1–12, insbes. S. 2–3.

[3] Vgl. Abschnitt II.2.

Der Umschlag aus dünnerem Papier trägt die folgenden Notizen von Humboldts Hand:

> Egypte
> Letronne[4]
> Lever du ⊙ chargé 4 fois p. 107.

Das für den Humboldt-Nachlaß in der Handschriftenabteilung angelegte Inhaltsverzeichnis nennt die Mappe, wohl auf Grund der Beschriftung des Umschlags, *Vokabelverzeichnis ägyptisch – französisch*. Es ist nicht datiert und enthält auch keine Hinweise auf eventuell benutzte Quellen. Humboldts Biographie, der Charakter des festgehaltenen Sprachmaterials und dessen Anordnung lassen jedoch gewisse Rückschlüsse auf die Entstehung und die Bedeutung dieses hier erstmalig vollständig edierten Dokumentes zu.

2. *Alexander von Humboldts persische Sprachstudien*[5]

Alexander von Humboldt begründete seinen Weltruhm vor allem durch seine Reisen in Süd- und Mittelamerika (1799 bis 1804). Um das Jahr 1810 begann er, mit großer Energie an einem weiteren Reiseplan zu arbeiten, der anfänglich gute Chancen auf Verwirklichung hatte, am Ende aber scheiterte. In einem 1852 verfaßten autobiographischen Aufsatz schrieb Humboldt rückblickend:

> Dazu hatte ich den bestimmten Entschluß gefaßt, eine zweite wissenschaftliche Expedition nach Oberindien, dem Himalaja und Tibet zu unternehmen. Um mich zu derselben vorzubereiten, war ich mehrere Jahre lang eifrig unter Silvestre de Sacy und Andréa de Nerciat mit Erlernung der persischen Sprache (als der leichteren unter denen des Orients) beschäftigt.[6]

Während sich Sacy[7] durch seine Forschungen und Publikationen[8] einen bleibenden Namen in der Orientalistik erworben hat, ist über Nerciat[9] wenig bekannt. Hum-

---

4 Letronne, Jean-Antoine, 1787–1848, Altertumsforscher in Paris; besondere Verdienste auf dem Gebiet der Inschriftenkunde und Numismatik; Korrespondent Humboldts.

5 Die Ausführungen zu Humboldts persischen und russischen Sprachstudien fußen wesentlich auf unveröffentlichten Materialien der Alexander-von-Humboldt-Forschungsstelle der BBAW, die durch Kurt-R. Biermann, Gerhard Engelmann (1894–1987), Margot Faak, Horst Fiedler (1928 bis 1990), Peter Honigmann, Fritz G. Lange (1905–1993), Christian Suckow u.a. erarbeitet wurden.

6 Alexander von Humboldt. Aus meinem Leben. Autobiographische Bekenntnisse. Zusammengest. u. erläutert v. Kurt.-R. Biermann. Leipzig, Jena, Berlin 1987, S. 114.

7 Sacy, Antoine-Isaac Silvestre de, 1758–1838; vgl. dazu M. Louis Bazin, Silvestre de Sacy, in: Célébration du bicentenaire de l'École des Langues Orientales. Paris 1995, pp. 19–22.

boldt erwähnte ihn im ersten Band des „Kosmos" als seinen „persischen Lehrer" der „jetzt in Smyrna"[10] wirkte. Der französische Humboldt-Forscher J. Théodoridès konnte in einem Aufsatz über „Humboldt et la Perse" nur vermuten:

> [Nerciat] est probablement l'interprète de la Légation de France en Perse dont parle Tancoigne[11] lorsqu'il énumère les personnes qui constituaient la suite accompagnant dans ce pays la mission du Général Gardane[12] (1807).[13]

Ein anonym erschienener, höchstwahrscheinlich von Paul-Ange-Louis de Gardane verfaßter Bericht über die Reise nennt unter den Mitgliedern der Gesandtschaft als „second Drogman"[14] einen Auguste de Nerciat.[15] Der Nachweis, daß dieser mit dem von Humboldt genannten Andréa de Nerciat identisch ist, kann auf Grund der bisher zusammengetragenen Anhaltspunkte nicht geführt werden, es ist aber sehr wahrscheinlich, daß es sich um ein und dieselbe Person handelt. Der Reisebericht enthält im Anhang ein italienisch-persisch-türkisches „Vocabulaire". Ein durch W. Sundermann vorgenommener Vergleich dieser Wortliste mit dem Humboldtschen Verzeichnis ergab keine Ähnlichkeiten bezüglich des Sprachmaterials bzw. der verwendeten Umschrift.

Im Oktober 1818 reiste Alexander von Humboldt nach Aachen, wo sich die Herrscher der „Heiligen Allianz" trafen, um sich über die vorzeitige Beendigung

---

8 Henry Stevens, The Humboldt Library. A Catalogue of the Library of Alexander von Humboldt, London 1863 (Reprint Leipzig 1967) verzeichnet:
Nr. 8924: Sacy (Silvestre de) Notice sur la Lettre de G[uillaume] de Humboldt à M. Abel-Rémusat, sur les Formes grammaticales, Paris 1828.
Nr. 8925: Sacy (Baron Silvestre de) Sur la Vie et les Ouvrages de M. de Chézy, *author's autograph inscription, privately printed*, Paris 1835.
Nr. 8926: Sacy. Catalogue de la Bibliothèque de M. le Baron Silvestre de Sacy, *autograph inscription of R. Merlin*. Paris 1842.

9 Nerciat, Auguste Andréa de, Orientalist, um 1820 in Paris; Autor von: *Courte notice sur les Arabes et sur la secte des Wéhabis*, Paris 1818; *Examen critique du „Voyage en Perse de M. le colonel Gaspard Drouville dans les années 1812 et 1813"*, Paris o.J.

10 Alexander von Humboldt, Kosmos. Entwurf einer physischen Weltbeschreibung. Bd. 1, Stuttgart u. Augsburg 1845, S. 402.

11 J.-M. Tancoigne, Lettres sur la Perse et la Turquie d'Asie. 2 Vols. Paris 1819, Vol. 1, p. XIV.

12 Gardane, Claude-Mathieu, Comte de, 1766–1818, französ. Offizier und Diplomat.

13 Jean Théodoridès, Humboldt et la Perse, in: Mercure de France, No. 1175, Juillet 1961, pp. 542–549, Zit. p. 544.

14 drogman von tarǧumān (arabisch) – Dolmetscher; vgl. Walther v. Wartburg, Französisches Etymologisches Wörterbuch. Bd. 19, Basel 1967, S. 182. Dankenswerter Hinweis von Prof. Dr. Peter Zieme , BBAW, Turfan-Forschung.

15 [Paul Ange-Louis de Gardane,] Journal d'un voyage dans la Turquie-d'Asie et la Perse, fait en 1807 et 1808. Paris 1809, p. 1. Dankenswerte Mitteilung von W. Sundermann.

der Besetzung Frankreichs zu verständigen. Am Rande dieses Kongresses erlangte Humboldt nicht nur die Zustimmung des preußischen Königs Friedrich Wilhelm III. zu seinem Projekt, man bewilligte ihm auch eine finanzielle Unterstützung in Höhe von zunächst 12000 Reichstalern in Gold für seine Reisevorbereitungen. Im Juli 1819 bestätigte er in einem Schreiben an den preußischen Staatskanzler Hardenberg den Empfang des Betrages, nicht ohne zu erwähnen, daß er „jeden Tag persische Lektionen" nähme.[16]

Unter Bezugnahme auf Begegnungen in Aachen wandte sich Humboldt im Februar 1819 an den preußischen Kultusminister Altenstein, um für den Orientalisten Georg Wilhelm Freytag[17] eine Unterstützung zu erlangen:

> Ew. Excellenz haben mich sehr durch die Ernennung von Hrn. Freytag in Bonn erfreut. Nie haben Sie Staats-Gelder besser angewandt, als an diesem Gelehrten, der auch als Mensch einen großen Werth hat. Er hat mir lange im Persischen Unterricht gegeben. Ich habe mit Freuden die Hälfte der Kosten der Herausgabe des ‚Kemaleddin'[18] getragen. Sacy sagt, es sei eines der gelehrtesten Werke, das lange erschienen. Aber in Bonn ist der geldarme Freytag ohne litterarische Hülfsmittel. Hier eine neue Bitte an Ew. Excellenz! Wären nicht an 5–600 Thaler vorhanden, um für die Bibliothek der Universität Bonn nach beiliegendem, von Freytag angefertigten Catalog Bücher hier und von hier aus durch Treuttel und Würtz in London kaufen zu lassen?[19]

Über die Fortschritte der Sprachstudien konnte Humboldt seinem Bruder Wilhelm am 22. Januar 1820 aus Paris berichten:

> Je commence à voir clair dans le persan, depuis que je suis forcé de travailler, à haute voix, aux deux cours de Sacy et de Langlès[20], devant le public; cela stimule beaucoup. J'apprends aussi l'arabe chez Sacy. Je t'invite, pour avoir une idée de quelques rapprochements de ces idiomes avec les langues américaines, de relire les commencements des chapitres de la belle grammaire arabe de Sacy, et de son précis de grammaire générale philosophique, troisième édition.[21]

---

16 Hanno Beck, Alexander von Humboldt. Bd. 2, Wiesbaden 1961, S. 50.

17 Freytag, Georg Wilhelm, 1788–1861, Orientalist, 1815–1819 in Paris, dann in Bonn.

18 Georg Wilhelm Freytag, Selecta ex historia Halebi [auctore Kemal al-Din] e codice arabico Bibliothecae regiae Parisiensis. Paris 1819.

19 Kurt-R. Biermann (Hrsg.), Alexander von Humboldt. Vier Jahrzehnte Wissenschaftsförderung. Briefe an das preußische Kultusministerium 1818–1859. Berlin 1985 (Beiträge zur Alexander-von-Humboldt-Forschung, Bd. 14), S. 40.

20 Langlès, Louis-Matthieu, 1763–1824, Orientalist in Paris.

21 Ernest Daudet, La police politique. Chronique des temps de la restauration d'après les rapports des agents secrets et les papiers du cabinet noir 1815–1820. 2ème éd. Paris 1912, p. 355. Vgl. auch: Hanno Beck, Alexander von Humboldt. Bd. 2, a. a. O., S. 50.

Nur zwei Tage später schrieb er an Provençal[22]:

> Je compte un peu plus sur M. de Sacy, qui toujours m'a paru très juste pour vous, et dont je suis les cours de persan et d'arabe en ce moment.[23]

Gustav Parthey,[24] der Humboldt 1821 in Paris begegnete, berichtet:

> [Humboldt] bereitete damals seine Reise nach Asien vor und würde, wie er äußerte, schon aufgebrochen sein, wenn die Bestimmung seiner amerikanischen Pflanzen vollendet gewesen wäre. In seinem Zimmer hing eine gewaltige englische Karte von Ostinidien, die fast eine halbe Wand einnahm. Als Einleitung zur Reise hatte er geschwind bei Sylvestre DE SACY Persisch gelernt, weil diese Sprache in Vorderasien ungefähr dieselbe Verbreitung hat wie das Französisch in Europa.[25]

Auch als eine Rußland-Reise, über die noch zu sprechen sein wird, für Humboldt konkrete Konturen annahm, ließ sein Interesse am Persischen nicht nach. Darüber lesen wir in einem Brief an Quatremère[26], datiert Potsdam, 31. Mai 1828:

> J'avais pensé moi-même aller cet été à l'Oural et à Tobolsk, mais ce voyage n'aura lieu que le printemps prochain. Je saurai parler jusque-là le Russe qui n'est pas bien facile à apprendre [...] Cette étude du Russe ne m'a pas fait abandonner le Persan: je m'en occupe de nouveau avec zèle, car l'Empereur Nicolas m'a fait faire des propositions pour l'Ararat. Ce sera plus tard lorsqu'il régnera plus de tranquillité en Perse.[27] Il faut toujours varier ses plans d'après les circonstances jusqu'à ce que la mort nous surprend au milieu de ces rêves qui répandent de la vie sur les études auxquelles on se livre.[28]

Humboldt hat sich im Alter wiederholt in Briefen an seine Studien der persischen Sprache erinnert. Dafür noch einige Beispiele.

In einem Brief an Böckh[29] bemerkte er im März 1857:

> Nach langer Unterbrechung durch Reisen in den Tropenländern und ausschliesslicher Beschäftigung mit der freien Natur fand ich, während eines zwanzigjährigen Aufent-

---

22 Provençal, Jean-Michel, 1781–1845, Zoologe in Montpellier.

23 Léon G. Pélissier, Lettres de Alexandre de Humboldt au professeur Provençal, in: Miscellanea di Studi Storici in onore di Antonio Manno. Vol. 2, Turin 1912, pp. 553–562, Zit. p. 558.

24 Parthey, Gustav, 1798–1871, Altertumsforscher.

25 Hanno Beck (Hrsg.), Gespräche Alexander von Humboldts. Berlin 1959, S. 67–68.

26 Quatremère, Etienne, 1782–1857, Orientalist in Paris.

27 Um das persische Aufsichtsrecht über Georgien zu wahren, geriet Schah Fath Ali nach 1813 zweimal in Kriege mit Rußland. Im Frieden von Turkmantschaj (Aserbaidschan) verlor Persien 1828 alle Gebiete bis an den Aras sowie den Raum um Lenkoran; damit wurden die noch heute bestehenden Grenzen festgelegt.

28 Jean Théodoridès, Humboldt et la Perse, a. a. O., pp. 542–549, Zit. p. 544.

29 Böckh, August, 1785–1867, klassischer Philologe in Berlin.

> haltes in Paris, Musse, vermöge der aufopferndsten Freundschaft von Carl Benedict Hase[30], dem vielbegabten Hellenisten, welchen Villoison[31] früh erkannt und liebgewonnen hatte, mich wieder mit griechischer Litteratur, durch die Vorträge Champollions[32] und Letronnes über das alte Reich in Ägypten wie über die hellenische und römische Eroberungszeit, mich mit einem Ursitze menschlicher Ausbildung, zuletzt als nothwendiger Vorbereitung zu einer Expedition nach Inner-Asien, durch mehrjährigen Unterricht des persischen Reisenden Andrea de Nerciat und des grössten Orientalisten neuerer Jahrhunderte, Silvestres de Sacy, mit der iranischen Sprache zu beschäftigen. Ich nenne, wie durch litterarische Eitelkeit getrieben, die Lebensereignisse, welche den Wahn begründen konnten, mich in diesem geselligen Kreise[33] fast heimisch zu fühlen.[34]

Humboldts Mitschüler bei Sacy war Justus Olshausen,[35] der im Jahre 1852 seine Stelle als Kurator der Universität Kiel aus politischen Gründen verlor. Humboldt bemühte sich, dem Orientalisten eine Anstellung in Preußen zu vermitteln. In einem Brief von Humboldt an Ludwig Roß,[36] datiert vom 26. Februar 1853, lesen wir dazu:

> Wie könnten Sie daran zweifeln, Verehrter Freund, daß die traurige Angelegenheit der Kieler Professoren mich nicht seit mehreren Wochen (wie einst die der Göttinger) lebhaft beschäftigen würde. Sie mußte es um so mehr, als Ohlshausen mit mir sehr befreundet ist, seit Paris, wo er im Persischen unter Sylvestre de Sacy einst mein Mitschüler war.[37]

Nur wenige Monate vor seinem Tode begrüßte Humboldt seinen Schützling als neu ernannten Vortragenden Rat im preußischen Kultusministerium mit folgenden Worten:

> Wie soll ich, Verehrter Freund und einst persischer Mitschüler, Ihnen warm genug für Ihre lieben Zeilen danken. Es würde mir eine große Freude sein, Sie recht bald umar-

---

30 Hase, Carl Benedict, 1780–1864, aus Thüringen stammender Altphilologe in Paris.

31 Villoison, Jean-Baptiste-Gaspard d'Ansse de, 1753–1805, französischer Philologe.

32 Champollion, Jean-François, 1790–1832, berühmter Ägyptologe in Paris.

33 Zu diesem Kreis kann auch Antoine-Léonard de Chézy (1773–1832), Schüler von Sacy und Langlès, gezählt werden.

34 Briefe von Alexander von Humboldt an August Böckh, in: Max Hoffmann, August Böckh. Leipzig 1901, S. 411–454, Zit. S. 451–452.

35 Olshausen, Justus, 1800–1882, Orientalist, Professor in Kiel, Oberbibliothekar in Königsberg, ab 1858 Beamter im preußischen Kultusministerium.

36 Roß, Ludwig 1806–1859, Altphilologe.

37 Herbert Koch, Aus den Papieren von Ludwig Roß, in: Antike und Abendland. Bd. 9, Hamburg 1960, S. 89–107, Zit. S. 106.

men zu können, jeden Tag von 9 Uhr morgens bis 3 Uhr. Ich werde Ihre Freundschaft in Ihrer neuen Lage oft benutzen.[38]

Humboldts Reise nach Asien konnte aus bis heute nur unvollständig geklärten Ursachen nicht verwirklicht werden. Es gibt jedoch Gründe für die Annahme, daß die Ostindische Gesellschaft Humboldt, der in seinen Schriften koloniale Mißstände in Lateinamerika angeprangert hatte, das Betreten Indiens nicht gestatten zu können glaubte.[39]

3. Auffälligkeiten in Humboldts Rechtschreibung

Humboldt Rechtschreibung weist gewisse Eigenarten auf. Im Französischen schrieb er beispielsweise durchgängig „tems" für „temps" und „pié" für „pied"; Akzente setzte er dort, wo es ihm zur Bedeutungsunterscheidung nötig erschien, aber nicht konsequent nach einem erkennbaren Schema. Besonderheiten finden sich auch im Deutschen. So schrieb er oft „z" für „tz", etwa in „sez̄en Sie sich". Offenbar ging es ihm darum, seine Schreibweise so einfach und rationell wie möglich zu gestalten, um möglichst schnell schreiben zu können. Feste Regeln für Humboldts Orthographie sind jedoch kaum abzuleiten.

Humboldt brachte seine deutschsprachigen Notizen in den folgenden Glossaren sowohl in deutschen als auch in lateinischen Buchstaben zu Papier. Dies kann mit dem bei der Niederschrift nötigen ständigen Wechsel zwischen den verschiedenen Sprachen erklärt werden. Für die Datierung von deutschsprachigen Humboldtbriefen ist es allerdings von Bedeutung, daß sich der Gelehrte ab Ende September 1830 hier fast nur noch lateinischer Buchstaben bediente.[40] Die Tatsache, daß in den Glossaren Wörter in deutschen Buchstaben erscheinen, könnte somit als ein zusätzliches Indiz dafür gewertet werden, daß sie vor diesem Datum notiert wurden.

---

38 Kurt-R. Biermann (Hrsg.), Alexander von Humboldt. Vier Jahrzehnte Wissenschaftsförderung, a. a. O., S. 174.

39 Kurt-R. Biermann, Alexander von Humboldt. 4., durchgesehene Aufl. Leipzig 1990 (Biographien hervorragender Naturwissenschaftler, Techniker und Mediziner, Bd. 47), S.76.

40 Vgl. Alexander von Humboldt. Chronologische Übersicht über wichtige Daten seines Lebens. Bearb. von Kurt-R. Biermann, Ilse Jahn und Fritz G. Lange. 2. vermehrte u. berichtige Aufl. bearb. von Kurt-R. Biermann unter Mitwirkung von Margot Faak u. Peter Honigmann. Berlin 1983 (Beiträge zur Alexander-von-Humboldt-Forschung, Bd. 1), S. 53.

II. Alexander von Humboldts Liste persischer Wörter und Wendungen

von Werner Sundermann

1. Technische Hinweise

Ich habe versucht, den Text Humboldts in II.5. so genau nachzubilden wie möglich. Daher habe ich den (meist französischen) Text der Übersetzung nicht korrigiert und den persischen nur in meinen Anmerkungen. Auch die von Humboldt geschriebenen und dann durchgestrichenen Wörter habe ich als solche verzeichnet, da sie bisweilen interessante Varianten bieten. Wortunterstreichungen wurden übernommen. Wenn Humboldt durch einen verbindenden Bogen angedeutet hat, daß ein Wort in mehreren Gruppen zu wiederholen ist, habe ich das durch Unterführungen („) gekennzeichnet. Wort(e) zwischen ↓ und ↑ sind Zufügungen über der Zeile, Wort(e) zwischen ↑ und ↓ Zufügungen unter der Zeile. Teile nach ↑ sind unter der Zeile hinzugefügte Satz- oder Wortenden. Es liegt in der Natur eines in schmalen Kolumnen geschriebenen Manuskripts, daß sich nicht immer eine sichere Grenze zwischen zweizeiligen Eintragungen und unterzeiligen Ergänzungen ziehen läßt. Meine Wiedergabe dieser Textanordnungen mag da in vielen Fällen anfechtbar sein. Auf jeden Fall aber habe ich mich um eine in Text und Kommentar übereinstimmende und auf den Photos leicht nachvollziehbare Zeilenzählung bemüht. In [ ] hinzugefügte Wörter oder Wortteile sind meine Ergänzungen. Im Kommentar II.6. verwende ich ~ für zuvor genannte Textstücke, die in einer folgenden, teilgleichen Formulierung von H. nicht wiederholt wurden. Ein Vergleich meiner Nachschrift mit den Photos des Manuskripts zeigt, daß H. nach vielen Übersetzungen ein + geschrieben hat. Ich habe es generell ignoriert, da mir sein Sinn nicht klar ist. Humboldt verwendet wiederholt das Zeichen ⊙ für Sonne und Gold sowie ☾ für Mond und Silber.

Folgende Kurztitel und Abkürzungen werden verwendet: Doerfer: G. Doerfer, Türkische und mongolische Elemente im Neupersischen I–IV, Wiesbaden 1963 bis 1975; Junker-Alavi: H. Junker, B. Alavi, Persisch-deutsches Wörterbuch, Leipzig 1965; Lazard: G. Lazard, Dictionnaire Persan-Français, Leiden etc. 1991; Lazard 1957: Grammaire du Persan contemporain, Paris; Lazard 1963: La langue des plus anciens monuments de la prose persane, Paris; Redhouse: J.W. Redhouse, A Turkish and English Lexicon, Constantinople 1921; Steingass: F. Steingass, Persian-English Dictionary, London 1963; Tietze: A. Tietze, Persian Loanwords in Anatolian Turkish, in: Oriens 20, 1967, pp. 125–168; Wehr: H. Wehr, Arabisches Wörterbuch für die Schriftsprache der Gegenwart, Leipzig 1958. Unbelegt zitierte türkische Wörter sind K. Steuerwald, Türkisch-deutsches Wörterbuch, Wiesbaden

1988, entnommen. H. steht für (A.v.) Humboldt. Mein Dank gilt Ronald E. Emmerick für das Mitlesen meines Manskripts und für zahlreiche wichtige Hinweise, sowie Peter Zieme, der mir wie immer Rat und Hilfe *in turcicis* war. Ich danke insbesondere Frau Tanja Amini, die mein Manuskript sorgfältig gelesen, zahlreiche Fehler entdeckt und wichtige Verbesserungen vorgeschlagen hat. Auch Hinweise von Dj. Khaleghi-Motlagh sind in ihre Bemerkungen eingegangen, so daß ich der neupersischen Expertenkenntnis des Seminars für Iranistik der Universität Hamburg sehr viel schulde.

2. Humboldts Manuskript

H.s persische Wortliste besteht aus 17 losen Blättern, die in der Mitte gefaltet worden sind. In der Regel befindet sich der persische Text auf der linken Seite, die französische (bisweilen deutsche, englische, italienische, lateinische und spanische) Übersetzung auf der rechten Seite. H. konnte also jedes Blatt in seiner Mitte umknicken und so seine Vokabelkenntnis prüfen.

In meiner Edition werden die Blätter des Textes fortlaufend gezählt und durch **fett** gedruckte Ziffern bezeichnet. Die Blattzählung beruht auf meiner Rekonstruktion der Textfolge, die von der vorgefundenen erheblich abweicht. Die vorgefundene Folge war: **12, 11, 14, 15, 7, 13, 4, 3, 10, 9, 16, 17, 8, 1, 2, 6, 5.** Einzelblätter waren gegeben in **7, 13, 4, 3, 8, 1** und **2**, Doppelblätter aber in **12+11, 14+15, 10+9, 16+17** und **6+5**. Die naheliegende Annahme, daß die Einzelblätter Teile von auseinandergerissenen Doppelblättern darstellen, bestätigte sich in der Tat. Um das Resultat einer Untersuchung der Blattränder, ihrer Einrisse und Verfärbungen zusammenzufassen: weitere Doppelblätter waren **7+8, 4+3** und **1+2**. Als Einzelblatt blieb **13** übrig, dessen zweites Blatt verloren gegangen sein mag. Erhalten sind also acht Doppelblätter und ein Blatt.

Den Schlüssel zur teilweisen Rekonstruktion der richtigen Blattfolge liefert die jetzige Seite **1R**, an deren oberem rechten Rand sich folgende Eintragung findet:

sans les doubles:
I – 162 mots
II – 140 –
III – 130 –
IV – 70 –
502

Die römische Zahl I befindet sich auf derselben Seite über der Notiz. Die Wortzahl 162 findet man in der unteren rechten Ecke von **2V**. I bedeutet also das erste Doppelblatt der Sammlung H.s und 162 ist die Zahl seiner Wörter in H.s Berechnung (ich zähle 163, doch ist das exakte Ergebnis davon abhängig, was unter „Doubletten" zu verstehen ist). Das zweite Doppelblatt (II am Anfang, 140 am Ende) besteht aus **3+4**, das dritte Doppelblatt (III am Anfang, 130 am Ende) aus **5+6**, das vierte Doppelblatt (IV am Anfang, 70 am Ende) aus **7+8**. Die Wortzahl 70 ist für dieses Doppelblatt viel zu niedrig gegriffen, doch mochte H. Wörter hinzugefügt haben, nachdem er seine Notiz am Anfang des Textes gemacht hatte. Mit Sicherheit läßt sich sagen, daß die Doppelblätter **9+10** (V am Anfang, keine Wortzahl am Ende) und **11+12** (VI am Anfang, keine Wortzahl am Ende) später hinzugefügt worden sind.

Die richtige Reihenfolge der ersten 12 Blätter in H.s Wortliste kann auf diese Weise sicher bestimmt werden. Es bleiben die Doppelblätter **14+15** und **16+17** sowie das Einzelblatt **13** übrig, d. h. die Blätter **13–17**. Daß ihnen die einordenbaren Blätter vorangingen, ist gewiß. Ihre genaue Anordnung kann aber nicht sichergestellt werden. Ich hatte daher für sie die vorgefundene Reihenfolge der Blätter übernommen, und meine Blattordnung ist nunmehr für alle Blätter bis auf **13** von der Staatsbibliothek übernommen worden. Dieses Blatt, zur Zahl der nicht präzise lokalisierbaren Fragmente gehörig, läßt aber doch, wie Frau Ziesche (Handschriftenabteilung der Staatsbibliothek zu Berlin – Preußischer Kulturbesitz) ermittelt hat, deutlich erkennen, daß es zu den Blättern **1** bis **12** gehört und sich von den restlichen Blättern formal unterscheidet. Frau Ziesche hat daher Blatt **13** den sicher bestimmbaren Blättern unmittelbar nachgeordnet und die übrigen nicht sicher bestimmbaren Blätter (**14** bis **17**) an den Schluß gestellt. Ich übernehme diese Lösung des Problems.

H. hat sein Schreibmaterial als nacheinander geordnete Einzelblätter, sozusagen als eine Lose-Blatt-Sammlung, benützt. Für das Verständnis seiner Aufzeichnungen bringt die Neuordnung der Blätter keinen Fortschritt. Sie sind und bleiben eine Mischung von Wörtern, idiomatischen Wendungen und Sätzen verschiedenen Inhalts. Lautlich oder semantisch verwandte Wortgruppen, Folgen von Zahlen und Infinitiven lassen sich zwar gelegentlich ausmachen. Aber das ist kein Ergebnis meiner Neuordnung des Textes. Lediglich wird man nunmehr feststellen können, daß gegen Ende der Aufzeichnungen H.s die Zahl der Sätze und idiomatischen Wendungen zunimmt und daß viele von ihnen nicht mehr übersetzt worden sind. Auf Blatt **7** und **16** finden sich persische Wörter in persischer Schrift.

3. Humboldts Text

Der Hauptwert der persischen Aufzeichnungen Alexander von Humboldts besteht zweifellos darin, daß sie von Humboldt stammen. Aber Alexander war kein Sprachwissenschaftler, so wie sein Bruder. So dienten seine Aufzeichnungen nicht dem Ziel, Erkenntnisse über den Charakter der persischen Sprache zu gewinnen. Sie waren Wörter- und Satzsammlungen, die dem Forschungsreisenden helfen sollten, sich bei einer geplanten Reise den Einheimischen in Mittelasien verständlich zu machen und sie zu verstehen.

Wäre es möglich, den Nachweis zu erbringen, daß sie aus einem Wörterbuch, einem Lehrbuch oder einer Grammatik stammen, so wäre mit einem Hinweis auf diese Quelle genug über Humboldts Aufzeichnungen gesagt. Aber dieser Nachweis konnte bisher nicht erbracht werden. Im Gegenteil. Humboldts Text spricht mehr für eine andere Herkunft. Wörter und Wendungen stehen in Humboldts Liste nebeneinander. Sie können aufeinander bezogen sein, wenn ein genannter Begriff im folgenden in einer beispielhaften Wendung angewendet wird: *u, bā u* (**8V**, 8–9). Die Wörter sind nicht alphabetisch geordnet, und auch Sachgruppen sind nicht erkennbar. Nicht selten stehen aber ähnlich klingende Wörter nebeneinander, die verwandt sein können, es aber nicht sein müssen: *ǧāme, ǧāmeʿ, ǧamʿi, ǧamʿ kardan, anǧām, ǧamʿ* (**9V**, 15–20). Auch Synonyme werden oft zusammengestellt: *nāme, maktub, resālat* „Schreiben, Botschaft" (**3R**, 20). Auf Blatt **4R**, 1–18 findet sich eine Liste von Infinitiven, in den Zeilen 19–33 werden die Grundzahlen von 1 bis 500 zusammengestellt. Nicht wenige Wörter sind an verschiedenen Stellen der Aufzeichnung ein zweites und ein drittes Mal genannt. Selbst ein so ungewöhnlicher Satz wie *abrhā besyār koloft mibāšand* „Die Wolken sind sehr dick" wird zweimal angeführt (**8V**, 17; **6R**, 7).

All dies macht es unwahrscheinlich, daß Humboldt ein Wörterbuch oder eine Grammatik einfach abgeschrieben hat. Eine natürlichere Erklärung ist, daß er sich Wörter und Wendungen von einem Kenner (oder von Kennern) der persischen Sprache im Unterricht hat diktieren lassen. H. selbst sind gewiß die zahlreichen, von mir im Kommentar vermerkten, „Eselsbrücken" zuzuschreiben, den Übersetzungen folgende, den persischen Wörtern ähnlich klingende semantische Annäherungen (**9V**, 38 *maraz* – morbus *(marasme)*, s. auch **6V**, 22, **9R**, 3).

Unter diesen Umständen kann man die Aufzeichnungen Humboldts als ein Zeugnis persischen Sprachunterrichts zu Beginn des 19. Jh. werten, und es ist nicht überflüssig, dieses Zeugnis zu erschließen und sodann auf einige Eigenheiten seiner Sprache hinzuweisen, die sie von der gegenwärtigen Hochsprache unterscheiden. Erschließen bedeutet hier vor allem, die lateinische Umschrift und die Übersetzung des persischen Textes zu entziffern. Dies erfolgt im ersten Teil der Edition.

Ich übertrage im zweiten Teil der Edition den persischen Text in eine Umschrift gemäß der heutigen Hochsprache. Ich verwende dafür ein gemischtes System aus transkribierten Phonemen (bisweilen auch Lauten) und transliterierten verschiedenen Buchstaben, die im Persischen für dasselbe Phonem stehen. Die Buchstaben des persischen Alphabets werden folgendermaßen wiedergegeben:

ا	ā	خ	x	ص	ṣ	ک	k
ب	b	د	d	ض	ẓ	گ	g
پ	p	ذ	ẕ	ط	ṭ	ل	l
ت	t	ر	r	ظ	ż	م	m
ث	s̱	ز	z	ع	ʿ	ن	n
ج	ǧ	ژ	ž	غ	ġ	و	w, u
چ	č	س	s	ف	f	ه	h
ح	ḥ	ش	š	ق	q	ی	y, i

Zur Umschrift ist ferner zu sagen, daß ich i und u für dehnbares *ī* und *ū* schreibe. ʾ steht für Hiatus im Inneren und am Ende von Wörtern und bildet nicht *Alif* im Wortanfang nach (dort *a* oder *ā* umschrieben). Die kurzen Vokale *a, e* und *o* werden nach den Regeln der arabisch-persischen Orthographie nicht geschrieben.

Meine Umschrift des persischen Textes soll es dem interessierten, fachkundigen Leser ermöglichen, 1. den Text auszusprechen und 2. seine Gestalt in persischer Schrift zu rekonstruieren.

4. Humboldts Persisch

Daß Humboldts Persisch sich von der heutigen Hochsprache der Hauptstadt des Landes stark unterscheidet, macht ein Vergleich der Texte in II.5. und II.6. deutlich. Der Eindruck der Verschiedenheit wird aber noch vergrößert durch H.s unvollkommenes System der Umschrift persischer Wörter, auf das ich hier nicht weiter eingehen will. Ziel meiner Edition ist es vor allem, H.s Umschrift zu entschlüsseln und damit die sichere Voraussetzung für detaillierte Untersuchungen der persischen Sprachproben eines Zeugnisses des beginnenden 19. Jahrhunderts zu schaffen. Sie durchzuführen, würde den Rahmen dieser kleinen Schrift sprengen. So möchte ich nur beispielhaft auf zwei auffällige Eigenheiten der Sprachproben hinweisen,

1. ein deutlicher türkischer und umgangssprachlicher Einfluß auf die Lautbildung des persischen Textes,
2. die massenweise Duplizierung von Infinitiven durch Bildung sekundärer Formen.

1. Es ist offensichtlich, daß das Persisch, das Humboldt lernte, in seiner Aussprache von türkischer Seite beeinflußt war. Die im folgenden dafür beigebrachten Gründe gestatten zwar z.T. auch andere Erklärungen, doch gemein ist ihnen in der Regel die Möglichkeit einer türkischen Verursachung. Zusammengenommen spre-

chen sie für die oben formulierte These. Sie ist mit den oben genannten Zeugnissen für Humboldts persische Sprachstudien in Paris nicht unvereinbar, denn G. Lazard hat in anderem Zusammenhang als ein Merkmal der Beschäftigung mit dem Persischen in Frankreich und in jener Zeit festgestellt: „Il est caractéristique que les anciennes grammaires persanes en français en donnent la prononciation à la turque,“[41] und P. Orsatti hat die große Bedeutung der türkischen Vermittlung persischer Studien in ganz Europa vom 16. bis zum 19. Jahrhundert nachgewiesen.[42]

Überwiegend wird das kurze /a/ als <e> wiedergegeben: dest (**2V**, 9 u. ö.) = *dast*, merd (**2R**, 26 u. ö.) = *mard*. Ebenso das (Osmanisch)-Türkische: *dest, merd*. Doch kann /a/ auch <a> geschrieben werden, und dies ist in Wörtern arabischer Herkunft besonders häufig, vornehmlich, wenn ein Guttural benachbart ist. Vgl. chalk (**11R**, 33) = *xalq*, muchab(b)et (**12V**, 6; **11V**, 1) = *moḥabbat*, hava (**14R**, 39 u. ö.) = *hawā*. Dem entspricht türk. *halk, muhabbet, hava*. Doch auch in einigen weiteren Fällen steht <a> für persisches /a/: saraf (**10R**, 32) = *ṣarrāf*, türk. *sarraf*, tawil (**15V**, 10) = *ṭawil*, türk. *tavil*. Sogar das ungewöhnliche <i> für /a/ in ita (**11V**, 18) = *ʿaṭāʾ* hat eine Parallele in türk. *ita*, vgl. ferner bazīrgan (**8R**, 27) = *bāzargān*, türk. *bāzirgān* (Redhouse. p. 322), bina (**7R**, 13) = *banāʾ*, türk. *bina*.

Das dehnbare /ā/ erscheint als <a>, bisweilen <â>: tenha = *tanhā* (**11R**, 27), hâl, châl (**10R**, 36) = *ḥāl*, türk. *tenha, hal*.

Die Wiedergabe des /e/ durch <i> und des /o/ durch <u> wird man grundsätzlich ähnlich beurteilen: nihan (**10R**, 33) = *nehān* entspricht türk. *nihan*. Die Wiedergaben von /o/ durch <u> und <o> haben in der Regel genaue Entsprechungen im heutigen Türkischen: kudret (**16R**, 35) = *qodrat*, türk. *kudret*, chuda (**12V**, 4 u. ö.) = *xodā*, türk. *huda*, churem (**1R**, 32) = *xorram*, türk. *hurrem*, chosch (**15V**, 36 u. ö.) = *xoš*, türk. *hoş*, chod (**8V**, 4 u. ö.) = *xod*, türk. *hod-*, bostan (**1R**, 33) = *bostan*, türk. *bostan*. Doch gilt dies nicht für die vielen Fälle, in denen ein türkisches *ü* entspricht: buzurk (**9R**, 19) = *bozorg*, türk. *büzürg*, djuda (**9R**, 25) = *ǧodā*, türk. *cüda*. Das mag auch daran liegen, daß das *ü* dem Persischen fremd ist. Trotzdem erscheint es in H.s Sprachproben in wenigen Fällen: büchanid, büfermayid, bünishinim, bünishinid, gürg, djüz (**9R**, 37), schüker (**16R**, 32) (heute: *bexānid, befarmāid, benešinim, benešinid, gorg, ǧoz, šokr*). Vgl. türk. *cüz* und *şükür*. **15V**, 3 und **7V**, 4 steht, deutlich lesbar, filan für pers. *folān*, doch daneben auch, wie T. Amini betont, *felān* (Junker-Alavi, S. 558a). Dies entspricht, Redhouse, p. 1394a

---

41 Les études iraniennes, in: Célébration du bicentenaire de l'École des Langues Orientales, Paris 1995, p. 25.

42 Paola Orsatti, Persian Lexicography in Europe: the Question of the Sources, in: Proceedings of the Second European Conference of Iranian Studies, ed. B. G. Fragner u. a., Roma 1995, pp. 523–533, bes. p. 530.

zufolge, türk. (in vulgärer Aussprache) *filan*. Vergleichbar ist die Umschrift des heute *abrišam* und *abrišom* gesprochenen Wortes für „Seide" durch „ebrishim" in **16V**, 6. Ebenso türk. ebrīshem (Redhouse, p. 12a). Umgekehrt erscheint *pesar* „Sohn" in der archaisch anmutenden Aussprache pussir (**1V**, 27), wozu vgl. türk. *puser* (Redhouse, p. 448a).

Mit der türkischen Aussprache persischer Wörter stimmt überein die gelegentliche Auflösung von Doppelkonsonanz: afitab (**13R**, 27 u.ö.) = *āftāb*, aschikar (**8R**, 6) = *āškār*, assuman (**4V**, 31, gegen asman in **6R**, 2) = *āsmān*, shehere (**1R**, 16) = *šahr*, tover (**7V**, 24 u.ö.) = *ṭour*. Vgl. türk. *afitap, asikâr, asuman, sehir, tavır*.

Man könnte im selben Sinne die gelegentliche Entstimmung wortauslautender Verschlußlaute deuten: jedit (**7V**, 4) = *ǧadid*, tschent (**14R**, 5 u.ö., einmal auch tschend, **4V**, 4) = *čand*, vudjut und wudjut (**7R**, 14; **2V**, 25, aber wudjudi scherif **6V**, 31) = *woǧud*, berk (**7V**, 39) = *barg*. Vgl. auch iptida (**4V**, 7 und 8) = *ebtedā*. Das Türkische hat *cedit, vücut, berk* und *iptida*. Umgekehrt wurde statt richtigerem messeret (**12R**, 1) = *masarrat* auch messered (**11V**, 5) geschrieben (türk. *meserret*).

Schwer zu beurteilen ist die Unsicherheit H.s in der Wiedergabe der h-Laute. /h/ kann fehlen: uveida (**15V**, 13) neben huveida (**15V**, 16) für *howeidā*, chaed (**13R**, 12) für *xāhad*, chaer (**1V**, 7) für *xāhar*, oder es kann mißbräuchlich geschrieben sein: higfal (**11R**, 31) für *eġfāl*, hersan (**13R**, 17) für *arzān*. Mit dieser Erscheinung kann man vergleichen, daß in anderen Fällen das Türkische gelegentlich die Anfangsvokale persischer Wörter aspiriert oder ein initiales h schwinden läßt (Tietze, pp. 127–128). Daß <ch> für ein im Persischen gesprochenes /h/ steht, kommt überwiegend in Wörtern mit arab. <ḥ> vor: muchab(b)et (**12V**, 6; **11V**, 1) neben muhabett (**14R**, 4) für *moḥabbat*, achval (**10R**, 35) für *aḥwāl,* tachsil (**15V**, 29 u.ö.) für *taḥṣil*. Gegenfälle sind selten, z. B. djichet (**15V**, 7) für *ǧehat*. Die generelle türkische Aussprache von /x/ als /h/ *(hal, tahsil)* ist kaum in der Lage, diese Erscheinungen zu erklären. Man könnte sie geltend machen für mahfi (**10R**, 34) = *maxfi*, türk. *mahfi*. Mir scheint aber doch, daß in der Aussprache des Informanten das arab. /ḥ/ vom pers. /h/ abgehoben war und dem /x/ nahestand. Dies wäre dann eine Eigenheit, die sich nicht als türkischer Spracheinfluß erklären ließe.

Mehrere Beispiele bezeugen Entstimmung von initialem /g/ zu /k/: kentsh (**9R**, 7) = *ganǧ*, kiti (**7R**, 7) = *giti* und kumaschten (**16R**, 5) = *gomāštan*. Für das dritte Beispiel kann man erklärend anführen, daß im Türkischen initiales /g/ nur vor vorderen Vokalen auftritt und vor hinteren de-sonorisiert wird (Tietze, p. 128). Dies bedeutet aber nicht, daß die Entstimmung nicht auch vor vorderen Vokalen erfolgen kann. Tietze führt *girda* an, das in einem türkischen Dialekt zu *kirde* geworden ist (p. 143).

Eine Lautentwicklung /č/ zu /š/ ist vorausgesetzt in schesme (**1V**, 30), shar (**13R**, 20, gegen **4R**, 22 tschahr) und schun (**3V**, 28) = *češme, čahār* und *čun* (oder *čon*).

Ein weiteres Beispiel verzeichnet Tietze in einer türkischen Entlehnung aus dem Persischen (p. 130).

Eine andere Möglichkeit wäre, die drei letztgenannten Beispiele, Wiedergabe von <ḥ> durch ch, Ersetzung von /g/ durch /k/ und /č/ durch /š/, als arabischen Einfluß zu erklären, da das Arabische /ḥ/ von /h/ unterscheidet, aber kein /g/ und kein /č/ besitzt. Mit der grundsätzlichen Annahme türkischer Vermittlung des persischen Materials wäre das nicht unvereinbar, wenn man etwa annähme, daß der Informant sein Persisch im arabischen Sprachraum gelernt hätte. Zur möglichen arabischen Wiedergabe von persischem /č/ als /š/ und persischem /g/ als /k/ vgl. A. Siddiqi, Studien über die persischen Fremdwörter im klassischen Arabisch, Göttingen 1919, S. 72 und 74.

Einige lautliche Besonderheiten deuten aber auf Abweichungen von der Norm des literatursprachlichen Neupersisch hin, die nicht erschöpfend aus fremdsprachlichen Einwirkungen zu erklären, sondern auf umgangssprachliche Bildungen zurückzuführen sind. Deren meiste wurden von Lazard beschrieben. Die auffälligste Erscheinung ist die Umlautung von altem *a* zu *u* vor einer Silbe mit dunklem Vokal oder einem *w*: numuden (**2V**, 19, **4R**, 10, **10V**, 25, 32, 39, **12R**, 2, **13R**, 7), auch tuvan (**9V**, 2 u. ö.), dovīden (**16R**, 14). Vgl. dazu Lazard 1957, p. 15: *namudan* > *nomudan*. Ferner: Wandel von *i* zu *u*: buschnov (**5R**, 31, **6V**, 27), auch bukunem, budjuid, bunuvissem, doch immer berov (**5R**, 28, **6V**, 14, **7V**, 9) und berow (**14R**, 20). Vgl. dazu Lazard 1957, p. 15: *bepors* > *bopors* usw. Die Verdunklung des e-Vokals erfolgt aber auch in weiteren, durch diese Lautbeziehungen nicht erklärbaren Fällen: burader (**1V**, 8), bufermayid (**6R**, 9), büfermayid (**5R**, 27), bunischinid (**5R**, 29), bünishinid (**5R**, 31), buchanim (**14R**, 14).[43]

Umgangssprachlich ist die Kontraktion von *āwar-* zu *ār-*, wie sie in ariden, ab biarid und atesh biarid (**1R**, 10–13) bezeugt ist, vgl. Lazard 1957, p. 32. Auch das bereits mit einer türkischen Entsprechung verglichene afitab (**6R**, 21, **8R**, 3) kann eine umgangssprachliche Auflösung von Konsonantengruppen darstellen (Lazard 1957, p. 23). (An diese Beispiele erinnerte mich Prof. Emmerick.) Bis in die mittelpersische Zeit zurück reicht der mögliche Fortfall von finalem *h* nach *ā*, der in sia (**1V**, 4) bezeugt ist. Vgl. W. Sundermann, Berliner Turfantexte IV, Berlin 1973, S. 114, s.v. ʾbywnʾ.

2. Eine Eigenart der Sprachproben, die hier nur genannt sei, ist, daß sehr häufig die primären, vom Präteritalstamm gebildeten Infinitive durch die Zufügung sekundärer, mit dem Suffix *-id-* vom Präsensstamm abgeleiteter Infinitive dupliziert

[43] Grundsätzlich gilt die Regel, daß nur die np. Verbalpartikel *be*, die aus mp. *be* hervorgegangen ist, umgefärbt wird, nicht aber die np. Präposition *be* aus mp. *pad*, die immer be und bä geschrieben wird, z. B. in bezur (**16R**, 8) statt *buzur.

werden. Die von mir notierten Beispiele sind: ameden, ayiden (**1V**, 17); araisten, araiden (**5V**, 25); araïsten, araiden (**1V**, 24–25); bayisten, bayiden (**7R**, 31); berchasten, berchisiden (**14R**, 25); burden, beriden (**4R**, 9); daden, deiden (**2R**, 7–8); danisten, daniden (**3R**, 35–36); diden, biniden (**1R**, 20; **1V**, 31); djusten, djuiden (**6V**, 17–18); griften, giriden (**1V**, 16); gurichten, gurisiden (**15V**, 24–25); guseschten, gusariden (**6V**, 11–12); kerden, kuniden (**2R**, 34); murden, miriden (**2R**, 27–28); nischisten, nischiniden (**2R**, 9); randen, raniden (**6V**, 32); reften, reviden (**6V**, 15–16); schiniden, schineviden (**3R**, 30); schusten, schuiden (**11R**, 16–17); tuvanisten, tuvaniden (**1V**, 38–39); yaften, yabiden (**2R**, 12–13). Grundsätzlich sind solche Bildungen möglich. *bar xizidan* ist z. B. neben *bar xāstan* gebräuchlich. Zahlreiche weitere sekundäre Infinitive werden im Wörterbuch von Steingass verzeichnet, und über das Wörterbuch von A. Vullers kann man sie auf einheimische Lexika zurückführen. Das bedeutet aber nicht, daß Formen wie ayiden oder reviden je gesprochene Realität waren, geschweige denn solche wie biniden und kuniden, die nicht einmal Steingass verzeichnet hat. Mit derartigen Papierwörtern wäre vergleichbar, wenn man im Deutschen aus der Verdrängung starker Vergangenheitsbildungen durch schwache in Beispielen wie „backen, buk, backte; fragen, frug, fragte" ein Paradigma „tragen, trug, tragte" ableiten würde. Es ist bezeichnend, daß in der Grammatik von St. Clair-Tisdall[44], die einer Liste „unregelmäßiger Verben" auch zahlreiche *-id*-Bildungen hinzufügt, H.s Verben nicht erscheinen. Allerdings gehört dieser Gegenstand zu den vernachlässigten Problemen der persischen Grammatik. V. A. Efimov, V. S. Rastorgueva und E. N. Šarova behandeln in ihrer Abhandlung „Persidskij, Tadžikskij, Dari"[45] nur zwei einschlägige Beispiele. In „Opyt istoriko-tipologičeskogo issledovanija iranskich jazykov", Moskva 1975, p. 203, beschreibt Rastorgueva die *-id*-Bildungen lediglich als de-nominale und de-causative Formationen. Andere Grammatiken, die ich kenne, sind noch kürzer oder übergehen das Problem.

Ich hatte die Gelegenheit, das Manuskript dieser Arbeit Frau Prof. Eva Jeremias (Budapest) zu zeigen, die die Güte hatte, in einem Brief vom 26. 11. 1997 meine Fragen zu beantworten und mir eine ausführliche Stellungnahme zu den persischen Sprachproben zuzusenden, die ich im folgenden wiedergeben darf. Eine wichtige Erkenntnis, die aus den Mitteilungen von Eva Jeremias folgt, ist, daß die *beiden* von mir oben genannten Sprachmerkmale auf eine türkische Vermittlung der persischen Wörter und Wendungen Humboldts hindeuten.

[44] Modern Persian Conversation-Grammar, Heidelberg 1923, pp. 103–106.
[45] Osnovy Iranskogo jazykoznanija, Novoiranskie jazyki, Moskva 1982, pp. 132–133.

Prof. Jeremias schreibt:

> Auf Grund des Wortbestandes und besonders der Zeitwörter scheint es mir so zu sein, daß Alexander von Humboldt von einem Türken, dessen Muttersprache das Persische nicht war, unterrichtet worden ist. Dieser „Lehrer" hat auch ein Lesebuch oder Lehrbuch des Persischen, das für Ausländer (vermutlich für Türken) geschrieben war, verwendet. Ich habe in den letzten Jahren viele solcher Lehrbücher gefunden (Handschriften, Lithographien und Drucke). Von dem 15. Jh. an gibt es auch spezielle Paradigmen- und Wortsammlungen, die – vermute ich – für türkisch-sprachige Leser geschrieben worden sind und vor allem praktischen Zwecken dienten (im Gegensatz zur persischen *Farhang*-Literatur). Solche Werke sind z. B. *Ketāb-e dānestan* und *Toḥfat al-hādiye* (von Ḥājji Ilyās), cf. C. A. Storey, Persian Literature III, 1, Leiden 1984, p. 65; A. M. Piemontese, Catalogo dei manoscritti persiani conservati nelle biblioteche d'Italia, Roma 1989, Nr. 42, 251, 264, / 43, 265 etc. Andere Handschriften mit ähnlichem Inhalt zitiert E. Rossi in seinem Katalog der vatikanischen Handschriften: Vat. Pers. 54, Borg. Pers. 12. Ich habe diese Handschriften vor einigen Jahren durchgesehen und zitiere daraus die folgenden Beispiele [von Mehrfachformen persischer Infinitive]:
> Vat. Pers. 54: ārāstan – ārāyānidan, arzidan – arzāyānidan – arzānidan – arzānānidan, ... tāftan – tābidan – tābānidan, tāxtan – tāzidan ...
> Borg. Pers. 12: ārāstan – ārāyidan, xāndan – xānidan ...
> Piemon. 265: tovānestan – tovānidan, šāyestan – šāyidan ...
> Xaṭib Rostam Moulavi, Vasilat al-maqāṣed (Storey Nr. 99, compl. 903/1498), faṣl 1 („Über die Bildung der Infinitive"): āmadan – āyidan, āvardan – āvaridan, āmixtan – āmizidan, āvixtan – āvizidan, āmuxtan – āmuzidan, afzudan – afzunidan, anduxtan – anduzidan (Bibl. Acad. Hung., Pers. Quart. 4: 3 v).

Abschließend stellt Prof. Jeremias fest:

> Diese analogisch produzierten und im Persischen fast fremdartigen Formen gehören wahrscheinlich nicht zum klassischen Wortschatz, obwohl manche von ihnen bei Steingass zu finden sind. Steingass ist aber in dieser Hinsicht unzuverlässig wegen seiner gemischten Quellen. Die Formen, die man bei Steingass findet, werden manchmal bei Anandrāj zitiert, aber in guten Wörterbüchern wie Mo'in oder Ḥayyam kommen sie fast nie vor.

Ich habe die mir zur Verfügung gestellten Beispiele nur auszugsweise zitiert, wie meine Punktreihen (...) erkennen lassen. Sie genügen aber, um zu zeigen, daß abgeleitete Infinitive in diesen Werken nicht nur aus dem Präsensstamm und der Endung *-id* gebildet wurden, sondern auch aus (kausativen) *-ān*-Ableitungen vom Präsensstamm mit der Endung *-id* (ārāyānidan), aus deverbalen Nomina mit der Endung *-id* (arzānidan) und solchen Verben mit der Endung *-ānid* (arzānānidan). Eine solche Vielfalt abgeleiteter Formen kann nur bestätigen, daß sie die Kunstgebilde eines fremdsprachigen Grammatikers sind. Daß Alexander von Humboldt seine Kenntnis des Persischen aus dieser Tradition bezog, wird nicht überraschen.

Es ist bisher nicht gelungen, eine literarische Vorlage für Humboldts Texte zu finden. Für sie als ganzes wird das gewiß auch nicht möglich sein. Humboldt wird Wörter und Wendungen erfragt haben, wie sie ihm nützlich schienen, und wenn darin das Königreich Frankreich oder die deutsche Sprache vorkommen, dann wird das nicht in einem persisch-türkischen Lehrbuch gestanden haben. Es ist eine andere Frage, ob es einmal gelingen wird, etwa für die Verblisten Humboldts (Blatt **4R**) eine Vorlage zu identifizieren.

5. Edition des persischen Textes

Blatt **1R**

1/	pul	pont
2/	azim, buzurk	grand
3/	diar	pays
4/	~~keriz~~ bulend	haut
5/	diari ajem	Perse
6/	endek	peu
7/	deria	mer
8/	der	porte
9/	awurden	porter
10/	ariden	,,
11/	ab biarid	eau aportez
12/	chasten	vouloir
13/	atesh biarid	feu aportez
14/	dih	village
15/	dihkan	villageois
16/	shehere	ville
17/	shaer	poete
18/	daschten	avoir
19/	dariden	,,
20/	diden, biniden	voir
21/	yeschten, guseriden	passer
22/	guser es ko	passage a travers les ↑monts
23/	tersiden	craindre
24/	amugten	aprendre
25/	amicten	mêler
26/	uftaden	cadere, accidere

27/	yaften	trouver obtenir
28/	shiniden	ecouter
29/	chanden	lire
30/	chandiden	rire
31/	chosch	beau
32/	churem	agreable
33/	bostan	verger
34/	esb	cheval
35/	tasi	arabe
36/	tase	neuf
37/	taswir	portrait
38/	choub	bien
39/	bend	ruban
40/	bender	port
41/	gawe	boeuf
42/	bād	vent
43/	bad	apres
44/	bed	mauvais
45/	mumkin, ↓na↑ mujesser	impossible

Blatt **1V**

1/	diw	diable
2/	heft	sept
3/	hefta	semaine
4/	sia	noir
5/	muy	cheveux
6/	dogter	fille
7/	chaer	soeur
8/	burader	frere
9/	but perest	idole adorateur
10/	perestiden	adorer
11/	atesh	feu
12/	ischk[46] amour	
13/	medgis	mage

46 Am Rande hinzugefügt.

14/	ebr	nuage
15/	sechab	„
16/	griften, giriden	greifen
17/	ameden, ayiden	venir
18/	jowm	jour
19/	plur ayam	„
20/	an	moment
21/	plur. avan	„
22/	sene	annee
23/	sal	„
24/	araïsten orner[47]	
25/	araiden „	
26/	alem	monde
27/	pussir	fils
28/	schir	lait
29/	schirin	doux
30/	schesme	fontaine
31/	diden, biniden	voir
32/	chanä	maison
33/	chan	table
34/	der chanä est	il est à la maison
35/	murgh	oiseau, poule
36/	bui	odeur
37/	atri gul	essence de rose
38/	tuvaniden	pouvoir
39/	tuvanisten	„
40/	när	male
41/	sekī när	chien male

Blatt **2R**

1/	chaisch biab midashtem	désir pour l'eau j'ai [eu]
2/	choub farsira harf zeden	bien perse mots frapper
3/	inglisra my tuvanid ↑guft	anglois pouvez V. parler
4/	ura kemi (ou demi	le peu je parle
5/	ou tschend) miguyem	

[47] Diese und die folgende Zeile am Rande hinzugefügt.

6/	mumkin nist ki ura bukunem	il est impossible que je fasse cela
7/	daden	donner
8/	deiden	"
9/	nischisten, nischiniden	assoir
10/	uftaden	tomber
11/	fitaden	"
12/	yaften	trouver
13/	yabiden	"
14/	peder u mader	le pere et la mere
15/	hak	terre, sol; droit
16/	sherki E.	orient
17/	meshrik	"
18/	garbi. O.	occident
19/	magreb[48]	"
20/	djunub	sud
21/	kibli S.	"
22/	shimal N.	nord
23/	zemin	terre, globe
24/	sanou	genou
25/	djuvan	juvenis
26/	merd	homme mortel
27/	murden	mourir
28/	mīriden	"
29/	kushten	tuer
30/	gush	oreille
31/	gusht	viande (tué)
32/	serd	jaune, blond
33/	sserd	froid
34/	kerden, kuniden	faire

Blatt **2V**

1/	ketcha	chevre
2/	mui esh sird est	ses cheveux sont blonds
3/	gush kun	ecoute (fais oreille)

48 Am linken Rand ist das Kreuz der Himmelsrichtungen beigefügt mit ihren Namen: shimal [Nord], sherki [Ost], kible [Richtung nach Mekka, für Süd], garbi [West].

4/	umid	esperance
5/	ter	humide
6/	chuschke	sec
7/	dust	ami
8/	dusti	amitié
9/	dest	main
10/	dust dashten	aimer (avoir amitié)
11/	chuda	Dieu, gott
12/	chodem	propre à moi même
13/	chodet	„ „ toi „
14/	chodesh	„ „ lui „
15/	sheker	sucre
16/	cand	candis
17/	fermuden	~~ordonner~~ ordonner
18/	firistaden	envoyer
19/	numuden	montrer
20/	schikesten	rompre
21/	pursiden	demander
22/	häm	meme
23/	hämrah	ensemble, même chemin
24/	yaften	obtenir
25/	wudjut	existence
26/	willayet	contrée
27/	hergis kodja nä dashtem	jamais maitre je n'ai eu
28/	chudavend	seigneur
29/	djennab	Excellence
30/	hazret	altesse
31/	inglisra hergis nä jamug↑teem	je n'ai jamais apris l'an↑glois
32/	farsi guften bisiar musch↑kil est	parler persan est bien ↑difficile
33/	sud	schnell
34/	ssud	utilité
35/	ssudmend	utile

Blatt **3R**

1/	herkes	toute personne
2/	hergis	~~jamais ever~~ jamais
~~hergisnah~~		~~never~~

3/	herruz	tout le jour
4/	herdja	partout
5/	agar	si (if)
6/	ishan	eux
7/	↓hemvarä↑ peïvestä.[49] hemischä	toujours
8/	adjeiben my jamusid	admirablement V. aprenez
9/	amugten, amusiden	aprendre
10/	adjeiben my fahamid	admirablement V. comprenez
11/	berei	pour
12/	berei amugteni Franzä	pour aprendre le francais
	↑bakemal be Franz↓	↑avec perfection, aller en↓
13/	raften lazim est.	France est necessaire
14/	angah	alors
15/	andjah	~~dans cet endroit~~ ↓là↑ – dort
16/	indjah	ici. hier
17/	djannib	cote
18/	souye – sovb	„
19/	badjannibi Te↑heran	du cote de (vers) Tehe↑ran
20/	namä, mektub, ressälet	lettre
21/	meskur	il est relaté
22/	mestur	„
23/	mesgur de sikr	narratio
24/	mestur de satr	ligne
25/	hedijä (plur hädaya)	présent
26/	töhrfä ~~törfe~~	„
27/	pischkesh	„
28/	keschiden	tirer
29/	der guseschten	passer entre ~~avancer~~
30/	schineviden schiniden	écouter
31/	sagten = kerden	conficere, facere
32/	bachschiden	largiri pardonner
33/	gusashten	laisser abandonner
34/	nihaden	placer
35/	daniden	savoir
36/	danisten	„

[49] Die beiden ersten Wörter am Rande hinzugefügt.

37/	schikar – säid	chasse
38/	pisch reften	avancer

Blatt **3V**

1/	djieti reften	pour aller
2/	~~djet~~ djiet	façon, tournure
3/	illam	connoissance
4/	is=har ~~ishar~~	exposition exhibition
5/	irsal kerden	envoyer
6/	ressul	envoyé, prophete
7/	ressalet	message lettre
8/	namä	lettre, livre, histoire
9/	djemi	troupre [sic!] reunie, d'ou
10/	djami	mosquée, lieu de ↑reunion, ecclesia
11/	djovher	Juwelen
12/	govher	„
13/	wekyä	circonstance, evenement
14/	casiyä	„ „
15/	waki shuden	avoir lieu
16/	meblac	somme
17/	iblag kerden	payer
18/	endjam	Ende
19/	endjamiden	enden
20/	charb	guerre
21/	mucharebä	guerre l'un contre l'autre
22/	galīb	vainqueur
23/	maglub	vaincu
24/	essīr	prisonnier de guerre
25/	safer	victoire
26/	ssefer	voyage
27/	bala	oben
28/	schun?	comment?
29/	tarck	cime cacumen
30/	tarick	obscur
31/	lazim	necessaire
32/	adil	juste
33/	tersīden	craindre

Blatt **4R**

1/	kerden	faire (to do)
2/	awurden	aporter
3/	dashten	avoir
4/	sachten	faire (to make)
5/	fermuden	ordonner
6/	bayīden[50]	müssen
7/	chorden	devorer
8/	zeden	frapper
9/	beriden – burden	~~bord~~ porter
10/	numuden	montrer
11/	gerdiden ~~geschten~~	devenir (tourner)
12/	schuden	„
13/	ameden	~~aller~~ venir
14/	diden	voir
15/	gusaschten	laisser
16/	griften	prendre greifen
17/	jaften	trouver
18/	geschten	devenir
19/	yek	1
20/	~~do~~ du	2
21/	seh	3
22/	tschahr ~~schaher~~	4
23/	pendj	5
24/	shesh	6
25/	heft	7
26/	heścht	8
27/	nuh	9
28/	dähe ~~dah deh~~	10
29/	bīst	20
30/	ssad	100
31/	duwist ~~dossed~~	200
32/	panjah	50
33/	penssad	500

50 Nicht bayisten.

34/	bes mi guyid ta fämidä ↑schevid	assez V[ous] parlez pour ↑que compris soyez.
35/	fämiden	comprendre
36/	tund, sud	geschwind
37/	tshunin	ainsi
38/	tshunin tund mägu↑jid	aussi vite ne parlez ↑pas
39/	nuvischten	écrire

Blatt **4V**

1/	nīg	beau
2/	chosch. chub	bon bien
3/	bä Teheran sud ↑amedem	à Teheran je suis ↑venu vite
4/	tschend ruz ~~est~~ ↓ssefer mi dared ↑ es T.	combien de jours ↓de voyage↑ y ↑a t-il de (ex)
5/	ta Isp.	Teh. à Ispahan?
6/	mya T u I.	entre T. et I.
7/	iptida kerden	faire commencement
8/	harf zeden farsira ipti↑dami kunem	a parler pers. je commence
9/	kuschisch	effort
10/	kadim	ancien
11/	kognä	vieux
12/	senk	pierre
13/	ba kuschischi bi↑siar	avec beaucoup d'effort
14/	kalä plur kila	chateau καλια
15/	kalä[51]	tour
16/	nig	beau
17/	sischt	~~lait~~ laid
18/	chub	bon
19/	bed	mal
20/	azad	libre
21/	ser u ssim	☉ et ☾

[51] Oder kulä?

22/	ahen	fer
23/	gawe	boeuf
24/	guser	passage
25/	gaviden	excaver
26/	chunuk	agreable
27/	letif	„
28/	berk	eclair feuille
29/	sayä chunuk ↑est	l'ombre est ~~agreable~~ ↓fraiche↑
30/	rad	tonnere
31/	assuman ~~asman~~	ciel
32/	eber	nuage
33/	rad berchanei [men] uftade ↑est	la foudre est tombee ↑sur ma maison

Blatt **5R**

1/	schumurden	compter
2/	fursat	occasion
3/	usr	excuse
4/	ganimet	profit
5/	masur baschem	excusé que je sois
6/		(excusez moi)
7/	rekam	chiffre, trait, rechnung
8/	ganimet shumurden	profiter, profit compter
9/	gâsab – chischm	colere (chisme en esp.)
10/	istilla	superiorité
11/	chātir	ame, esprit – la morale ↑de l'ame
12/	chater	danger
13/	aga	avis
14/	naga	sans avis, à l'impro↑viste
15/	gur	onager, onos-ger
16/	mehabbet	amitié
17/	mehveddet	„
18/	dusty	„
19/	say	soin
20/	say numuden	avoir soin
21/	sayä	ombre
22/	chabs	prison
23/	↓~~machubs~~↑ machbus	prisonnier

24/	savar schuden	monter à cheval
25/	schuden	devenir
26/	ischk	amour
27/	lutf büfermayid	faites moi la grace
28/	sud berov	va vite
29/	bunischinid	assayez Vous
30/	masur baschem	excusez moi
31/	buschnov	écoute
32/	hergis	jamais
33/	hemischä	toujours
34/	ischkal	difficulté
35/	lizani	langue
36/	beh, beter, beterin	gut besser bester
37/	mulk	royaume
38/	plur memalik	
39/	memaliki franza	Roy[aume] de France
40/	~~harf~~ lafs	mot

Blatt **5V**

1/	sudmend est	il est utile
2/	bekar „	” ” ”
3/	ters daschten	craindre, avoir peur
4/	terssiden	” ” ”
5/	tover	maniere
6/	bä d in tover	~~de~~ par cette maniere
7/	sarf	grammaire
8/	leb	lippe
9/	dirart	arbre
10/	der in nesdik	prochainement, – dans ↑ce proche
11/	” ” sudi	”
12/	baran	pluye
13/	barisch	pluvieux
14/	bisiar gird mikuned	il fait beaucoup ↑de poussiere
15/	hava ruschen est	le ciel est clair
16/	nem	thau
17/	nemiden	thauen

18/	~~ved~~ vesiden	souffler (wehen)
19/	badi tund mi vesed	il soufle un vent ↑fort
20/	hava tschi tover est?	de quelle maniere ↑est le ciel? Wetter
21/	serin	serein
22/	chuschk	sec
23/	adil	juste
24/	edalet	justice
25/	araiden – araisten	orner
26/	scheb	nuit
27/	mai tab	Mond schein Mond glanz
28/	be chanä shuma chaem ↑reft	A V[otre] maison je veux ↑aller.
29/	pischi shuma	~~au~~ devant ~~de~~ Vous
30/	~~nurru~~ ↓nur	lumiere
31/	tarik	obscur dark
32/	tabiden	glänzen
33/	tschent mi hersed	quanto costa?
34/	bisiar giran est	c'est bien lourd (cher)
35/	baran nechaed enja↑mid	la pluye ne veut ↑pas cesser
36/	endjam – intiha	fin Ende
	~~schent mi bared?~~	

Blatt **6R**

1/	es her taref	de tout coté
2/	asman girifte ↑est	le ciel est pris
3/	kuluft	epais
4/	wakt	tems
5/	seman	,,
6/	manden	rester, manere
7/	eberha bisiar ku↑luft mī baschend	les nuages sont ↑trop epais
8/	kem seman est	il y a peu de ↑tems
9/	bisiar wakt nist	il n'y a pas beau↑coup de tems
10/	danisten	aprendre
11/	danisch	eruditio
12/	danischmend	eruditus
13/	fer	grandeur, magnificence
14/	ker	,, ,,
15/	gird	Gürtel

		de gerdiden tourner
16/	gird	poussiere
17/	gubar	parce qu'elle ↑tourne
18/	nisham	decoration
19/	chorschid	soleil
20/	schems[52]	„
21/	afitab	„
22/	ari	oui
23/	bely	„
24/	nä	non
25/	isharet	signe
26/	is-har	exposition
27/	nigu siret	belles moeurs
28/	djihan	monde
29/	kiti	„
30/	alem	„
31/	nisbet	Abhängigkeit
32/	mensub ker↑den	abhängig machen
33/	ilm	science
34/	illam	connoissance avoir ↑Science
35/	subg	~~matin~~ matin

Blatt **6V**

1/	der mahfi	en secret
2/	bus	chevre
3/	ketchä	„
4/	medche ~~madghi~~	louange
5/	chadj	pelerinage
6/	chadji	pelerin
7/	↓~~be chadji~~↑ be chadj reften	aller en pelerinage
8/	tenk	etroit
9/	lutf büfer↑mayid	faites moi la grace
10/	geschten	passer, laisser

[52] Am Rande zugefügt.

11/	gusariden[53]	„ „
12/	guseschten	„ „
13/	ikbali men gusescht	mon bonheur a ↑passé
14/	sud berov	↓va↑ ~~allez~~ vite
15/	reften	aller
16/	reviden ↑~~schusten~~↓	„
17/	djusten	chercher
18/	djuiden	„
19/	↓djust↑ dju kerden[54]	„
20/	lafsira budjuid	cherchez la parole
21/	lafsira djust dju ↑bukunid	id.
22/	menzil	mansio, poste, station,
23/	nusul	~~descendre~~ lieu de ↑descendre
24/	sui men biya	viens de mon coté
25/	nesdi „ „	„ „ „ „
26/	murazelet	correspondance
27/	buschnov	ecoute
28/	bunischinid	assayez Vous
29/	beschikar ↑reften	aller à la chasse
30/	chamd	louange
31/	wudjudi scherif	Y[our] honorable (auguste) personne ↑présence
32/	randen, raniden	avancer

Blatt **7R**

1/	melik, plur. muluk	roi
2/	mulk, plur. memalik	royaume
3/	Frengistan	Europe
4/	nezami djedit	loi nouvelle
5/	dunia	monde, terre
6/	djihan	„ „

53 Am Rande nachgetragen.
54 Am Rande nachgetragen.

7/	kiti	,, ,,
8/	alem	,, ,,
9/	chak	,, ,,
10/	zemini Iran chub mamur	le pays d'Iran est ↑bien angebaut
11/	est	
12/	(mamur de) imaret	construire
13/	bina kerden	construire, bauen
14/	djan	Seele
15/	ruch	,,
16/	djem	ensemble
17/	djami	mosquée eclesia
18/	djemi	troupe reunie
19/	chatir	esprit, le moral de ↑l'homme
20/	chater	danger
21/	aga	avis
22/	naga	à l'improviste
23/	bi aga	sans nouvelle
24/	melal – gam	chagrin
25/	gamnak	chagriné
26/	gamgin	,,
27/	chater	danger
28/	chaternak	dangereux
29/	mi bayed	il faut
30/	lasim est	il est necessaire
31/	bayiden, bayisten	müssen
32/	hersiden	valoir
33/	tschent mi herset?	combien cela vaut-↑il
34/	bisiar giran est	c'est trop cher
35/	harf	Buchstabe
36/	vä gaïr hu	ect. (et autres)
37/	,, zaïr ,,	,,
38/	kās	papier كاغذ

Blatt **7V**

1/	ischk	amour
2/	maschek est	il est aimé

3/	aschik	amant
4/	filan	tel (fulano)
5/	fark	difference
6/	famidem	j'ai compris
7/	garri	carosse (Karosse)
8/	sud bia	viens vite
9/	„ berov	„ „
10/	sira	parceque
11/	siret	moeurs.
12/	mīani ب u پ movdjud	entre le ب et le پ il
13/	est پ	existe un پ
14/	vudjut	existence, presence
15/	muschkil	difficile
16/	meschgul	occupé
17/	ischkal	difficulté
18/	ikbal	bonheur
19/	mumkin	impossible
20/	muyesser	possible
21/	muschkil	difficile
22/	inra bunuvissid	ecrivez cela
23/	nuvischten	écrire
24/	tschitover	comment
25/	galat est	c'est une faute
26/	murekeb	composition (encre)
27/	tschitover mi bayed ki	comment faut-il que
28/	inra ~~buniviss~~ bunuvissem	j'ecrive cela.
29/	yaften	trouver
30/	päida kerden	„
31/	der diari Adjem kem	Dans les pays de Perse
32/	dirart paida mischeved	peu d'arbres sont ↑trouvés
33/	peivestä	toujours
34/	hemvarä	„
35/	hemischä	„
36/	hergis	jamais
37/	dirart	arbre
38/	orman	foret
39/	berk	feuille, foudre
40/	rad	tonnere

Blatt **8R**

1/	schems	Soleil
2/	chorschid	„
3/	afitab	„
4/	nisham	decoration
5/	tenda	seulement
6/	aschikar	serein
7/	serin	„
8/	hava tschitover est ↑imruz?	comment est aujourd'hui ↑le ciel?
9/	hava tschitover minumayed	comment le ciel Vous ↑montre-t-il.
10/	bād	vent
11/	nezim	zephyr, vent doux
12/	azad	libre
13/	azadi	liberté
14/	adil	juste
15/	edalet	justice
16/	leikun	mais
17/	emma	„
18/	teschivisch	revolution, confusion ↑trouble
19/	kanuni mamleket	les loix (canones) du ↑Royaume
20/	bala	en haut
21/	be istik bali shuma ↑chaim reft	au devant de V. je ↑veux aller
22/	audje	cime de montagne.
23/	tarck	„ „ „
24/	tarick	obscur (dark)
25/	nur	lumiere
26/	paschiden	couvrir, habiller
27/	bazīrgan	marchand (du bazar)
28/	garid	étranger.
29/	djannib	coté
30/	djennab	Excellence
31/	Djennabi Shuma	V. E.
32/	bedjannibi Teheran	du coté de Teheran.
33/	djet	façon.
34/	djeti reften	pour aller.

Blatt **8V**

1/	mi baschend	ils sont
2/	chuda	gott
3/	chudavend	seigneur
4/	chodem	propre à moi.
5/	feramusch kerden	oublier
6/	feramuschiden	"
7/	manden	rester
8/	ba	avec
9/	ba u	avec lui.
10/	midashten	j'ai [eu]
11/	kudja mi budid	où etiez Vous?
12/	kudja ferda shumara ↑mi tuvanem yaft	où demain Vous puis-je ↑trouver?
13/	shumara yaf[t] nätu↑vanisten	je n'ai pas pu Vous trou↑ver.
14/	bechanei shuma pes fer-	a Votre maison après
15/	da mi chaem amed	demain je veux aller.
16/	hava tufani est	le ciel est orageux
17/	eberha bisiar kuluft ↑mi baschend	les nuages sont tres ↑epais
18/	dir mi ayem	je viens tard
19/	tschesme	oeil fontaine
20/	bād	ensuite
21/	pes	"
22/	gam – melal	chagrin
23/	tshi kes i	qui es-tu
24/	djewab kerden	faire reponse
25/	sindä	vivant
26/	murdä	mort
27/	sindegani	l'existence
28/	berf	neige
29/	nevai	modulateur
30/	bünishinim	assayons nous
31/	bünishinid	assayez Vous
32/	azim	grand
33/	mi baschend	ils sont
34/	es germi mi mirem	de chaleur je meurs
35/	arac mi kunem	transpiration (eau de ↑vie) je fais
36/	germira bisiar azim ↑mi yabid	Vous trouvez la chaleur ↑tres grande

37/	sherab	vin
38/	badä	„
39/	~~seh~~ sinhar	gare!!
40/	ferda bechanä chaem ↑mand	demain a la maison ↑je resterai.

Blatt **9R**

1/	tachsil kerden	recolte faire, receuillir
2/	aruz	la fiancée, Braut
3/	fikr	pensée (fiction?)
4/	puscht	dos
5/	puschiden	se couvrir
6/	djellal	gloire
7/	kentsh	trésor
8/	chazinä	„
9/	mofsu	endroit
10/	nezer endachten	jetter le regard
11/	mal (plur. enwal)	richesse
12/	ägär	si
13/	kismet kerden	faire partage
14/	nezer	regard
15/	nezer duchten	fixer (figere consuere, percer) ↑le regard↓
16/	inthikal	migratio.
17/	tekrar	repetition
18/	tekrar yaften	se reiterer.
19/	buzurk	magnus, potens
20/	mertebet	gradus
21/	mureteb kerden	ordinare desponere
22/	destur (d'usser)	permission!
23/	tehafus	conservation
24/	taften	chauffer, darder
25/	djuda kerden	separer
26/	kismet „	partager
27/	sem	ouï oreil.
28/	plur. mesami	
29/	esbab	les affaires
30/	kar	„

31/	selam	salus
32/	hereket.	mouvement
33/	nevahi	confinia
34/	nusret	victoire
35/	galebä	„
36/	hissar	forteresse
37/	djüz	excepté

Blatt **9V**

1/	taket	potestas
2/	tuvan	„
3/	deredjè	gradus
4/	mertebet	„
5/	bederedjè	a tel degré
6/	bemertebè	„ „ „
7/	sefa	puritas
8/	nakl kerden	faire translation ↑narrare.
9/	nemek	sel
10/	naksh	peinture
11/	teswir	„
12/	ez zir	d'en bas
13/	pe ida	manifeste
14/	tschinan	tellement
15/	djamä	vestis
16/	djami	mosquée, ecclesia.
17/	djemi	troupe
18/	djem kerden	faire un ↑ensemble, colli↑gere
19/	endjam	Ende
20/	djem	ensemble
21/	djan	ame
22/	ruch	„
23/	chatir	esprit moral de l'↑homme
24/	chater	danger
25/	chaternak	dangereux
26/	sifid	blanc.
27/	mikdar	quantitas
28/	mek dary	aliquantum

29/	riza	dilectus
30/	aruz	Braut
31/	retl.	rotule (libra?)
32/	kimeti	precieux
33/	azä	glorieux
34/	alla	sublimir
35/	elhamd lilla	laus deo
36/	(lilla est ↑dat. d'alla)	
37/	evel	primus
38/	maraz	morbus (marasme)
39/	kudam	quidam, quis
40/	hak	Dieu
41/	kabul kerden	faire acceptation

Blatt **10R**

1/	meschgul ~~numuden~~	occupé
2/	ischtigal	„
3/	isthisar [numuden]	demander excuse
4/	istikfar „	„ „
5/	muschkil	diffcile
6/	ischkal	difficulté
7/	ikbal	bonheur
8/	istilla	superiorité
9/	hergis	jamais
10/	hemischä	toujours, semper
11/	kundj	coin
12/	kudja	où
13/	kudja mi kundjid	où est il niché?
14/	kudja sakin mi ↑basched?	ou est il demeurant
15/	kutschä	rue
16/	kudja	où?
17/	sadakä	aumone
18/	turbet	tombeau
19/	sewab	chose convenable
20/	sebab	negotium, causa
21/	seb	7.
22/	sebs	viridis

23/	medjliz	assemblée conference
24/	fowt	mort
25/	vefat	„
26/	supurden	confier
27/	mureteb kerden	preparer, ordinare
28/	tertib „	„ „
29/	mertebet	grades
30/	bemertebeh	à tel degré
31/	mesruf daschten	depenser
32/	(de là) saraf	banquier
33/	nihan	secret
34/	der mahfi	en secret
35/	achwali nihani	choses secretes.
36/	châl, hâl ↑(plur achwal)	~~choses~~ etat
37/	keifigeti chal	etat des choses

Blatt **10V**

1/	tesaru	lamentation, supplica↑tion
2/	mekam	lieu
3/	ithisar[55]	le demander excuse
4/	destur	permission!
5/	isthikfa	demander pardon
6/	tark	separation
7/	muteferik	disjunctae res.
8/	aga	avis.
9/	gaza	expedition.
10/	merzebum	regio
11/	iltimas	rogatio
12/	sulch	pax
13/	nakl – hikayet	narratio
14/	rivayet	„
15/	bärevayety	selon une tradition
16/	ten	corps
17/	maslehat	negotium

[55] Daneben am Rande, auf dieses und die beiden folgenden Worte bezogen, d' ↑usr.

18/	esbab	affaires
19/	kar	„
20/	himet	soin studium
21/	tugian	rebellion
22/	perdeh	velum
23/	sera perdeh	tente du Roi
24/	istifta	expugnatio
25/	fetje numuden	expugnare
26/	heraket	mouvement
27/	hikayet	narration
28/	nīz	aussi etiam
29/	niyet	intention propositum
30/	bägayet	maximopere
31/	tenha	seulement
32/	tevakuf numuden	verweilen
33/	ayan (d'ain?)	magnates (evidentes ↑oculi)
34/	berd	froidure
35/	berudet	„
36/	sserd	„
37/	berdaschten ez ↑mian	e medio tollere
38/	berf	neige.
39/	teslim numuden	tradere.

Blatt **11R**

1/	noker	domestique
2/	musallim	„
3/	hemä	tous
4/	sual	demande
5/	kudam	quel, quidam?
6/	residen	arriver
7/	keï	quand?
8/	be kudam sad	à quelle heure
9/	veled	pere
10/	fersend	fils
11/	sebeb	motif cause
12/	esbab	affaire.
13/	keifigeti chal	etat des choses

14/	pedid	évident
15/	kuvet	force
16/	schusten	laver
17/	schuiden	„
18/	kuvet	force
19/	masrouf daschten	depenser, employer
20/	gaïr	autre
21/	saïr	„
22/	vä gaïr hu	et autre (ect)
23/	rayet	etendard
24/	baki	le reste
25/	byganä	etranger
26/	garib	„
27/	tenha	seul
28/	kemin	embuscade
29/	munhesem	defait
30/	ruchsat	permission
31/	bi higfal	sans negligence
32/	bi hichmal	„ „
33/	chalk	peuple
34/	siadä	plus
35/	kar	affaire
36/	saruri[56]	necessaire
37/	sedaket	sinceretè
38/	musallim	domestique (l'etre necessaire)
39/	(de lázim)	necessaire

Blatt **11V**

1/	muchabbet	amitié
2/	schefa	guerison
3/	bimari	maladie
4/	mesrur	joyeux

[56] Scheinbar sarurd oder sarund, doch ist saruri die zu erwartende Form. Ich vermute daher, daß der am Ende sichtbare d-Bogen in Wirklichkeit den i-Punkt über den Rumpf des Buchstabens führen soll.

5/	messered	joye
6/	sahat	santé
7/	hakin	medecin
8/	tabib	„
9/	azimet	depart
10/	feramusch kerdem	j'ai fait oubli ↑(j'ai oublié)
11/	chamusch	silence
12/	agaz (ou) iptida	commencer
13/	kerden	
14/	feriad	cris
15/	randen	wegjagen
16/	missal	semblable
17/	missel	„
18/	itakerden	donner
19/	siafet kerden	regaler
20/	ustad	docteur, Lehrer
21/	hemedan	qui sait tout
22/	temam kerden	achever.
23/	atifel ~~atifet~~	bienveillance
24/	mensur nesri atifel	vu avec le regard de la ↑bienveillance
25/	muchallif, muchallifan	oposé, les oposans
26/	pendjere ~~deredje~~ deritsche	fenetre
27/	yemin, rast ~~minnet~~	droit
28/	dera wakun	ouvrez la porte
29/	„ kuschakun	„ „ „
30/	desti rast	main droite
31/	„ tshep	„ gauche
32/	iltifat	regarder (avec lutf, grace) ↑avec satisfaction
33/	fitna	ruse.
34/	michnet	adversité
35/	(plur mehen)	
36/	mullakat	entrevue
37/	mekamat	séances.

Blatt **12R**

1/	messeret	satisfaction

2/	ichtimam numuden	montrer ↓du↑ soin
3/	↓~~said~~↑ sai „	„ „ „
4/	dikkat „	„ „ „

Blatt **12V**

1/	felek (plur efflak)	ciel
2/	sema (plur semawat)	„
3/	bari	dieu
4/	chuda	„
5/	vila	amitié
6/	muchabet	„
7/	rakbet	desir
8/	kam	„
9/	sadik	sincere
10/	sedakat	sincerité
11/	lakab (plur elkab)	les titres
12/	leik	convenable
13/	wadä	promesse
14/	sefarisch kerden	auftragen
15/	gerdisch „	promener
16/	sair „	„
17/	chordä chordä	peu à peu. Eig[entlich?]
18/	aheste aheste	(bas bas)
19/	chaternek est	c'est dangereux
20/	chater „	„ „
21/	biruni scheher	les environs (hors de ↑ville)
22/	burinch[57] ~~berunch~~	riz
	~~sifar kerden~~	~~se marier~~
23/	choy ne kunid	ne craignez pas
24/	bak ne ~~bi~~ chorid	„ „ „
25/	bisisar dur est	c'est trop loin
26/	mirvareh[58]	

57 Über dem u ein kleines y.

58 Am Rande hinzugefügt.

27/	<u>tasdi</u> def mi ↑kunem	l'<u>ennui</u> j'oterai
28/	def kerden	oter.

Blatt **13R**

1/	guman ~~mi~~ miberid	croyance portez vous
2/	mezenne mi darid	croyez
3/	mi pindarid	„
4/	hennuz ne mi tuvanem	pas <u>encore</u> je parle
5/	guft	
6/	kutschäha chuschk	les rues sont seches
7/	mi namayend	
8/	kutschäha pur gil m. n.	[les rues sont] pleines de boue
9/	bad mi vezed	il soufle du vent
10/	↓gufte est↑ ki der chanei M T.	
11/	be siafeti shan, teschrif	
12/	chaed avourd	
13/	ura bisiar dust ne	il ne l'aime pas
14/	midared	
15/	ura bisiar nemi	il ne l'aprouve pas
16/	pesended	
17/	bisiar hersan est	zu wohlfeil
18/	muft est	um nichts, à tres ↑bon marché
19/	tshend zend darid	combien d'années avez ↑vous
20/	be saate shar	a quatre heures
21/	heme salag dar mi	tous etaient armés
22/	budend	
23/	chandjar	Dolch (chun – djarden ↑couter)
24/	tshengil	foret.
25/	orman	„
26/	bishe	„
27/	afitabtulu kerde est	Le ⊙ est levé
28/	„ djuluz „	„ „ „ „
29/	tschitover mi guyid inra	comment ↑nommez Vous
30/	„ minamid	„ „ „
31/	„ nam mideid	„ „ „
32/	refikanima	nos compagnons

33/	mikdari kessir esb	une grande quantite ↑de chevaux
34/	gurubi afitab	coucher du ⊙
35/	tulu „	lever du ⊙
36/	der engami siafet	dans le moment ↑du diner.
37/	der kudam sahat	à quelle heure
38/	sherab chorden ~~be~~ der musul-	boire du vin est un ↑peché dans un
39/	mani guna est	↑mulsuman[59]
40/	sifed ya chod surg	blanc ou meme rouge
41/	tshisi ne mi chorid	V. ne mangez pas

Blatt **13V**

1/	presence[60]	
2/	der husuri merdi pir	
3/	convenable[61]	
4/	sherab chorden ↑merdi juvanra↓ munasib	
5/	nist	
6/	der zebani irani elfasi	
7/	allemand[62] paroles[63]	
8/	nemsevi bisiar yafte	
9/	mi scheved	
10/	ou/ bisiar peida mi	
11/	sheved	
12/	djamä	habit, robe
13/	djami	mosquée

59 Recte „musulman“.
60 Das Wort übersetzt das darunterstehende husur.
61 Über das zugehörige „munasib“ geschrieben.
62 Übersetzt das darunterstehende „nemsevi“.
63 Übersetzt das darüberstehende „elfasi“.

Blatt **14R**

1/	↓achvali↑ ~~havli~~ shuma chub est	
2/	as lutfi shuma	
3/	„ schafakati shuma	
4/	„ muhabetti shuma	
5/	tschent saat est	
6/	nu saat	
7/	hescht saat	8^{h}
8/	nesdik ~~bi~~ ↓be↑ saati no est	
9/	nesdiki no	près de 9^{h}.
10/	hesht saat u nim	
11/	↓nu↑ ~~nuv~~ saat u nim	
12/	büchānid	lisez
13/	mi chaem chand	
14/	„ ke buchanim	je veux que ~~je~~ ↓nous↑ lisions
15/	mera buschnow	ecoute moi
16/	mustadgil bash	soyez depêchant
17/	shitab kun.	~~s~~ de shitabiden (hâter)
18/	sud kun	fait vite
19/	~~dachil shou~~	soyez entré ~~be~~ enderoun ↑büfermayid
20/	beroun berow	sortez
21/	païn bia	viens en bas (vers le pié)
22/	intisar kun	attendez moi
23/	muntesir bash	sois attendant
24/	Elchi berchast est	E[lchi] est leve
25/	berchasten (berchisiden)	le lever (vouloir en haut)
26/	cudam	
27/	be tschent saat as chab	à quelle heure Vous levez ↑Vous
28/	bermichisi	
29/	chab diden	rever (voir un sommeil)
30/	iltimas bukunid ta biayed	~~priezle~~ priez le de venir
31/	chamush bash	taisez vous
32/	suckut (silence) kun	„ „
33/	derra bas kun	ouvez [sic!] la porte.
34/	„ va kun	„ „ „
35/	~~der~~ derra bebend	fermez la porte
36/	shun der baz mande est,	comme la porte est
37/	bad mi vezed	ouverte, le vent soufle

38/	derra wa kun	fait ouvert la porte.
39/	hava ashikar est	le ciel est clair

Blatt **14V**

1/	chvom mi ~~kunem~~ ↓chorem↑	es thut mir leid
2/	chaif est	„ „ „ „
3/	ki hasir nebudem	que je ne suis pas
4/	amade	prêt (fertig)

Blatt **15R** (leer)

Blatt **15V**

1/	sewab	convenable (bien)
2/	sewab deed	assentiment
3/	be sewab didi filan	avec son consentement
4/	in ~~kara~~ ↓karra↑ sagtem	j'ai fait la chose
5/	sebeb	cause
6/	be sebebi in	pour cette ↑cause
7/	„ djicheti in	„ „ „
8/	esbab	meubles, choses materielles
9/	es in sebeb	pour cette raison
10/	puli ~~tul~~ tawil	pont long
11/	tawilä	les ecuries (les longs)
12/	inkār kerden	refuser
13/	↓~~paida~~↑ uveida kerden	manifester
14/	in lafsra peïda	j'ai trouvé ce mot
15/	kerdem	
16/	in schis huveida est	cette chose est mani↑feste.
17/	peivestä	toujours
18/	hemischae	„
19/	peivesten	lier, joindre rejoindre
20/	(pei besten)	lier le pié.
21/	zemistan	hiver
22/	tabistan	été

23/	ulumi ryasi	les sciences (ilm) mathe↑matiques
24/	gurichten ~~gur~~	s'enfuir
25/	gurisiden	„
26/	girichten ou	pleurer
27/	giristen	„
28/	hassil kerden	recueillir
29/	tachsil „	„
30/	ruba	renard
31/	gürg	loup.
32/	an zen wedgi est	cette f[emme] est jolie
33/	„ „ chubrui „	„ „ „ „
34/	an banu	cette dame
35/	sischtruy est	elle est laide
36/	chosch terkib	agreable de forme

Blatt **16R**

1/	sebuk[64]	leicht
2/	ibaret	style interpretation
3/	yakin	certitude
4/	hakikat	verité (ce qui est droit)
5/	kumaschten	charger quelqu'un
6/	sipariden, supurden	confier
7/	zur kerden	user force
8/	bezur	avec force
9/	rychten	ausgießen
10/	kar kerden	faire chose (affaire) ↑travailler.
11/	زر و سیم ⊙ et ☾.	
12/	mujib	motif
13/	bemujibi	pour le motif, d'après.
14/	dovīden	courrir
15/	budov cours	
16/	resaniden	faire arriver
17/	residen	arriver

[64] Unter sebuk ist ein Wort ausgestrichen, von dem ich nur „s.lis" lesen kann. Ob für *sahil* „leicht (zu tun)"?

18/	resalet	mission ambassadeur
19/	resa, رسا	arrivant
20/	mersi, makbul	acceptable, agree
21/	meris	malade
22/	risa رضا	contentement
23/	iftira	fausseté calomnie
24/	fowdj	troupe poignée
25/	hemandem	dans le ↑même↓ moment
26/	dem دم	souffle moment
27/	her dem	soufl[?] à chaque souffle
28/	hem ↓bahem	ensemble
29/	heman	~~toujours~~ le même
30/	beden, endam, ten	corps
31/	ab i rewan	running water
32/	schüker kerden	rendre grace
33/	mowjud schuden	etre présent existent
34/	sewai	ausser
35/	kudret	energie, audace
36/	schefakat	~~compassion~~ bienveillance
37/	bischefakat	~~sans~~ inhumain
38/	sacht gurisne	fort hungrig
39/	ruzä em	je suis à jeun.

Blatt **16V**

1/	der awichten et	~~pendre, suspendre~~
2/	awichten	hängen, aufhängen
3/	sui men bia	viens de mon coté
4/	engur	raisin
5/	endjīr	figue
6/	ebrishim	soye ~~ti~~ non tissée
7/	harīr	soye tissée
8/	seratscheì schems	halo, maison du soleil

Blatt **17R–17V** (leer)

6. Der persische Text in kommentierter Umschrift

Blatt **1R**

1/ *pol* 2/ *ʿaẓim, bozorg* 3/ *diār* 4/ *boland* 5/ *diār-e ʿağam* 6/ *andak* 7/ *daryā* 8/ *dar* 9/ *āwardan, āwordan* (beide Formen in Junker, Alavi, S. 67a) 10/ *āridan*. Steingass, p. 40b, hat *āridan* „to adorn", von *ārāʾidan*. Die hier vorliegende Form des Verbs „bringen" beruht auf Kontraktion des Präsensstammes *āwar-* zu *ār-*, die in 11/ und 13/ bezeugt ist. 11/ *āb biārid* 12/ *xāstan* 13/ *āteš biārid* 14/ *deh* 15/ *dehqān* 16/ *šahr* 17/ *šāʿer* 18/ *dāštan* 19/ *dāridan* (sonst nicht nachweisbar) 20/ *didan, binidan*. Vgl. **1V**, 31/. 21/ *gaštan, gozaridan*. *gaštan* statt *yaštan* („yeschten"), das als Entlehnung aus dem Mittelpersischen „to pray, … celebrate" bedeutet (Steingass, p. 1531a). 22/ *gozar az kuh* 23/ *tarsidan* 24/ *āmuxtan* 25/ *āmixtan* 26/ *oftādan* 27/ *yāftan* 28/ *šenidan* 29/ *xāndan* 30/ *xandidan* 31/ *xoš* 32/ *xorram* 33/ *bostān* 34/ *asb* 35/ *tāzi* 36/ *tāze* 37/ *taṣwir* 38/ *xub* 39/ *band* 40/ *bandar* 41/ *gāw* 42/ *bād* 43/ *baʿd* 44/ *bad* 45/ *[ġeir-e] momken, nā moyassar*

Blatt **1V**

1/ *diw* 2/ *haft* 3/ *hafte* 4/ *siāh* 5/ *muy* 6/ *doxtar* 7/ *xāhar* 8/ *berādar* 9/ *bot-parast* 10/ *parastidan* 11/ *āteš* 12/ *ʿešq* 13/ *mağus* 14/ *abr* 15/ *saḥāb* (arab., eigentlich „die Wolken", Hinweis T. Amini) 16/ *gereftan, giridan* (sonst nicht nachweisbar) 17/ *āmadan, āyidan*. Vgl. Steingass, p. 134b. 18/ *youm* 19/ Pl. *ayām* 20/ *ān* 21/ Pl. *awān* 22/ *sane* 23/ *sāl* 24/ *ārāyestan* 25/ *ārāʾidan*. Vgl. Steingass, p. 33a. 26/ *ʿālam* 27/ *pesar* (Lesung I. Schwarz) 28/ *šir* 29/ *širin* 30/ *češme* 31/ *didan, binidan* (sonst nicht nachweisbar) 32/ *xāne* 33/ *xān* 34–35/ *dar xāne ast morġ* 36/ *buy* 37/ *ʿaṭr-e gol* 38/ *tawānidan*. Vgl. Steingass, p. 332b. 39/ *tawānestan* 40/ *nar* 41/ *sag-e nar*

Blatt **2R**

1/ *xāheš be āb midāštam*. Lesung der ersten Wörter des persischen und französischen Textes nach I. Schwarz. 2/ *xub fārsi-rā ḥarf zadan* „gut Persisch sprechen". H.s Übersetzung „bien perse mots frapper" folgt, wie auch sonst oft, dem Persischen wörtlich. 3/ *englis-rā mitawānid goft* 4–5/ *u-rā kami* (*dami, čand*) *miguyam* „Ich spreche es wenig/einen Augenblick lang(?)/etwas." 6/ *momken nist ke u-rā bokonam* 7/ *dādan* 8/ *dehidan* (unbezeugt) 9/ *nešastan, nešinidan* (unbezeugt) 10/ *oftādan* 11/ *fetādan* 12/ *yāftan* 13/ *yābidan*. Vgl. Steingass, p. 1524b. 14/ *pedar* o *mādar* 15/ *xāk/ḥaqq*. In „hak“ sind pers. *xāk* und arab. *ḥaqq* zusammengefallen. 16/ *šarqi* 17/ *mašreq* 18/ *ġarbi* 19/ *maġreb* 20/ *ǧonub* 21/ *qebli*. Wtl. „zur Gebetsrichtung (arab. *qibla*) hin gewandt“. Zur Bedeutung „südlich“ s. Steingass, p. 953 a, Wehr, S. 661. 22/ *šemāl* 23/ *zamin* 24/ *zānu* 25/ *ǧawān*. T. Amini betont mit Recht, daß dies die moderne Form ist. H.s djuvan setzt *ǧowān* voraus, dessen *o* man entweder als Assimilation an das folgende *w* betrachten kann oder als archaische Form, vgl. mp. *ǧuwān*, altind. *yúvan-*, lat. *iuvenis*. 26/ *mard*. H.s bemerkenswerte Übersetzung „homme mortel“, vielleicht angeregt durch folgendes *mordan* und *miridan*, trifft den ursprünglichen Sinn des Wortes, das auf altpersisch *martiya-* und awestisch *maṣ̌iia-* „sterblich“ zurückgeführt werden kann. Zu dieser Bezeichnung des Menschen als eines vergänglichen Erdenwesens vgl. Ph. Gignoux, Vie et mort en Iran Ancien, in: La Mort, les morts dans les sociétés anciennes, ed. G. Gnoli, J. P. Vernant, Cambridge, Paris 1982, pp. 349–350. 27/ *mordan* 28/ *miridan*. Steingass, p. 1361 b, hat *miridan* „to be nipped, frost-bitten“. 29/ *koštan* 30/ *guš* 31/ *gušt* 32/ *zard* 33/ *sard* 34/ *kardan, konidan* (nicht nachweisbar)

Blatt **2V**

1/ *qoč/qoǧ/quč*, nach Steingass, pp. 955 b, 993 b „a horned fighting ram“. Von türk. *koç* „Schafbock, Widder“, vgl. Doerfer III, S. 539–540. 2/ *muyaš zard ast* 3/ *guš kon* 4/ *omid* 5/ *tar* 6/ *xošk* 7/ *dust* 8/ *dusti* 9/ *dast* 10/ *dust dāštan* 11/ *xodā* 12/ *xodam* 13/ *xodat* 14/ *xodaš* 15/ *šekar* 16/ *qand* 17/ *farmudan* 18/ *ferestādan* 19/ *nomudan* 20/ *šekastan* 21/ *porsidan* 22/ *ham* 23/ *hamrāh* „Gefährte, Anhänger“. Die scheinbar wörtliche Übersetzung „même chemin“ verkennt, daß das Kompositum als *bahuvrīhi* wtl. „qui a le même chemin“ bedeutet (Lazard, p. 461 a). 24/ *yāftan* 25/ *woǧud* 26/ *welāyat* 27/ *hargez xāǧe nadāštam. xāǧe* „eunuque“, vieux: „maître, titre d'honneur“, Lazard, p. 165 b. 28/ *xodāwand* 29/ *ǧenāb* 30/ *ḥaẓrat* 31/ *englis-rā hargez nayāmuxtam* 32/ *fārsi goftan besyār moškel ast* 33/ *zud* 34/ *sud* 35/ *sudmand*

Blatt **3R**

1/ *har kas* 2/ *hargez* 3/ *har ruz* 4/ *har ǧā* 5/ *agar* 6/ *išān* 7/ *hamwāre, peiwaste, hamiše* 8/ *ʿaǧāyeban miāmuzid*. Der als Adverb gebrauchte Akk. Pl. von arab. *ʿaǧība* „Wunder“ ist mir im Persischen sonst nicht bekannt. 9/ *āmuxtan, āmuzidan*. Vgl. Steingass, p. 101 b. 10/ *ʿaǧāyeban mifahmid* 11/ *barāye* 12–13/ *barāye āmuxtan-e farānse bā kamāl be farānse raftan lāzem ast* 14/ *āngāh* 15/ *ānǧā*. H.s Formen andjah und, in 16, indjah bewahren, im Gegensatz zu herdja in 4, das alte auslautende h, das man im modernen Persischen noch in *ǧāh* „Würde, Rang“ neben *ǧā*

„Ort, Stelle“ findet. Es ist auch erhalten im unarabisierten angah (Zeile 14). 16/ *inǧā* 17/ *ǧāneb* 18/ *su-ye, su* 19/ *be ǧāneb-e Tehrān* 20/ *nāme, maktub, resālat* 21/ *mazkur* 22/ *masṭur* 23/ *mazkur* von *zekr* 24/ *masṭur, saṭr* 25/ *hadiye* (Pl. *hadāyā*) 26/ *toḥfe*(?) 27/ *piškeš* 28/ *kešidan* 29/ *dar gozaštan* 30/ *šenawidan, šenidan.* Vgl. Steingass, p. 764a. 31/ *sāxtan = kardan.* Vgl. **4R**, 1 und 4. 32/ *baxšidan.* Lies in der Übersetzung statt des deutlichen „largiri“ (ital.): „largire“ 33/ *gozāštan* 34/ *nehādan* 35/ *dānidan.* Vgl. Steingass, p. 502a. 36/ *dānestan* 37/ *šekār, ṣeid* 38/ *piš raftan*

Blatt **3V**

1/ *ǧehat-e raftan* 2/ *ǧehat* „Richtung, Seite; Grund, Motiv“. 3/ *eʿlām.* Vgl. dazu **6R**, 34. 4/ *eżhār* 5/ *ersāl kardan* 6/ *rasul* 7/ *resālat* 8/ *nāme* 9/ *ǧamʿī* 10/ *ǧāmeʿ* 11/ *ǧouhar* 12/ *gouhar* 13/ Besser als *waqāyeʿ*, an das ich dachte, ist zweifellos Emmericks *waqʿe* „Ereignis“. 14/ *qaziye* 15/ *wāqeʿšodan* 16/ *mablaġ* 17/ *eblāġ kardan* 18/ *anǧām* 19/ *anǧāmidan* 20/ *ḥarb* 21/ *moḥārebe* 22/ *ġāleb* 23/ *maġlub* 24/ *asir* 25/ *żafar* 26/ *safar* 27/ *bālā* 28/ *čun*? 29/ *tark* 30/ *tārik* 31/ *lāzem* 32/ *ʿādel* 33/ *tarsidan*

Blatt **4R**

1/ *kardan* 2/ *āwordan*, vgl. **1R**, 9. 3/ *dāštan* 4/ *sāxtan.* Wtl. „bauen, verfertigen, erschaffen“. In diesem Sinne kann *sāxtan* als „to make“ dem in 1/ genannten *kardan* gegenübergestellt werden. 5/ *farmudan* 6/ *bāyidan.* Steingass, p. 154a, hat *bāʾidan.* 7/ *xordan* 8/ *zadan* 9/ *baridan, bordan,* vgl. Steingass, p. 182a, der für *baridan* nur „to send a messenger“ hat, von *barid* „Bote, Kurier“. 10/ *nomudan* 11/ *gardidan* 12/ *šodan* 13/ *āmadan* 14/ *didan* 15/ *gozāštan* 16/ *gereftan* 17/ *yāftan* 18/ *gaštan* 19/ *yek* 20/ *do* 21/ *se* 22/ *čahār* 23/ *panǧ* 24/ *šeš* 25/ *haft* 26/ *hašt* 27/ *noh* 28/ *dah* 29/ *bist* 30/ *ṣad* 31/ *dowist.* Dies ist die noch in Steingass' „duwīst“ vorausgesetzte, ursprüngliche Form (p. 547b). T. Amini erinnert mich aber daran, daß die heutige Aussprache *dewist* ist (z. B. Junker-Alavi, S. 343b). Das danach geschriebene und wieder ausgestrichene „dossed“ steht für *do ṣad*, was ebenfalls für „zweihundert“ gebraucht werden kann (Steingass, p. 545a). 32/ *panǧāh* 33/ *pānṣad* 34/ *bas miguid tā fahmide šawid* 35/ *fahmidan* 36/ *tond, zud* 37/ *čonin.* Steingass, p. 401a, hat „chunīn“ und p. 403a sogar „chūnīn“, d.h. *čunin.* Dies ist eine ältere Form (frühmittelpersisch *čēgōn* „welcher Art“ > *ceʾōn* > *čōn* > *čūn*, vgl. auch *čun* in **3V**, 27). Doch ist die heutige Aussprache *čenin*, wozu vgl. Z. 31. 38/ *čonin tond maguid* 39/ *neweštan*

Blatt **4V**

1/ *nik* 2/ *xoš, xub* 3/ *be Tehrān zud āmadam* 4–5/ *čand ruz safar midārad az Tehrān tā Eṣfahān?* H. hatte zuerst statt *safar midārad* „dauert die Reise" *ast* „ist" geschrieben und dieses Wort dann gestrichen. 6/ *miān-e Tehrān o Eṣfahān* 7/ *ebtedā kardan* 8/ *ḥarf zadan-e fārsi-rā ebtedā mikonam.* Die Izafet-Partikel *-e* fehlt bei H., ist aber, wie T. Amini und Dj. Khaleghi-Motlagh mir gegenüber betonen, unerläßlich. 9/ *kušeš* 10/ *qadim* 11/ *kohne* 12/ *sang* 13/ *bā kušeš-e besyār* 14/ *qalʿe* (Pl. *qelāʿ*). Das wegen des Anklangs zugefügte griechische καλιά bedeutet „Hütte, Scheune, Speicher, Nest". 15/ *qalʿe* 16/ *nik* 17/ *zešt* 18/ *xub* 19/ *bad* 20/ *āzād* 21/ *zar o sim* „Gold und Silber". 22/ *āhan* 23/ *gāw* 24/ *gozar* 25/ *kāwidan* 26/ *xonok* 27/ *laṭif* 28/ *barq.* Vgl. Blatt **7V**, 39/. 29/ *sāye xonok ast* 30/ *raʿd* 31/ *āsmān* 32/ *abr* 33/ *raʿd bar xāne-ye man oftāde ast*

Blatt **5R**

1/ *šomordan* 2/ *forṣat* 3/ *ʿozr* 4/ *ġanimat* 5/ *maʿzur bāšam* 6/ – 7/ *raqam* 8/ *ġanimat šomordan* 9/ *ġazab, xešm.* Humboldts Erklärung des Wortes durch spanisch („en esp." = „en espagnol") „chisme" war mir unklar geblieben. Claudius Naumann weist mich aber auf spanisch „chisme", d. h. „1. Tratsch, Klatsch, 2. unnützer Kram, Gerümpel, 3. (Pl.) Sachen, Kleinkram" hin, so daß wohl wieder eine „Eselsbrücke" anzunehmen ist. 10/ *esteʿlā* 11/ *xāṭer* 12/ *xaṭar* 13/ *āgāh* 14/ *nāgāh* 15/ *gur.* Das von H. hinzugefügte „onos-ger" soll in seinem zweiten Teil „ger" wohl eine lautliche Assoziation zu dem pers. *gur* herstellen. Tatsächlich läßt sich das griech. ὄναγρος auf ὄνος ἄγριος zurückführen (vgl. H. G. Liddel, R. Scott, Greek-English Lexicon II, Oxford 1952, p. 1230a). 16/ *maḥabbat* 17/ *mawaddat* 18/ *dusti* 19/ *saʿy* 20/ *saʿy nomudan* 21/ *sāye* 22/ *ḥabs* 23/ *maḥbus* 24/ *sawār šodan* 25/ *šodan* 26/ *ʿešq* 27/ *loṭf befarmāid* 28/ *zud borou* 29/ *benešinid.* Hier und in **6V**, 28 und **18V**, 14 „assay-" statt „assey-". 30/ *maʿzur bāšam* 31/ *bešnou* 32/ *hargez* 33/ *hamiše* 34/ *eškāl* 35/ *lesān* 36/ *beh, behtar, behtarin* 37/ *molk* 38/ Pl. *mamālek. mamālek* ist Pl. von *mamlekat*, das dieselbe Bedeutung hat. 39/ *mamālek-e farānse* 40/ *lafż*

Blatt **5V**

1/ *sudmand ast* 2/ *be kār* ~ 3/ *tars dāštan* 4/ *tarsidan* 5/ *ṭour* 6/ *bed-in ṭour. bed*, an dieser Stelle „bä d" geschrieben, ist die *sandhi*-Form der Präposition *be* („be, bä"), die ihrem mp. Vorgänger *pad* nahesteht. 7/ *ṣarf* 8/ *lab* 9/ *deraxt*. Vgl. dazu **7V**, 37.

10/ *dar in nazdik* 11/ ~ *zudi* 12/ *bārān* 13/ *bāreš* 14/ *besyār gard mikonad* 15/ *hawā roušan ast* 16/ *nam* „feucht", auch „Tau". 17/ *namidan* „feucht werden" 18/ *wazidan* 19/ *bād-e tond miwazad* 20/ *hawā čeṭour ast*. Das der Übersetzung zugefügte „Wetter" (dessen Lesung ich I. Schwarz verdanke), soll *hawā* „Luft", auch „Klima, Wetter", genauer wiedergeben als das zunächst gewählte „ciel". 21/ *serin*, wohl aus franz. „serein". 22/ *xošk* 23/ *ʿādel* 24/ *ʿedālat* 25/ *ārāʾidan, ārāyestan*. Zu *ārāʾidan* vgl. Steingass, p. 33a. Statt *ārāyestan* hat Steingass, p. 32a, *ārāstan*. 26/ *šab* 27/ *māh-tāb* 28/ *be xāne-ye šomā xāham raft* 29/ *piš-e šomā* 30/ *nur* 31/ *tārik* 32/ *tābidan* 33/ *čand miarzad* 34/ *besyār gerān ast* 35/ *bārān naxāhad anǧāmid* 36/ *anǧām, entehā*. Unter der Zeile, ausgestrichen: *čand mibārad?* „Wieviel regnet es?"

Blatt **6R**

1/ *az har ṭaraf* 2/ *āsmān gerefte ast* „Der Himmel ist bedeckt". H.s Übersetzung „le ciel est pris" („pris" ist Lesung von I. Schwarz) bildet den persischen Text wörtlich nach. 3/ *koloft* 4/ *waqt* 5/ *zamān*. „Tems" steht in der H. eigenen Orthographie regulär für „temps". 6/ *māndan* 7/ *abrhā besyār koloft mibāšand* 8/ *kam zamān ast* 9/ *besyār waqt nist* 10/ *dānestan* 11/ *dāneš* 12/ *dānešmand* 13/ *farr* 14/ *karam*, so wenn man H.s Schreibung „ker" als Fehler für „kerem" erklären darf. 15/ *gerd* „Rundung, Kreis" (von *gardidan*). H.s Übersetzung „Gürtel" ist wohl des Anklangs wegen gewählt. 16/ *gard* 17/ *ġobār* 18/ *nešān* (sic!) 19/ *xoršid* 20/ *šams* 21/ *āftāb* 22/ *āre/āri* 23/ *bale* 24/ *na* 25/ *ešārat* 26/ *eẓhār* 27/ *neku-sirat* 28/ *ǧahān* 29/ *giti* 30/ *ʿālam* 31/ *nesbat* 32/ *mansub kardan* 33/ *ʿelm* 34/ H.s Übersetzung „connoissance (d. h. connaissance), avoir science" läßt zwei verschiedene Wörter erwarten, so daß „illam" stehen könnte für *eʿlām* „Unterrichtung, Ankündigung" und vielleicht zugleich auch für *ʿallām* „viel wissend". Jedenfalls dürfte es von dem in Z. 33 genannten „ilm" zu unterscheiden sein. 35/ *ṣobḥ*

Blatt **6V**

1/ *dar maxfi* 2/ *boz* 3/ *qoč/qoǧ/quč*. Vgl. **2V**, 1. 4/ *madḥ* 5/ *ḥaǧǧ* 6/ *ḥāǧǧi* 7/ *be ḥaǧǧ raftan* 8/ *tang* 9/ *loṭf befarmāid* 10/ *gaštan* 11/ *gozaridan*. Vgl. Steingass, p. 1076a. 12/ *gozaštan*. Von den drei unter 10–12/ genannten ähnlich klingenden Verben gehören gusariden = *gozaridan* und guseschten = *gozaštan* zusammen, nicht aber geschten = *gaštan*, dessen Entsprechung *gardidan* wäre. 13/ *eqbāl-e man gozašt* 14/ *zud borou* 15/ *raftan* 16/ *rawidan*. Vgl. Steingass, p. 598a. Das hinzugefügte und dann durchgestrichene „schusten", d. h. „waschen", ist wohl

Fehler für „schuden“, „werden“, dessen ursprüngliche, bisweilen im Neupersischen noch erkennbare Bedeutung „gehen“ war. 17/ *ğostan* 18/ *ğuidan*. Vgl. Steingass, p. 380a. 19/ *ğost o ğu kardan* 20/ *lafẓi-rā beğuid* 21/ *lafẓi-rā ğost o ğu bokonid* 22/ *manzel*. Die Wiedergabe durch „mansio“ ist eine Eselsbrücke. 23/ *nozul* 24/ *su-ye man biā* 25/ *nazd-e ~* 26/ *morāselat* 27/ *bešenou* 28/ *benešinid* 29/ *be šekār raftan* 30/ *ḥamd* 31/ *woğud-e šarif* 32/ *rāndan, rānidan* (sonst nicht bezeugt). Lesung der französischen Übersetzung nach I. Schwarz.

Blatt **7R**

1/ *malek*, Pl. *moluk* 2/ *molk*, Pl. *mamālek*. Vgl. 5R, 38. 3/ *Farangestān* 4/ *neẓām-e ğadid* 5/ *donyā* 6/ *ğahān* 7/ *giti* 8/ *ʿālam* 9/ *xāk* 10–11/ *zamin-e Irān xub maʿmur ast* 12/ *maʿmur* „kultiviert, bebaut“, *ʿemārat* „Gebäude“ 13/ *banāʾ kardan* 14/ *ğān* 15/ *ruḥ* 16/ *ğamʿ* 17/ Ich hatte H.s „djami“ durch *ğomʿe* umschrieben, das in *masğed-e ğomʿe* die „Freitagsmoschee“ bezeichnet. Semantisch und lautlich besser ist aber das mir von T. Amini vorgeschlagene (und tatsächlich von mir bereits in **3V**, 10 angenommene) *ğāmeʿ*, das, wiederum in der Verbindung *masğed-e ğāmeʿ*, „Moschee“ bedeutet, wtl. „der verbindende/allgemeine Verehrungsort“. 18/ *ğamʿi* 19/ *xāṭer* 20/ *xaṭar* 21/ *āgāh* 22/ *nāgāh* 23/ *bi āgāh* 24/ *malāl, ġam*. Als Wiedergabe von H.s „melal“ ist *malāl* wahrscheinlicher als *malal*, das in seiner Bedeutung auch in Frage käme. 25/ *ġamnāk* 26/ *ġamgin* 27/ *xaṭar* 28/ *xaṭarnāk* 29/ *mibāyad* 30/ *lāzem ast* 31/ *bāʾidan, bāyestan*. Zu *bāʾidan* vgl. Steingass, p. 154. 32/ *arzidan* 33/ *čand miarzad*? 34/ *besyār gerān ast* 35/ *ḥarf* 36/ *wa ġeire*. Der Text bildet arab. *wa ġairuhū* nach. 37/ *~ sāyer ~*. Entspricht arab. *wa sāʾiruhū*. 38/ *kāġaẓ*. H.s „kās“ ist stark kontrahiert. Daneben das Wort, wohl von professioneller Hand, in arab. Schrift.

Blatt **7V**

1/ *ʿešq* 2/ *maʿšuq ast* 3/ *ʿāšeq* 4/ *folān*. Mit Recht verweist H. in seiner Übersetzung auf spanisch (und portugiesisch) *fulano* „jemand, Herr X“. Alle diese Formen gehen auf arab. *fulān* zurück. 5/ *farq* 6/ *fahmidam* 7/ *gāri* 8/ *zud biā* 9/ *~ borou* 10/ *zirā* 11/ *sirat* 12–13/ *miān-e* ﺭ *o* ﻳ *mouğud ast* ﺭ 14/ *woğud* 15/ *moškel* 16/ *mašġul* 17/ *eškāl* 18/ *eqbāl* 19/ *momken* „möglich“, „unmöglich“ wäre *ġeir-e momken*. 20/ *moyassar* 21/ *moškel*, vgl. 15/. 22/ *inrā benewisid* 23/ *neweštan* 24/ *četour* 25/ *ġalaṭ ast* 26/ *morakkab*. Das Wort bedeutet als arab. Part. pass. des 2. Stammes „zusammengesetzt“ und in diesem Sinne auch „Tinte“ (vgl. Steingass, p. 1218b). 27–28/ *četour mibāyad ke inrā benewisam* 29/ *yāftan* 30/ *peidā kardan* 31–32/ *dar diyār-e ʿAğam kam deraxt peidā mišawad* 33/ *peiwaste* 34/ *hamwāre* 35/ *hamiše*

36/ *hargez* 37/ *deraxt.* Das regelmäßig (auch in 32/ und Blatt **5V**, 9) geschriebene „dirart“ ist jedenfalls kein einmaliger Fehler. Offenbar liegt eine gesprochene Form vor, in der das *x* an das vorangehende *r* angeglichen wurde. 38/ *urmān.* H.s „orman“ (ebenfalls **13R**, 25) gibt die türkische Aussprache dieses wahrscheinlich türkischen Wortes wieder, vgl. Doerfer II, S. 142. 39/ In H.s „berk“ sind zwei Wörter unterschiedlichen Ursprungs und verschiedener Bedeutung zusammengefallen: pers. *barg* „Blatt“ und arab. *barq* „Blitz“. 40/ *ra‘d*

Blatt **8R**

1/ *šams* 2/ *xoršid* 3/ *āftāb* 4/ *nešān* 5/ *tanhā* 6/ *āškār* 7/ *serin*, vgl. **5V**, 21. 8/ *hawā čeṭour ast emruz?* 9/ *hawā čeṭour minomāyad.* Vgl. **13R**, 6–7 und *nomudan* **10R**, 3, **10V**, 32, **12R**, 2. Junker-Alavi, S. 816 a hat *nemudan* (die sprachgeschichtlich älteste Form), *namudan* und *nomudan.* **10R**, 3. 10/ *bād* 11/ *nasim* 12/ *āzād* 13/ *āzādi* 14/ *‘ādel* 15/ *‘edālat* 16/ *likan* 17/ *ammā* 18/ *tašwiš* 19/ *qānun-e mamlekat.* H.s Hinzufügung von „canones“ ist berechtigt, denn das arab. und pers. *qānun* gehen ebenso auf griech. κανών zurück wie lat. „canon“. 20/ *bālā* 21/ *be esteqbāl-e šomā xāham raft.* Besser: „... je vais aller“. „Je veux aller“: *mixāham berawam.* 22/ *ouǧ* 23/ *tark* 24/ *tārik* 25/ *nur* 26/ *pušidan. pāšidan* ist „zerstreuen“. 27/ *bāzargān* 28/ *ġarib* 29/ *ǧāneb* 30/ *ǧenāb* 31/ *ǧenāb-e šomā* 32/ *be ǧāneb-e Tehrān* 33/ *ǧehat* 34/ *ǧehat-e raftan*

Blatt **8V**

1/ *mibāšand* 2/ *xodā* 3/ *xodāwand* 4/ *xodam* „ich selbst“ 5/ *farāmuš kardan* 6/ *farāmušidan* 7/ *māndan* 8/ *bā* 9/ *bā u* 10/ *midāštan*, recte *(mi)dāštam.* 11/ *koǧā mibudid* 12/ *koǧā fardā šomā-rā mitawānam yāft* 13/ *šomā-rā yāft na-tawānestam* 14–15/ *be xāne-ye šomā pas fardā mixāham āmad.* Die Bildung des Futurs mit *mi + xāstan* ist unüblich, doch nicht unmöglich, vgl. P. Horn in Grundriß der Iranischen Philologie Ib, Strassburg 1898–1901, S. 155. 16/ *hawā ṭufāni ast* 17/ *abrhā besyār koloft mibāšand* 18/ *dir miāyam* 19/ *češme* 20/ *ba‘d* 21/ *pas* 22/ *ġam, malāl.* Zu *malāl* vgl. **7R**, 24. 23/ *če kas-i* 24/ *ǧawāb kardan* 25/ *zende* 26/ *morde* 27/ *zendegāni* 28/ *barf* 29/ *nawā’i* 30/ *benešinim* 31/ *benešinid* 32/ *‘aẓim* 33/ *mibāšand* 34/ *az garmi mimiram* 35/ *‘araq mikonam. ‘araq* „sweat; spirit, spirituous liquor, rack“, Steingass, p. 844 b. 36/ *garmi-rā besyār ‘aẓim miyābid* 37/ *šarāb* 38/ *bāde* 39/ *zinhār* 40/ *fardā be xāne xāham mānd*

Blatt **9R**

1/ *taḥṣil kardan* 2/ *ʿarus* 3/ *fekr.* Der Vergleich mit „fiction" ist eine Eselsbrücke. 4/ *pošt* 5/ *pušidan* 6/ *ǧalāl* 7/ *ganǧ* 8/ *xazine* 9/ *mouẓuʿ*(?). Eine genauere lautliche Entsprechung für H.s „mofsu endroit" finde ich nicht. *mouẓuʿ* ist eigentlich „Gegenstand (einer Rede)", doch gibt Steingass, p. 1345b, auch die Übersetzung „site, position". Emmerick denkt an *mouẓeʿ* „Ort", das semantisch besser paßt. Arab. *waḍaʿa* ist „setzen, stellen, legen". 10/ *nażar andāxtan* 11/ *māl* (Pl. *amwāl*) 12/ *agar* 13/ *qesmat kardan* 14/ *nażar* 15/ *nażar duxtan,* wtl. „den Blick nähen, heften", was durch das erläuternde „figere, consuere, percer" wiedergegeben werden soll. 16/ *enteqāl* 17/ *tekrār* 18/ *tekrār yāftan* 19/ *bozorg* 20/ *martabat* 21/ *morattab kardan* 22/ *dastur* (von *ʿoẕr*). Die Ableitung des pers. *dastur* von arab. *ʿuḏr* ist mir unverständlich. 23/ *taḥāfoẓ.* Oder *taḥaffoẓ*? 24/ *tāftan. tāftan* bedeutet nicht „darder". Am nächsten steht wohl *tāxtan* „jagen, treiben". 25/ *ǧodā kardan* 26/ *qesmat* ~ 27/ *samʿ* 28/ Pl. *masāmeʿ. masāmeʿ* ist Pl. von *mismaʿ* „Ohr". 29/ *asbāb* 30/ *kār* 31/ *salām* 32/ *ḥarekat* 33/ *nawāḥi* 34/ *noṣrat* 35/ *ġalabe* 36/ *ḥeṣār* 37/ *ǧoz*

Blatt **9V**

1/ *ṭāqat* 2/ *tawān* 3/ *dareǧe* 4/ *martabat* 5/ *be dareǧe* 6/ *be martabe* 7/ *ṣafā* 8/ *naql kardan* 9/ *namak* 10/ *naqš* 11/ *taṣwir* 12/ *az zir[-e]* 13/ *peidā* 14/ *čenān* 15/ *ǧāme* 16/ *ǧāmeʿ.* Vgl. **7R**, 17. 17/ *ǧamʿi* 18/ *ǧamʿ kardan* 19/ *anǧām* 20/ *ǧamʿ.* Pers. *anǧām* „Ende" und arab. *ǧamʿ* (mit seinen Ableitungen) sind nicht miteinander verwandt. 21/ *ǧān* 22/ *ruḥ* 23/ *xāṭer* 24/ *xaṭar* 25/ *xaṭarnāk* 26/ *sefid* 27/ *meqdār* 28/ *meqdāri* 29/ *reẓā* 30/ *ʿarus* 31/ *raṭl.* Wenn *raṭl* zu lesen ist und „libra" eine Gewichtseinheit bedeuten soll („Pfund"), dann könnte am genauesten arab. *raṭl* verglichen werden, so wie es in Ägypten gebraucht wird, als ein Gewicht von 449,28 g, vgl. Wehr, S. 311b. Unklar blieb mir „rotule – Kniescheibe, Kugelkopf", doch wies mich Emmerick hin auf engl. „rottle, rattle" „the Arabian pound", und dies erklärt gewiß auch die französische Form, die richtig *rotte* oder *rotul* geschrieben werden sollte und als deren Bedeutung angegeben wird: „mesure de poids usitée en Tunisie, et équivalent à environ 500 g". (Grand Larousse encyclopédique, Paris 1970). 32/ *qeimati* 33/ *ʿezzat* 34/ *ʿallā.* Offenbar arab. „erheben". 35/ *al-ḥamdu lillāh* 36/ (*lillāh* est dat. d'*allāh*) 37/ *awwal* 38/ *maraẓ.* Der Vergleich mit „marasme" ist eine Eselsbrücke. 39/ *kodām* 40/ *ḥaqq* 41/ *qabul kardan*

Blatt **10R**

1/ *mašġul* 2/ *ešteġāl* „Beschäftigung“ 3/ *esteḥẓār [nomudan]*. Vgl. *nomāy-* **8R**, 9; **13R**, 6–7. 4/ *esteqfār* ~ 5/ *moškel* 6/ *eškāl* 7/ *eqbāl* 8/ *esteʿlā* 9/ *hargez* 10/ *hamiše* 11/ *konǧ* 12/ *koǧā* 13/ *koǧā mikonǧid?* „Wo steckt ihr?“ 14/ *koǧā sāken mibāšad?* 15/ *kuče* 16/ *koǧā* 17/ *ṣadaqe* 18/ *torbat* 19/ *ṣawāb* 20/ *sabab* 21/ *sabʿ* 22/ *sabz* 23/ *maǧles* 24/ *fout* 25/ *wafāt* 26/ *sepordan* 27/ *morattab kardan* 28/ *tartib* ~ 29/ *martabat* 30/ *be martabe* 31/ *maṣruf dāštan* 32/ davon *ṣarrāf*. *maṣruf* und *ṣarrāf* gehen auf arab. *ṣarafa*, u. a. „bezahlen“, zurück. 33/ *nehān* 34/ *dar maxfi* 35/ *aḥwāl-e nehāni* 36/ *ḥāl* (Pl. *aḥwāl*) 37/ *keifiyat-e ḥāl*

Blatt **10V**

1/ *taẓarroʿ* 2/ *makām* 3/ *eʿtezār*, von *ʿozr* 4/ *dastur* 5/ *esteġfār* 6/ *tark* 7/ *motefarreq* 8/ *āgāh* 9/ *ġazā* 10/ *marz-bum*, vgl. Steingass, p. 1214a, bzw. *marz o bum* (T. Amini mit Hinweis auf Junker-Alavi, S. 706b). 11/ *eltemās* 12/ *ṣolḥ* 13/ *naql, ḥekāyat* 14/ *rewāyat* 15/ *be rewāyat-e* 16/ *tan* 17/ *maṣlaḥat* 18/ *asbāb* 19/ *kār* 20/ *hemmat* 21/ *ṭoġyān* 22/ *parde* 23/ *sarāparde* 24/ *esteftāḥ* 25/ *fatḥ nomudan*. Kaum *fatḥe*, was das Vokalzeichen für *a* benennt. *nomudan* wie in **10R**, 3. 26/ *ḥarekat* 27/ *ḥekāyat* 28/ *niz* 29/ *niyat* 30/ *be ġāyat* 31/ *tanhā* 32/ *tawaqqof nomudan*. Zu *nomudan* vgl. **10R**, 3. 33/ *aʿyān* „die Vornehmen, Aristokraten“, von *ʿein*, d. h. arab. *ʿain* „Auge“, worauf H.s „evidentes oculi“ irgendwie hinweist, doch ist hier *ʿein* gewiß im Sinne von „Substanz, Wesen, bester Teil einer Sache“ (Steingass, p. 876b) gemeint. 34/ *bard* 35/ *borudat* 36/ *sard* „kalt“ 37/ *bar dāštan az miyān* 38/ *barf* 39/ *taslim nomudan*

Blatt **11R**

1/ *noukar* 2/ Zu musallim s. 38/. 3/ *hame* 4/ *soʾāl* 5/ *kodām* 6/ *rasidan* 7/ *kei* 8/ *be kodām sāʿat?* 9/ H.s veled kann nur für *walad* „Sohn, Kind“ stehen. „Vater“ wäre *wāled* und gemäß H. valid zu umschreiben. 10/ *farzand* 11/ *sabab* 12/ *asbāb* (Pl. von *sabab*) 13/ *keifiyat-e ḥāl* 14/ *padid* 15/ *qowwat* 16/ *šostan* 17/ *šuidan* (belegt Steingass, p. 768 a) 18/ s. 15/. 19/ *maṣruf dāštan* 20/ *ġeir* 21/ *sāyer* 22/ *wa ġeire*. H.s vä gaïr hu entspricht der arab. Ursprungsform *wa ġairuhū*. Vgl. **7V**, 36. 23/ *rāyat* 24/ *bāqi* 25/ *bigāne* 26/ *ġarib* 27/ *tanhā* 28/ *kamin* 29/ *monhazem* „mis en déroute, en fuite“ (Lazard, p. 419a). 30/ *roxṣat* 31/ *bi eġfāl* 32/ *bi ehmāl* 33/ *xalq* 34/ *ziāde* 35/ *kār* 36/ *ẓaruri* 37/ *ṣedāqat* 38/ „musallim“ wäre arab. *mosallem* „unversehrt erhaltend, errettend“ (Wehr, S. 387 a). Das ist aber nicht „domestique“. Die Tatsache jedoch, daß H. seine Übersetzung durch „l'être nécessaire" erklärt, läßt vermuten, daß ein Fehler für *molāzem* „serviteur attaché à une personne; ordonnance (d'un officier)" (Lazard, p. 412a) vorliegt, wtl. „verbunden, anhängend", doch verwandt mit Formen wie arab. *lizām* und *lāzim* „notwendig". Außerdem folgt lázim unmittelbar. 39/ *lāzem*

Blatt **11V**

1/ *moḥabbat* 2/ *šafā* 3/ *bimāri* 4/ *masrur* 5/ *masarrat* 6/ *ṣeḥḥat* 7/ *ḥakim* 8/ *ṭabib* 9/ *ʿazimat* 10/ *farāmuš kardam* 11/ *xāmuš* „schweigsam" 12–13/ *āġāz* oder *ebtedā kardan* 14/ *faryād* 15/ *rāndan* 16/ *meṯāl* „exemple" (Lazard, p. 380b). 17/ *maṯal* „exemple" (Lazard, p. 380b). 18/ *ʿaṭā kardan* 19/ *ẓiāfat kardan* 20/ *ostād* 21/ *hame-dān* 22/ *tamām kardan* 23/ „atifel" ist unklar. Für „bienveillance" erwartet man *eltefāt*, wozu s. 32/. Wahrscheinlich Fehler. 24/ *manẓur-e naẓar-e eltefāt* 25/ *moxallef, moxallefān* „opposé, les opposés", was aber „hinterlassend, zurücklassend" heißt. Vielleicht ist *moxālef* „opposé" (Lazard, p. 386a) gemeint. 26/ *panǧere, dariče*. Das durchgestrichene „deredje" (*dareǧe*) bedeutet „Rang, Grad". 27/ *yamin, rāst*. Die Lesung des durchgestrichenen Wortes ist unsicher. Falls „minnet" *(mennat)*, dann „Gunst, Freundlichkeit". 28/ *dar-rā wā kon* 29/ ~ *gošā kon* 30/ *dast-e rāst* 31/ ~ *čap* 32/ *eltefāt* 33/ *fetne* 34/ *meḥnat* 35/ Pl. *meḥan* 36/ *molāqāt* 37/ *maqāmāt*

Blatt **12R**

1/ *masarrat* „Freude, Vergnügen" 2/ *eḥtemām nomudan* 3/ *saʿi* ~ 4/ *deqqat* ~

Blatt **12V**

1/ *falak* (Pl. *aflāk*) 2/ *samāʾ* (Pl. *samawāt*) 3/ *bāri* 4/ *xodā* 5/ *walāʾ* 6/ *moḥabbat* 7/ *reqbat, raqbat*, Steingass, p. 583a, zufolge „expecting, watching" (als Substantiv). 8/ *kām* 9/ *ṣādeq* 10/ *ṣadāqat* 11/ *laqab* (Pl. *alqāb*) 12/ *lāyeq* 13/ *waʿde* 14/ *sefāreš kardan* 15/ *gardeš* ~ 16/ *seir* ~ 17/ *xorde xorde* 18/ *āheste āheste* 19/ *xaṭarnāk ast* 20/ *xaṭar* ~ 21/ *birun-e šahr* 22/ *bereng̃* 23/ *xoy nakonid*, wtl. „Schwitzet nicht!" Zum Imperativ mit *na-* neben üblicherem *ma* vgl. z. B. C. Salemann, V. Shukovski, Persische Grammatik, Leipzig 1947, S. 59. 24/ *bāk naxorid*, vgl. 23/. 25/ *besyār dur ast* 26/ „mirvareh“ ist unbekannt. Steingass, p. 1361 b, hat *mirwāri* „fees levied at ferries“. 27/ *taṣdiʿ dafʿ mikonam* 28/ *dafʿ kardan* „zurückstoßen“

Blatt **13R**

1/ *gomān mibarid.* H.s an sich unverständliche Übersetzung „croyance portez-vous“ zerlegt die persische Wendung, die wörtlich „Glauben traget!“ bedeutet (Steingass, p. 1097 a). 2/ *mażanne midārid.* 3/ *mipendārid.* 4–5/ *hanuz nemitawānam goft* „ich kann noch nicht sagen.“ 6–7/ *kučehā xošk minamāyand.* Vgl. **8R**, 9. 8/ *kučehā por gel minamāyand* 9/ *bād miwazad* 10–12/ *gofte ast ke dar xāne-ye M T. be ẓiāfat-e-šān tašrif xāhad āword* „Es heißt, daß er im Hause des M T. zu seinem Gastmahl zu erscheinen geruhen wird.“ 13–14/ *u-rā besyār dust nemidārad* „er/sie liebt ihn/sie nicht sehr.“ 15–16/ *u-rā besyār nemipasandad* „er/sie schätzt ihn/sie nicht sehr.“ 17/ *besyār arzān ast* „es ist sehr billig.“ 18/ *moft ast* 19/ *čand sane darid?* „Wieviel Jahre seid Ihr alt?“ 20/ *be sāʿat-e čahār* 21–22/ *hame selāḥ-dār mibudand* 23/ *xanǧar.* Die der Übersetzung folgende Bemerkung „chun-djarden couter“ stellt wohl einen (natürlich nicht ernst zu nehmenden) etymologisierenden Versuch dar: „Blut – schneiden“. Allerdings kenne ich „djarden“ nicht in dieser Bedeutung. Steingass hat p. 358 *ǧarad* „wounded“ und *ǧard* „skinning“ (zu arab. *ǧarada* „schälen“). Auch heute ist die Etymologie von *xanǧar* noch ungeklärt (W. Eilers in: Persica 4, 1969, p. 16, n. 40). Zu verwandten Formen in anderen iranischen Sprachen, u. a. soghd. xnγr und (christl.) xγr *(xanγar, xāγar)*, s. W. B. Henning, Sogdica, London 1940, p. 36, und A. Tafazzoli in: Silk Road Art and Archaeology 3, 1993/94, p. 193 (die von mir bekannt gemachten Formen xnjr und hynjr sind parthisch!). 24/ *ǧangal* 25/ *urmān*, vgl. **7V**, 38. 26/ *biše* 27–28/ *āftāb ṭoluʿ/ǧolus karde ast.* Zu *ǧolus kardan,* wtl. „sich niederlassen, den Thron besteigen“ vgl. Steingass, p. 369 a. H. verwendet hier wie in 34/ und 35/ das astronomische Sonnensymbol ☉. 29/ *ceṭour miguid in-rā?* 30/ ~ *minămid?* 31/ ~ *nām midehid?* 32/ *rafiqān-e mā* 33/ *meqdār-e kaṯir[-e] asb* 34/ *ġorub-e āftāb* 35/ *ṭoluʿ-e* ~ 36/ *dar hangām-e ẓiāfat* 37/ *dar kodām sāʿat* 38–39/ *šarāb xordan dar mosalmāni gonāh ast* 40–41/ *sefid ya xod sorx čizi nemixorid.* Vor „der“ ist „ba“, d. h. *be* „zu“, durchgestrichen. Es bestand also Unsicherheit bei der Verwendung der richtigen Präposition. Emmerick (und Dj. Khaleghi-Motlagh) weisen mich aber darauf hin, daß in diesem Zusammenhang *be* im älteren und *dar* im modernen Persisch verwendet werden kann.

Blatt **13V**

1–5/ *dar ḥoẓur-e mard-e pir šerāb xordan mard-e ǧawān-rā monāseb nist* „In Gegenwart eines alten Mannes ziemt es sich einem jungen Manne nicht, Wein zu trinken.“ 6–9/ *dar zabān-e irāni alfāẓ-e nemsewi besyār yāfte mišawad* „In der iranischen (so statt persischen!) Sprache werden viele deutsche Wörter gefunden.“ Zu *nemsewi* statt des heute üblichen *ālmāni* vgl. Steingass, p. 1426a *namsa* „Germany; Austria“, mit dem Hinweis: „through T[urkish]“. Das Wort wird durch überschriebenes „allemand“ erklärt. 10–11/ Oder *besyār peidā mišawad* 12/ *ǧāme* 13/ *ǧāmeʿ*, vgl. **7R**, 17.

Blatt **14R**

1/ *aḥwāl-e šomā xub ast?* „Geht es Ihnen gut?“ 2–4/ *az loṭf-e šomā; ~ šafaqqat-e šomā; ~ moḥabbat-e šomā* „dank Ihrer Güte; Teilnahme; Freundlichkeit“. 5/ *čand sāʿat ast* „wieviel Uhr ist es?“ 6/ *noh sāʿat* „neun Uhr“. 7/ *hašt sāʿat* 8/ *nazdik be sāʿat-e noh ast* 9/ *nazdik-e noh* „fast neun Uhr“. 10/ *hašt sāʿat o nim* „halb neun“. 11/ *noh sāʿat o nim* „halb zehn“. 12/ *bexānid* 13/ *mixāham xānd* „ich werde lesen“. 14/ *~ ke bexānīm* 15/ *marā bešnou* 16/ *mostaʿǧel bāš* 17/ *šetāb kon* „beeile dich!“ 18/ *zud kon*, recte *zud bāš*. 19/ *dāxel šou.* Durchgestrichen, doch ist die Übersetzung erhalten geblieben. Bei ihr steht das höflichere *andarun befarmāid* „Bemühet Euch herein.“ 20/ *birun borou* 21/ *pāin biā* 22/ *enteżār kon* „erwarte!“ 23/ *montażer bāš* 24/ *Elči bar-xāste ast* 25/ *bar-xāstan, bar-xizidan* (wozu vgl. Steingass, p. 492b). 26–28/ *be čand/kodām sāʿat az šab bar-mixizi?* 29/ *xāb didan* 30/ *eltemās bekonid tā biāyad* 31–32/ *xāmuš bāš; sokut kon* „schweig still!“ 33–34/ *dar-rā bāz kon; ~ wā kon* „öffne die Tür!“ 35/ *dar-rā beband* „schließ die Tür!“ 36–37/ *čun dar bāz mānde ast bād miwazad* 38/ dar-rā wā kon 39/ *hawā āškār ast*

Blatt **14V**

1/ *ġam mixoram* 2–4/ *ḥeif ast ke ḥāżer/āmāde nabudam* „es tut mir leid, daß ich nicht bereit war.“

Blatt **15R** (leer)

Blatt **15V**

1/ *ṣawāb* 2/ *ṣawāb-did* 3/ *be ṣawāb-did-e folān* „mit N. N.s Billigung“ 4/ *in kār-rā sāxtam* 5/ *sabab* 6/ *be sabab-e in* 7/ ~ *ǧehat-e in* 8/ *asbāb* 9/ *az in sabab* 10/ *pol-e ṭawil* 11/ *ṭawile* 12/ *enkār kardan* 13/ *howeidā kardan* 14–15/ *in lafẓ-rā peidā kardam* 16/ *in čiz howeidā ast* 17/ *peiwaste* 18/ *hamiše* 19/ *peiwastan* 20/ *pei bastan* „den Fuß binden“ soll *peiwastan* und wohl auch *peiwaste* erklären. Deren *pei-* geht aber auf altiranisches *pati-* zurück und hat mit *pei* „pied“ (neben üblichem *pā*, aus altiranisch *pad-, pād-)* nichts zu tun. Statt „pied“ schreibt H. regelmäßig „pié“. 21/ *zemestān* 22/ *tābestān* 23/ *ʿolum-e riāẓi* 24–25/ *gorixtan, gorizidan* (wozu vgl. Steingass, p. 1087 a). 26–27/ *gerestan*, dagegen kenne ich *„gerextan“* nicht in der Bedeutung „weinen“. 28–29/ *ḥāṣel kardan, taḥṣil* ~ 30/ *rubāh* 31/ *gorg* 32–33/ *ān zan waǧih/ xubruy ast.* Die Deutung von Humboldts „wedgi“ als *waǧih* verdanke ich Ramin Shaghaghi, der mich auch bei den abschließenden Korrekturen in weiteren Fällen auf Fehler aufmerksam gemacht hat 34–35/ *ān bānu zeštruy ast* 36/ *xoš tarkib*

Blatt **16R**

1/ *sabok* 2/ *ʿebārat* 3/ *yaqin* 4/ *ḥaqiqat* 5/ *gomāštan* 6/ *sepāridan, sepordan*, vgl. Steingass, p. 650 b. 7/ *zur kardan* 8/ *be zur* 9/ *rixtan* 10/ *kār kardan* 11/ *zar o sim* „Gold und Silber“, in arabischer Schrift, übersetzt durch die astronomischen Symbole für Sonne und Mond, wozu vgl. **7R**, 21. 12/ *muǧeb* 13/ *be muǧeb-e* 14/ *dawidan* 15/ *bedow* 16/ *resānidan* 17/ *residan* 18/ *resālat* 19/ *resā.* Auch in arabischer Schrift. 20/ *mersi*, d. h. franz. „merci“!, *maqbul.* Statt „agree“ (so, engl.?) erwartet man „agreeable“ oder (franz.) „agréable“. 21/ *mariẓ* 22/ *reẓā.* Auch in arabischer Schrift. 23/ *efterā* 24/ *fouǧ* 25/ *hamān-dam* 26/ *dam*, auch in arabischer Schrift. 27/ *har dam.* In der Übersetzung steht „soufl“ wahrscheinlich für irrtümlich geschriebenes, nicht ausgestrichenes „soufle“. 28/ *ham bā ham. bā* statt *be* gemäß T. Amini. 29/ *hamān* 30/ *badan, andām, tan* 31/ *āb-e rawān* 32/ *šokr kardan* 33/ *mouǧud šodan* 34/ *sawā-ye* 35/ *qodrat* 36/ *šafaqat* 37/ *bi šafaqat* 38/ *saxt gorosne* 39/ *ruze am*

Blatt **16V**

1/ *dar āwixtan* 2/ *āwixtan* 3/ *su-ye man biā* 4/ *angur* 5/ *anǧir* 6/ *abrišom*, oder *abrišam.* 7/ *ḥarir* 8/ *sarāče-ye šams.* Wtl. „Sonnenhäuschen“, auch *sarāče-ye āftāb*, vgl. Steingass, p. 669 a.

Blatt **17R–17V** (leer)

III. Alexander von Humboldts russisch-deutsch(-französisch)es Glossar

Von Ingo Schwarz

1. Humboldts Beschäftigung mit der russischen Sprache

Im Jahre 1829 unternahm Humboldt die bereits erwähnte Reise nach Rußland und Sibirien. Seine Beschäftigung mit dem Russischen nimmt sich, trotz mehrfacher Anläufe, im Vergleich mit den persischen Studien sehr bescheiden aus. Schon 1812 hatte er in einem frühen Programm zu einer Sibirien-Reise versichert: „Je ne sais pas un mot de la langue russe, mais je me ferai russe, comme je me suis fait espagnol"[65]. Jahre später, im November 1827, ließ er den russischen Finanzminister Cancrin wissen:

> Ich hoffe, die erste Muße, welche mir geschenkt wird, dahin anzuwenden, mich mit der Russischen Sprache genauer bekannt zu machen, um das neu herausgekommene bergmännische Journal, welches so viele interessante Notizen enthält, benutzen zu können.[66]

Während der unmittelbaren Reisevorbereitungen hatte Humboldt offenbar nicht die Zeit, sich die russische Sprache intensiv anzueignen. So kam sein Biograph Alfred Dove zu dem Schluß, daß er es auf diesem Gebiet „trotz wiederholter Bemühungen niemals weit brachte."[67]

Allerdings bestand auch kaum die Notwendigkeit, sich während der Expedition des Russischen aktiv zu bedienen, waren doch seine Gesprächspartner im Zarenreich entweder des Französischen, des Deutschen oder beider Sprachen mächtig. Nichtsdestoweniger bemerkte er kurz vor der Abreise in einem Schreiben an Cancrin: „Russen sind mir [als Begleiter] am liebsten, weil ich mich gerne recht ernsthaft mit der Sprache eines Landes beschäftige, ohne welche man dem Volksleben fremd bleibt."[68]

---

65 Kurt-R. Biermann, Alexander von Humboldts Forschungsprogramm von 1812 und dessen Stellung in Humboldts indischen und sibirischen Reiseplänen, in: Ders., Miscellanea Humboldtiana. Berlin 1990 (Beiträge zur Alexander-von-Humboldt-Forschung, Bd. 15), S. 73–84, Zit. S. 80.

66 Im Ural und Altai. Briefwechsel zwischen Alexander von Humboldt und Graf Georg von Cancrin aus den Jahren 1827–1832. Leipzig 1869, S. 17–18.

67 Karl Bruhns (Hrsg.), Alexander von Humboldt. Eine wissenschaftliche Biographie. Bd. 2, Leipzig 1872, S. 178.

68 Im Ural und Altai. Briefwechsel zwischen Alexander von Humboldt und Graf Georg von Cancrin, a. a. O., S. 45.

Daß Humboldt nicht in die Feinheiten der russischen Sprache eingedrungen sein kann,[69] belegt seine in einem Petersburger Salon geäußerte Ansicht, daß der Buchstabe „ъ" eigentlich überflüssig sei, woraufhin er von einem der Anwesenden eine französisch geschriebene Bittschrift erhielt, in welcher der Buchstabe die Notwendigkeit seiner Existenz begründet. Eine solche humorvolle Belehrung nahm der Naturforscher gern an.[70]

Einem Brief an Cancrin vom 2. Juni 1830 entnehmen wir schließlich, daß sich Humboldt auch ein halbes Jahr nach seiner Reise „noch immer russischen Unterricht geben"[71] ließ, um vielleicht einmal Fachtexte lesen zu können.

Als Zeugnisse seiner Beschäftigung mit dem Russischen sind bisher eine handschriftliche Aufzählung der kyrillischen Buchstaben des russischen Alphabets mit ihren Namen in kyrillischer und lateinischer Schrift,[72] ein Büchlein mit russischen Redewendungen für Reisende[73] sowie das im folgenden abgedruckte Glossar bekannt geworden. Augenscheinlich hat Humboldt den gedruckten Sprachführer nicht bei der Zusammenstellung seines handschriftlichen Verzeichnisses zu Rate gezogen. Dafür gibt es die folgenden Indizien:

– Das Sprachmaterial ist nach Inhalt und Anordnung sehr unterschiedlich; Parallelen sind nicht zu erkennen.

– Humboldt bediente sich nicht des Umschriftsystems Jasükowskis, denn er gibt z. B. die kyrillische Originalform „садитесь" nicht durch *„ßadi'teß'"*[74], sondern durch *„sadities"* (**18V**,14) bzw. *„saditjes"* (**19R**, 6) wieder.

---

69 Vgl. Kurt-R. Biermann, Alexander von Humboldt. 4., durchgesehene Aufl., a. a. O., S. 78.

70 Vgl. Hanno Beck (Hrsg.), Gespräche Alexander von Humboldts, a. a. O., S. 115–116; Переписка Александра Гумбольдта с учеными и государственными деятелями России. Москва 1962, S. 95–96; Die Antwort an den vermuteten Briefschreiber unterzeichnete Humboldt in kyrillischen Buchstaben: „Гумбольтъ".

71 Im Ural und Altai. Briefwechsel zwischen Alexander von Humboldt und Graf Georg von Cancrin, a. a. O., S. 129.

72 Vgl. Kurt-R. Biermann u. Ingo Schwarz, Der polyglotte Alexander von Humboldt, in: Alexander von Humboldt Stiftung. Mitteilungen. AvH-Magazin Nr. 69, 1997, S. 39–44, Druck der Handschrift S. 41. Handschrift: Staatsbibliothek zu Berlin – Preußischer Kulturbesitz, Handschriftenabteilung, Nachlaß Alexander von Humboldt, großer Kasten 1, Mappe 8, Nr. 37.

73 Jasükowski, Russische Gespräche, enthaltend die nothwendigsten Redensarten, um sich jedem Russen sogleich verständlich zu machen [...] Berlin und Leipzig 1813. Ein Exemplar befindet sich in: Staatsbibliothek zu Berlin – Preußischer Kulturbesitz, Handschriftenabteilung, Nachlaß Alexander von Humboldt, großer Kasten 2, Mappe 2, Nr. 14. Der Name des Verfassers ist gewiß ein Pseudonym: язык *(jazyk)* bedeutet *Zunge* oder *Sprache*.

74 Ebd., S. 3.

– Jasükowskis Sprachführer enthält keine handschriftlichen Eintragungen, die bei Humboldts Arbeitsweise zu erwarten wären, und weist auch sonst keine erkennbaren Benutzungsspuren auf.

Der von Humboldt (mit Hilfe einer anderen Feder offenbar erst nachträglich) in der rechten oberen Ecke von Blatt **18R** geschriebene Name *Mr Semionof* legt die Vermutung nahe, daß das Glossar erst in Rußland angefertigt wurde. Wahrscheinlich bezieht sich die Notiz auf Stepan Michajlovič Semënov[75], der Humboldt im August 1829 von Ust'-Kamenogorsk bis an die chinesische Grenze als Führer begleitete.[76]

Vielleicht war das Glossar aber auch vor der Reise in Paris oder Berlin entstanden. Sprachlehrer, mit deren Hilfe Humboldt Russisch hätte lernen können, sind auf Grund der bisher ausgewerteten Materialien noch nicht namhaft gemacht worden.

2. Humboldts Manuskript

Das Glossar besteht aus einem gefalteten Doppelblatt.

Humboldt schrieb die russischen Wörter nicht unter Verwendung des kyrillischen Alphabets, sondern er brachte sie mit Hilfe lateinischer Buchstaben zu Papier. Die der Niederschrift anhaftenden Inkonsequenzen sprechen dafür, daß er sich auf mündliche Mitteilungen verließ, sie zeugen auch von einem Lernprozeß. Ob er seine Notizen jedoch ausschließlich nach dem Gehör anfertigte oder ob er auf schriftliche Unterlagen zurückgreifen konnte, ist nach dem jetzigen Kenntnisstand nicht eindeutig zu klären.

Es würde den Rahmen dieser Einführung sprengen, wollte man Unregelmäßigkeiten der Humboldtschen „Transkription" systematisch darstellen und analysieren. Einige Beispiele mögen an dieser Stelle zur Veranschaulichung genügen.

Das russische „я" erscheint in Humboldts Glossar wie folgt:

18R, 1	ya	**18R**, 13	ya, a	**18R**, 22	e
18R, 3	ia	**18R**, 16	e (für„-ая")	**18V**, 15	a
18R, 4	ya	**18R**, 17	a (für„-ая")	**18V**, 17	ja
18R, 11	ia	**18R**, 18	ya	**19R**, 2	ya

75 Semënov, Stepan Michajlovič, 1789–1852, nach Sibirien verbannter Dekabrist, wirkte als Verwaltungsbeamter im Bezirk Ust'-Kamenogorsk; vgl. Hanno Beck, Alexander von Humboldt. Bd. 2, a. a. O., S. 292.

76 О. С.Тальская, Декабрист Семенов в алтайской ссылке. In: Алтай 21 (1968) 1, S. 130–133, insbes. S. 132. Dankenswerter Hinweis von Dr. Christian Suckow, BBAW, Alexander-von-Humboldt-Forschungsstelle.

19R, 16 a	**19R**, 36 e, i	**19V**, 36 ya
19R, 23 ä	**19V**, 12 —, ia	
19R, 32 ia	**19V**, 35 ya	

Die unterschiedliche Wiedergabe des „я“ kann durch die Stellung im Wort erklärt werden. In unbetonter Position wird es zu einem dem *„a“*, *„ä“*, *„e“* oder *„i“* ähnlichen Laut reduziert.

Das russische „ж“ (lautschriftlich [ʒ]) gab Humboldt so wieder:

18R, 19 g	**18V**, 12 dj	**19V**, 23 j	**19V**, 32 j
18R, 20 j	**19R**, 4 j	**19V**, 29 sch	

Hier folgte er – mit Ausnahme von **19V**, 29, wo er offenbar das stimmlose [ʃ] gehört hatte – der französischen Schreibweise wie etwa in *journal* oder in *page*.

Auffällig sind die Wiedergabevarianten des palatalisierten „л“ durch Humboldt: z. B. **18R**, 8 durch *„ll“*, **18R**, 9 jedoch durch *„l“*. Aber auch das nichtpalatalisierte „л“ kann als *„ll“* erscheinen (**19V**, 37). Die Palatalisierung von Konsonanten am Wortende vermerkte Humboldt, wenn überhaupt, nicht einheitlich. Schließlich findet man das Suffix „-ств-“ als *„-sdw-“* (**18V**, 5–7) oder als *„-stw-“* (**18V**, 8) geschrieben.

Humboldts Niederschrift gibt inhaltlich gelegentlich Rätsel auf. So wird bei den unter **18V**, 10 und 11 notierten russischen Fragen eine falsche Präposition („о“ mit Präpositiv statt „въ“ mit Akkusativ) verwendet und die unter **19R**, 13 notierte Aufforderung ist grammatisch falsch. Dies könnte zu der Vermutung Anlaß geben, Humboldts Gesprächspartner habe das Russische nur als Fremdsprache beherrscht.

Das Sprachmaterial ist grob nach Sachgebieten geordnet (allgemeine Wendungen der Umgangssprache, Anreden für hochgestellte Persönlichkeiten, Tier- und Pflanzennamen, Bezeichnungen für Minerale, Zahlwörter u. a.), wobei es auch zu Wiederholungen kommen kann.

Für die Edition des russischen Glossars im Abschnitt 3 gelten dieselben Prinzipien wie für den persischen Text (vgl. Abschnitt II. 1.). Nicht eindeutig identifizierbare Lesungen, Wiederholungen von Buchstaben und Wortteilen werden in Fußnoten erläutert.

Im vierten Abschnitt wird der russische Text in kyrillischen Buchstaben in der Orthographie des 19. Jahrhunderts unkommentiert wiedergegeben. Der letzte Teil wiederholt diesen Text in transliterierter Form, allerdings nach der heute gültigen Orthographie. Hinweise, Erläuterungen und Ergänzungen erscheinen hier unmittelbar nach dem russischen Wort bzw. der russischen Wendung in runden Klammern.

Zur Überprüfung der Schreibweisen und Wortbedeutungen wurden verwendet:

- I. Pawlowski: Russisch-Deutsches Wörterbuch. Leipzig 1960 (Reprint der 3., vollständig neu bearbeiteten, berichtigten u. vermehrten Aufl. von 1911).
- I. Pawlowsky: Deutsch-Russisches Wörterbuch. 4. Aufl., Riga und Leipzig 1911.
- Hans Holm Bielfeldt: Russisch-Deutsches Wörterbuch. 15. [gegenüber der 1. Aufl. von 1958 veränderte Aufl.] Berlin 1988.

Wichtige Hinweise zur Wiedergabe des russischen Textes in transliterierter Form wurden dem folgenden Beitrag entnommen:

- Hans Zikmund, Transliteration. In: Hartmut Günther, Otto Ludwig (Hrsg.), Schrift und Schriftlichkeit. Ein interdisziplinäres Handbuch. 2. Halbband, Berlin, New York 1996, S. 1591–1604.

Der Verf. dankt Herrn Dr. Hans Zikmund, Berlin, der beim Durcharbeiten des Manuskriptes eine Reihe von Fehlern entdeckte, auf Besonderheiten des Humboldtschen Textes aufmerksam gemacht (z.B. **18V**, 10–11; **19R**, 13) und zahlreiche Anregungen für die Einleitung und Kommentierung gegeben hat.

3. Humboldts russisches Glossar

Blatt **18R**

1/	ya ní magu ga↑waritje	je ne puis parler
2/	gavarítje wúi ↑pa ruski	parlez Vous Russe
3/	dobrago sdarowia	bonne santé
4/	ya sdarof	ich gesund
5/	sdarof vúi – li↑vüi	Sind Sie gesund
6/	daitiäe mniä ↑chleba	donnez-moi du pain
7/	daitiä wodi	donnez de l'eau
8/	prawo, llevo	links, rechts.
9/	dai mniä chleba	gieb mir Brodt
10/	kudì [sic!] idiòt da↑roga	wohin geht der ↑Weg.
11/	derewnia	Dorf
12/	dom	Haus
13/	Potschtowaya ↑Stánzia	Poststazion
14/	vüi prekrasna ↑pajodje	vous chantez bien
15/	petj	singen

16/	charòsche pagoda	beau tems
17/	prekrasna „	id
18/	chudaya „	schlechtes Wetter
19/	doggik[77]	pluye
20/	dodjik idiot	la pluye vient
21/	solnze	Sonne
22/	luna, mèsez[78]	☾
23/	dèrewo[79]	Baum
24/	Les	Wald

Blatt **18V**

1/	medwedj	Bär
2/	wolk	Wolf
3/	nisko	niedrig
4/	kabak	Schenke
5/	vasche karalefsko↑yä wisotschesdwo	V. A. R.
6/	vasche karali↓e↑fskoyä[80] ↑welitschesdwo	V. Maj. R.
7/	vasche imperators↑koyä wuisotschesdwo wüisot[81]	V. Alt. Imp.
8/	vasche wisoko↑prevos choditelstwo[82]	Ihre höchste Un↑ubertreflichkeit
9/	woenà, mir	Krieg, Friede
10/	veritje-li owoi↑niä	glauben Sie an ↑Krieg
11/	veritje-li omire	glauben Sie an ↑Friede
12/	prekrasnoyä mesto↑paladjinie	schone Aussicht
13/	~~sdrasdwitiä~~? ↑sdrasdje	Sind Sie gesund?
14/	sadities	assayez Vous

77 Humboldt hat das erste „g“ aus einem „d“ geändert.

78 Es könnte auch „mìsez“ gelesen werden.

79 Es könnte auch „dìrewo“ gelesen werden.

80 Humboldt war sich wohl nicht sicher, ob er sich für ein „e“ oder „i“ entscheiden sollte.

81 Humboldt wiederholt diesen Teil des Wortes aus Gründen der besseren Lesbarkeit.

82 Das Spatium nach „-prevos-“ erscheint wohl zur Vermeidung der Aussprache als [ʃ].

15/	praschu, saditza	ich bitte, sezen ↑Sie sich
16/	gorà	Berg
17/	wusòkaja gorà	hoher Berg
18/	gorni chrebet	Gebirgs Rükken
19/	Uralskoi chrebet	Ural Rükken
20/	zosna – yel	Kiefer – Tanne
21/	sibirski keder	Pinus Cembra
22/	listwéniza[83]	Larix
23/	berosa.	Birke
24/	dub	Eiche
25/	reka	Fluß
26/	redschka	Bach
27/	More	Meer
28/	Lod	Eis
29/	Ledowítoyä More	Eismeer
30/	achota[84]	Jagd (ochodnik Jäger)
31/	lisiza	Fuchs
32/	schuba	Pelz auch tulub.

Blatt **19R**

1/	promuschleniki	Gewerbtreiber
2/	ya i du na ↑achotu	ich gehe auf die ↑Jagd
3/	paditje won	gehen Sie heraus
4/	padjalite	entrez
5/	woayditje	id
6/	saditjes	Sezen Sie Sich
7/	ittidj	gehen [Sie]
8/	niäbo	ciel
9/	niäbo tschisto	ciel serein
10/	niäbo pakrito	ciel couvert
11/	sniѐk	Schnee
12/	sniѐk idiot	neige va (tombe)

83 Es könnte auch „listwiniza" gelesen werden.
84 Das erste „a" ist aus einem „o-" oder einem „a-" geändert.

13/	daytje potschtowuiya ↑loschadi	geben Sie Postpferde
14/	zerdze	Herz
15/	tschas	~~Uhr~~ Stunde
16/	divàti tschas	9te Stunde
17/	kator↓r↑i[85] tschas	welche Stunde
18/	zacher[86] – Coffe	sucre caffé
19/	pivo – vino	bierre, vin
20/	stakàn	Trinkglas
21/	sol	Salz
22/	tschassì	montre
23/	wrèmä	Zeit
24/	starinnia wremenà	alte Zeiten
25/	najomne lakai	Mieths Lakay
26/	iswost/schik	Lohnkutscher
27/	caräta tschit↑wiorkoi	4spanniger Wagen
28/	odjín	1
29/	dwa	2
30/	tri	3
31/	tschetire	4
32/	piatje	5
33/	schest	6
34/	zem	7
35/	wossemj[87]	8
36/	diewet – diecit	9 u. 10.

Blatt **19V**

1/	odjìnadzat	11
2/	dwenàdzat	12
3/	russ. д ist[88]	d

[85] Das „r“ wird über der Zeile aus Gründen der besseren Lesbarkeit wiederholt.

[86] Humboldt hat den vorletzten Buchstaben korrigiert. Es könnte auch „zachar“ gelesen werden.

[87] Das „j“ am Ende des Wortes ist nicht klar erkennbar.

[88] Humboldt vergleicht hier und in den folgenden Zeilen Buchstaben in kyrillischer Kurrentschrift mit lateinischen Buchstaben; vgl. auch Humboldts handschriftliche Aufzählung der kyrillischen Buchstaben des russischen Alphabets, rechts unten (Fußnote 72).

4/	и	ŧ i
5/	п	p.
6/	б δ	b.
7/	р	r
8/	Н *N*	n
9/	schto stoiet yeto.	Was kostet dieses
10/	eto dòrogo	dies theuer
11/	eto dioschewo	dies wohlfeil
12/	kak nasiwaetz yeta ↑derewnia	wie heisst dieses Dorf
13/	nasiwatj	nennen
14/	da gosudar moi	oui Mr
15/	niet „ „	non Mr
16/	atiez moi od. moi ↑atiez	mein Vater
17/	niet Sudari	non Mr
18/	da „	oui „
19/	soloto	☉
20/	zerebro	☾
21/	medje	Kupfer
22/	kada Imperator ↑is Peterburga ↑wuijedjet	Wenn K. aus Pet. ↑ausreiset
23/	wuijedjat	ausreisen
24/	kada Imp. w' Warschawu ↑pribudjet	Wenn Imp in ↑Warsch. ankommt
25/	pribuidje	Ankommen
26/	motsch, konnen	
27/	na prawo	auf der rechten
28/	„ levo	„ „ linken
29/	níschni	niedriger
30/	prastitje	pardonnez
31/	praschatje	ich empfehle mich
32/	pajaluitje	allez
33/	paschol	fort, geh
34/	stoi	Halt
35/	prawaya ruka	rechte Hand
36/	lewaya ruka	linke „
37/	buitje tak millostivui	Sein Sie so ↑gütig

4. Der russische Text in kyrillischen Buchstaben

Blatt **18R**

1/ я не могу говорить **2**/ говорите вы по-русски **3**/ добраго здоровья **4**/ я здоровъ **5**/ здоровы ли вы **6**/ дайте мне хлѣба **7**/ дайте воды **8**/ право, лѣво **9**/ дай мнѣ хлѣба **10**/ куда идётъ дорога **11**/ деревня **12**/ домъ **13**/ почтовая станция **14**/ вы прекрасно поёте **15**/ пѣть **16**/ хорошая погода **17**/ прекрасная погода **18**/ худая погода **19**/ дожжикъ **20**/ дождикъ идётъ **21**/ солнце **22**/ луна, мѣсяцъ **23**/ дерево **24**/ лѣсъ

Blatt **18V**

1/ медвѣдь **2**/ волкъ **3**/ низко **4**/ кабакъ **5**/ ваше королевское высочество **6**/ ваше королевское величество **7**/ ваше императорское высочество **8**/ ваше высокопревосходительство **9**/война, миръ **10**/ вѣрите ли о войнѣ **11**/ вѣрите ли о мирѣ **12**/ прекрасное мѣстоположенiе **13**/ здравствуйте **14**/ садитесь **15**/ прошу садиться **16**/ гора **17**/ высокая гора **18**/ горный хребетъ **19**/ уральскiй хребетъ **20**/ сосна, ель **21**/ сибирскiй кедръ **22**/ листвен[н]ица **23**/ берёза **24**/ дубъ **25**/ рѣка **26**/ рѣчка **27**/ море **28**/ лёдъ **29**/ ледовитое море **30**/ охота, охотникъ **31**/ лисица **32**/ шуба, тулупъ

Blatt **19R**

1/ промышленники **2**/ я иду на охоту **3**/ пойдите вонъ **4**/ пожалуйте **5**/ войдите **6**/ садитесь **7**/ идите **8**/ небо **9**/ небо чисто **10**/ небо покрыто **11**/ снѣгъ **12**/ снѣгъ идётъ **13**/ дайте почтовые лошади **14**/ сердце **15**/ часъ **16**/ девятый часъ **17**/ который часъ **18**/ сахаръ, кофе **19**/ пиво, вино **20**/ стаканъ **21**/ соль **22**/ часы **23**/ время **24**/ старинные времена **25**/ наёмный лакей **26**/ извозчикъ **27**/ карета четвёркой **28**/ одинъ **29**/ два **30**/ три **31**/ четыре **32**/ пять **33**/ шесть **34**/ семь **35**/ восемь **36**/ девять, десять

Blatt **19V**

1/ одиннадцать **2**/ двѣнадцать **3**/ д **4**/ и **5**/ п **6**/ б **7**/ р **8**/ Н **9**/ что стоитъ это **10**/ это дорого **11**/ это дёшево **12**/ какъ называется эта деревня

13/ называть **14**/ да, государь мой **15**/ нѣтъ, государь мой **16**/ отецъ мой, мой отецъ **17**/ нѣтъ, сударь **18**/ да, сударь **19**/ золото **20**/ серебро **21**/ мѣдь **22**/ когда Императоръ изъ Петербурга выѣдетъ **23**/ выѣзжать **24**/ когда Императоръ въ Варшаву прибудетъ **25**/ прибытіе **26**/ мочь **27**/ направо **28**/ налѣво **29**/ нижній **30**/ простите **31**/ прощайте **32**/ пожалуйте **33**/ пошёлъ **34**/ стой **35**/ правая рука **36**/ лѣвая рука **37**/ будьте такъ милостивый

5. Der russische Text in kommentierter Transliteration

Blatt **18R**

1/ *ja ne mogu govorit'* **2**/ *govorite vy po-russki* **3**/ *dobrago zdorov'ja* **4**/ *ja zdorov* **5**/ *zdorovy li vy* (*„li"*: Fragepartikel, die in direkten Fragesätzen nicht, in indirekten Fragesätzen mit „ob" übersetzt wird) **6**/ *dajte mne chleba* **7**/ *dajte vody* **8**/ *pravo, levo* (*„pravo"* bedeutet „Recht", „Berechtigung"; in der Bedeutung „auf der rechten Seite befindlich" tritt es nur in Zusammensetzungen auf; *„levo"* = links; vgl. **19V**, 27, 28, 35, 36; Humboldt gibt das palatalisierte „л" in *„levo"* durch *„ll"* wieder, vgl. z. B. **18R**, 9, **19R**, 21, **19V**, 37) **9**/ *daj mne chleba* (Humboldt gibt das palatalisierte „л" in *„chleba"* durch *„l"* wieder, vgl. z. B. **18R**, 8) **10**/ *kuda idët doroga* **11**/ *derevnja* **12**/ *dom* **13**/ *počtovaja stancija* **14**/ *vy prekrasno poëte* **15**/ *pet'* (Humboldt macht hier die Palatalisierung des Konsonanten am Wortende durch *„-j"* kenntlich; vgl. z. B. **18R**, 1, **19R**, 33–36, **19V**, 1–2, 17) **16**/ *chorošaja pogoda* **17**/ *prekrasnaja pogoda* **18**/ *chudaja pogoda* **19**/ *dožžik* (diese Form war neben *„doždik"* gebräuchlich; vgl. **18R**, 20) **20**/ *doždik idët* (*„doždik"*: Diminutiv von *„dožd'"*; Humboldt gibt hier das russische „жд" mit den Buchstaben *„dj"* wieder; die Konsonanten erscheinen also vertauscht; vgl. z. B. auch **18R**, 19 und **18V**, 12) **21**/ *solnce* **22**/ *luna, mesjac* (Mond bzw. Monat) **23**/ *derevo* **24**/ *les* (Humboldt gibt das palatalisierte „л" durch *„l"* wieder; vgl. z. B. **18R**, 8–9, **19V**, 37)

Blatt **18V**

1/ *medved'* **2**/ *volk* **3**/ *nizko* **4**/ *kabak* **5**/ *vaše korolevskoe vysočestvo* (Humboldt gibt das Suffix „-ств-" in *„vysočestvo"* durch *„sdw"* wieder, vgl. **18V**, 6–8; Votre Altesse Royale) **6**/ *vaše korolevskoe veličestvo* (vgl. **18V**, 5, 7–8; Votre Majesté Royale) **7**/ *vaše imperatorskoe vysočestvo* (Vgl. **18V**, 5–6, 8; Votre Altesse Impériale) **8**/ *vaše vysokoprevoschoditel'stvo* (Humboldt gibt das Suffix „-ств-" in

„vysokoprevoschoditel'stvo" durch *„stw"* wieder; vgl. **18V**, 5–7; Anrede für Feldmarschälle, Generäle und wirkliche Geheimräte) **9/** *vojna, mir* **10/** *verite li o vojne* (hier wird eine falsche Präposition benutzt, allerdings erscheint das Substantiv entsprechend der Präposition *„o"* im Präpositiv; „glauben an" müßte mit *„verit' v"* übersetzt werden; vgl. **18V**, 11) **11/** *verite li o mire* (vgl. **18V**, 10) **12/** *prekrasnoe mestopoloženie* (Humboldt gibt hier das „ж" durch *„dj"* wieder; vgl. **18R**, 19–20; eigentlich: „schöne Lage", „schöne Ortslage") **13/** *zdravstvujte* (Gruß bei Begegnungen: guten Morgen, guten Tag, guten Abend; eigentlich: ich wünsche Ihnen Wohlbefinden) **14/** *sadites'* **15/** *prošu sadit'sja* **16/** *gora* **17/** *vysokaja gora* **18/** *gornyj chrebet* **19/** *Ural'skij chrebet* **20/** *sosna, el'* **21/** *sibirskij kedr* (Sibirische Zeder, Zirbelkiefer) **22/** *listvennica* (Pinus larix; Lärche) **23/** *berëza* **24/** *dub* **25/** *reka* **26/** *rečka* **27/** *more* **28/** *lëd* **29/** *ledovitoe more* **30/** *ochota, ochotnik* **31/** *lisica* **32/** *šuba* (*„tulup"*: ungefütterter Pelzmantel, Bauernpelz)

Blatt **19R**

1/ *promyšlenniki* **2/** *ja idu na ochotu* **3/** *pojdite von* **4/** *požalujte* **5/** *vojdite* **6/** *sadites'* **7/** *idite* (die Deutung, daß es sich um die Befehlsform und nicht um den Infinitiv *„idti"* handelt, ergibt sich zum einen aus den vorhergehenden Zeilen, in denen ebenfalls Imperative stehen, zum anderen ist die Verwechslung von stimmhaften und stimmlosen Konsonanten nicht ungewöhnlich; vgl. z. B. **18V**, 5–8) **8/** *nebo* **9/** *nebo čisto* **10/** *nebo pokryto* **11/** *sneg* **12/** *sneg idët* **13/** *dajte počtovye lošadi* (die Aufforderung müßte korrekt lauten: *„dajte počtovych lošadej"*) **14/** *serdce* **15/** *čas* **16/** *devjatyj čas* **17/** *kotoryj čas* **18/** *sachar, kofe* **19/** *pivo, vino* **20/** *stakan* **21/** *sol'* (Humboldt gibt das palatalisierte „л" in *„sol'"* durch *„l"* wieder; vgl. z. B. **18R**, 8–9, **19V**, 37) **22/** *časy* **23/** *vremja* **24/** *starinnye vremena* **25/** *naëmnyj lakej* **26/** *izvozčik* **27/** *kareta četvërkoj* **28/** *odin* **29/** *dva* **30/** *tri* **31/** *četyre* **32/** *pjat'* (Humboldt macht hier die Palatalisierung des Konsonanten am Wortende durch *„-je"* kenntlich; vgl. z. B. **18R**, 1, **19R**, 33–36, **19V**, 1–2) **33/** *šest'* **34/** *sem'* **35/** *vosem'* **36/** *devjat', desjat'*

Blatt **19V**

1/ *odinnadcat'* **2/** *dvenadcat'* **9/** *čto stoit ėto* **10/** *ėto dorogo* **11/** *ėto dëševo* **12/** *kak nazyvaetsja ėta derevnja* **13/** *nazyvat'* **14/** *da, gosudar' moj* **15/** *net, gosudar' moj* **16/** *otec moj, moj otec* **17/** *net, sudar'* (Humboldt macht hier die Palatalisierung des Konsonanten am Wortende durch *„-i"* kenntlich; vgl. z. B. **18R**, 1, 15, **19R**, 33–36, **19V**, 1–2) **18/** *da, sudar'* **19/** *zoloto* (Humboldt gibt das stimmhafte „з" durch „s" wieder, vgl. **19V**, 20) **20/** *serebro* (Humboldt gibt das stimmlose „c“ durch „z“ wieder, vgl. **19V**, 19) **21/** *med'* **22/** *kogda Imperator iz Peterburga vyedet* (Humboldt hat wohl das „*g*“ in dem endbetonten Wort „*kogda*“ nicht gehört; vgl. **19V**, 24; wenn der Kaiser aus Petersburg abreist, bzw. Wann reist der Kaiser aus Petersburg ab?) **23/** *vyezžat'* **24/** *kogda Imperator v Varšavu pribudet* (vgl. **19V**, 22; wenn der Kaiser in Warschau ankommt, bzw. Wann kommt der Kaiser in Warschau an?) **25/** *pribytie* **26/** *moč'* **27/** *napravo* **28/** *nalevo* **29/** *nižnij* (der, die, das untere) **30/** *prostite* **31/** *proščajte* **32/** *požalujte* (beispielsweise: „*požalujte sjuda*“: bitte bemühen Sie sich hierher) **33/** *pošël* **34/** *stoj* **35/** *pravaja ruka* **36/** *levaja ruka* **37/** *bud'te tak milostivyj* (Humboldt gibt das nichtpalatalisierte „л“ in „*milostivyj*“ durch „*ll*“ wieder; vgl. z. B. **18R**, 8)

Die Verfasser danken dem Direktor der Handschriftenabteilung der Staatsbibliothek zu Berlin – Preußischer Kulturbesitz, Herrn Prof. Dr. Tilo Brandis, für die freundliche Genehmigung zum Abdruck des Manuskriptes aus dem *Nachlaß Alexander von Humboldt*. Der Mitarbeiterin der Handschriftenabteilung, Frau Eva Ziesche, sei an dieser Stelle ebenfalls für die Unterstützung der Recherchen herzlich gedankt.

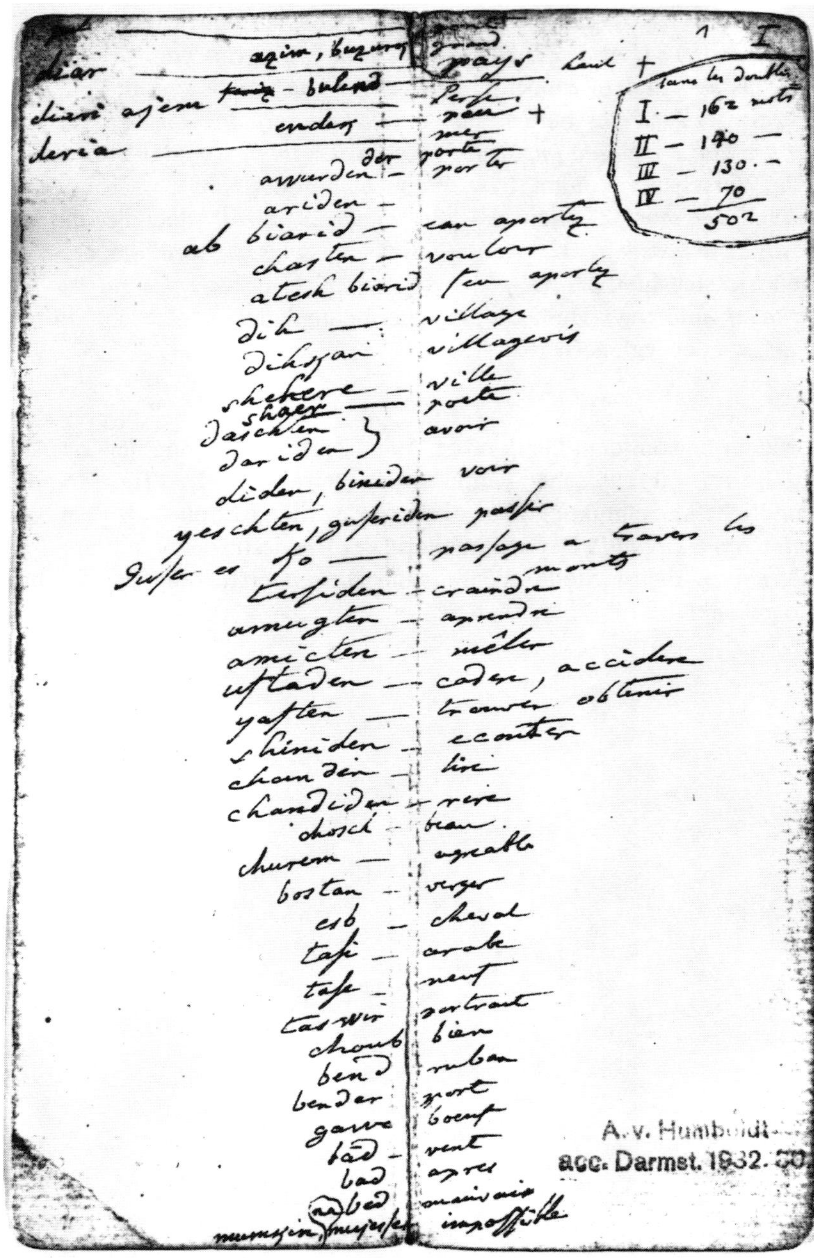

1 I

sans les doubles
I — 162 mots
II — 140 —
III — 130 —
IV — 70
502

diar — pays
azim, buzurg — grand
dizi ajem — Perse
bulend — haut +
ender — pair +
deria — mer
der — porte
awurden — porter
ariden —
ab biarid — eau apportez
chasten — vouloir
atesh biarid — feu apportez
dih — village
dihgan — villageois
shekere — ville
shaer — poste
daschten } avoir
dariden }
diden, bineiden — voir
yeschten, guseriden — passer
guser es ko — passage a travers les monts
tersiden — craindre
amugten — apprendre
amicten — mêler
uftaden — cader, accidere
yaften — trouver obtenir
shiniden — ecouter
chandein — lire
chandiden — rire
chosch — beau
churem — agreable
bostan — verger
esb — cheval
tasi — arabe
tase — neuf
taswir — portrait
choub — bien
bend — ruban
bender — port
gawe — boeuf
bad — vent
bad — apres
bed — mauvais
numumkin, nemumkin — impossible

Blatt **1R**

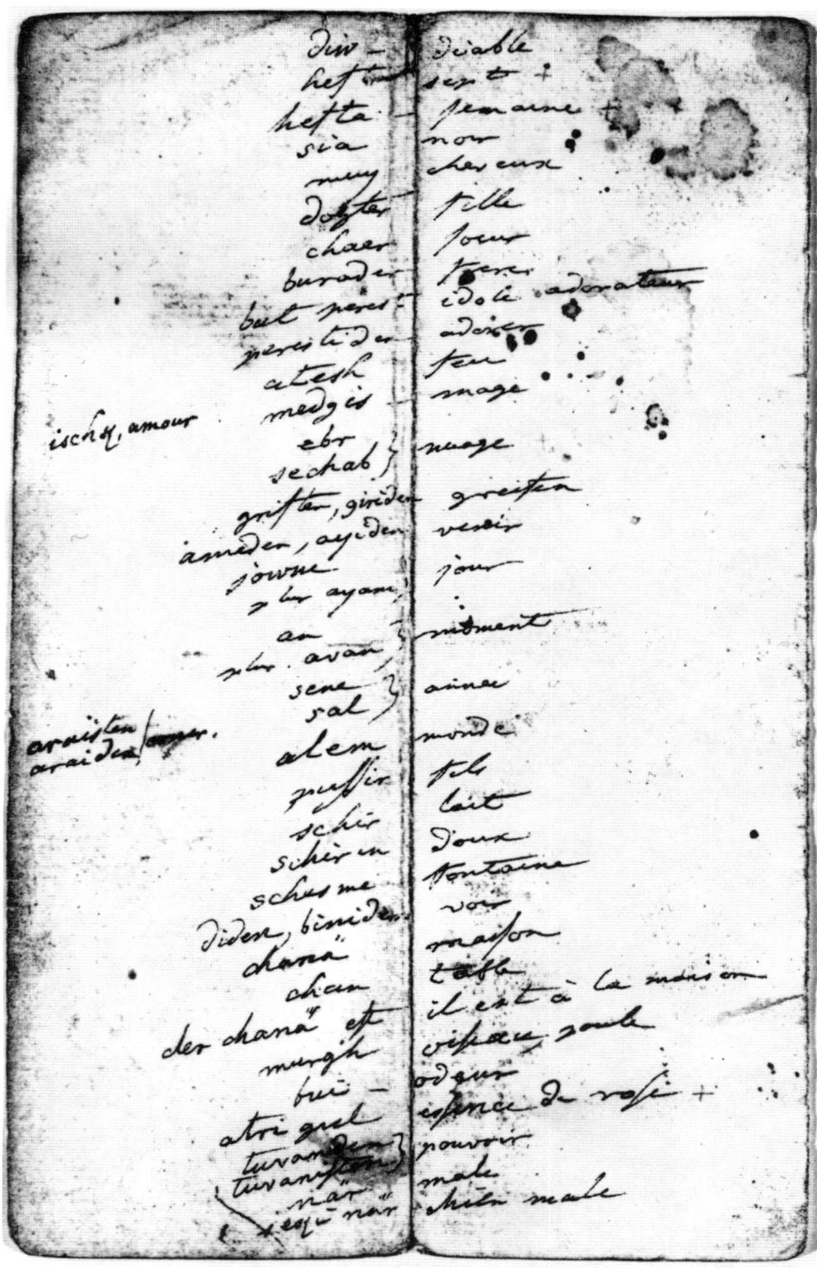

div — diable
heft — sept +
hefta — semaine +
sia — noir
mey — cheveux
dokhter — fille
chaer — soeur
burader — frère
but perest — idole adorateur
perestiden — adorer
atesh — feu
medgis — mage
ischk, amour
ebr, sechab — nuage
griften, giriden — greifen
ameden, ayiden — venir
jowne — jour
ayam
an — moment
avan
sene, sal — année
araisten, araiden
alem — monde
puser — fils
schir — lait
schirin — doux
schesme — fontaine
diden, biniden — voir
chanä — maison
chan — table
der chanä est — il est à la maison
murgh — oiseau seule
bui — odeur
atri gul — essence de rose +
tuvanden, tuvanesten — pouvoir
när — male
nequ när — ? male

Blatt **1V**

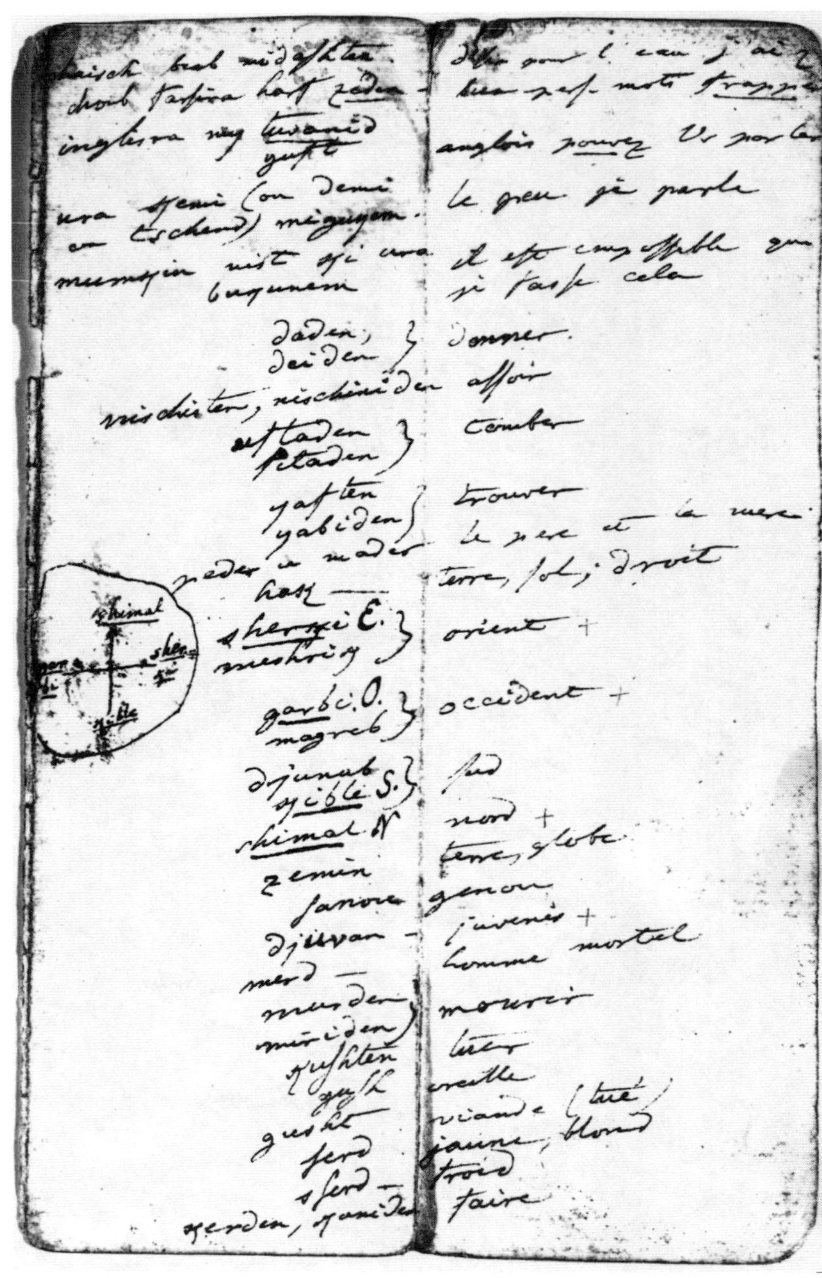

Blatt 2R

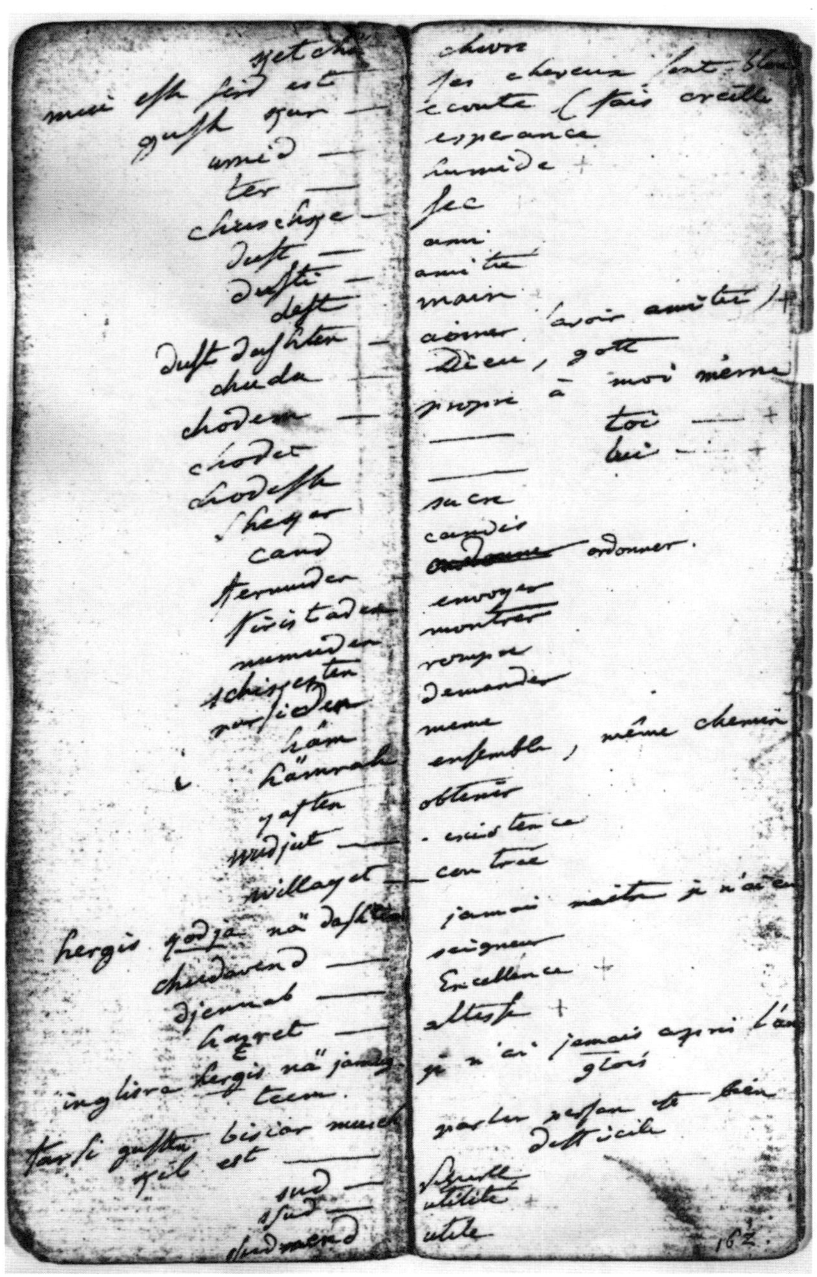

Blatt **2V**

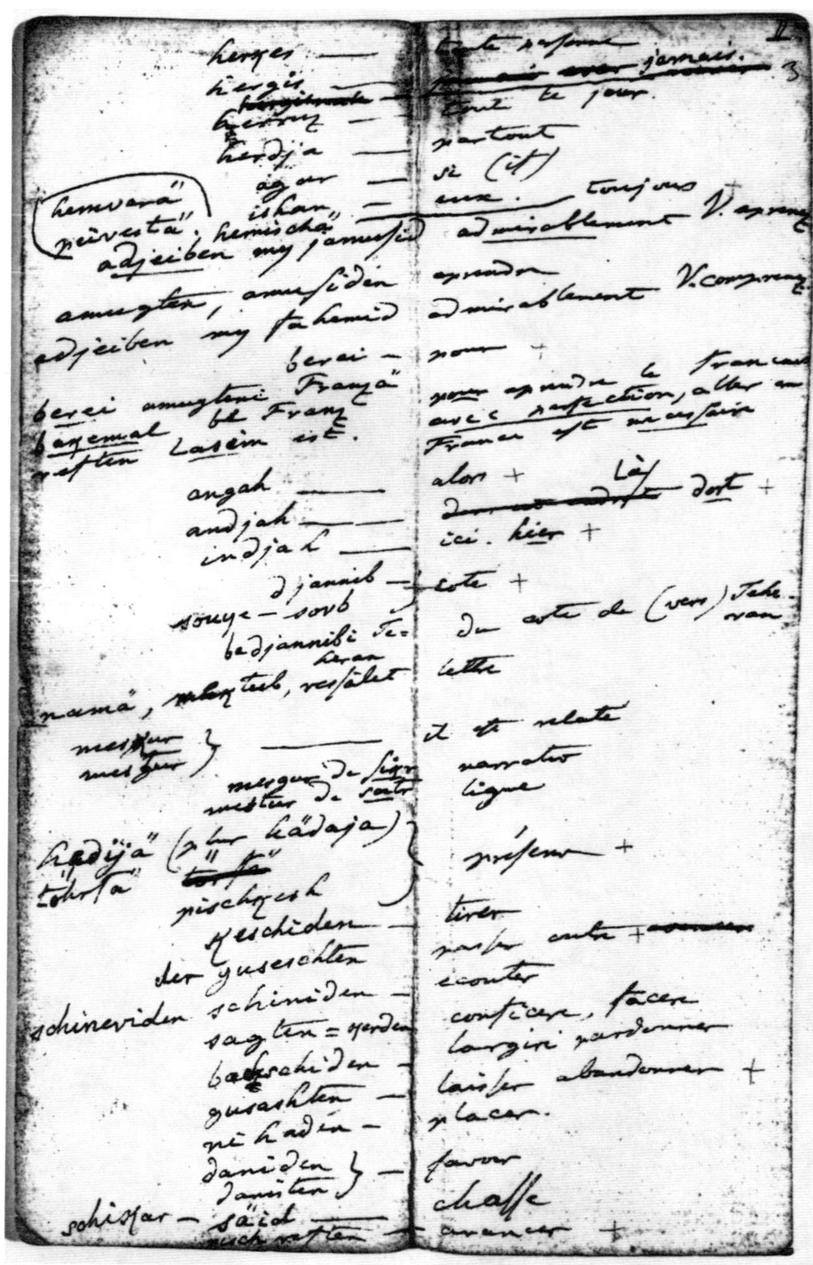

herges — toute personne
hergis — jamais.
hergiz — tout le jour
herdja — partout
agar — si (if)
ishan — eux. toujours
hemvarä
peivestä, hemischä
adjeiben my [illegible] admirablement V. apprendre
amugten, amusiden apprendre
adjeiben my fahemid admirablement V. comprendre
berai — pour +
berai amugteni Franzä pour apprendre le francais
[illegible] bé Franz avec perfection, aller en
raften Lasem ist. France est necessaire
angah — alors +
andjah — là dort +
indjah — ici. hier +
djannib — coté +
souye — sovb
bedjannibi Teheran — du coté de (vers) Teheran
namä, mektub, ressalet lettre
mestur, mestur } — il est relaté
mesgur de [illegible] narrateur
mestur de satr ligne
hädijä (plur. hädaja)
tohfa
pischkesch } présent +
keschiden — tirer
der gusechten passer outre +
schineviden schiniden — écouter
sagten = gerden conficere, facere
bachschiden — largiri pardonner
gusashten — laisser abandonner +
nihaden — placer.
daniden, daniten } — favour
chasse
schittar — säid — avancer +

Blatt **3R**

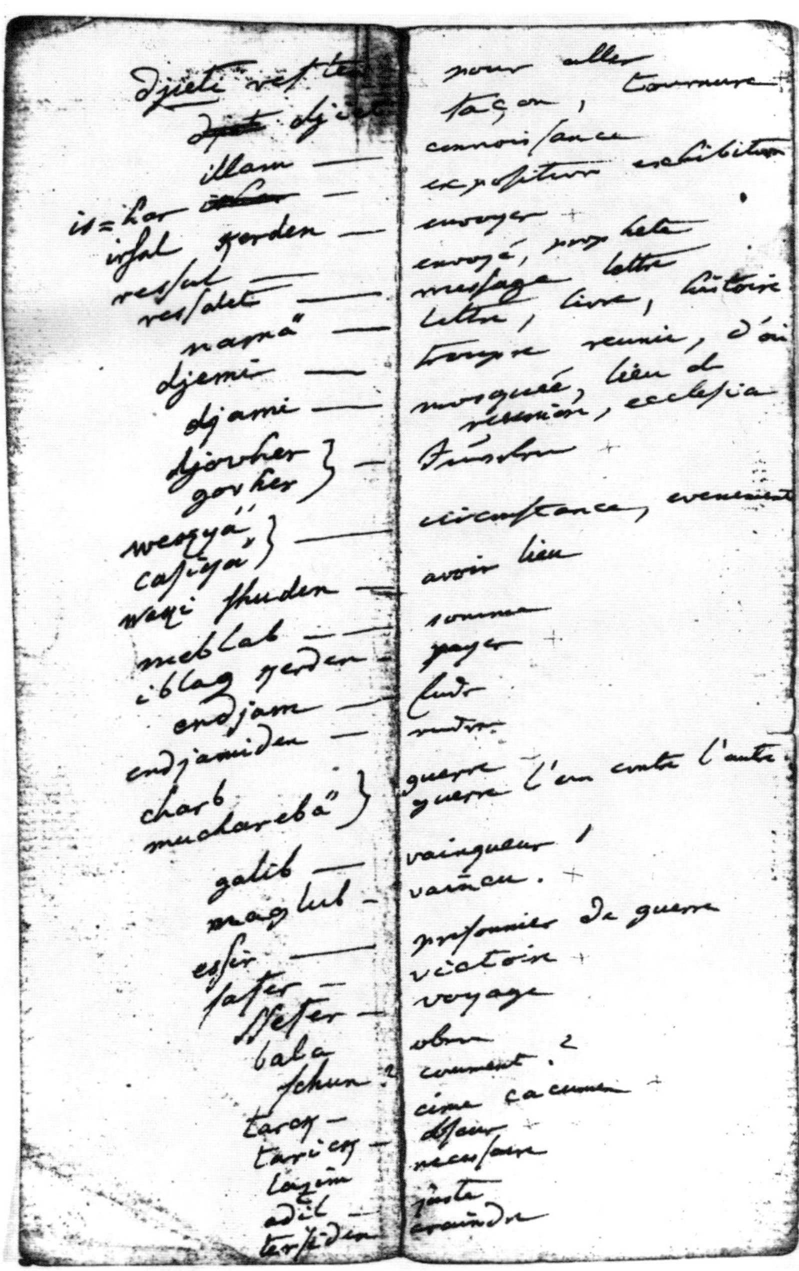
djieti — pour aller
djiet — façon, tournure
illam — connoissance
— exposition exhibition
is=kar
isfal gerden — envoyer
ressal — envoyé, pour lettre
ressalet — message lettre
nama — lettre, livre, histoire
djemi — troupe reunie, d'où
djami — mosquée, lieu de reunion, ecclesia
djowher
gowher } —
weqyä
casiyä } — circonstance, evenement
waqi shuden — avoir lieu
meblab — somme
iblag gerden — payer
endjam — finir
endjamiden — rendre
charb
mucharebä } guerre
guerre l'un contre l'autre
galib — vainqueur
maglub — vaincu
essir — prisonnier de guerre
fater — victoire
sefer — voyage
bala — ober
schun — comment?
tarog — cime cacumen
tariq — affaire
lazim — necessaire
adil — juste
tersiden — craindre

Blatt **3V**

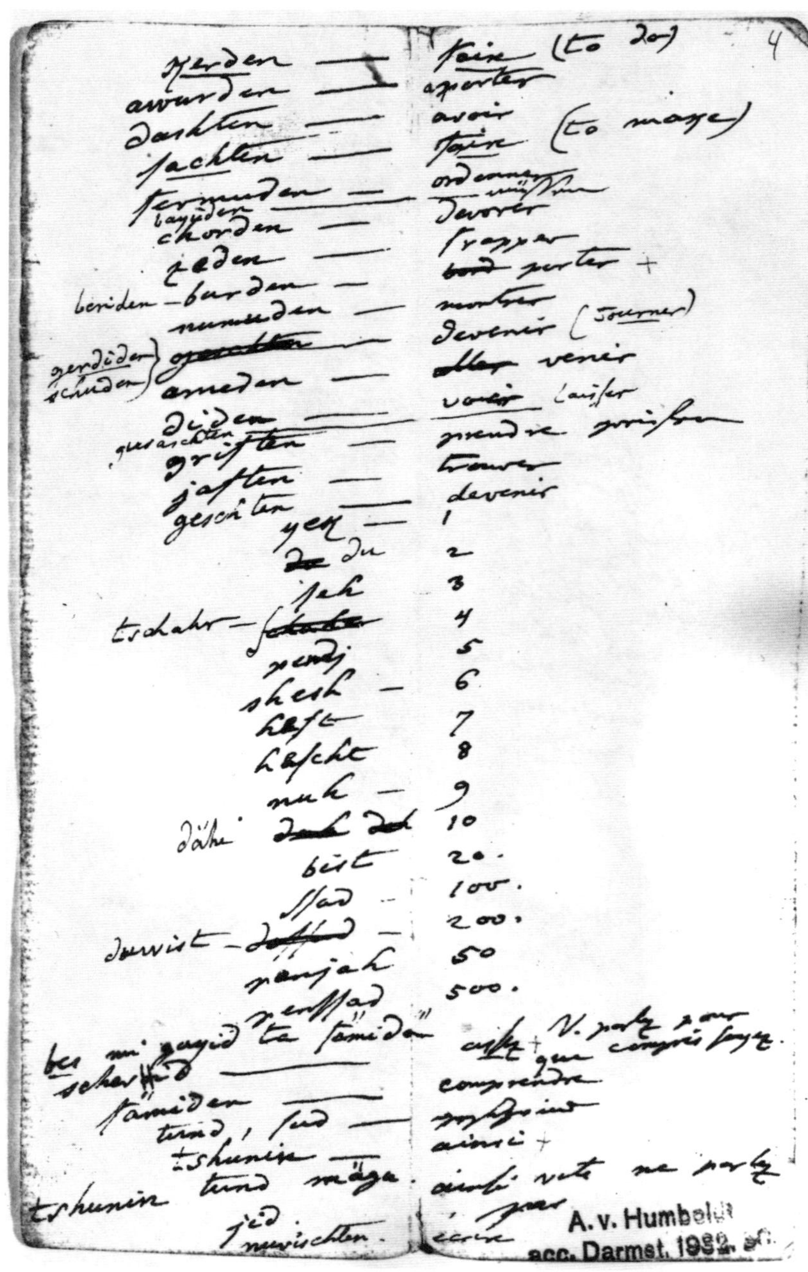
kerden — faire (to do) 4
awurden — apporter
dashten — avoir (to make)
sachten — faire
fermuden — ordonner
bayiden chorden — devoir
zeden — frapper
beriden — burden — porter +
numuden — montrer
gerdiden schuden — devenir (tourner)
amedan — aller venir
diden — voir laisser
gesaschten grifften — prendre grifften
jaften — trouver
geschten — devenir
yek — 1
du — 2
seh — 3
tschahr — 4
pendj — 5
shesh — 6
heft — 7
hescht — 8
nuh — 9
dähe — 10
bist — 20.
ssad — 100.
durwist — 200.
pendjah — 50
penssad — 500.
bes mi bayid ta fämiden — aiss + V. parle pour que compris soyez.
scharffid — comprendre
fämiden — comprend
tund, sud — ainsi +
tshunin tund mäga — ainsi vite ne parle
jëd newischten — écrire

Blatt **4R**

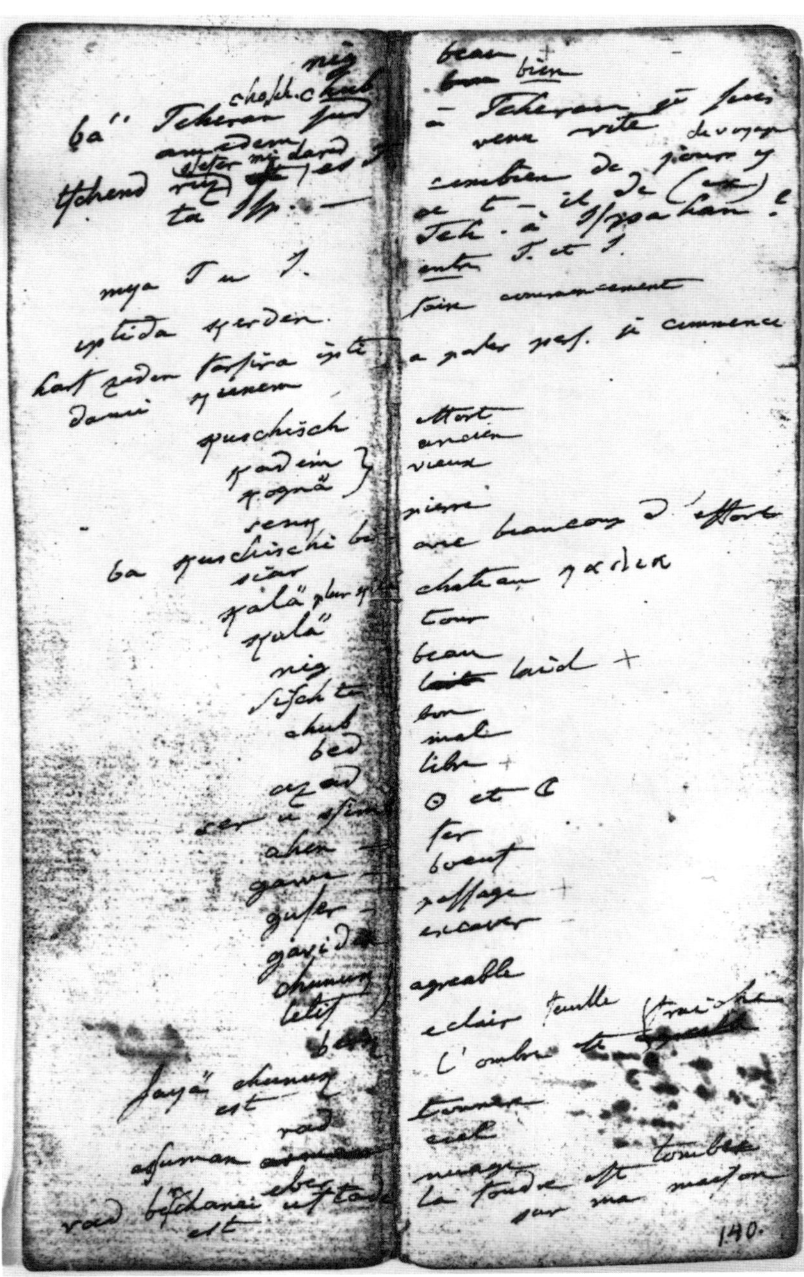

Blatt **4V**

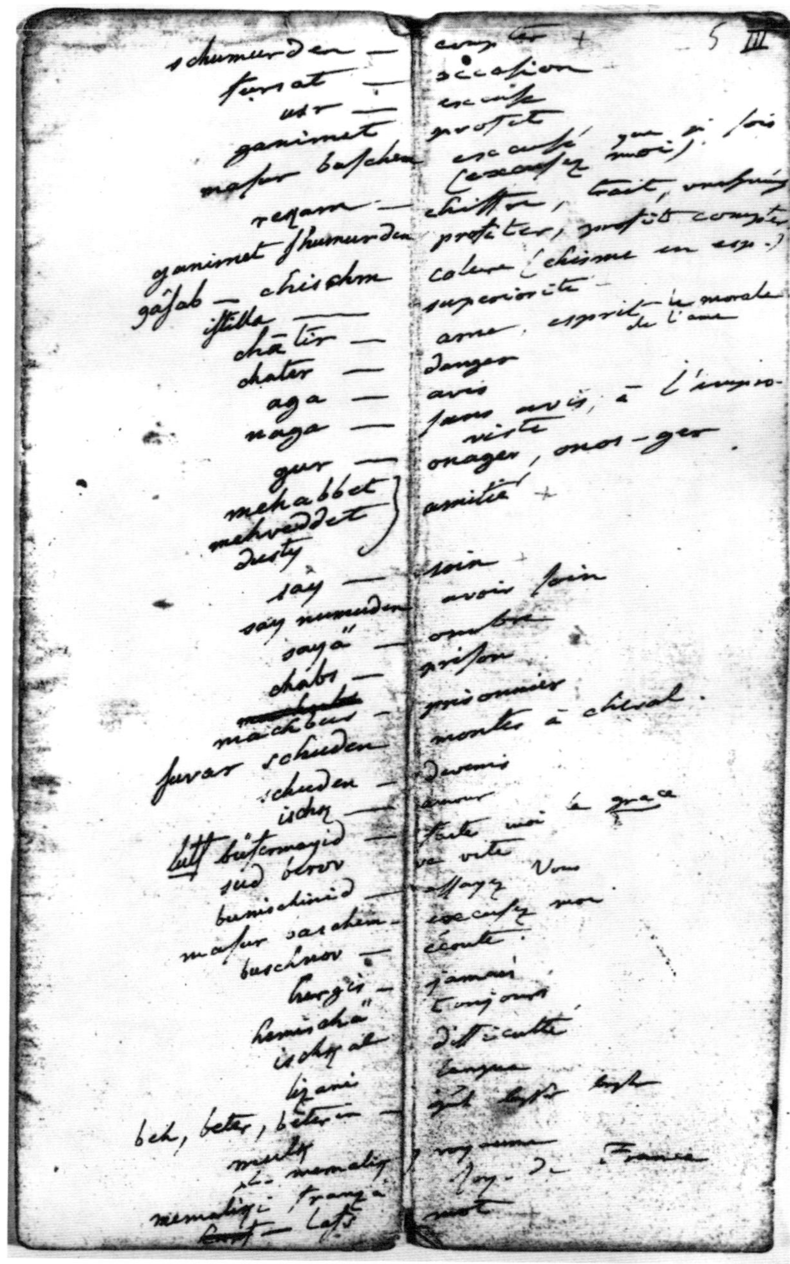

schumurden — compter +
fursat — occasion
usr — excuse
ganimet — profit
maßer baschen — excusez moi ; que je sois (excusez moi)
rezam — chiffre, trait, [illegible]
ganimet schumurden — profiter, profit compter
gasab — chischm — colère (chisme en esp.)
istilla — superiorité
chatir — ame, esprit la morale de l'ame
chater — danger
aga — avis
naga — sans avis, à l'improviste
gur — onager, onos-ger.
mehabbet / mehveddet / dusty — amitié +
say — soin +
say numuden — avoir soin
saya — ombre
chabs — prison
~~[illegible]~~ — prisonnier
machbus — monter à cheval.
suvar schuden — devenir
schuden — amour
ischq — faites moi la grace
lutf buferma(y)id — va vite
sud berov — assayez vous
bunischinid — excusez moi
maßer sachem — écoute
buschnov — jamais
hergis — toujours
hemischa — difficulté
ischqal — langue
zibani — [illegible]
beh, beter, beterin —
mulk — royaume
... memalik — Roy de France
memaliki franza — mot
lafs

Blatt **5R**

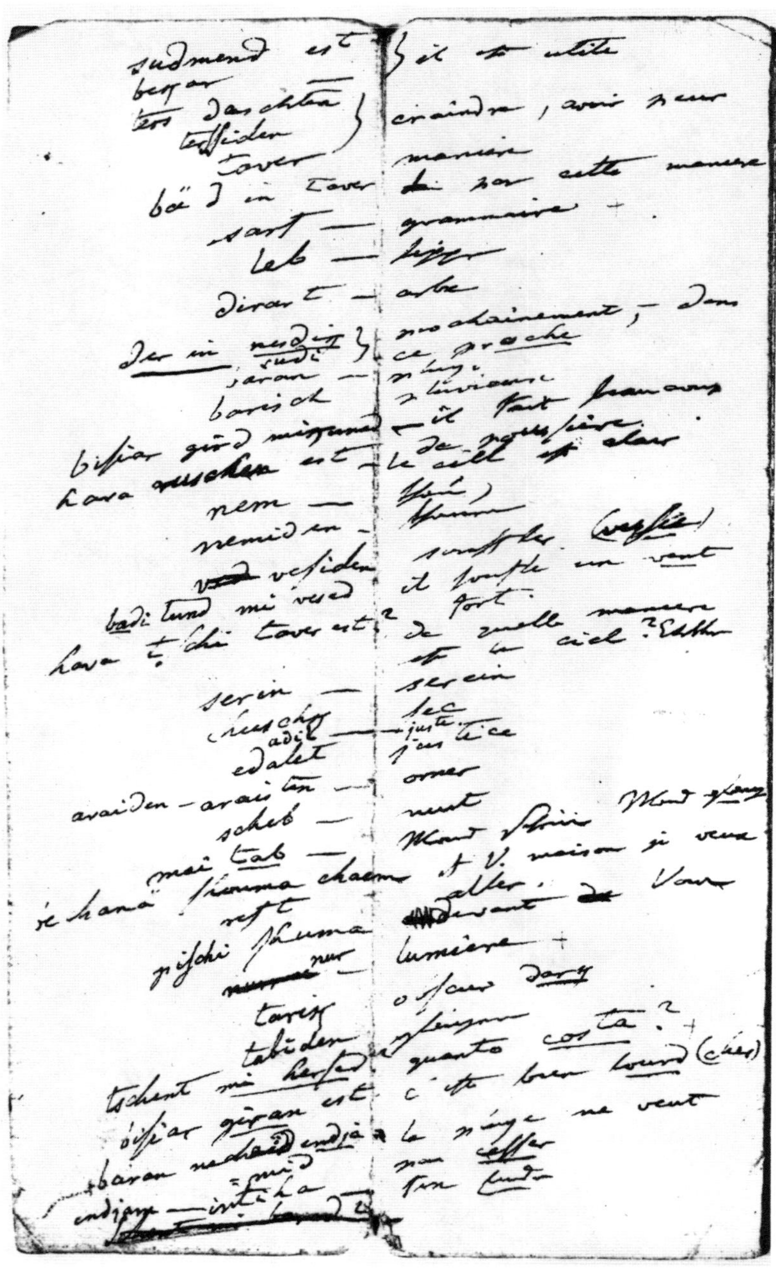

Blatt **5V**

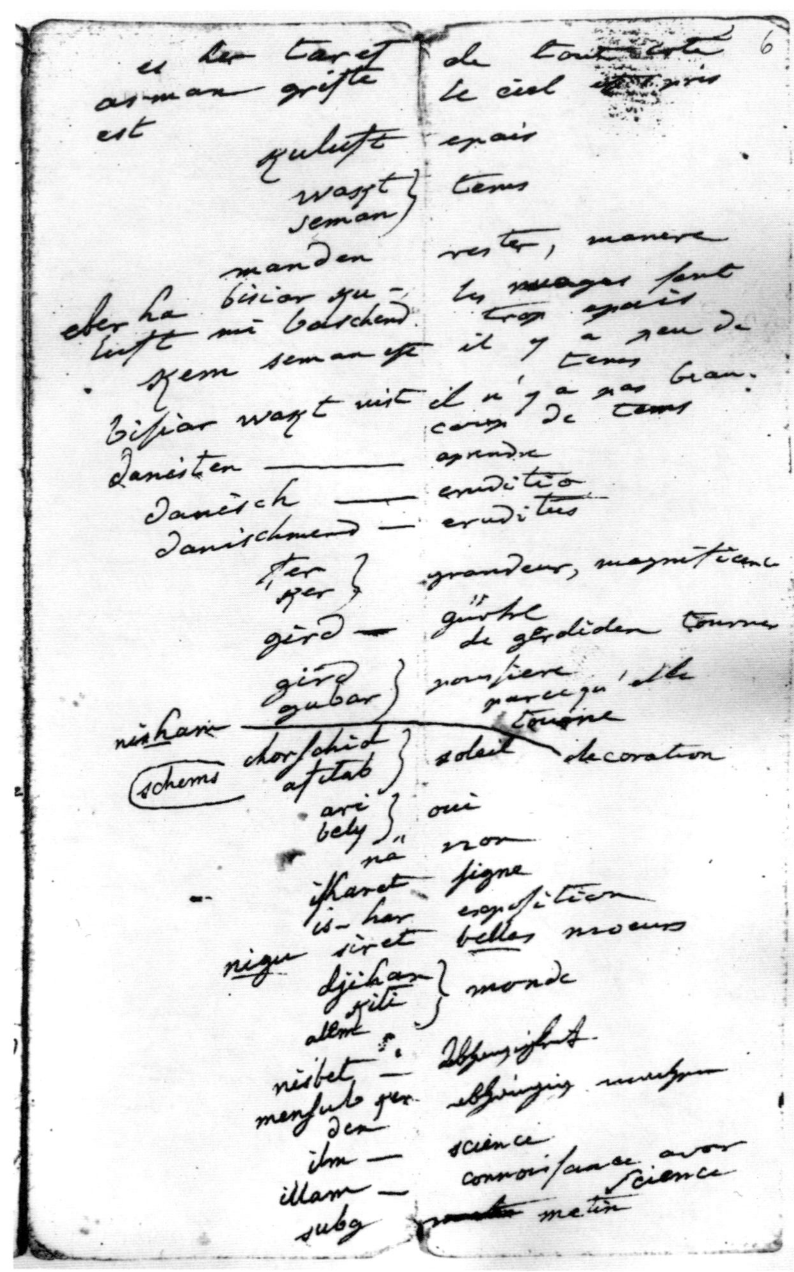

6

u der tarej | de tout côte
asman grifte | le ciel est pris
est

qulieft | epais

wagt } | tems
seman }

manden | rester, manere

eber ha bisiar qu- | les nuages sont
lieft mi barchend. | trop epais

zem seman efte | il y a peu de

bisiar wagt nist | il n'y a pas beau-
 | coup de tems

daneisten ——— | aprendre

daneisch ——— | eruditio

danischmend — | eruditus

zer }
zer } | grandeur, magnificence

gird — | gürtel
 | de gerdiden tourne

gird }
gubar } | poussiere parcequ'elle
 | tourne

nishan — decoration

schems | chorschid }
 | aftab } | soleil

are }
bely } | oui

na | non

ischaret | signe

is-har | exposition

nigu siret | belles moeurs

djihan }
giti }
alem } | monde

nisbet — | Abhängigkeit

mensub ger | abhängig ...
den

ilm — | science

illam — | connoissance avoir
 | science

subh | matin

Blatt **6R**

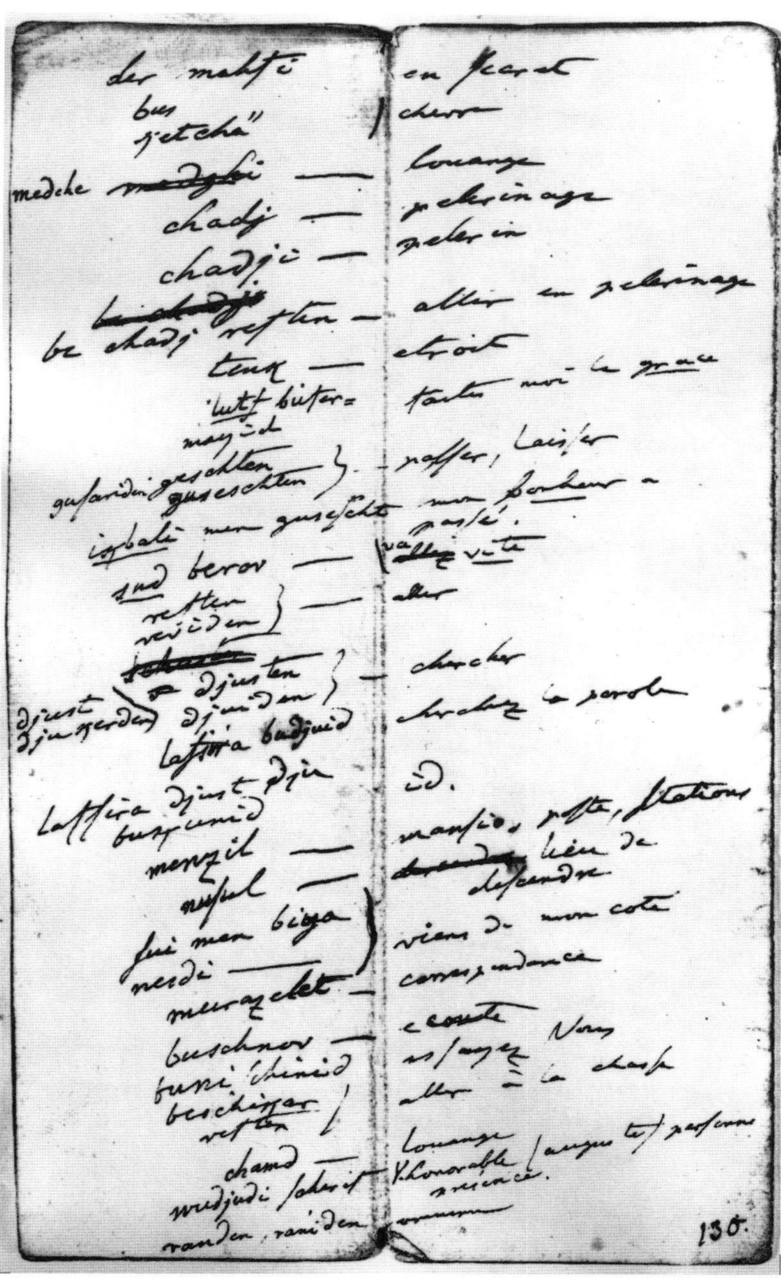

Blatt **6V**

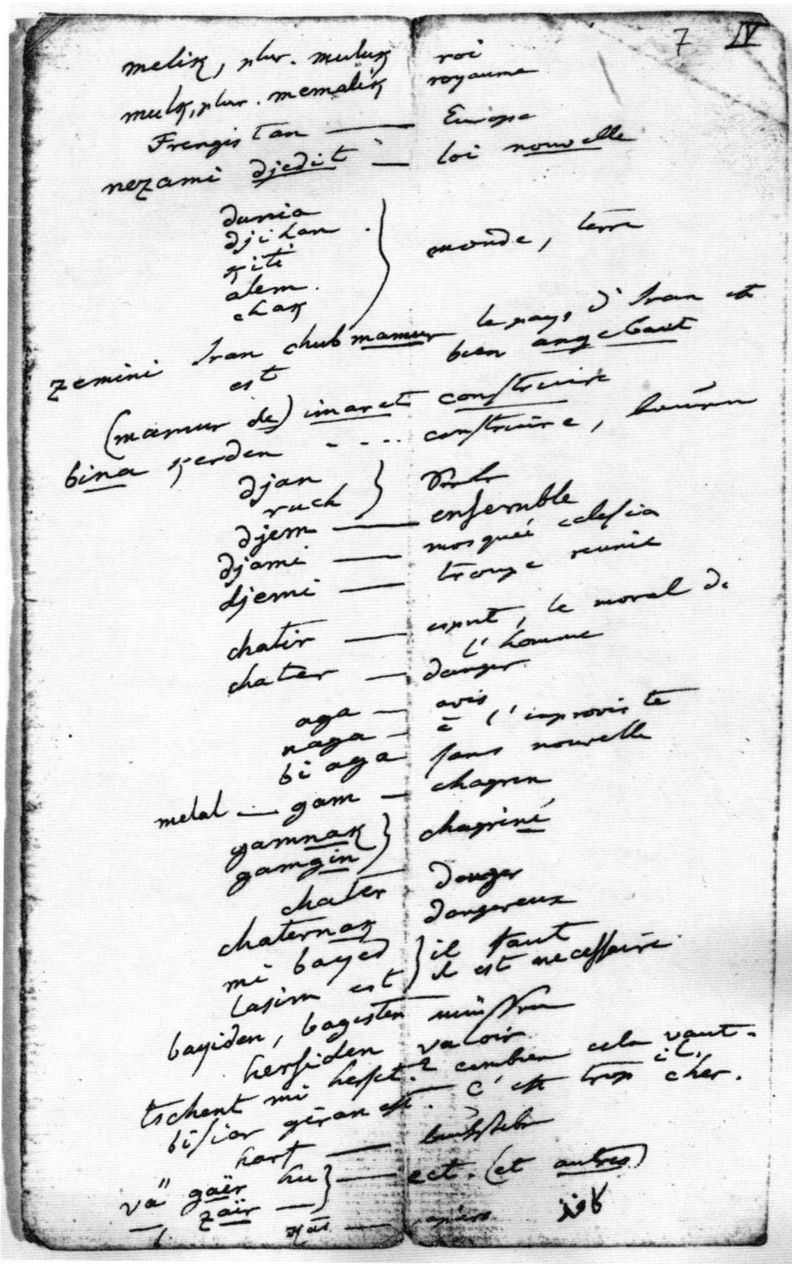

Blatt **7R**

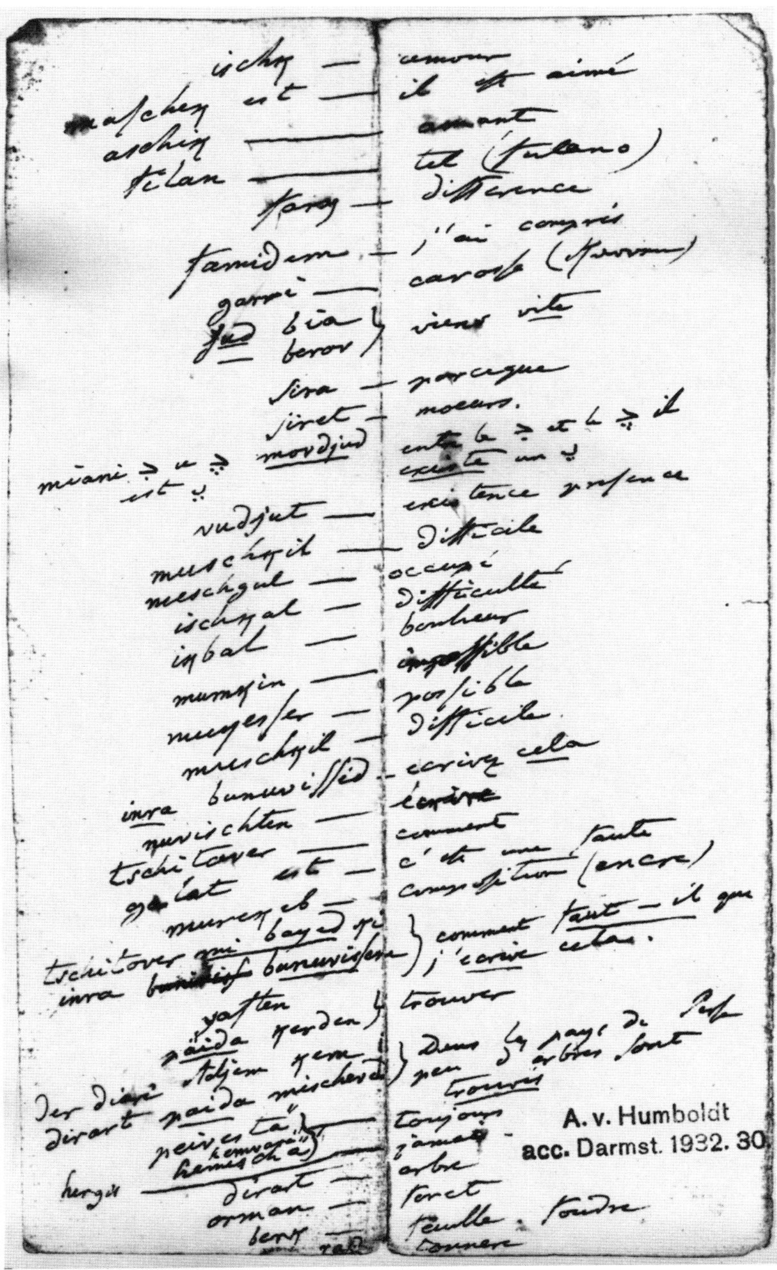

Blatt 7V

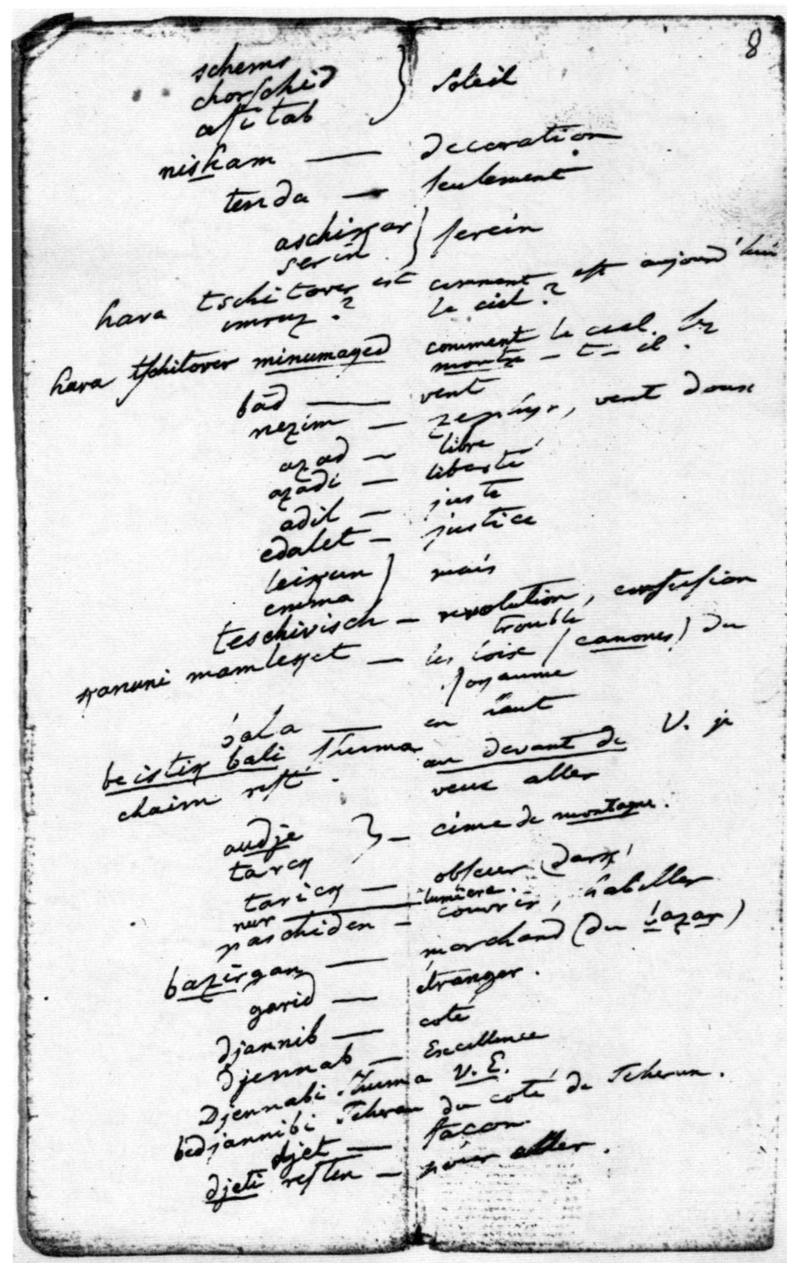

8

schems
chorschid } soleil
aftab

niskam — decoration

tenda — seulement

aschizar } serein
serin

hava tschitover est emruz? — comment est aujourd'hui le ciel?

hava tschitover minumayed — comment le ciel se montre-t-il?

bad — vent

nezim — zephyr, vent douce

azad — libre

azadi — liberté

adil — juste

edalet — justice

leikun } mais
emma

teschivisch — revolution, confusion, trouble

kanuni mamleket — les loix (canones) du royaume

bala — en haut

be istiz bali Tieruma chaim reft. — au devant de V. je veux aller

audje } — cime de montagne
tarcq

taricq — obscur (dark)

nur — lumière

raschiden — courrier, habiller

bazirgan — marchand (du bazar)

garib — étranger

djannib — coté

djennab — Excellence

Djennabi Tieruma V. E.

Djennabi Tehran du coté de Teheran
bedjannibi Tehran

djet — façon

djeti reften — pour aller.

Blatt **8R**

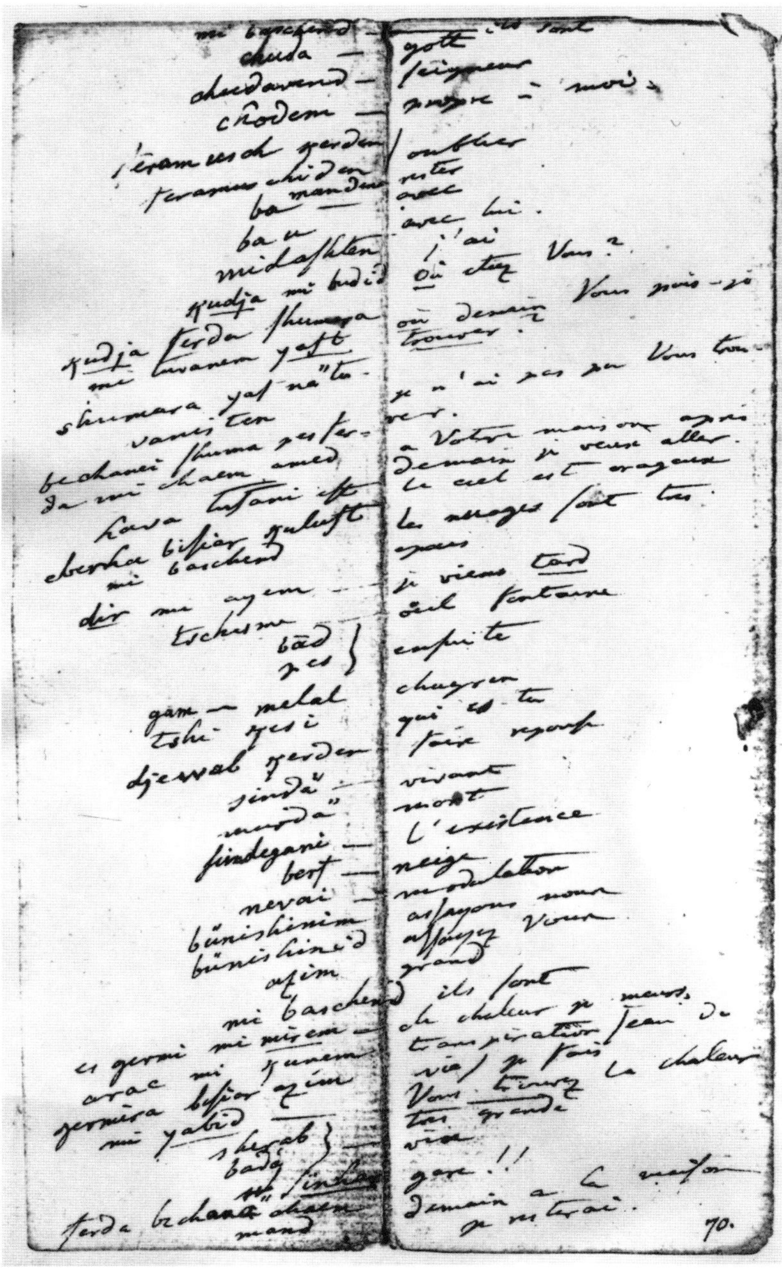

Blatt **8V**

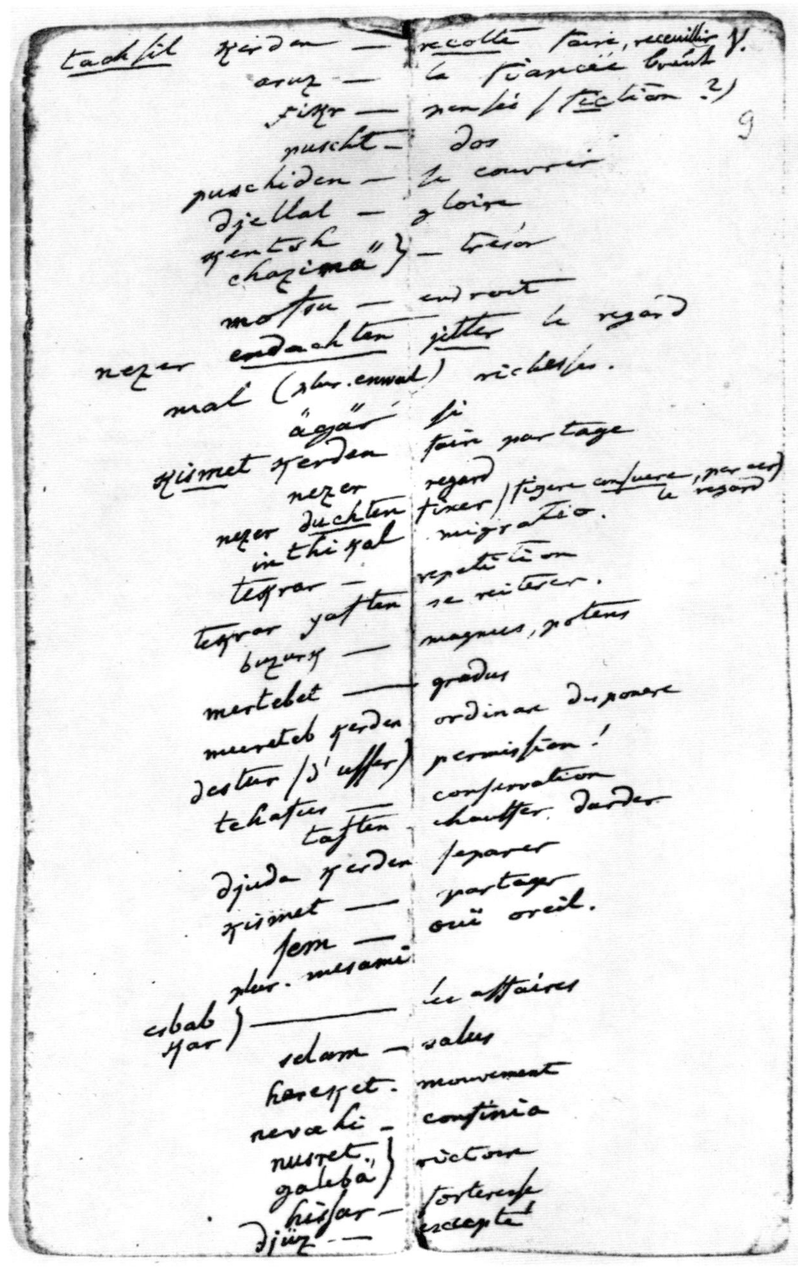

tachsil zeirden — recolte faire, receuillir V.
aruz — la fiancée Braut
fikr — pensée / (tection ?)
9
puscht — dos
puschiden — le couvrir
djellal — gloire
gentsch / chazimä } — trésor
mossu — endroit
nezer endachten jitter le regard
mal (plur. enwal) richesses.
ägär si
kismet zerden faire partage
nezer regard
nezer duchten fixer / figere confuere, par ceci le regard
inthigal migratio.
tekrar — repetition
tekrar yatten se reiterer.
buzurk — magnus, potens
mertebet — gradus
mueretteb zerden ordinare disponere
destur (d'uffer) permission!
tchatur — conservation
taften chauffer. Darder
djuda zerden separer
kismet — partage
ferm — ouï oreil.
plur. mesami
esbab / yar) — les affaires
selam — salus
hereket. mouvement
nevachi — confinia
nusret / galebä } victoire
hissar — forteresse
djüz — excepté

Blatt **9R**

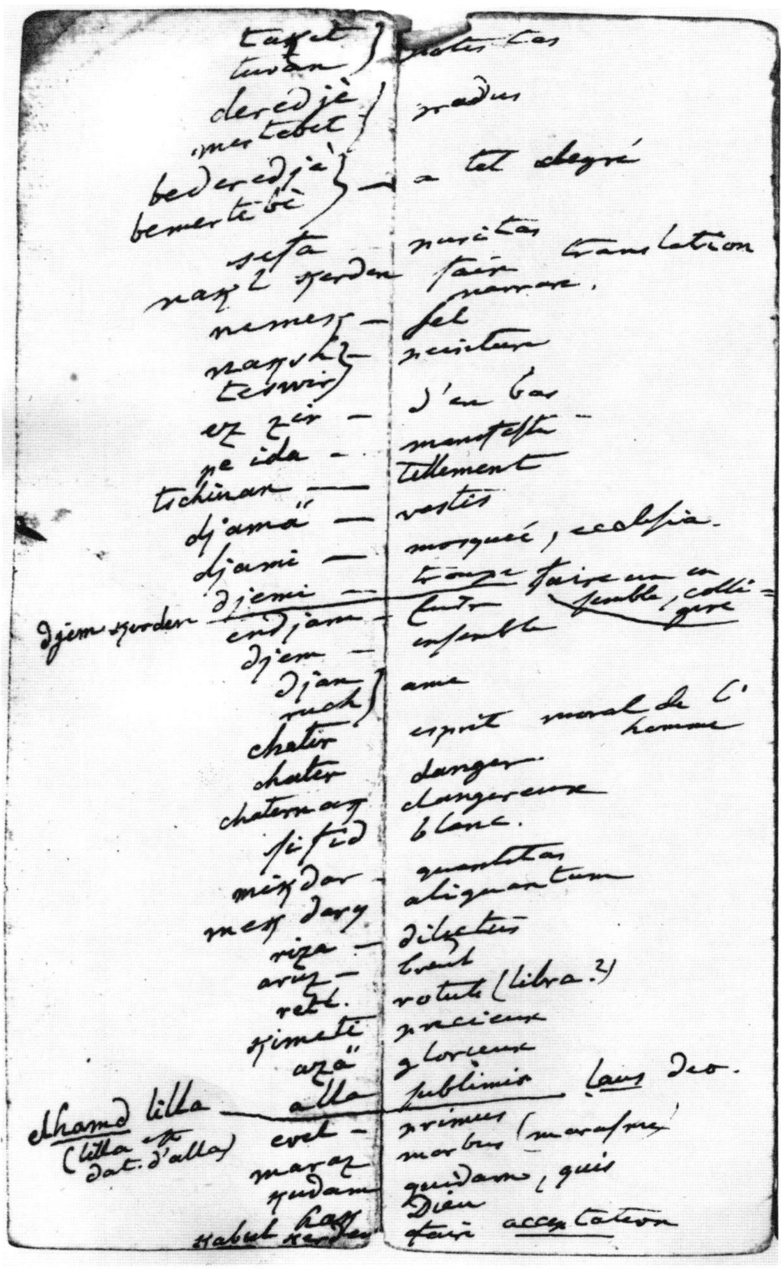

Blatt **9V**

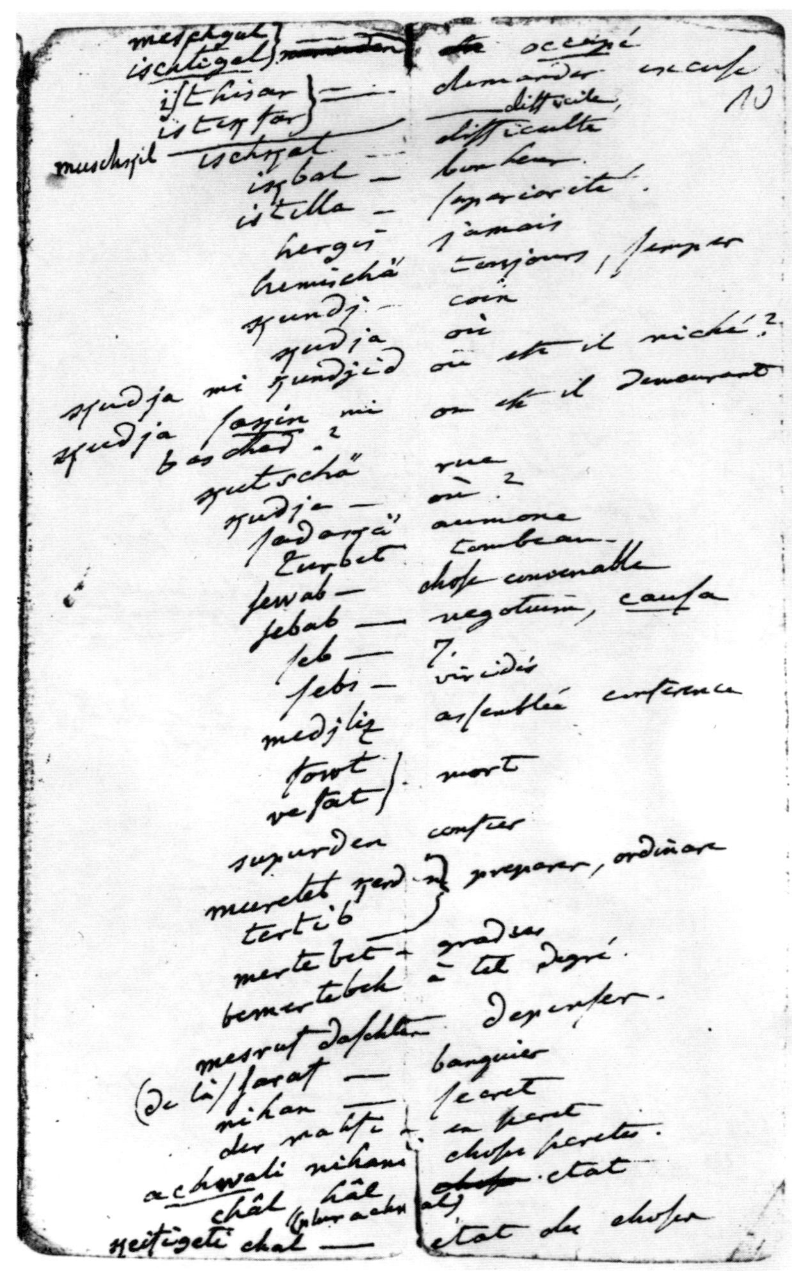

Blatt **10R**

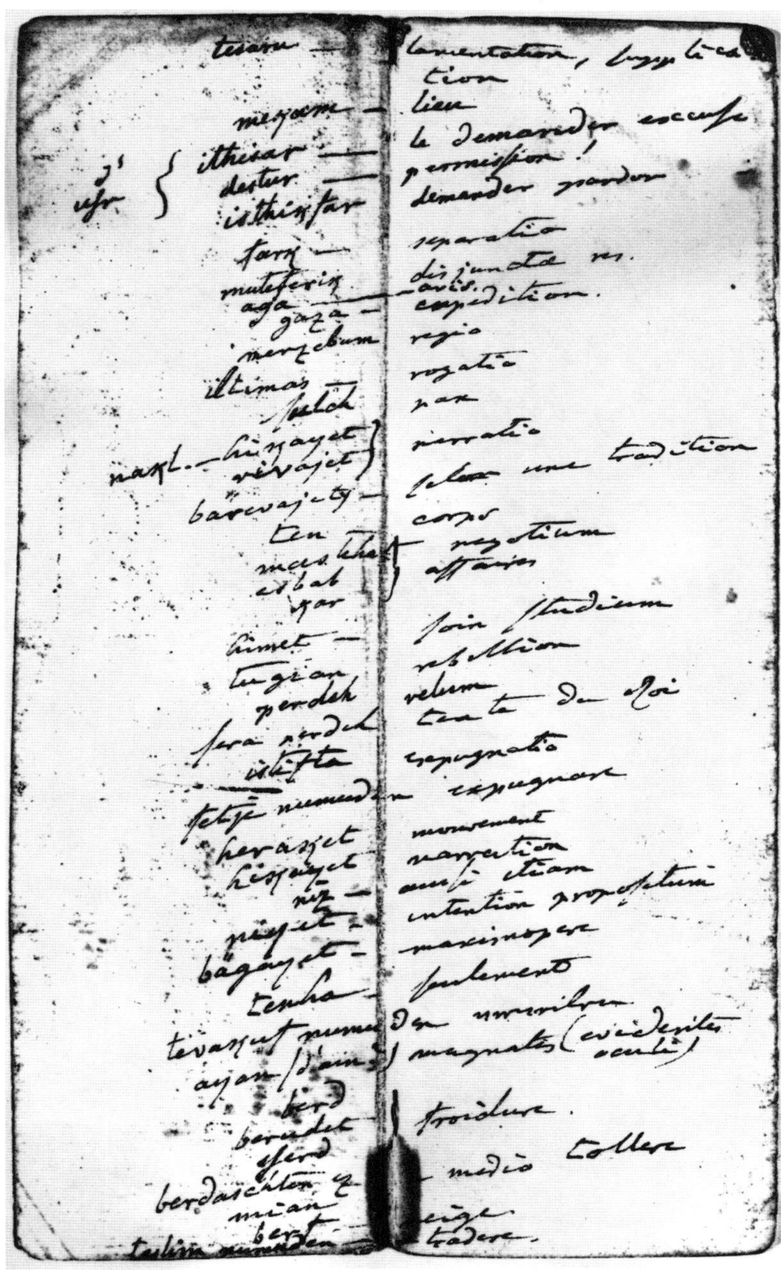

tesârru — lamentation, supplication
mezzam — lieu
ithisar — le demander excuse
destur — permission!
isthizfar — demander pardon
farq — separatio
muteferiq — disjuncta res.
aga — avis.
gaza — expedition.
merzebum — regio
iltimas — rogatio
sulch — pax
naql — hikayet, rivayet — narratio
barevajety — selon une tradition
ten — corps
maslahat, esbab — negotium, affaires
yar
himmet — soin studium
tugian — rebellion
perdeh — velum
sera perdeh — tente du Roi
istifta — expugnatio
fetih numuden — expugnare
herazet — mouvement
hikayet — narration
niz — aussi etiam
niyet — intention propositum
bagayet — maximopere
tenha — seulement
tevazzut numuden — [illegible]
ayan (dain) — magnates (evidentes oculi)
berd — froidure
beradet
es berd
berdaschten — medio tollere
mian — Leige?
berden, teslim numuden — tradere.

Blatt **10V**

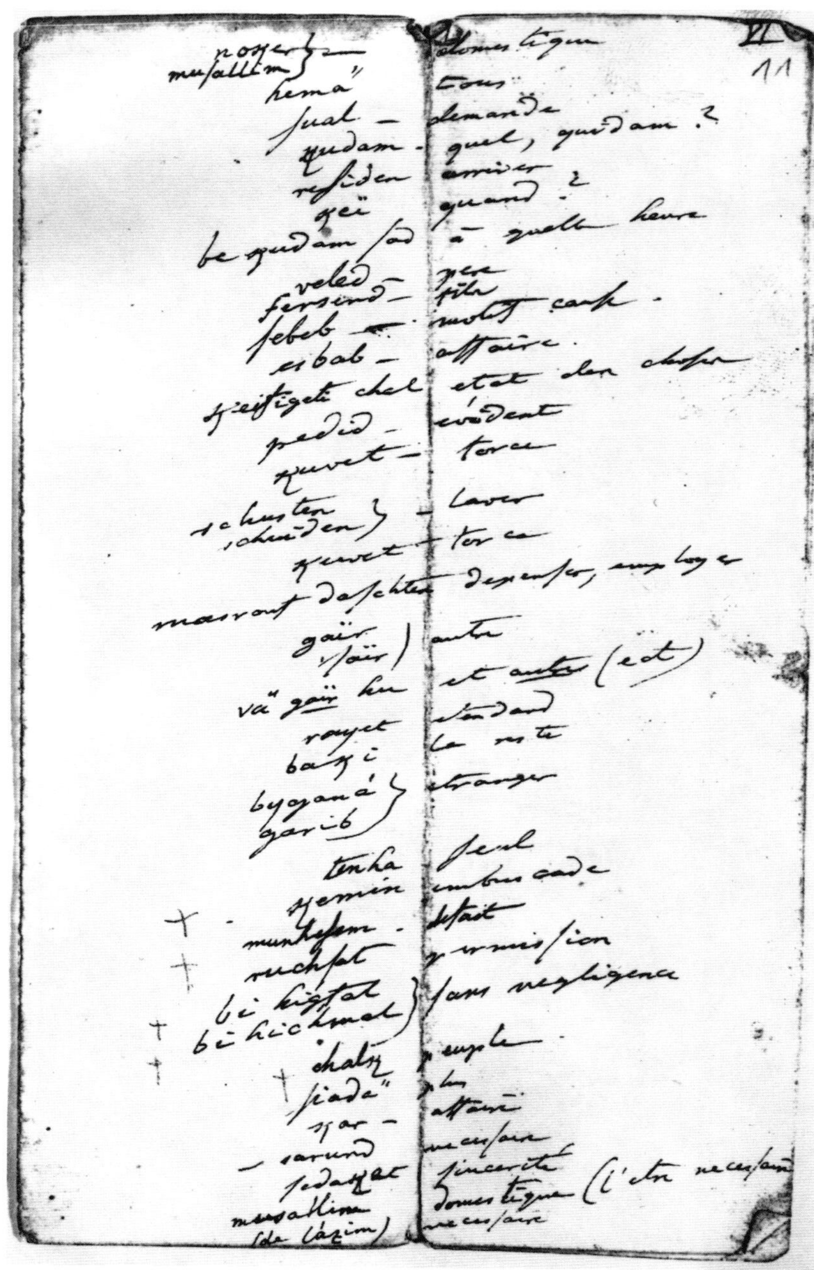

Blatt **11R**

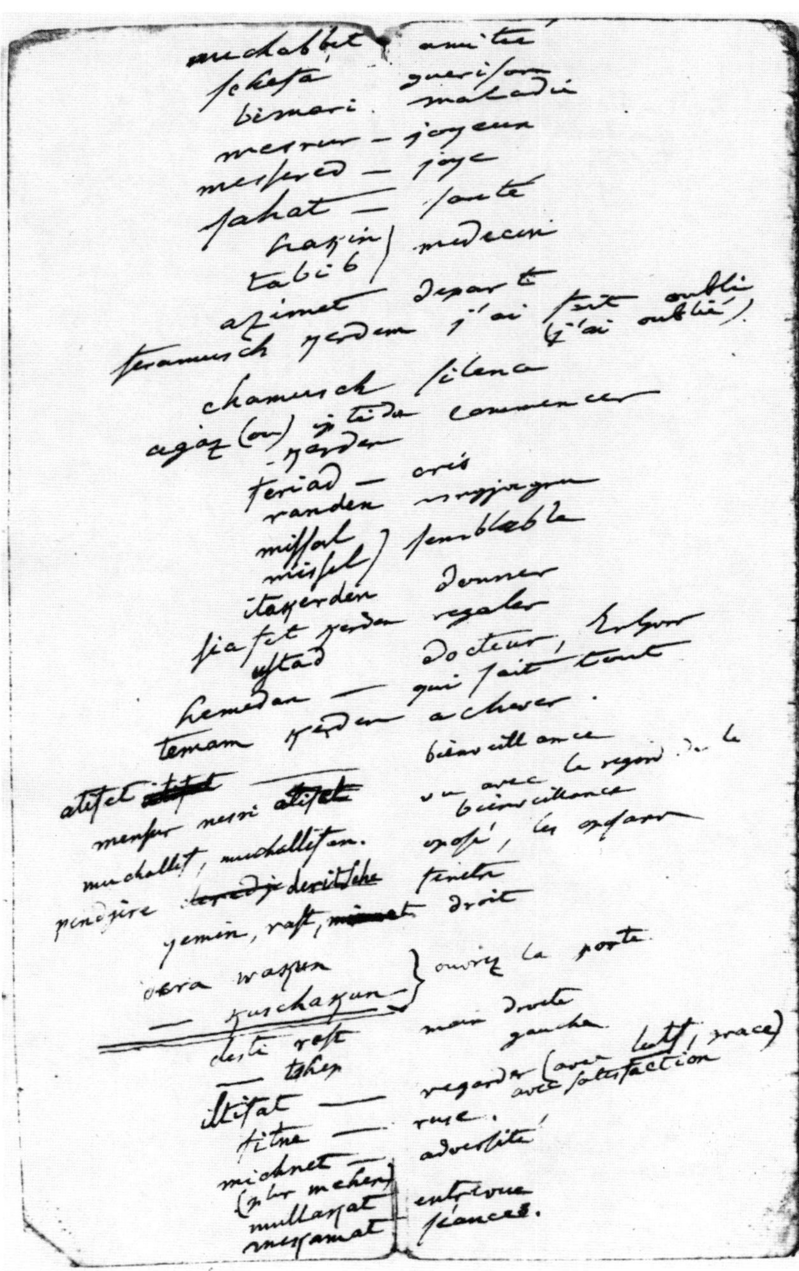

Blatt **11V**

Blatt **12R**

Blatt **12V**

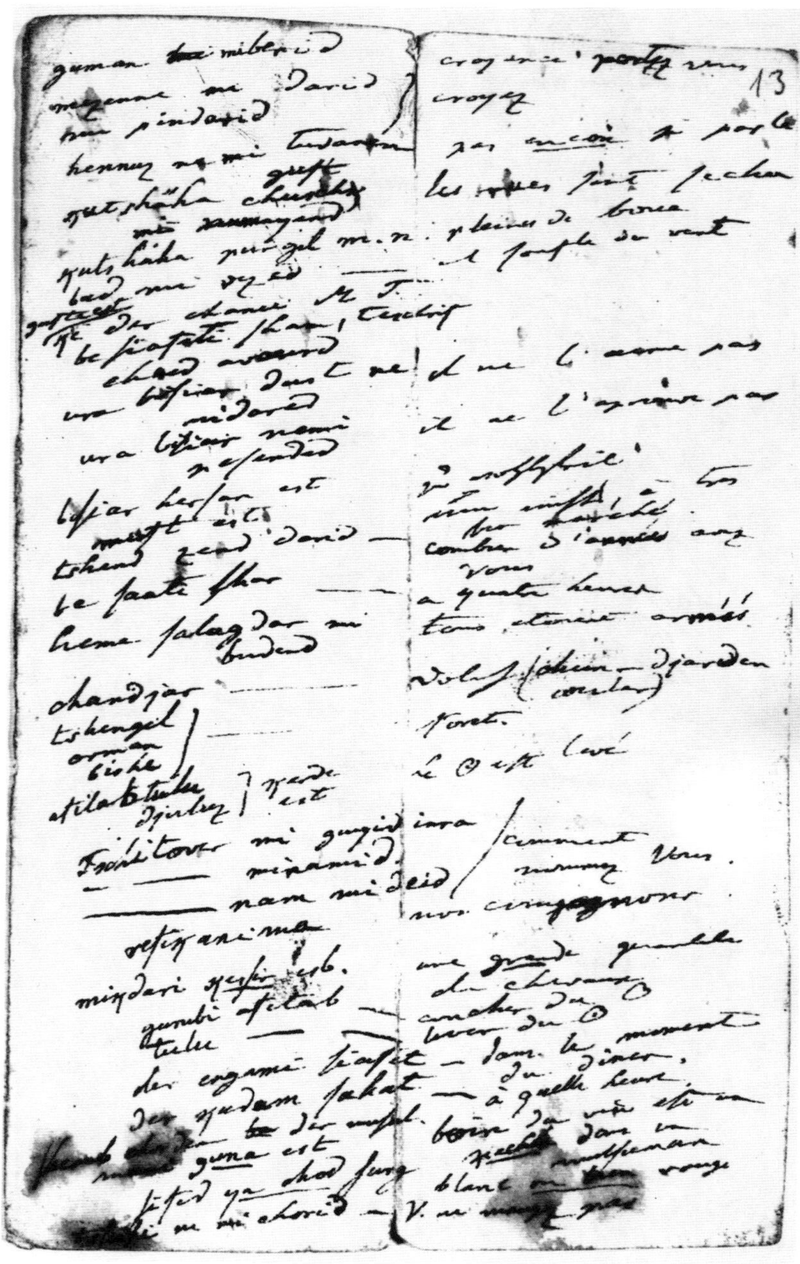

Blatt **13R**

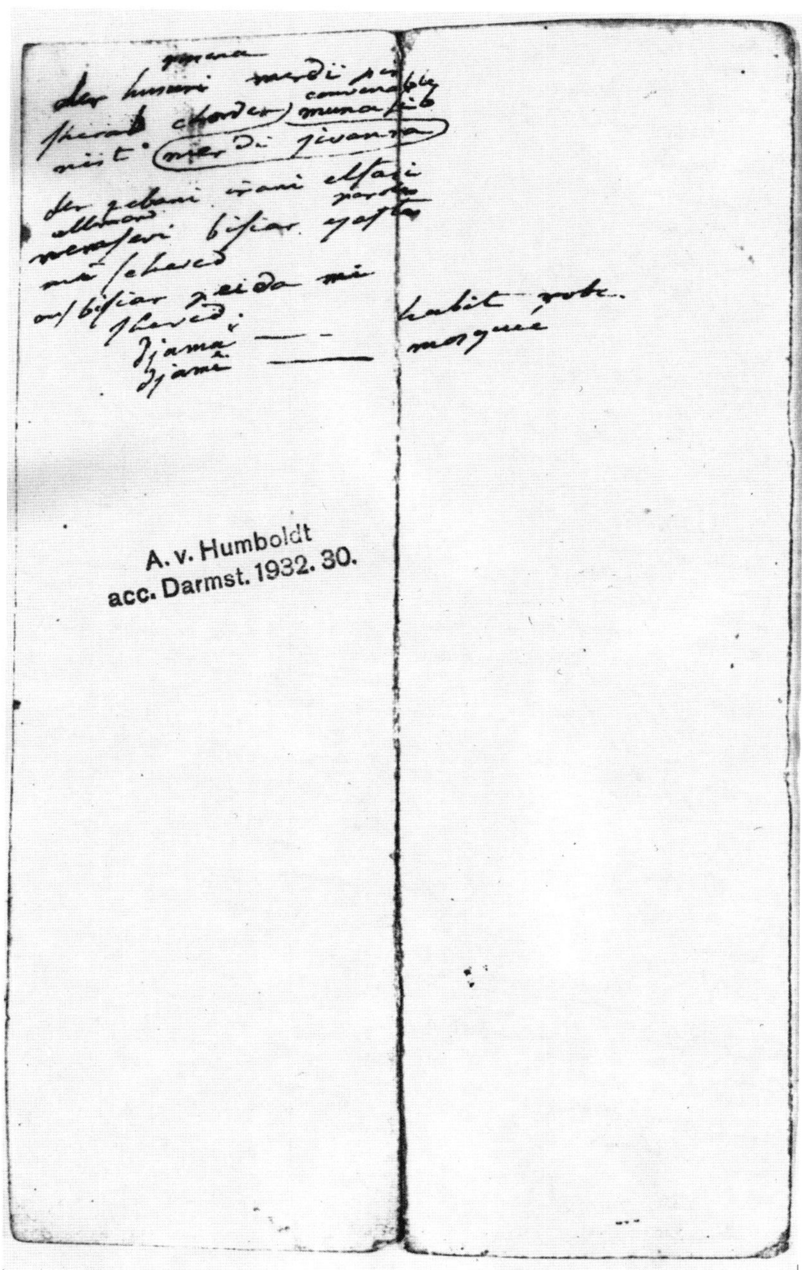

Blatt **13V**

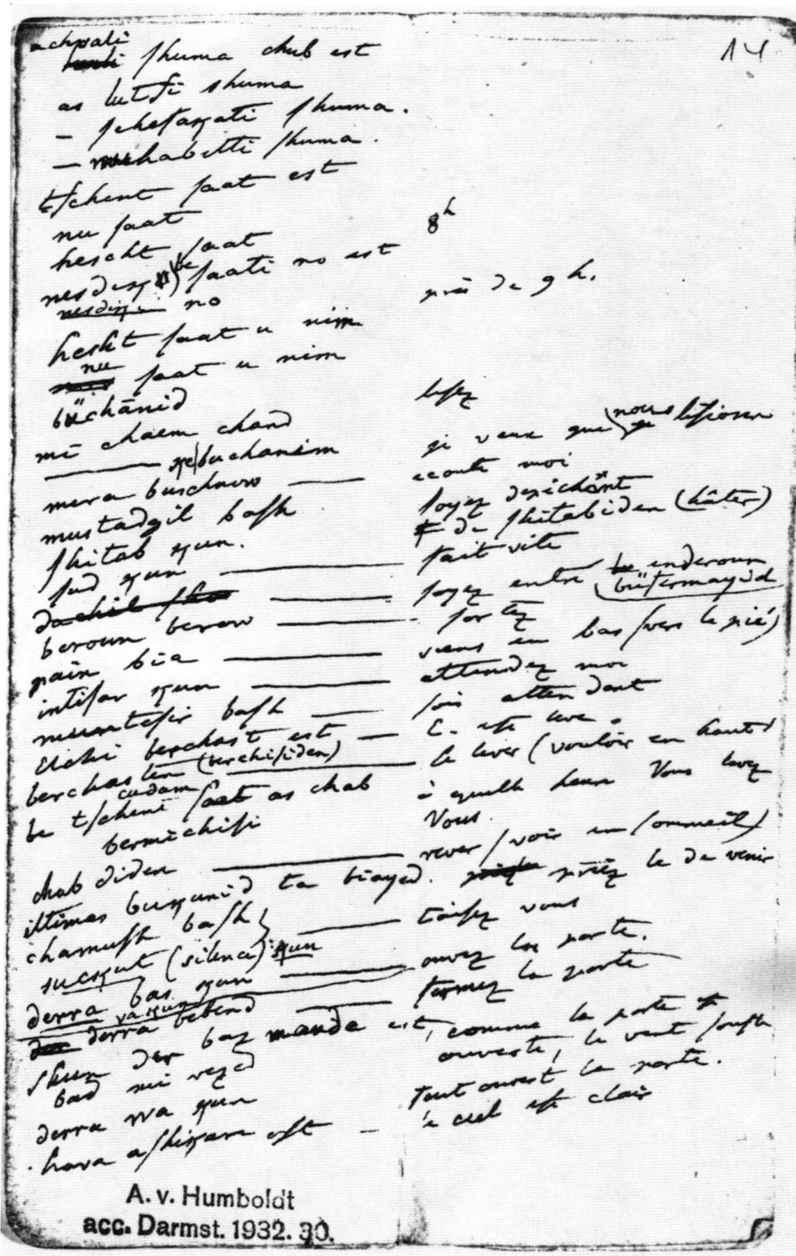

14

achpati ~~kunki~~ shuma chub est
as lutfi shuma
— pichaspati shuma.
— mechabetti shuma.
tschent saat est
nu saat 8h
hescht saat
nesdez saati no est
près de 9 h.
hescht saat u nim
nu saat u nim
büchänid — lisez
mi chaem chand — je veux que nous lisions
——— mebuchanim — écoute moi
mera buchanw ——— soyez dezichänt
mustadgil bash — de shitabiden (hâter)
shitab kun. — fait vite
sud kun ——— soyez entré underoun (büstermayid)
dachil ——— sortez
beroun berow ——— viens en bas (vers le pied)
pain bia ——— attendez moi
intisar kun ——— j'ai attendant
muntesir bash ——— c. été levé
Chiki berchast est — le lever (vouloir en haut)
berchasten (berchisiden) — à quelle heure vous levez vous
be tschent saat as chab cudam
bermichisi
chab diden ——— rever / voir en sommeil
buzanid ta biayad. priez le de venir
ittimas bash
chamusch bash ——— taisez vous
suckut (silence) kun — ouvrez la porte.
derra baz kun ——— fermez la porte
derra bebend
derra baz mande est, comme la porte est ouverte, le vent souffle
shuma der baz
bad mi vezed — tout ouvert la porte.
derra wa kun — le ciel est clair
hava ashikar est —

Blatt **14R**

Blatt **14V**

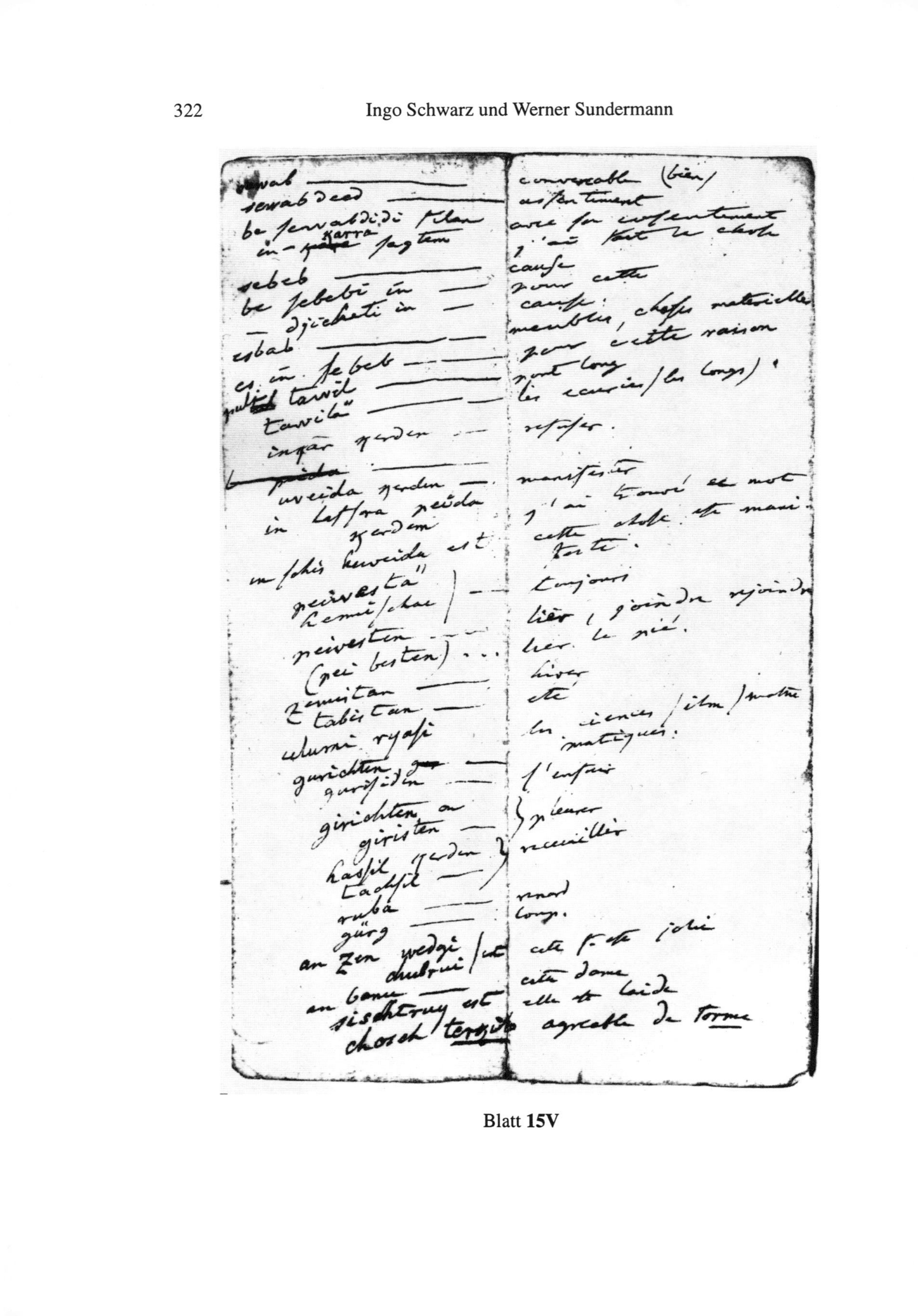

Blatt **15V**

sebun. Schrift 16

ibaret style interpretation

yaqin ——— certitude

haqiqat ——— vérité (ce qui est droit)

gumaschten ——— charger quelqu'un

sipariden, suparden ——— confier

zur kerden ——— user force

bezur ——— avec force

rychten ——— ausgiessen

kar kerden ——— faire chose (affaire) travailler

[illegible] ☉ et ☾

mujib ——— motif le motif, d'après

bemujibi ——— pour

doviden baduv — court ——— courrir

resaniden ——— faire arriver

residen ——— arriver

resalet ——— mission ambassadeur

resa[illegible] ——— arrivante

resa[illegible] ——— acceptable, agree

merosi, marbut ——— malade

meris [illegible] ——— contentement

reja [illegible] ——— tempête calomnie

iftira ——— troupe poignée

towdj ——— dans le moment même

hemandem ——— souffle moment

dem [illegible] ——— souffle à chaque souffle

her dem ——— ensemble

hem (bahem) ——— ~~[illegible]~~ le même

heman

beden, endam, ten ——— corps

ab i rewan ——— running water

schükr kerden ——— rendre grace

mowjud schuden ——— être présent maintenant

[illegible] ——— [illegible]

jewai ——— energie, audace; bienveillance

qudret ——— ~~compassion~~

schefaqat ——— ~~[illegible]~~ inhumain

bîschefaqat ——— fort [illegible].

[illegible] [illegible] ruza am ne pas à jeun.

Blatt **16R**

derawichten
awichten ——— hängen, aufhängen
sui men bia ——— viens de mon côté
engur ——— raisin
endjir ——— figue
abrishim ——— soye non tissé
harir ——— soye tissé
seratschei schems ——— halo, maison du soleil

Blatt **16V**

18 (Mr Semenof.)

ya ni magu ga- woritje — je ne puis parler

gavaritje wüi pa russki — parlez Vous Russe

dobrago sdarowia — bonne santé.

ya sdarof — ich gesund.

sdarof wüi - li — sind Sie gesund

wüi

dai tzätt mnia chleba — donnez-moi du pain

daitia wodi — donnez de l'eau

prawo, lewo — links, rechts.

dai mnia chleba — gieb mir Brodt

gudi idiot daroga — wohin geht der Weg.

derewnia — Dorf

dom — Haus

Potschtowaya Stanzia — [illegible]

wüi prekrasna pajodje — vous chantez bien

pety — singen

charosche pagoda — beau temps

prekrasna — id

chudaya — schlechtes Wetter

dogdik — pluie

dodjik idiot — la pluie vient

solnze — Sonne

luna, mesez — ☾

derewo — Baum

Les — Wald

Blatt **18R**

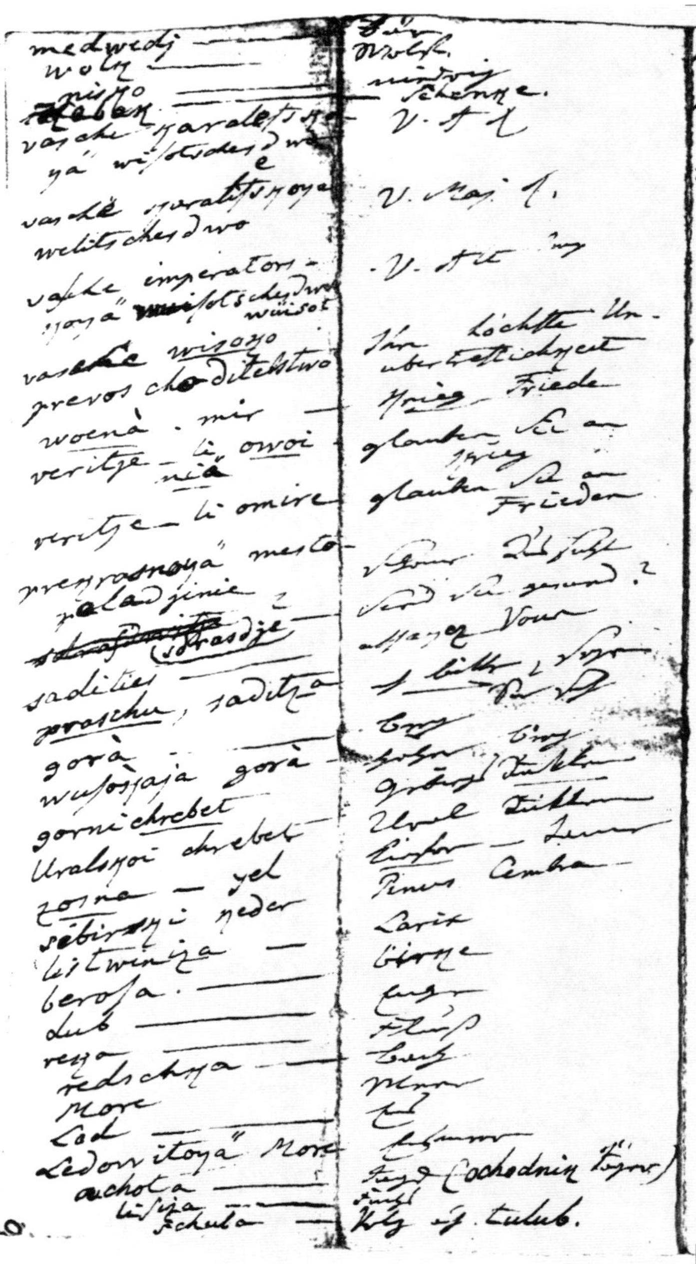

Blatt **18V**

promuschleniski — Gewerbtreiber
ya i du na achotu — ich gehe auf die Jagd
paditje won — gehen Sie hinaus
patzjolite — entrez
wsayditje — id.
saditjes — setzen Sie sich
ittidi — gehen
niäbo — ciel
niäbo tschisto — ciel serein
niäbo pakrito — ciel couvert
sniez — Schnee
snez idiot — neige va (tombe)
daytje potschtowuiya loschadi — geben Sie Postpferde
zerdze — Herz
tschas — Stunde
diwäti tschas — 9 Stunde
katoroi tschas — welche Stunde
sacher — Koffe — sucre caffé
piwo — wino — bière, vin
stakan — ein Glas
sol — Salz
tschasi — montre
wrèmä — Zeit
starinia wremenà — alte Zeiten
najomne Lakai — Miethlakay
iswostschik — Lohnkutscher
carata tschet-wiorskoi — 4spänniger Wagen
odjin — 1
dwa 2
tri 3
tschetire 4
piatje 5
schest 6
sem 7
wossem 8
diewet — diecit 9 — 10.

Blatt **19R**

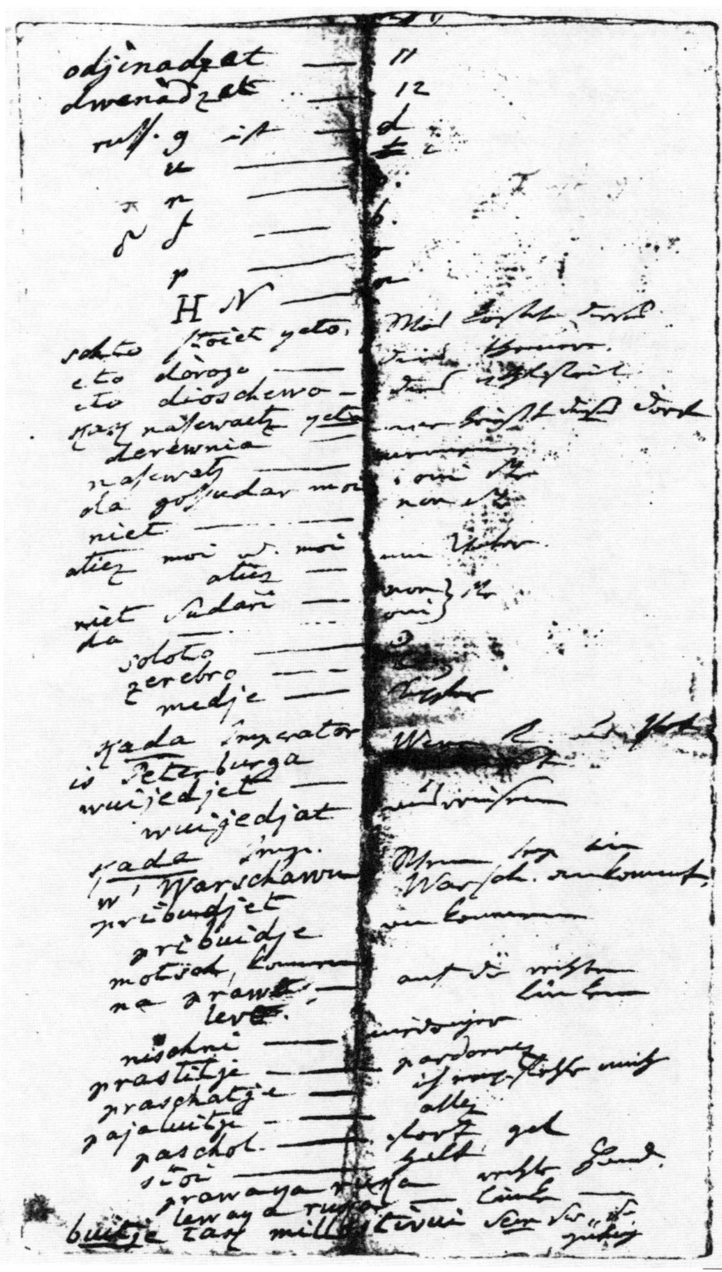

Blatt **19V**

Collegium Turfanicum

Kogi Kudara

Silk Road and its culture
– The view of a Japanese scholar –

(Vortrag im Rahmen der Ostasien- und Pazifikwochen der Stadt Berlin am 18. September 1997)

1 Prelude

Ladies and gentlemen, it is a great honour to be invited to speak at "The East Asian and Pacific Week in Berlin" and to talk to you about the so-called "Silk Road". I deeply appreciate the kindness and hospitality of the Berlin-Brandenburg Academy of Sciences.
A point of scientific contact between Japanese and German scholars who participate in this function is certainly the Silk Road in Chinese Central Asia. Chinese Central Asia is now officially designated the "Xinjiang Uigur Autonomous Region of the People's Republic of China". However, this area has been known under several names: for instance, "Chinese Turkestan", "East Turkestan", "Kashgaria", "Serindia", and "Chinese Central Asia". Today I shall use the most popular name, "Chinese Central Asia".
Both geographers and meteorologists sometimes call this area a frying-pan because it is surrounded by long, high mountain chains like the rims of a frying-pan namely the Tian Shan mountains in the north, the Kunlun mountains in the south, and in the west, the Pamirs, commonly called the "roof of the world", which are linked with the Karakoram mountains. On the other hand, in the Turfan area there is a place that is the second lowest point of the Eurasian Continent. It is 154 m below sea level and is accordingly known as the "navel of the globe".
Typical of this area are extremely high temperatures and dry atmosphere. In it there are several deserts. In the east there are the Gobi and Lop deserts, and in the centre there is a vast area of sand named the "Taklamakan" desert.
In spite of such severe geographic and climatic conditions, this area has played an important role in human cultural history since ancient times since it served to connect East and West. These various routes across it are called collectively the "Silk Road" as "silk" was the chief and representative mercantile commodity that

was conveyed from the East to the West (from China to Rome). The name "Silk Road" is appropriate from a Western point of view but it is inadequate from an Eastern standpoint. Since this area played a role in the transmission of Buddhism and glass-ware etc. from West to East, the Silk Road could also be called the "Buddha Road" or the "Glass Road".

2 Why to Chinese Central Asia?

In the nineteenth century Chinese Central Asia was an almost blank space on world maps. Due to improvements in sailing techniques after the tenth century it became easier to transport goods in large quantity by sea, the result being that the main trade route between East and West gradually changed from land to sea. Moreover, even in the eighteenth century nobody except the local people had exact geographical knowledge of this area.

From the 1860s on, some Europeans, most of whom were officials and botanists, undertook exploration in this area. They reported finding a number of ruins of Buddhist temples and some of them brought back fragments of Buddhist texts written on birch bark in ancient Indian language and script.

These reports and specimens inspired European scholars to make a more precise investigation. Two of the most famous explorers at the end of the nineteenth century were the Swedish geographer Sven Hedin and the British archaeologist Marc Aurel Stein. They brought back more precise information about the ancient culture of Chinese Central Asia, especially concerning Buddhism.

It is not too much to say that it was due to spectacular results of the work of these two explorers that several countries subsequently sent expeditions to the lost cities of the Taklamakan desert. Thus there began at the beginning of the twentieth century what has been called the scientific race of scholars into Chinese Central Asia.

In this great scientific race the following European countries participated on various scales: Germany sent Albert Grünwedel and Albert von LeCoq; France, Paul Pelliot; Russia, Sergei Oldenburg; Finland, Gustaf Mannerheim. Between 1902 and 1914 Germany sent four expeditions that achieved great results in the Turfan and Kucha regions.

3 How did the Japanese take part in the race?

About a hundred years ago Japan was a minor country. Since Japan was officially closed to foreigners from 1635 till 1858, it imported little by way of culture and technology from advanced countries during those 223 years. In 1868, ten years after Japan began again to accept foreigners, a revolution took place and a new government based on the Tenno (Emperor) system was established. Under this new government Japan became very eager to absorb new ideas and adopt some aspects of the advanced culture of America and European countries. The same eagerness could be seen also in the Buddhist society of Japan. Japanese Buddhist society, which, for historical reasons, consisted of many sects, wished to learn about the various new administration systems connnected with education and charities and about sciences such as Indology. To this end some Buddhist sects sent excellent young priests to America and Europe, who eagerly studied abroad in the hope of being able to meet the high expectations of future Buddhist society.

In Japan today the biggest Buddhist sect is the Jodo Shinshu, which was established by Saint Shinran in 1224. It originated in the thirteenth century as one of the movements opposing the traditional Japanese Buddhist sects. Saint Shinran's ultimate religious aim was directed not toward the noble and wealthy, but the ordinary and poor. Saint Shinran and his followers accordingly attracted many lay supporters. In some ways it may be compared with the Protestant movement in sixteenth century Europe.

Saint Shinran was the first Japanese priest to marry. His sect has been continued under the leadership of his direct lineage and is centered around the Honganji Temples in Kyoto.

Kozui Otani was born in 1876, nine years after the establishment of the new government. His father Koson Otani was the twenty-first hereditary abbot of the Nishi Honganji Temple. He was an educated man, who wished to give his son a good education and to this end sent many excellent young priests to Western countries so that they could acquire the knowledge he required of teachers of his son. Thus Kozui Otani, who was expected to become the twenty-second abbot, received special education for the envisaged leadership of the Japanese Buddhist community.

In 1899, at the age of twenty-three, Kozui Otani left Japan together with several learned young priests. After investigating some Buddhist ruins in Sri Lanka and India, they reached England. Because Kozui Otani himself was interested in geography, he studied it at London University and became a member of the Royal Geographical Society (cf. plate 1). In Europe his students were engaged in the study of various scientific fields connected with Buddhism in London, Paris, Berlin, Stockholm, and St. Petersburg.

At that time Orientalists in Europe were very enthusiastic about Buddhist ruins in Chinese Central Asia. When in 1901 Aurel Stein came back to London from his first expedition to Chinese Central Asia Kozui Otani met him there and obtained much information from him. It was no doubt as a result of this interview, that he resolved to send his own expedition to Chinese Central Asia.

Plate 1
Rev. Kozui Otani (27 Dec. 1876 – 5 Oct. 1948) in London (1902)

Plate 2
Rev. Otani together with Dr. Sven Hedin in Japanese costume,
Nishi Honganji Temple, (1908)

During his stay in Europe he also visited Stockholm and saw Sven Hedin (cf. plate 2), from whom he obtained important advice about the equipment necessary for an expedition to Central Asia. So in London he bought all kinds of equipment for the journey; for instance, the newest and most powerful barometers, cameras, and so on.

Instead of returning to Japan by sea he decided to travel by land via Chinese Central Asia. Thus the first Japanese expedition to Chinese Central Asia consisted of Kozui Otani himself, aged twenty-five when they started out, and his four attendants, all young men in their twenties. The expedition started out in the same year, 1902, as the first German expedition led by Albert Grünwedel. Between 1902 and 1914 three Japanese expeditions were sent to Chinese Central Asia[1] and four German expeditions.

---

[1] A survey of the Otani Expeditions in Central Asia:

4 Aims of the expeditions

How does the aim of the Japanese expeditions compare with that of the European expeditions? In the case of the European expeditions, the aim seems to have been to trace how far eastward the Indo-European tribes and their culture had expanded. In other words, their aim was to trace the Greek culture that was introduced to the East by the military expedition (334-324 B.C.) of Alexander the Great. This aim of the European expeditions was well expressed in the title of von LeCoq's report "Auf Hellas Spuren in Ostturkistan". I would go so far as to say that the European expeditions were "a search for Western culture, from West to East" (cf. plate 3).

By contrast with the European expeditions, I would say that the Japanese expeditions aimed at "filling in the blanks in Buddhist history between the West and the East".

It was in the middle of the sixth century that Buddhism was introduced and imported to Japan. After that until the end of the nineteenth century, the history of Buddhism had been explained with reference to India, China, and Japan. Of course, some educated Japanese priests knew, through Chinese books, that there was a large empty space called Central Asia between India and China, but they did not know how popular Buddhism once was there.

First Expedition (September 1902 – February 1904): 5 Members: Kozui OTANI, Tesshin WATANABE, Kenyu HORI, Eryu HONDA, Koen INOUE.
Common route: London → Baku → Samarkand → Kokand → Osh → Kashgar → Yarkand → Tashkurgan. Further routes: ① [OTANI, HONDA, INOUE] Hunza → Gilgit → Kashmir → India (1903) → Japan. ② [WATANABE, HORI] Yarkand → Karghalik → Khotan (1903) → Aksu → Uch Turfan → Kashgar → Maralbashi → Kucha → Korla → Turfan → Urumchi → Hami → Xian (1904) → Japan.
Second Expedition (July 1908 – November 1909): 2 Members: Zuicho TACHIBANA, Eizaburo NOMURA.
Common route: Japan → Peking → Outer Mongolia → Urumchi → Turfan (1909) → Karashahr → Korla. Further routes: ① [TACHIBANA] Lopnor → Loulan → Niya → Keriya → Khotan → Yarkand → Kashgar → India (both members) → London. ② [NOMURA] Kucha → Kashgar → India (both members) → Japan.
Third Expedition (August 1910 – June 1914): 2 Members: Zuicho TACHIBANA, Koichiro YOSHIKAWA.
Routes: ① [TACHIBANA] London → Omsk → Urumuchi → Turfan → Lopnor (1911) → Kashgar → Khotan → Tibet → Keriya → Dunhuang (1912 both members) → Urumchi → Siberia → Japan. ② [YOSHIKAWA] Japan (1911) → Shanghai → Xian → Dunhuang (1912 both members) → Turfan → Urumchi → Turfan (1913) → Kucha → Kashgar → Khotan → Aksu → Ili → Urumchi (1914) → Turfan → Hami → Dunhuang → Baotou → Peking → Japan.

Plate 3
Otani expedition in the desert

Kozui Otani was the first Japanese to realise the importance of Buddhist culture in Central Asia. However, he realised the importance of Buddhist culture in other countries as well and sent his personal expeditions not only to Chinese Central Asia, but also to India, Nepal, Sri Lanka (Ceylon), Tibet, Burma (Myanmar), Cambodia, Thailand, Mongolia, and various regions in China. In short, Kozui Otani aimed at investigating all Buddhist areas in Asia "by the hands of the Buddhists themselves". The expeditions sent to Chinese Central Asia was only one part of his great idea.
Kozui Otani was a very powerful and influential man in Japan at that time. It is accordingly probable that he tried to persuade the Japanese Ministry of Education to send national expeditions financed by the government. But the members of the new Japanese government could not understand the importance of such investigations, and so Kozui Otani carried them out himself by using the financial means of the Nishi Honganji Temple. This is in marked contrast to the European expeditions: the Japanese expeditions, including those to Chinese Central Asia, sent by Kozui Otani were private ones supported financially by a single Japanese Buddhist sect.

In 1914, however, Kozui Otani was dismissed by the parliament of the temple from his post of abbot of the Nishi Honganji Temple. The main reason for his dismissal was that he had spent too much money on such unimportant matters as expeditions to Chinese Central Asia. I cannot help feeling deep sadness when I reflect on the fact that the leading staff of the Nishi Honganji Temple and the Japanese government of those days could not understand the scientific significance of the expeditions.
At the end of World War II, being a private collection, the items brought back by the Otani expeditions from Chinese Central Asia were dispersed, and they are now housed in various places in Japan, China, and Korea.[2]

5 Cooperative studies

After being dismissed from his post of abbot of the Nishi Honganji Temple, Kozui Otani left Japan for China, and until the end of World War II he lived abroad, mostly in Shanghai. While living abroad he continued giving much valuable scientific information and advice connected with studies on Buddhism, India, Southeast Asia, and Tibet to his students in Japan. After World War II he came back to Japan and lived on Kyushu Island, where he died on 5 October 1948.
After his death, when the staff of the Nishi Honganji Temple were disposing of many articles left by him, they found two big wooden boxes in the storehouse. In the boxes there were many paper fragments from Chinese Central Asia, which in 1953 were deposited in Ryukoku University for scientific use because it had first been established by the Jodo Shinshu sect. This event marked the beginning of Central Asian studies at Ryukoku University.
The Central Asian collection kept at Ryukoku University has much in common with the German collection. Whereas the members of the Otani expeditions investigated the old Buddhist ruins all around the Taklamakan desert including the Turfan and Kucha areas, the German expeditions focused their attention almost exclusively on the Buddhist ruins of the Turfan and Kucha areas. However, it was in the Turfan and Kucha regions that both expeditions obtained most of their written documents.
The texts on these documents were written in a great variety of scripts and languages. As for their contents, most of these documents are connected with religions. About half of the documents are Buddhist, the rest being Manichaean and Nestorian-Christian. Unfortunately, most of these religious documents have been severely

---

[2] Ryukoku University (Kyoto), Tokyo National Museum (Tokyo), Kyoto National Museum (Kyoto), Several personal collections (Tokyo etc.), National Central Museum (Seoul, Korea), Lu shun Museum (Lu shun, China), National Peking Library (Peking, China).

damaged because the native people of this area, who were converted to Islam after the twelfth century, destroyed the temples and tore up the religous texts. The Ryukoku collection encompasses some 10.000 such document fragments and the Berlin collection has in excess of 50.000 items.

After the return of the German expeditions a number of excellent scholars, mainly at the Academy of Sciences in Berlin, set about patiently deciphering their documents and have produced remarkable scientific works. During the last years of World War II these documents were evacuated from Berlin, but after the war they were brought back to Berlin and most of them were housed in East Berlin, where they were studied in the Central Institute for Old History and Archaeology (Zentralinstitut für Alte Geschichte und Archäologie) of the Academy of Sciences of the GDR.

In 1965 the Central Institute mentioned above approached scholars at the Ryukoku University with a request to catalogue the Chinese Buddhist fragments of the Berlin Collection because, although about half of the Buddhist texts in the Berlin Collection are written in Chinese, there were no specialists in Chinese Buddhism in Berlin. The proposal was accepted because scholars in Japan were quite excited about the prospect of gaining access to the other collection from the same Turfan and Kucha areas. Between 1965 and the fall of the Berlin Wall in 1989, members of the Japanese team made frequent visits to East Berlin to work on the fragments.

The first task facing scholars wishing to catalogue Chinese Buddhist fragments is that of identifying the small fragments. As Buddhism is called the "Religion of Books", Buddhism has many, perhaps too many books. In the case of Buddhist texts translated from Indian languages into Chinese and provided with Chinese commentaries by Chinese scholars, there are estimated to be altogether about one hundred million Chinese characters contained in them. Identifying these fragments means discovering their exact location among those one hundred million characters even if the fragment is no larger than a postcard. During two decades from 1965 Japanese scholars succeeded in identifying some two thousand fragments and by 1985 had published two volumes of the catalogue.[3] After German reunification in 1990 Japanese scholars resumed work on the catalogue and the third volume work is now in preparation.

3 Katalog chinesischer buddhistischer Textfragmente, Band 1 [BTT VI], Berlin 1975; Band 2 [BTT XIV], Berlin 1985.

Plate 4
K 16 + 7251 + 7481 (recto)

6 International efforts to join fragments together

As we have seen, cooperation between East Germany and Japan started with the plan to catalogue the Buddhist Chinese fragments. In the course of time, our cooperation extended to other fields such as the study of Buddhist texts written in Old Turkish and Middle Iranian languages. It was due to this kind of cooperative study of Buddhist texts in Chinese, Old Turkish, and Middle Iranian languages that I realised how closely the Central Asian Collections of both countries are related.
On this occasion I would like to demonstrate by means of two concrete examples how very close the relationship is between the Japanese and German collections. The fragments that I propose to discuss belonged originally to a single sheet of paper. One side of the sheet of paper contained a Chinese Buddhist text and the other a Middle Iranian one. The texts were written on both sides of the sheet because paper was very expensive at the time. About the second half of the ninth century, the art of woodblock printing was invented in China and many Chinese Buddhist scriptures came to be printed by this method and distributed. Thus, the old manuscripts came to be regarded as outdated and were sold as waste-paper. Speakers of Old Turkish and Middle Iranian languages bought this waste-paper and wrote their texts on the reverse blank side.
The first example I would like to discuss is a fragment of the German Collection known as K 16.[4] The recto of this fragment contains a Buddhist Chinese text while the reverse side has an episode from the history of the Manichaean Church written in Sogdian script and language. To this fragment two pieces bearing the numbers 7251 and 7481 in the Ryukoku University Collection can be joined exactly. The matching text on both sides confirms the join (cf. plates 4 and 5).
The second example is particularly remarkable. The Berlin fragment Ch/U 6294 and Ryukoku University fragment 7122 can both be joined to the St. Petersburg fragment L 30.[5] Plate 6 shows the combined text of the reverse side containing the Sogdian text and is based on photographs of the three separate fragments. Since Prof. Ragoza did not publish a photograph of the recto containing the Chinese Buddhist text, I was unable to combine photographs of all three fragments of the recto, but I was able to reconstruct the text as shown on Plate 7. It is the Chinese translation of the Saddharmapuṇḍarīkasūtra.
These two examples are conclusive evidence of the importance of international cooperation in this field of study. Genuine international cooperation would mean

---

4 Sundermann, W., Mitteliranische manichäische Texte kirchengeschichtlichen Inhalts [BTT XI] (Berlin 1981), Tafeln 64, 65.

5 Ragoza, A. N., Sogdijskie fragmenty Central'no Aziatskogo Sobranija Instituta Vostokovedenija, (Moskau 1980), Plate XIV.

Plate 5
K 16 + 7251 + 7481 (verso)

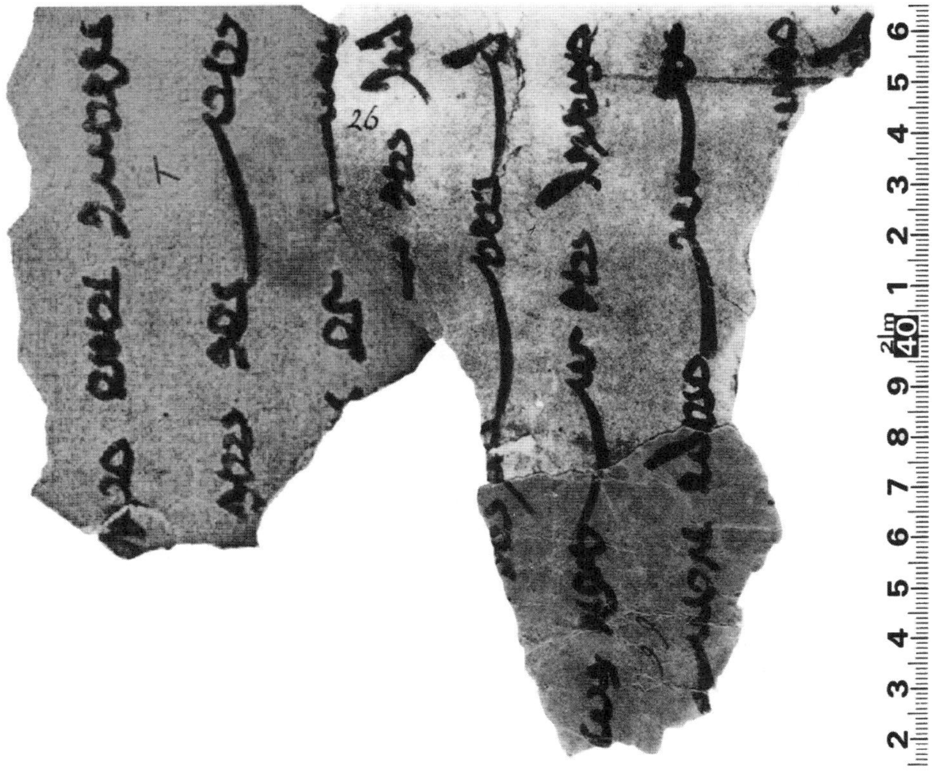

Plate 6
L 30 + Ch/U 6294 + 7122 (verso)

that all the collections would be available equally to scholars all over the world. Whereas the Berlin collections have always been accessible to all scholars, those in St. Petersburg have been accessible to foreign scholars only since the breakup of the Soviet Union. Although the Central Asian collections kept in the Library of Ryukoku University and the National Museum are now open to all specialists, others in Japan and China are still not freely accessible to scholars.

共讚歎稱其功徳爾時世尊欲重宣此義而

説偈言

我今僧中説　阿難持法者　當供養諸佛　然後成正覺

號曰山海慧　自在通王佛　其國土清淨　名常立勝幡

教化諸菩薩　其數如恒沙　佛有大威徳　名聞滿十方

壽命無有量　以愍衆生故　正法倍壽命　像法復倍是

如恒河沙等　無數諸衆生　於此佛法中　種佛道因縁

爾時會中新發意菩薩八千人咸作是念我

等尚不聞諸大菩薩得如是記有何因縁而

諸聲聞得如是決爾時世尊知諸菩薩心之

Plate 7
L 30 + Ch/U 6294 + 7122 (recto), in restored context

7 The Chinese monk Fahui in Bezeklik

Kyoto is an old capital of Japan. Nearby is the still older town of Nara, which was capital of Japan in the eighth century. During the Nara era Japan imported eagerly the advanced culture from China. As the "Eastern terminal of the Silk Road", Nara has many old and valuable cultural assets including books.

One important book kept in Nara sheds light on the history of a Buddhist monk whose portrait had been painted in a cave at Bezeklik in the Turfan area and was brought to Berlin by a German expedition.

In 1905 A. von LeCoq, who was the leader of the second German Turfan expedition, excavated one of the so-called "balcony temples" at Bezeklik, temple no. 9, that had been completely buried under sand. Most of the temples had already been damaged by local Muslims, but this temple remained untouched. Since the ceiling of this temple had fallen down without human interference before the local Muslims could destroy it, it had been preserved beneath the sand for many centuries.

After removing the sand, LeCoq and his asistant Bartus found wonderful Buddhist paintings on the inside walls. These wall-paintings are 330 cm high in the case of the tallest one and total up to about 40 m in length. LeCoq and Bartus excavated those wall-paintings and sent them to Berlin, where they were reassembled and exhibited in the Museum for Ethnology before the war. In 1913 LeCoq published a beautiful deluxe facsimile edition of these wall-paintings entitled Chotscho. Near the end of the war during an air raid on Berlin, the museum was hit by a bomb and the wall-paintings were reduced to rubble so that the only evidence for the wall-paintings is LeCoq's facsimile edition.

According to LeCoq's report, on the wall of the entrance to the inner hall of temple no. 9 three East Asian or Chinese monks were depicted (cf. plate 8). Of these LeCoq published colour photographs. Each monk has his own bilingual inscription in Chinese characters and Uigur script. The monk on the left has the name Fahui in Chinese and Vapgui in Uigur.

This monk Fahui portrayed in the Bezeklik cave temple must be the same person as the one whose short biography is contained in the Meisodensho ("Extracts from the Biographies of Famous Monks") kept in the library of the Todaiji Temple in Nara.[6]

Early in the sixth century, there was in China a monk named Baochang, who collected biographies of famous Buddhist monks and compiled the Ming seng chuan ("Biographies of Famous Monks") in thirty volumes. A copy of the Ming seng

[6] Kudara, K., "On the trail of a Central Asian monk: A Bezeklik portrait identified", [The Ueno Memorial Foundation for the Study of Buddhist Art], Report No. 22 [Studies on the Buddhist Art of Central Asia] (1992), pp. 1-6.

Plate 8
The three East Asian monks in Bezeklik,
Cave No. 9, from LeCoq, Chotscho, Tafel 16a.

chuan was brought to Japan during the Nara era, but in China itself this voluminous biographical work was lost at an unknown date.

On the other hand, in Japan, it is clear that this Ming seng chuan (pronounced Meisoden in Japanese), survived in Japan until the thirteenth century because in the first half of that century it was read in the Todaiji Temple in Nara by a learned monk named Shusho (1202-78), who later became abbot of the Todaiji Temple. Shusho extracted from the Ming seng chuan the most interesting biographies that are not contained in other sources, and made from them in 1235 the one-volume work known as Meisodensho. In the course of time the Ming seng chuan itself was lost in Japan too so that the only knowledge we have of its contents are the extracts contained in Shusho's Meisodensho.[7]

In the Meisodensho, the monk in question, Fahui, is described as "Fahui, at the Cave Temple of Sages in Gaochang". Gaochang is the old name of the modern Turfan area. Fahui was a native of Gaochang, but of Chinese origin. In search of enlightenment he travelled along the nothern Silk Road between the Turfan and Kucha areas in the latter half of the fifth century.[8]

8 The year 2002

For both Japan and Germany the year 2002 will mark the one hundredth anniversary of the departure of their expeditions to Chinese Central Asia. Although the aims of the expeditions were different, the finds in both collections are closely connected as I demonstrated above.

I should like to propose that we organise some common cultural events for the year 2002. It would not be difficult to arrange a scientific meeting or symposium of scholars in Kyoto or Berlin. Besides this scientific meeting, it would be a good opportunity to make a special exhibition of the Central Asian Collections of both countries. To advertise such an exhibition, I suggest a reconstruction of the wall-paintings that were originally in cave 9 in Bezeklik which were destroyed in the Berlin air raid. Being some 3 m high and in total up to about 40 m in length the reconstructed wall-paintings could themselves constitute an attractive gallery. The Berlin Wall has largely disappeared. Would it not be a good idea to reconstruct the wall-paintings of Bezeklik which were lost in Berlin more than fifty years ago?

---

7 Concernig the *Meisodensho*, see: Wright, A. F., "Biography and Hagiography Hui-Chiao's Lives of Eminent Monks", Silver Jubilee Volume of the Zinbun Kagaku Kenkyusho Kyoto University (Kyoto 1954), pp. 383-432, esp. p. 408ff.

8 Concerning a German translation of Fahui's biography in the *Meisodensho*, see: Liu Mau-tsai, Kutscha und seine Beziehungen zu China, vom 2. Jh. v. bis zum 6. Jh. n. Chr., (Wiesbaden 1969), pp. 189-190.

Anhang

Hinweise zu den Autoren

Diamond, Jared M., Prof. Dr., geb. 1937; Professor für Physiology an der University of California; Hauptfachrichtung: Evolutionsbiologie; dienstlich: UCLA School of Medicine, Los Angeles, CA 90095-1751, Tel.: 0 01/3 10/8 25 61 77, Fax: 0 01/3 10/2 06 56 61, e-mail: jdiamond@mednet.ucla.edu

Gierer, Alfred, Prof. Dr., geb. 1929; Direktor am MPI für Entwicklungsbiologie in Tübingen; Hauptfachrichtung/Hauptarbeitsgebiete: Biophysik/Molekularbiologie, Entwicklungsbiologie (Mechanismen der Morphogenese, Entwicklung des Nervensystems im Gehirn), Theorie der Strukturbildung, wissenschaftsphilosophische Fragen; dienstlich: Max-Planck-Institut für Entwicklungsbiologie, Molekularbiologische Abteilung, Spemannstraße 35/IV, 72076 Tübingen, Tel.: 0 70 71/60 14 10, Fax: 0 70 71/60 14 48

Hiepe, Theodor, Univ.-Prof. (em.) Dr. med. vet. habil. Dr. h. c., geb. 1929; Universitätsprofessor (em.) für Parasitologie an der Freien Universität Berlin, Fachbereich Veterinärmedizin, Institut für Parasitologie und Tropenveterinärmedizin; Hauptfachrichtung/Hauptarbeitsgebiete: Veterinärmedizin, Parasitologie/Wesen des Parasitismus, Strategie der Parasitenbekämpfung, Parasitäre Zoonosen, Alternativmethoden zum Tierversuch, Immunparasitologie; dienstlich: Gastprofessor an der Humboldt-Universität zu Berlin, Lehrstuhl für Molekulare Parasitologie, Luisenstraße 56, 10117 Berlin, Tel.: 0 30/20 93 64 03, Fax: 0 30/20 93 60 51

Kudara, Kogi, Prof., geb. 1945; Professor am Department of Buddhist Studies, Faculty of Letters, Ryukoku University; dienstlich: Ryukoku University, Faculty of Letters, Department of Buddhist Studies, Shichijo-Omiya, Kyoto 600 Japan, Tel.: 00 81/0 75/3 43 33 11, Fax: 00 81/0 75/3 43 43 02

Münkler, Herfried, Prof. Dr. phil., geb. 1951; Professor für Theorie der Politik; Hauptfachrichtung/Hauptarbeitsgebiete: Politische Theorie, Ideengeschichte, Philosophie, Kultur-Forschung/Politische Ideengeschichte, insbesondere der Frühen Neuzeit, dazu die Frage nach dem Erfordernis und Möglichkeit einer sozio-moralischen Fundierung freiheitlicher Gesellschafts- und Staatsordnungen, sowohl in ideengeschichtlicher als auch in theoretisch-systematischer Perspektive, Politische Mythen, insbesondere des 19. und 20. Jahrhunderts; dienstlich: Humboldt-Universität zu Berlin, Institut für Sozialwissenschaften (Sitz: Ziegelstraße 13c, 10117 Berlin), Unter den Linden 6, 10099 Berlin, Tel.: 0 30/20 39 14 24, Fax: 0 30/20 39 13 24

Schmidt-Aßmann, Eberhard, Prof. Dr., geb. 1938; Professor für Öffentliches Recht; Hauptfachrichtung/Hauptarbeitsgebiete: Staats- und Verwaltungsrecht/ Verfassungsrecht, Verwaltungsverfahrens- und Verwaltungsprozeßrecht, Planungs- und Umwelt- sowie Wissenschaftsrecht; dienstlich: Universität Heidelberg, Institut für deutsches und europäisches Verwaltungsrecht, Friedrich-Ebert-Anlage 6-10, 69117 Heidelberg, Tel.: 0 62 21/54 74 28, Fax: 0 62 21/54 77 43

Schuster, Peter, Prof. Dr., geb. 1941; o. Universitätsprofessor und Vorstand des Instituts für Theoretische Chemie und Strahlenchemie; Hauptfachrichtung/Hauptarbeitsgebiete: Theoretische Biochemie, molekulare Evolutionsbiologie/Theorie der Wasserstoffbrücken und zwischenmolekularen Kräfte, Kinetik von Protonenübertragungsreaktionen in wässrigen Lösungen, molekulare Evolutionstheorie und Modellierung von RNA-Replikation und -Selektion *in vitro*, nichtlineare Dynamik und komplexe evolutionsbefähigte Systeme, Strukturen und Eigenschaften von Biopolymeren, RNA-Molekülen und Proteinen, evolutive Biotechnologie; dienstlich: Institut für Theoretische Chemie und Strahlenchemie der Universität Wien, Währingerstraße 17, A-1090 Wien, Tel.: 00 43/1/40 48 06 69, Fax: 00 43/1/40 48 06 60, e-mail: pks@tbi.univie.ac.at

Schwarz, Ingo, Dr., geb. 1949; Wissenschaftlicher Mitarbeiter der Alexander-von-Humboldt-Forschung an der BBAW; Hauptarbeitsgebiete: Alexander von Humboldts Beziehungen zu den Vereinigten Staaten; dienstlich: Berlin-Brandenburgische Akademie der Wissenschaften, Akademienvorhaben Alexander-von-Humboldt-Forschung, Jägerstraße 22/23, 10117 Berlin, Tel.: 0 30/20 37 05 43, Fax: 0 30/20 37 04 99, e-mail: schwarz@bbaw.de

Seppelt, Konrad, Prof. Dr., geb. 1944; Professor für Anorganische Chemie; Hauptfachrichtung/Hauptarbeitsgebiete: Anorganische Chemie/Nichtmetallchemie, Metallorganische Chemie; dienstlich: Freie Universität Berlin, Institut für Anorganische und Analytische Chemie (WE1), Fabeckstraße 34-36, 14195 Berlin, Tel.: 0 30/8 38 42 89, Fax: 0 30/8 38 24 24, e-mail: seppelt@chemie.fu-berlin.de

Sundermann, Werner, Prof. Dr., geb. 1935; Professor für Iranistik an der Freien Universität Berlin; Hauptfachrichtung/Hauptarbeitsgebiete: Iranistik/mitteliranische Turfantexte, klassische persische Literatur, altiranische Philologie und vor- und frühislamische Religionsgeschichte, insbesondere Geschichte des Manichäismus; dienstlich: Berlin-Brandenburgische Akademie der Wissenschaften, Akademienvorhaben Turfanforschung, Unter der Linden 8, 10117 Berlin, Tel.: 0 30/ 20 37 04 72, Fax: 0 30/20 37 04 67, e-mail: sundermann@bbaw.de

Voßkamp, Wilhelm, Prof. Dr., geb. 1936; o. Professor für Neuere deutsche Literatur; Hauptfachrichtung/Hauptarbeitsgebiete: Literaturwissenschaft, Neuere deutsche Philologie/Romanpoetik und Theorie literarischer Gattungen, Utopieforschung, Funktionsgeschichte des Bildungsromans, Wissenschaftsgeschichte der deutschen Literaturwissenschaft; dienstlich: Universität zu Köln, Institut für Deutsche Sprache und Literatur, Albertus-Magnus-Platz, 50923 Köln, Tel.: 02 21/4 70 22 93, Fax: 02 21/4 70 50 69, e-mail: vosskamp@uni-koeln.de

Wehner, Rüdiger, Prof. Dr., geb. 1940; Direktor des Zoologischen Instituts und Ordinarius für Zoologie; Hauptfachrichtung/Hauptarbeitsgebiete: Biologie, speziell Neuro-, Sinnes- und Verhaltensphysiologie/Neurobiologie des visuellen Systems der Insekten, Raumorientierung, Evolution kognitiver Leistungen, Verhaltensphysiologie und -ökologie; dienstlich: Universität Zürich, Zoologisches Institut, Winterthurerstraße 190, CH-8057 Zürich, Tel.: 00 41/1/6 35 48 31, Fax: 00 41/1/6 35 57 16, e-mail: rwehner@zool.unizh.ch